ЭКСКЛЮЗИВНЫЙ НАУЧПОП

Алексей Марков

ХУЛИНОМИКА. Home edition: толще, длиннее, эффективнее

ВРЕМЕНА

Москва
2023

УДК 33
ББК 65
М26

Марков, Алексей Викторович

М26 Хулиномика. Home edition: толще, длиннее, эффективнее / Алексей Марков. — Москва: Издательство АСТ, 2023. — 576 с. — (Эксклюзивный научпоп).

ISBN 978-5-17-144731-1

Экономика — это очень скучно. Куча непонятных заумных слов и формул? Кто вам такое сказал? Экономика это интересно и просто! Вы просто не знаете, с каким соусом ее нужно подавать, на какой стороне пережевывать и долго ли жевать. Все базовые знания о ней и много больше вы получите из книги «Хулиномика», а также найдете немало интересных ответов на вопросы по типу:

- Как появилась биржа, и почему в России она круче?
- Кого облапошила английская королева?
- Как говнюки становятся директорами?
- Что такое акции и что с их прелестью можно делать?
- Как может Павел Дуров купить «Гугл» целиком?
- Зачем ЦРУ запрещало шорты?
- Почему только ламантины и гадалки предсказывают рынок?

У Алексея Маркова есть для вас чит-коды. Возьмите в руки книгу, перелистывайте страницы и впитывайте!

УДК 33
ББК 65

ISBN 978-5-17-144731-1

ОБ ЭТОЙ КНИГЕ

Люди без экономического образования зачастую не понимают базовых вещей, потому что в их представлении финансы — это что-то из области бухгалтерии. Пыльные папки с подписями «счета-фактуры», мрачные тётки с гнездом аиста на голове, у них ещё вечно ломается Виндоуз, а «*принтер печатает крякозябры, Юра-компьютерщик, помоги, у нас ничего не работает, я говорю, ничего не работает, ты что, идиот?*», чудовищная программа «1С:Бухгалтерия», от одного вида которой нормальному человеку делается плохо, проверки налоговой инспекции с выносом коробок из-под ксерокса, «*брат жены работает в Газпроме и говорит, что скоро дефолт, что делать?*». Я объясню жертвам такой парадигмы, что финансы к этим явлениям не имеют никакого отношения. Финансовые рынки — это в первую очередь интересно.

Как работает мировая закулиса? Когда будет дефолт (и почему его не будет)? Зачем человеку облигации? Как устроена компания Уоррена Баффетта и почему именно так? Это всё интересные вопросы, но суровые тётки с синими волосами наложили на них печать таинственности и присыпали полезные знания нафталином. Я хочу рассказать, как всё обстоит на самом деле. У меня есть чит-коды.

Кто здесь?

Сперва я должен сказать, что не вся информация в книге собрана лично мной: примерно половина книги основана на моих лекциях курса «*Международные фондовые рынки*» в магистратуре престижного вуза, а 2/3 этих лекций, в свою очередь, основаны на курсе нобелевского лауреата Роберта Шиллера «*Финансовые рынки*» из Йельского Университета им. Навального. Таким образом, добрая треть всех историй и объяснений — не моего авторства, а товарища Шиллера. Но значительная часть кейсов совершенно новая, ведь за 4 года после появления книга выросла в два раза.

Ещё один важный момент: хотя это и учебник по финансовым рынкам, «*Хулиномика*» — не вполне научная книга, потому что, во-первых, при сборе материалов я не записывал источники и далеко не всегда их указываю; во-вторых, привожу размышления в безапелляционной манере — в науке это не *comme il faut,* — так что для читателей это всего лишь моё личное мнение; и, в-третьих, я не раз пользовался Википедией — что, очевидно, не есть научная рецензируемая литература.

Личное же мое мнение основано на неплохом опыте создания, продажи и банкротства разных бизнесов, успешной торговли на мировых биржах, восьмилетнем опыте преподавания и научного руководства студентами, наличии диплома кандидата экономических наук и живого любознательного ума. Я работал вебмастером во французском стартапе (стартап разорился), трейдером на бирже (довольно успешно, пять лет в плюс от 2% до 35% годовых), портфельным управляющим в банке (было интересно, но банк обанкротился; к сожалению, не из-за меня), создавал IT-бизнес (удачно, компания продана большой австралийской корпорации), открывал магазины одежды для сноуборда (неудачно, 5 лет отдавал долги), поработал даже директором швейной фабрики (уволился из этого ада через 2 месяца), вкладывался в сайты и ставил на них рекламу (с переменным успехом). Потом крайне неудачно вложился в сеть винных магазинов (компания обанкротилась).

Сейчас инвестирую на фондовом рынке, читаю лекции, веду телеграм-канал (1), пишу книги, записываю видео (2) и занимаюсь музыкой.

(1)

Если вы заметили фактические ошибки или неточности в логике — напишите мне на book@alexeymarkov.ru (3). Если книга на вас как-то повлияла или

(2)

(3)

(4)

помогла — напишите, как именно, мне интересно.

Редакторской правки у книги не было (и не будет). В этом вся её, сука, прелесть. Впрочем, это уже девятнадцатая версия книги, и, конечно, она много раз перепрочитана и исправлена — часто благодаря читателям. Всю историю изменений можно посмотреть по ссылке (4).

Что внутри?

Книга поделена на три части по уровню читателя. Первый уровень — для лохов; но, постигнув его, можно узнать об акциях и корпорациях всё необходимое — и продвинуться на уровень выше. Вторая часть — более глубокая, она о базовых принципах управления деньгами и о распределении рисков, без пол-литра не разберёшься. А третья — для тех, кто «*ты чо, самый умный?*». Там о мировой закулисе, о том, как всё на самом деле, и главное — почему. Всё расставлено по возрастанию сложности: как в учебнике, только интересно.

После многих отзывов я решил разделить «Хулиномику» на два варианта: базовый (*home edition*) и полный (*pro*). Некоторые понятия мне, видимо, так и не удалось описать доступно, и кто-то даже жаловался, мол, он так ничего и не понял. Другие читатели, наоборот, всегда рады любому утолщению. Поэтому в базовой версии нет математики, фьючерсов и опционов. Также в pro-версии появилась абсолютно новая глава о принципах инвестирования самых влиятельных финансистов мира, которая владельцам домашней версии книги, сами понимаете, не пригодится. В остальном версии практически не отличаются.

В первой главе я задаю тон всей книге: это в первую очередь развлечение для скучающих гопников-интеллектуалов. Мы с моими маленькими читателями попробуем представить себе мир как инженерную схему, этакий мысленный каркас. Я пишу о том, что бывает, когда схема несовершенна, и почему банки, а не негры потеряли дома во время ипотечного кризиса. Рассказываю о появлении страхования и о многих других неожиданных финансовых — и не только — изобретениях. Что такое информационные технологии XIX века? Как Гитлер выплачивал пенсии? Кто сделал чемодан на колёсиках? Казалось бы, ерунда. Но, скажу вам по секрету, всё это важно.

Во второй главе я подробно рассказываю о том, откуда взялись акции и корпорации, чтобы вы поняли базовую идею организации современной большой компании — типа *Apple* или *Google*. Как было у римлян, у генуэзских купцов и у английской королевы, кто кормил гусей, кто устраивал туры в Тай и кто кого облапошил.

Третья глава — про современное устройство международных корпораций, советы директоров и проблемы управления такими штуковинами, особенно если внутри сплошные говнюки и кретины. Как они проникают в кресла председателей правления? Почему Карл Айкан их ловит и анально карает? Чем Америка похожа на тазик с бухлом? Без сомнения, откровений будет много.

В четвёртой главе я рассказываю об акциях, голосованиях и каким образом оно всё оказывается на бирже. Сотона ли вы, если у вас ровно 666 акций? Как избирают Чубайса? Почему Уоррен Баффетт не делает сплиты? Что андеррайтеры называют красной селёдкой и чем они похожи на организаторов концерта Стаса Михайлова? Все эти тайны будут раскрыты.

В пятой главе — о том, в чём смысл корпорации, куда девается весь профит, почему нельзя рекламировать день отсечки, с каким *P/E* трейдеры выпрыгивают из окон, как можно выплатить акционерам 160% прибыли, и главный вопрос: может ли Павел Дуров купить Гугл целиком.

Шестая глава посвящена профессиональным участникам рынка: брокерам, дилерам и процессу торговли на бирже. Тут всё о стакане заявок, стоп-лоссах и коротких продажах. Кто кого заборет: антиквар или риелтор? Как работает горлодёрик? Зачем ЦРУ запретило шорты? Целый ряд откровений.

Седьмая глава раскроет все тайны недвижимости. Чем финансировалась торговля по Великому Шелковому Пути? Кто такие Фэнни Мэй и Фредди Мэк и чем они виноваты перед американским народом? Как неграм впаривали непосильную ипотеку? Как вложиться в здание с магазином «Пятёрочка»?

Обо всём этом вы узнаете, прочитав первую часть «Хулиномики». Она всегда будет доступна бесплатно.

Благодарности

Множество читателей помогали найти в книге фактические ошибки и опечатки. Я почти всех записал в историю версий книги, и, если вас там не оказалось, простите меня, я вас обязательно внесу, просто напишите.

Больше я никого не благодарю. Все только мешали.

ПРЕДИСЛОВИЕ К ПЕРВОМУ ПЕЧАТНОМУ ИЗДАНИЮ

Я рад, что книгу заметили в издательстве «АСТ». Я вёл переговоры и с другими (плохими, негодными) издательствами, но кого-то испугало название, а кого-то, видимо, содержание. Или, может быть, я не сумел представить книгу правильно. Но в итоге всё вышло наилучшим образом: после множества ревизий книга стала гораздо точнее, подробнее и интересней.

А я, как Джоан Роулинг, после 33 отказов скоро стану миллиардером. «Хулиномику» экранизирует Спилберг или хотя бы Михалков; хотя во втором случае я, конечно, вряд ли смогу претендовать на главную роль.

С момента появления первой онлайн-версии бесплатную книгу скачали больше 200 тыс. человек. На самиздатовском варианте я заработал в 100 раз больше, чем полагается начинающему автору. Несмотря на пиратство, торренты и форумы, люди продолжают покупать книгу каждый день, хотя и ВКонтакте, и Фейсбук, и Яндекс, и Гугл не разрешают её рекламировать. Но, как говорится, свинья везде грязь найдёт — так и слава нашла героя.

После большого опроса (я собрал больше 1000 ответов) выяснилось, что цензурная версия книги нужна лишь 4% читателей. Остальных вполне устраивает используемая лексика. Хотя с каждой новой версией матерщины становилось всё меньше.

Некоторые даже жалуются, мол, где же тот пионерский угар, который был в первой версии книги, и верните, пожалуйста, жёсткую матерщину. Но со временем я осознал, что можно писать весёлый и сильный текст, практически не используя бранных слов.

Единственное слово, которое заменить никак не получалось, заканчивалось на букву «ц», очень уж оно удобное. Но и от него получилось избавиться мощным усилием воли.

В версии, которую вы держите в руках, матерщины стало еще меньше. Куда больше должен пугать читателей авторский юмор с налётом расизма, шовинизма и мизогинии. Спешу сообщить, что это всего лишь шутки, и зачастую я потешаюсь над тупостью тех, кого они забавляют, в том числе и над самим собой. Судя по реакции, этот подход люди прекрасно понимают. Пока всё складывается хорошо.

Чувствую, что предисловие начинает превращаться в сеанс гештальт-терапии. Достаточно отметить самое важное: «*Хулиномика*» — книга издатая.

Левел 1: Финансы для гопников-интеллектуалов

ГЛАВА 1. ФИНАНСЫ КАК ТЕХНОЛОГИЯ

Инженеры представляют мир как конструкцию, и я, гуманитарий[1], примерно так же. В этом и заключается секрет осознания экономики как науки. Всё становится гораздо яснее, если представить, что финансы в глобальном смысле — это в первую очередь технология. Так думать удобно и просто. Ведь технология — всего лишь метод действия или способ производства чего-либо.

Конечно, тут много деталей, но для базового понимания финансовый инструмент удобно представлять как инженерный инструмент или объект. Это не сложнее, чем представить, зачем нужен циркуль, ящик или, например, железнодорожный мост.

Существуют теории — математические, — которые помогают создавать финансовые структуры, и они достаточно сложны — как, например, сложны паровой двигатель или электростанция.

---

[1] Знаю, звучит вяло.

У них много компонентов, которые должны работать без сбоев, а если сбой и случается, в работающей на практике схеме будет много уровней защиты. Поэтому, прежде чем открывать счёт у форекс-брокера, подумайте, доверили бы вы дворнику поиграть с отбойным молотком у себя в квартире, если вам нужно всего лишь повесить на стену фотку любимой жены или другой женщины.

Когда люди придумывают что-то новое, обычно сразу (или не сразу) всплывают какие-то проблемы и недоделки. Через некоторое время технология отрабатывается и начинает верно служить цивилизации. Никого не удивляет, что паровые двигатели поначалу взрывались, а электростанции портили (и продолжают портить) окружающую среду. Цивилизация шла дальше, а инженеры извлекали уроки и строили новые двигатели и электростанции — более эффективные и более безопасные.

Так и финансовые открытия несли и несут в себе некоторую опасность, как, например, мы видели несколько лет назад во время ипотечного коллапса в Соединённых Штатах, а наше правительство собственные фейлы позорно называло *«мировым экономическим кризисом»*. Но, как и в случае с неполадками в паровом двигателе, это не повод отказываться от удачных конструкций и принципиальных решений. Это лишь повод доработать схему и поставить, где требуется, очередной предохранитель.

1.1. Смерть Кощея

Далеко-далеко, в Калифорнии, безработные негры думали, что дома могут только дорожать, и банки почему-то думали точно так же — и выдавали им ничем не обеспеченные кредиты. Безработный «покупал» дом за 150 тыс. долларов. без первого взноса, платил по 700 долларов в месяц, а через полгода оказывалось, что его дом стоит уже 180 тыс., он его продавал и покупал дом за 200 тыс., вложив виртуальное подорожание как первый взнос. Банк доволен, негр доволен, агент по недвижимости ещё сильнее доволен. Только когда каждый второй негр через год перестал платить по кредиту, а банки попытались продать заложенные дома, выяснилось, что *все* дома на этой улице уже выставлены на продажу и никто не хочет их покупать ни за 180, ни за 150, ни даже за 100 тыс. долларов.

А всё потому, что за пару лет до этого в банках скопилось настолько много денег, что они вообще перестали проверять надёжность заёмщиков — а зачем? Недвига-то всё время дорожает! Не заплатит — быстренько загоним по круглой цене.

Но ипотечным банкам мало было получить себе клиентов. Они хотели зарабатывать больше, а главное — быстрее. Поэтому они стали собирать ипотечников в пулы и продавать их инвестиционным банкам. Это те банки, которые работают не на классической дельте «собрать депозиты — выдать кредиты», а пытаются заработать более хитрожопыми способами. Продаёт ипотечный банк сразу тысячи кредитов инвестбанку и получает за них сотни нефти или какие-то новомодные, но мало кому понятные обязательства.

Но американским инвестиционным банкам и этого было мало. Казалось бы: клиентов не собирал, а сразу купил всё скопом (на заёмные под 1% годовых пассивы), денежки от ежемесячных платежей ипотечников льются, всё хорошо. Но они придумали новую, ещё *более лучшую* схему заработка. Они решили: а давайте мы перепродадим эти ипотечные пулы норвежским пенсионерам! Чтобы их заинтересовать, сделаем новую конструкцию: *Collateralized Debt Obligations, CDO*. Обеспеченные долговые обязательства! Выпустим облигации, обеспечим их нашим пулом ипотек. При этом, чтобы предоставить инвесторам выбор, мы разделим ипотеки на более и менее рискованные и соберём из них пирамиду, чтобы каждый норвежский пенсионный фонд мог приобрести как доходные и рисковые активы, так и низкодоходные, но солидные ежемесячные платежи.

Для этого инвестбанк делает корзину, например, из тысячи ипотек, из которых 500 — первоклассные (офисные служащие и менеджеры), обозначим их класс «A», 300 — второклассные, класс «B» (работающие люди без высшего образования, обслуживающий персонал), а оставшиеся 200 — высокорискованные, класс «C», то есть безработные и неблагополучные семьи, которым дали ипотеку в надежде лишь на то, что они *как-нибудь* её потянут. А если и не потянут, можно всегда их выгнать на мороз, а дом продать.

Из этой пирамиды те норвежские пенсионеры, которые купили бумаги класса «*A*», получают свой доход первыми, но и процент у них самый низкий (например, 5% годовых). Те, кто купил бумаги класса «*B*», претендуют на 8% годовых, но доход получают только после того, как из этой тысячи ипотек накопились пятипроцентные выплаты всем держателям бумаг класса «*A*». Ну и есть ещё рисковые бабульки: они хотят заработать 15% годовых и покупают бумаги класса «*C*» — то есть те, по которым риск максимален.

Некоторые инвестбанки шли ещё дальше (хотя куда уж дальше?). Они покупали бумаги класса «*C*», делили их ещё раз: представляем вам облигации класса «парковщик», «официант» и «безногая старушка»! Затем паковали это в новую пирамиду, для совсем уж безбашенных бабуль из Осло, обещая им не 15%, а все 25% годовых, что для Норвегии — как для нас МММ. У них, если человек приносит деньги в банк, ему не дают проценты, а снимают их за хранение. А тут двадцать пять годовых! Хотя риск при этом огромен — как можно купить такой клубок финансовых хитросплетений? А вот как: достаточно было продавцу заявить, что бумаги обеспечены ипотечными кредитами. Формально так оно и было, но после перекладывания яйца из утки в зайца непонятно, где оказалась кощеева игла. Точнее, понятно где — у негра в яйце.

При этом надо понимать, что на каждом этапе банк-эмитент всегда слизывает с общей корзины немного пенки, делая соотношение риск / доходность ещё хуже.

Стоит только нескольким безработным забросить на пару месяцев «Макдоналдс» и усесться играть в ГТА, как пирамида начинает рушиться. Не собирается транш для класса «официант», из-за этого и класс «C» вышестоящей пирамиды оказывается без выплат. Потом выясняется, что банк братьев Леманов взял под облигации класса «C» огромный кредит у банка Голдмана, а Голдман считал этот кредит невероятно надёжным: во-первых, Леманы всегда платили вовремя, а во-вторых, он же обеспечен ипотекой! И когда Леманы внезапно не смогли расплатиться по этому кредиту, все расчёты Голдмана пошли прахом, потянув за собой всю остальную финансовую братию.

Поэтому надо понять, что злиться на финансы непродуктивно — это всего лишь технология, и не она виновата. Технологию надо отработать и научиться применять, тогда она сослужит хорошую службу.

Казалось бы, при чём тут Голдманы и Леманы?

1.2. Копипаста рулит

После окончания холодной войны (а точнее, после поражения СССР) стало очевидно, что развитые страны развиты в первую очередь экономически. А развивающиеся страны — это те, которые применяют уже разработанные технологии и адаптируют их к своей ситуации. Часто готовые технологии просто копируются. Тут ничего плохого нет, все это делают. Когда изобрели автомобиль, он очень скоро оказался во всех странах мира; с самолётами то же самое. Сейчас технологии скрывать всё труднее, но для финансов это и не плохо, а даже и хорошо.

Приведу пример из отечественной истории. В советской России биржи закрыли в 1917—1918 годах. До революции 1917 года в Российской империи действовало семь товарно-фондовых бирж: в Петербурге, Москве, Одессе, Киеве, Харькове, Варшаве и Риге[1]. Основной из них была, конечно, Петербургская, с более чем 200-летней историей, — это в 1917 году! Потом пришли кровавые большевики и торговать стало нечем.

Биржи были открыты вновь только после распада СССР в 1990-х годах, и что произошло? При воссоздании были применены самые передовые на тот момент технологии. Тогда были ММВБ и РТС, сейчас они объединились и называются «Московской Биржей»[2]. Так вот, вашу заявку на покупку или продажу бумаг брокер выставляет непосредственно в биржевой стакан. Более

[1] У-у-у, сколько всего было нашего!

[2] Кстати, я держу её акции у себя в портфеле, норм контора.

того, вы её видите в терминале среди других заявок и в реальном времени понимаете, сколько от неё откусили другие участники торгов. В то же самое время огромные биржи с вековой историей (например, американская) не предоставляли брокерам такие возможности — клиентам приходилось торговать между собой, и они даже не видели заявок от клиентов другого брокера. А наша биржа пропустила этот этап как устаревший — и оказалось, что организация торгов у нас одна из самых передовых в мире, безо всякой иронии. И данные о ценах в реальном времени наши брокеры предоставляют бесплатно, хотя на мировых биржах это обычно стоит от 20 до 70 долларов в месяц.

Финансовые технологии развиваются точно так же, как инженерные, биохимические или любые другие. С каждым годом они всё лучше, и через 15 лет, вероятно, многие финансовые услуги значительно изменятся — придут блокчейн, мгновенные переводы с авторизацией сделок. Десять лет назад мало кто пользовался онлайн-банком, а сейчас он у многих всегда с собой в телефоне. Карточек с *PayPass* тоже ещё не было, а в местах без интернета продавцы использовали «слипы», прокатывая вашу карту через механическую машинку, которая отпечатывала выпуклый номер на бумажке. Компьютеры, интернет, средства связи — неотъемлемая часть финансов, они позволяют нам делать вещи, которые раньше были невозможны.

Новшества не всегда получается сразу воплотить в жизнь, так как поначалу они очень дороги. Но исследования в других областях могут изменить относительную цену продукта, и внезапно технология, которая была совершенно гипотетической, становится реальной и начинает работать.

Финансовые изобретения включают в себя и эксперименты тоже. Как и в других отраслях, никто не знает, сработает ли идея и куда заведёт абстрактная теория. Как только становится понятно, что идея сработала, её тут же все копируют. Таких прорывов было несколько, и традиционно их нельзя было запатентовать, но сейчас в США и в некоторых других странах — в Японии, Корее — это возможно.

Фьючерсные контракты, например, были изобретены в Японии в начале XVIII века в Осаке — их придумали для рынка риса — триста лет назад! Они были исключительно японской технологией до XIX века, а потом их скопировали по всему миру, и сейчас фьючерсный рынок — он циклопического масштаба. Фьючи сейчас настолько важны, что заслуживают отдельной главы — она в конце книги.

1.3. Как придумать страхование

Возьмём, к примеру, страховой полис. Концепция довольно простая, вспомним страховку от пожара или от смерти. Страхование жизни придумано с идеей защитить семьи с ма кими детьми — это самое важное применение. Если кто-то из родителей умирает, семье приходится туго, потому что второму надо и работать, и воспитывать детей. Это очень тяжело, поэтому вот можно на такой случай купить страховку. Муж умер — жена рада. Одна из первых больших страховых компаний, Scottish Widows (скотские вдовы), как раз этим и занималась с 1815 года: она страховала солдат в наполеоновские войны в пользу их жён и сестёр, прославилась тем, что у неё застраховал жизнь сэр Вальтер Скотт, а первые 2 выплаты она сделала глубоководным дайверам с «Титаника». Ну, то есть не им самим, а их счастливым родственникам.

Концепция простая, но создать такую штуку нелегко. Сначала нужно заключить страховой контракт между страховщиком и застрахованным. Там должны быть указаны причины смерти или инвалидности. Казалось бы, зачем? Умер и умер — плати. Разве можно как-то *неправильно* умереть? Оказывается, можно. Надо учесть случай самоубийства или теракта — как у Артура Хейли в книге «*Аэропорт*» или у евроиммигрантов, которые ломают сами себе конечности или «нечаянно» отрезают пальцы, чтобы получить страховку.

Такие случаи надо непременно упомянуть в контракте, иначе вся система рухнет. Когда придумали страховку от пожара в начале 1600-х годов, было много скептицизма, потому что любой лох может поджечь собственный дом[1]. Говорили, что это не сработает, потому что надо точно знать, сколько стоит каждое конкретное здание, ведь, если застраховать его на чуть большую сумму, какой-нибудь говнюк непременно подожжёт его и получит деньги.

А как страховая компания может оценить недвижимость? Пришлось им поработать над этим — создать индустрию оценки, чтобы стало хотя бы примерно понятно, сколько реально стоит тот или иной Биг-Бен. И для снижения этой нравственной опасности — поджога — страховать дома на меньшую сумму, чем они стоили.

Пришлось завести статистику потерь, чтобы знать, как часто дома сгорают. Для страхования жизни придумали актуарные таблицы, тут требуется серьёзный сбор статистики. Подсчитали, сколько может прожить человек определённого возраста: понятно, что восьмидесятилетнему старцу осталось жить меньше, чем тинейджеру. В среднем, конечно.

Появились проблемы с доверием: чем страховая будет платить по предъявленному полису? Нужна какая-то структура, которая гарантирует наличие резервов, чтобы оплатить возникшие страховые случаи. На это существуют регуляторы, которые предписывают страховым компаниям какие-то показатели и проверяют их соблюдение.

---

[1] Авось, что-нибудь да выгорит!

Для сохранения резервов нужна теория капитала и инвестиций. Надо чётко представлять, как деньги будут вести себя с течением времени. Кто-то начал об этом думать — так появились первые теории управления капиталом.

Ещё одна проблема: как понять, что страховая контора достаточно надёжна? Надо же както рассчитать и продемонстрировать эту надёжность всем клиентам. Появились рейтинговые агентства.

Поэтому индустрия эта достаточно сложна. И хотя стартовала она в начале XVII века, но развивалась очень медленно, так как многого ещё не придумали. Сейчас то, что я рассказал, кажется банальным, но то, что очевидно постфактум, совершенно не очевидно до появления изобретения.

1.4. Очевидное не всегда очевидно

В истории цивилизации было множество потрясающих изобретений. Например, атомная энергетика. Бомбардировка радиоактивных атомов нейтронами, чтобы начать цепную реакцию, — это ли не чудо?

Но множество изобретений чрезвычайно просты. Смотришь — и всё сразу понятно. При этом иногда люди удивительно долго не могут заметить очевидного. Взять, к примеру, колесо. По-русски говорят «*давайте не будем заново изо-*

бретать велосипед», а по-английски про колесо так говорят — «*let's not reinvent the wheel*». Казалось бы, что может быть более очевидно, чем колесо? Выясняется, что это не так уж очевидно.

В доколумбовой Америке не было колёсных средств передвижения. Там были высокоразвитые цивилизации: ацтеки, майя, инки, джигурда, — но телег, колесниц и повозок у них не было. Но что удивляет: можно поехать в Мексику и сходить там в музей, посмотреть на индейские игрушки. Так вот, у игрушек есть колёса! Типа деревянных животных, которых можно катать по полу. Представьте индейца, который смотрит, как его ребёнок катает что-то по вигваму. Зачем этот индеец вместо того, чтобы возить тяжёлые камни в телеге, волочит их по земле или передвигает, подкладывая брёвна? Почему не сделать повозку?! Загадка. Выходит, это не так уж очевидно.

Некоторые не могут в это поверить. Ходят и вслух заявляют: «*Не верю я, что в Америке не было колеса*». Для них у меня есть ещё один пример. Для молодых читателей он будет особенно поразителен. Сейчас почти у всех чемоданов есть колёса, и нам кажется, что они были всегда. Но до 1972 года колёс у чемоданов не было. Вашим родителям приходилось таскать чемоданы за ручку, которая имела свойство отрываться.

А в 1972 году некто Бернард Сэдоу изобрёл — только подумайте! — *изобрёл* чемодан на колёсах и получил на него патент. У его чемодана были четыре колеса и лямка, чтобы его катить. Это было совсем недавно. То есть он вдруг подумал: «*Почему бы не приделать колёса к чемодану?*» Ну и приделал. Потом он ходил по магазинам, и никто не хотел выставлять его товар. Он писал, что встретил стену непонимания; магазины сурово отказывали ему. Казалось бы, хорошая идея, да? Но продавцы говорили: «*Никто не купит ваши дурацкие чемоданы. На станциях и в аэропортах полно носильщиков, и никакие колёса не нужны*». Кроме того, многие люди, особенно мужчины, стеснялись катить чемодан вместо того, чтобы его мужественно нести. Потому что в 1972 году мужчина, который катит что-то за ремешок, считался неудачником. То ли дело сейчас! Надел носки под шлёпанцы — сразу уважение вызываешь и почёт.

У того чемодана была проблема: когда тянешь эту лямку, чемодан яростно виляет и постоянно норовит завалиться в канаву. Но какие-то 25 лет назад пилот Роберт Плат придумал новый дизайн, который и запатентовал в 1991 году. Вместо четырёх нижних колёс он приделал два, но сбоку. Такой чемодан тащат не вдоль, а поперёк, у него более стабильная основа. Вместо лямки он придумал жёсткую рамку, которая ловко засовывается внутрь. Плюс его чемодан достаточно узок для того, чтобы его можно было катить по проходу самолёта. Роберт назвал его *Rollaboard* — ну, типа он катится на борту, *бортокат*. А сейчас мы на него говорим просто «чемодан», потому что других-то почти не осталось.

Так вот, это произошло лишь в 1991 году. Теперь это очевидно — у всех эти чемоданы. Но почему их раньше-то не придумали? По-видимому, это не так уж очевидно, как кажется на первый взгляд.

Возможно, тут дело в психологии, а точнее в таком явлении, как фрейминг. Мы знаем о конкретном применении какой-либо вещи и подсознательно уверены, что это умно и правильно. На эту тему есть известная задачка про свечку и коробку с канцелярскими кнопками, придумал её некто Карл Данкер. Задачу, Карл! Придумал. В комнате стоит стол, и вам нужно закрепить свечу на стене, чтобы воск не капал на стол. Если думать шаблонно, то решить её очень трудно. Но как только вы узнаёте решение, оно кажется элементарным. Погуглите эту задачу, только попытайтесь её сначала решить, а не искать ответ сразу.

Сделаем паузу на этой мысли: вещи, которые кажутся очевидными, не так уж очевидны.

1.5. Айти XIX века

Теперь поговорим об информационных технологиях как об основном драйвере финансов. Мы ведь живём в мире ускоряющегося прогресса, ждём сингулярности и торжества Скайнета.

Что делает нас людьми? Возможность перерабатывать информацию. От животных мы отличаемся размером мозга, который способен запоминать и анализировать колоссальное количество данных. Но сейчас время, когда компьютеры некоторые вещи уже делают лучше нас. Совсем недавно вот оказалось, что фотку кошки от фотки собаки программа отличает лучше человека — делает меньше ошибок. Как такое может быть? Нейронная сеть научилась. Человек видит там шерсть, хвост — вроде и кошка, а оказывается, это собака такая дурацкая. А программа определяет, что собаковатость у фотографии выше кошковатости, и лучше человека угадывает.

Множество продвижений в финансах сильно увязаны с информационными технологиями. Внешне простые идеи риск-менеджмента требуют качественно организованных данных, и за последние несколько столетий человечество многому научилось.

Возьмём пример из XIX века, который оказался волшебным временем для тогдашних айтишников. Несмотря на то что компьютеры были построены лишь в 50-х годах XX века, механическую обработку данных предложил Чарльз Бэббидж ещё в начале XIX-го. Машину свою он так и не доделал, но дизайн предложил и нарисовал. В позапрошлом веке ещё много чего интересного произошло, и финансы получили мощнейшее развитие.

Во-первых, бумага. Кажется, тут всё просто. Но в 1800 году бумагу всё ещё делали из ткани: собирали тряпки по помойкам, сортировали, варили в извёстке и прессовали. Поэтому бумага была очень дорогой. Если вы покупали газету, она состояла из одного разворота и стоила бы по нынешним меркам баксов десять или даже двадцать. А уж «*Экстру-М*» вообще только олигарх мог себе позволить.

Придумали процесс производства бумаги из целлюлозы, цены снизились. Появилась возможность для записей не только самого важного, а вообще всего. Для финансов многое нужно записывать, причём желательно иметь записи в нескольких экземплярах. Придумали копировальную бумагу. Сейчас она почти не используется, но не так давно она была распространена весьма широко. Для юных хипстеров объясняю — это полупрозрачная бумага с красящим слоем на одной из сторон. Прокладываешь её между двумя листами, пишешь на верхнем, на нижнем отпечатывается копия. Можно положить так 3 или 4 слоя — каждый следующий читается хуже предыдущего, зато получается много копий. Это информационная технология, потому что одной копии для хранения данных недостаточно — нужен бэкап, чтобы держать его отдельно и не просрать в случае внезапной надобности.

Потом придумали печатную машинку. Вроде бы ничего особенного, но печатать можно в 4 или 5 раз быстрее, чем писать от руки, и исчезает проблема расшифровки чужого почерка. Многие врачи в тот день померли от досады.

Ещё что произошло: начали делать стандартизированные бланки, вроде бы в Голландии они появились. На листке печатали «имя», «фамилия», «любимый сорт» и оставляли место для заполнения. Это уже организация данных. Особенно если их впечатывать на машинке через копирку. Целая база данных получается.

Развивалась и бюрократия — не в нашем смысле слова, а во вражеском. Чиновники начали изучать свою работу, потому что они уже не всегда наследовали посты, а порою нанимались обществом исходя из своих способностей. Компетентный человек с печатной машинкой — в XVIII веке, например, такого не было, а тут — хоп! — появился. И назвали его Владимир Владимирович Путин.

В 1890 году придумали ящики для бумаг. Ерунда? Но до этого бумагу складывали в пачки, перевязывали лентами и засовывали в шкаф огромными кипами — хер что разыщешь. А тут можно выдвинуть нужный ящик и найти в нём нужную папку. Это уже индексация данных. Куча новых возможностей для финансистов.

1.6. Социальное страхование как технология

Теперь расскажу о системе социального страхования. Это прежде всего технология риск-менеджмента. Разработана она была в Германии во вполне конкретный момент — и, естественно, как продолжение развития информационных технологий. Произошло это в 1889 году при правительстве Отто фон Бисмарка — хотя он к этому отношения не имел.

Ах да! Я не рассказал о ещё одном изобретении в сфере айти, которое появилось в XIX веке. Это почта. Почта, конечно, существовала и до этого. Но в XIX веке она стала работать по-человечески (а не как у нас). За сто лет до этого отправить письмо стоило долларов 20 — и мало того что идти оно могло месяцами, но запросто могло и не найти адресата. Но после массового появления железных дорог почта сказочно преобразилась. Придумали почтовые вагоны, и более того — сортировать письма стали прямо в пути. Это колоссально ускорило доставку, потому что не надо было тратить время на предварительную сортировку — почта сразу же отправлялась в другой город. Наиболее отличились, конечно, немцы — у них возникла целая сеть почтовых отделений — даже в маленьких городках. Ну и понятно, что немца хлебом не корми, а только дай что-нибудь отсортировать. Вот такой у них был в XIX веке поездатый интернет. И он изменил всё.

В 1889 году немецкое правительство придумало использовать почту как сеть передачи данных и запустило социальное страхование. Они приняли такой закон, что каждый работник в Германии отчисляет долю от своего заработка в эту систему. В дополнение к этому, чтобы никому не было обидно, работодатель отправляет в фонд такую же сумму.

Как это реализовать? В Германии было 11 млн рабочих, и остальные страны ей завидовали. Естественно, никто не верил, что такое мероприятие реально организовать в масштабе целой страны. Но им удалось — через почту. Работник нёс деньги на почту и получал там специальные марки. У него была карточка соцстрахования, и он туда клеил эти марки, чтобы к пенсии у него осталось доказательство уплаты этих взносов. Такая вот немецкая зарплата в конвертах. На почте оставалась копия этих взносов, которая по достижении пенсионного возраста отправлялась в пенсионный фонд, поэтому Гитлер всегда знал, кто из немцев сколько не доплатил, и очень злился.

С наступлением пенсионного возраста работник получал выплаты от правительства на основе тех платежей, что он сделал. Настоящая система социального страхования. Газета «*Ландан Таймс*» в 1889 году напророчила немцам эпический фейл мероприятия, что, мол, система говно, немцы не смогут ничего сосчитать, будут жалобы и все деньги просрут. Но англичане не учли три фактора: во-первых, немцы могут сосчитать всё, что угодно; во-вторых, немцы не жалуются; в-третьих, у них ничего никогда не пропадает. И что бы вы думали? Через несколько лет Великобритания вводит у себя точно такую же систему!

Соединённые Штаты оказались чуть ли не последней в мире страной, которая ввела социальное страхование. Потому что до 1930-х годов это было как-то не по-американски. Но во время Великой депрессии и американцы её ввели, потому что надо было как-то спасать обедневших реднеков, а настроение в обществе сменилось на более социалистическое.

Это всего лишь пример. Важно понять, что информационные технологии, благодаря которым возникло социальное страхование, — важнейшая часть финансов. Но самое удивительное, что мы используем эту систему и сейчас, только не пользуемся почтой для учёта. По-прежнему считаются трудовой стаж и отчисления на пенсию, и даже бредовый пережиток совдепского бюрократизма — трудовая книжка — ещё в ходу. Знаете, где она ещё была? В Третьем рейхе.

В течение нашей жизни появятся и новые изобретения. В США уже сейчас можно отслеживать свой пенсионный портфель в онлайне. Глядишь, лет через 20 и мы до этого дорастём, если будет что отслеживать. А может быть, предложим пенсионерам свои, особые марки. Лизнул — и месяц путешествуешь бесплатно.

Именно поэтому финансы — интересная тема для изучения.

ГЛАВА 2. РИМСКИЕ БАНИ И КОРОЛЕВСКИЕ ПУЗЫРИ

Чтобы говорить о фондовом рынке, надо сначала усвоить некоторые базовые концепции. Что такое акция? Идея акционирования бизнеса появлялась много раз у разных народов и в разное время. Видимо, это встроенное свойство человека — пытаться раздобыть денег. Акция — слово нерусское, но по-английски (*share*) оно означает очень понятную вещь — долю.

Если вы начинаете с кем-то новое дело — хоть в Балашихе, хоть в древнем Вавилоне, — вы с партнёром договариваетесь: давай как-то делить прибыль.

И сразу всем всё ясно даже без учебника по корпоративным финансам. Надо определить у основателей доли в прибыли.

Как? Это тоже интуитивно понятно: вот ты делаешь больше работы или ты принёс больше котят на шаурму — ну у тебя и доля в прибыли больше.

2.1. ООО «РимВодоКанал»

Рассмотрим бизнес как будто человека, ну типа раба. Или что это я обо всём в мужском роде говорю — подумают, что женоненавистник. Давайте лучше представим рабыню. Рабыней владеют другие люди. И у неё есть лицо. Ну вот, и лицо это не простое, физическое, а особенное — юридическое у неё лицо.

Совершенно точно это лицо уже существовало в Древнем Риме. Слово «корпорация» происходит от латинского *corpus*, что означает (к сожалению) не «лицо», а «тело». У этого тела есть права и обязанности, совсем как у живого человека. В Древнем Риме корпорации назывались *publicani* — это были компании[1], очень похожие на те, что есть у нас сейчас. Я так и представляю, как ООО «РимВодоКанал» проводит *IPO*, выходит на биржу и превращается в ПАО «Итальянские Акведуки».

А биржа у них действительно была! Кто-то из археологов даже нашёл где. На какой-то улице собирались трейдеры и дико котировали друг другу древнеримские акции. Вот прямо вижу наяву: пыль, жара, бряцают мечи центурионов, а Гай Юлий Чубайс впаривает карфагенянам римские бани втридорога — и республика получает циклопические барыши.

[1] Некоторые считают, что это были какие-то «публичные люди», но это не меняет дела.

Контракты на некоторые работы тоже доставались вот этим организациям-публиканям. Строительство акведуков, производство оружия и доспехов, строительство храмов, и сбор налогов, и даже кормёжка гусей в столице — это всё делали корпорации. Со временем они выросли, у них стало много владельцев, и только некоторые из акционеров были управляющими. Самые большие компании нанимали тысячи людей и действовали на огромной территории Римской империи.

Публикани, естественно, были весьма влиятельны и часто переплетены с правительством. Откаты, кумовство, Чайка-Якунин, всё как у людей.

Одними из первых корпораций были города. Дальше, со временем, концепция стала шире и уже включала в себя организации типа профсоюзов художников, религиозные разные секты и похоронные клубы, которые для членов организовывали похороны по высшему разряду у себя там на ихнем Ваганьковском.

Самое интересное — сбор налогов. В Риме были налоги на пастбища, на зерно, на освобождение рабов (и рабынь, конечно). В некоторых провинциях налоги как раз собирали публикани. Они покупали (либо каким-то образом «получали» — как известный патриций Ротенбергус Золотой Стульчак) у государства будущие поступления и собирали сколько смогут. Понятно, что в дело шёл рэкет и центурионский беспредел.

Но когда республика превратилась в империю, публикани стали уже не так актуальны и императоры их начали давить, а потом империя распалась и вообще произошёл полный закат Европы на добрую тысячу лет.

2.2. Первая тру-корпорация

Круто и доходчиво о первых корпорациях написала Елена Чиркова в статье «*Превращение человека в акционера*» (5). Далее в этом и паре следующих параграфов я перескажу её слова.

Есть знаменитая книжка «*Моби Дик*», написал её Герман Мелвилл в 1851 году. Кстати, компания «*Старбакс*» получила и название, и логотип как раз из «*Моби Дика*», а электронный панк Moby — потомок автора, потому и взял себе такое вот творческое погоняло.

(5)

Главный герой книги нанимается на китобойное судно «*Пекод*». Корабль принадлежит не халявщикам, а партнерам: одноногому капитану, его приятелю Лёне Голубкову и другим нормальным пацанам. «*Остальные акции принадлежали, как нередко бывает в портах, всевозможным мелким держателям — вдовам, сиротам и ночным сторожам, и собственность каждого из них не превышала стоимости одного бревна, или доски, или двух-трех заклепок в корабельном корпусе*» — это из «Моби Дика» цитата.

Однако первой тру-корпорацией считается всё-таки банк *Casa di San Georgio*. Корпорацией он быть не хотел, но пришлось. Моднейшие тогда итальянские города-государства финансировали свои войны путем публичных займов. Когда город по какой-то причине не мог выплатить нужную сумму, он взамен передавал кредиторам право на кормление со всей поляны. Совсем как в Кущёвке, ну понимаете.

В 1400-с-хером году весь долг Генуи собрали в один выпуск со ставкой 7% годовых. Для того времени — весьма значительный процент, тогда время текло ме-е-дленно, да и инфляции почти не было. Соответственно, были собраны в кучу и все гранты на сбор дани, а для работы с ними создали банк *San Georgio*. Поначалу Генуя исправно платила проценты — и банк был просто тусовкой кредиторов. Но однажды город денег не наскрёб и нагло всех прокатил, заявив, что станет платить по плавающей ставке, в зависимости от своих барышей. В один миг облигации превратились в акции, проценты — в дивиденды, банк — в корпорацию, а держатели облигаций, сами того не зная, — в акционеров.

2.3. Кооператив «Озеро»

В XIV—XV веках гильдии существовали в основном для того, чтобы защищать монополию в некоторых областях промышленности или регионах. За монопольные привилегии гильдия отстёгивала устроителю регулярный бакшиш. Члены гильдии могли конкурировать между собой, но никаких понаехавших не было — они жёстко изгонялись из бизнеса кровавым сапогом.

Торговцы тоже создавали гильдии. В Англии они назывались «регулируемые компании». И зачастую называли их по далёким диким регионам, в которых они имели монопольное право вести торговлю, — «*Индийская Компания*», «*Африканская Компания*», «*Русская Компания*» — она, кстати, самой первой считается, зарегистрировали её в 1554 году. То есть мы для них, в общем-то, как 500 лет назад были дикарями, так и остались.

Члены гильдий создавали кратковременные партнёрства при организации отдельных экспедиций. Компания спонсировала такой тур, и её члены могли выгодно вложиться. Потом уже можно было вписаться в конкретную экспедицию (или зажать денежки и забить на это дело) — сперва вкладывались акционеры, а если денег не хватало, обращались ко всяким лохам и впаривали им тему. То есть участвовать могли и люди извне, но они должны были заплатить членский взнос вдобавок к своему вложению. А члены гильдии потом снаряжали корабли и на них сами же плыли.

Первые известные акционерные корпорации — это Голландская и Английская Ост-Индская Компании, которые были созданы для конкуренции с испанской и португальской доминацией на островах Юго-Восточной Азии. В Испании у них была госпрограмма поддержки: конкистадоры оголтело качали у инков серебро и снаряжали чартеры на Пхукет; в Англии же король ни черта не помогал своим купцам, потому что побаивался, что испанцы ему устроят адскую порку. Хотя в 1588 году Фрэнсис Дрейк (*капитан* Фрэнсис Дрейк!) дико вломил испанской Непобедимой Армаде, и англичанам немного полегчало в плане отпуска на островах.

В те времена тур в Таиланд длился примерно 3 года — а на такой срок и под стрёмную тему путешествия в гости к туземцам займы никто не давал. Поэтому пацанам приходилось втюхивать всяким пассажирам доли в будущей прибыли. Для основания Ост-Индской Компании собралось около двухсот рисковых парней, они и проплатили первый чартер.

Сначала каждая экспедиция снаряжалась и финансировалась отдельно, а прибыль (и все вложения) делились после возвращения. Но в дальнейшем капитал из одного вояжа стал перетекать в финансирование следующего. Так они потихоньку стали похожи на современные компании. Тогда же начали появляться отличия директоров от инвесторов, а члены гильдии постепенно вышли из моды и превратились в офис-менеджеров на зарплате.

Корпорации эти имели влияние самого высокого пошиба. У королевы и аристократии имелись солидные вложения в Английскую Ост-Индскую Компанию, и, естественно, контора получала всяческие ништяки в коридорах Биг-Бена. Ну и они выплачивали что-то вроде дивидендов государству. С нашей точки зрения, это похоже на налоги, но тогда это было больше похоже на взятки, хотя и считалось в порядке вещей.

2.4. Менеджерский произвол

Из-за адских рисков даже самому крутому купцу было разумнее участвовать в нескольких экспедициях понемногу, чем полностью вкладывать все яйца в один собственный челночный тур. Мало ли, не доплывёт корабль — и все деньги на дно. Прошаренный челночник на такое пойти не мог. Поэтому он должен был довериться стильному топ-менеджеру, который вёл дело к успеху.

В Голландии, например, инвесторов было много, сами они экспедиций не собирали, а доверчиво отдавали свои денежки в управление аферистам. В Англии было построже.

Потом менеджеры отделились от инвесторов, а их поведение изменилось, сами понимаете в какую сторону. Например, когда Английская Ост-Индская Компания договаривалась с королём Суматры, султан намекнул, что хорошо бы ему заиметь парочку европейских жён в коллекцию. Менеджерам было как-то и неловко отдавать своих соотечественниц в гарем, но они вот придумали отдать ему одну, ну типа одну-то можно, чего тут такого? Кто-то из управляющих даже свою дочь решил султану подогнать — вот какой был коммерсант, прямо-таки какой-то английский Полонский. Но король Яков такого буйства коммерции не допустил, и султан остался без красотки.

В Голландии акционеры несколько раз наживались на пассивных фраерах: выплачивали дивиденды товаром (мускатный орех, перец, вот это вот всё), а не золотом. Выплаты специями были выгодны активным инвесторам, потому что они были чёткие ребята, знали рынок и могли товар этот нормально загнать. А пассажиры, естественно, вынуждены были как-то крутиться самостоятельно и продавать его скупщикам, в точности как на советских фабриках людям зарплату валенками платили, ну или хрусталём, или мылом хозяйственным. Ну, орехи хотя бы сожрать можно: деликатес. Отчётность конторы тоже была не открытая и не для всех — короче, на лоха и зверь бежит.

Голландская Ост-Индская компания в 1637 году на пике тюльпанной лихорадки достигла размера аж в 8 трлн нынешних долларов (6). Это как 20 крупнейших компаний мира сегодня. Это было государство в государстве. Два океана под контролем: Тихий и Индийский. Пятьдесят тысяч сотрудников. Больше сотни торговых судов. Собственная армия в 10 тыс. человек. Сам Пётр Первый приезжал к ним на стажировку!

(6)

Банкротство её тоже было эпическим — трясло весь мир. Но оно было скорее связано с англо-голландской войной конца 1790-х, чем с бизнесом компании. Самое интересное, вот вы сейчас думаете — как же так, я ничего о такой громаде не слышал? А знаете, как когда-то назывался Нью-Йорк?

Новый Амстердам.

2.5. МММ по-королевски

Несколько лет назад был на Бумстартере какой-то интересный краудфандинговый проект морской экспедиции, который всех потом ловко обманул. Они там гвозди из своего «корабля» продавали, а потом выяснилось, что и корабля-то никакого нет, все деньги они потратили на запуск ещё одного «краудфандинга», но уже на английском языке — на буржуазном Кикстартере, — а спонсорам прислали чудные фотографии медуз — то есть как следует всех обвели вокруг члена. Вообще в истории корпораций пузырей и обманов хватало, о них сейчас расскажу.

Самые известные надувательства — это «*Компания Миссисипи*» и пузырь «*Южных Морей*». Эти мошеннические схемы были созданы и организованы не кем-то, а правительствами Франции и Англии (Великобритания тогда только-только появилась). В начале 1700-х годов у обеих стран были огромные военные долги, от которых надо было срочно избавиться. Обе страны решили покончить с долгами одним и тем же способом: облапошить кого-нибудь.

Государственные облигации были конвертированы в акции какой-то квазикорпорации, которая держала весь этот долг, а государство предоставляло ей монопольное право на торговлю. Это в теории. На практике французское правительство создало «Фирму Миссисипи», которой достались монополия на поставки табака и право дико продвигать эмиграцию в Америку. Эх, славное было время!

Англичане же в 1711 году создали циклопическую «Компанию Южных Морей», у которой была монополия на торговлю с Южной Америкой. Но все морские пути тогда контролировала Испания, и эта монополия особого смысла не имела. Ну, они там немного поторговали рабами и другими предметами первой необходимости. Кстати, за негра старше 16 лет тогда давали всего 10 фунтов.

Единственные *реальные* активы этих компаний — это платежи государств по своим долгам, которые распределялись между акционерами. Чтобы заманить инвесторов и поменять государственные облигации на акции этих пирамид, нанимались специальные промоутеры, которые их рекламировали и даже покупали на государственные деньги, чтобы задрать цены. Часто делались заявления, что какой-то чиновник мощно закупился акциями, хотя ему просто давали получить разницу в цене при продаже их обратно, типа виртуальный опцион такой вручали.

Инвесторы дружно понеслись менять свои госбонды на акции этих шарашек, даже покупали акции в кредит. Дошло до того, что компания давала инвесторам в долг деньги на покупку её же собственных акций. Как барон Сулейман Керимович Мюнхгаузен, она тянула себя ввысь.

Юные читатели часто спрашивают, при чём тут уважаемый дагестанский россиянин. Поэтому на минутку отвлечёмся от прекрасного средневековья и перенесёмся в 2004 год. В то замечательное время Сбербанк выдал Керимову херову тучу денег на крайне занятную покупку: на акции Сбербанка! Это очень удобно: взял кредит, купил на него Сбербанка, отдал акции в залог. Бумаги подросли, можно увеличить кредит, купить акций Сбербанка, отдать их в залог... Таким образом под контролем Керимова оказалось чуть ли не 6% самого крупного банка страны.

Как же ему удалось получить столь масштабные кредиты в одно рыло? Может, помог кто? Может быть, обладая солидным пакетом акций, можно провести своего человека в Наблюдательный совет? А тот уже выдаст кредит кому надо[1]. Всем хорошо: котировки растут, состояние растёт, Сбер получает проценты по кредиту. Один только вопрос: почему нам с вами такое не позволено? Да мы просто не знали, что так мож-

[1] Под залог акций Сбербанка, бгг.

но. Надо просто прийти в ближайшую сберкассу и попросить там 2 млрд долларов.

Похоже, такая же схема была у Усманова, когда он на деньги Газпрома покупал 2% Фейсбука. Деньги-то он вернул, да вот прибыль почему-то досталась не Газпрому, а Усманову. Но об этом лучше написал тот-кого-нельзя-называть. Хотя Сбербанк-то крутит наши с вами денежки, а английские лорды, чай, у пастухов не занимали.

Но вернёмся к нашим пузырям. Хотя конвертация британского госдолга в акции была добровольной, на нее согласились почти все. Конечно, там были и какие-то значимые преимущества тоже — например, государственные бумаги было очень муторно продавать (требовалось разрешение), а проценты шли первоначальному владельцу — и надо было у него их как-то выцыганить. В новых конторах с этим стало проще.

Совместно Компании Миссисипи и Южных Морей тянули аж на 11 триллионов сегодняшних долларов (6,5 и 4,5 трлн) на пике в 1720 году — это в 11 раз больше, чем *Apple*, или в 200 раз больше, чем Газпром.

В конце 1720-го лопнул пузырь «Компании Миссисипи». Она рекламировала как бы процветающую экономику Луизианы, печатала банкноты без обеспечения и дивиденды платила своими же мавродиками. Причём реально всё было похоже на МММ — курс бумаг постоянно рос, их количество постоянно увеличивалось, реклама была сумасшедшая. Но в один прекрасный момент кто-то вдруг захотел получить звонкую монету взамен бумажек, а кто-то подумал, что не хочет давать столько денег за это добро. Компания покатилась в ад. Особенную красоту этой афере добавило то, что гендир «Миссисипи» одновременно был министром финансов Франции, и, когда акции начали падать, правительство начало скупать эти акции, потом деньги кончились, их начали печатать, ну а потом всё как всегда. Были потеряны огромные состояния, и французская экономика серьёзно скуксилась, в том числе и из-за огромной инфляции. Через некоторое время двинула кони и «Компания Южных Морей».

На самой вершине пузыря английский парламент принял закон о запрете новых корпораций, его и назвали — сюрприз! — «Законом Пузыря». Что характерно, закон приняли не *после* краха, а *до* и с одной лишь целью — чтобы новые мошенники не соревновались с государством за денежки доверчивых инвесторов. Что как бы намекает.

2.6. Регистрация фирмы под ключ срочно

Почти всегда корпорации создавались с какой-то благородной целью или с идеей пользы обществу, и за это у них были какие-то бонусы. Разрешения выдавались королём, причём платно и только если создателям удавалось доказать, что дело задумано полезное. Потом их стал подписывать парламент. Поначалу самая крутая привилегия — это была монополия. Например, эксклюзивное право торговать с какой-либо страной или право прорыть какой-нибудь канал. Чтобы не возникало сильной конкуренции, разрешение на создание новой компании могли и не выдать. Если же его выдавали, то там указывался размер капитала, ограничивались виды деятельности и срок: корпорации всё ещё были временные.

Впоследствии возможность смены собственников и ограничение их ответственности стали неотъемлемыми атрибутами корпорации. Это позволило создателям привлекать горы денег. Небольшие инвесторы, которые рисковали незначительной частью своего капитала, совершенно спокойно относились к тому, что фирмой управляет какой-то директор, и в итоге вышло так, что разделение собственника и управляющего превратилось в преимущество — ну и, с другой стороны, в недостаток.

Начиналась английская индустриальная революция, а правительства всё ещё принимали долгие и порою странные решения насчёт того, кому позволить регистрацию, а кому нет. Что-то надо было делать. Выходом стала новая концепция: *электрический стул*. Шучу, просто всем желающим разрешили регистрировать публичные компании, всего лишь отправив заявку. Прелести корпорации стали доступны всем.

2.7. Всем, кому должен, прощаю

В начале XIX века в Нью-Йорке приняли закон о ценных бумагах, который провозгласил два важных принципа. Первый — что любой чел мог зарегистрировать корпорацию, и её акции могли торговаться на бирже. Ну, не совсем любой, там надо было выполнить определённые требования регулятора (размер капитала, например), но никакого разрешения не требовалось — всё автоматически там сразу было разрешено. Такая вот у них была американская демократия. Без королей, парламентов и прочей шелухи мускатного ореха.

Второй важный принцип — ограничение ответственности. Оно стало стандартом. Это означает, что инвестора никогда не могли засудить по долгам или грязным делишкам корпорации, в которую он вложился. Хотя в долг тогда давали неохотно (и на очень короткие сроки — на полгода, например), всё равно пассажирам было стрёмно. Поэтому это офигеть какой фундаментальный шаг, даже целый прыжок в будущее. Идея-то была и раньше, какие-то конторы так прямо и заявляли, что «наших инвесторов обломать не получится при любом раскладе», но в 1811 году в С.а.С.Ш. это стало законом. Теперь не надо было опасаться, что ты там прикупил себе акциев, и какие-то мутные дяденьки с погонами к тебе приходят и устраивают маски-шоу, потому что хитрожопый директор слинял со всем баблом в коробке из-под гильотины. Надо сказать, что наша так называемая «субсидиарка» — полная противоположность этому принципу, и, надеюсь, понятно, что я о ней думаю: мата в книге больше нет.

С тех пор американская биржа мощно расцвела, ведь никто уже не боялся такого шляпного поворота событий. Купил акцию — не волнуйся, в крайнем случае провафлишь вложенное, но не более того. Европа же эту идею признала попозже, к середине XIX века. Поэтому Нью-Йорк такой крутой по финансам получился. В Англии там базарили ещё, мол, падлы-банкиры могут не вернуть депозиты, если вот так им внезапно личную ответственность простить. Но простые навальные акционеры победили.

В целом, выяснилось, что это была колоссальная инновация, и хотя сейчас она очевидна, я вам в предыдущей главе рассказал, что не всё так очевидно, как кажется на первый взгляд.

В Америке же и возник человеческий фондовый рынок в нашем понимании — в основном после появления железных дорог и связанной с этим биржевой лихорадкой. И, если раньше в корпорации вкладывались только богачи, с середины XIX века тему прознал простой люд и начал ломиться на биржу.

До появления бирж британские дельцы просто собирались в местной «Шоколаднице» и там покупали друг у друга акции, а о сделках и долговых расписках сообщали объявами на дверях. Хотя к началу прошлого века суть акции начала от людей ускользать — их уже начали считать просто вложением средств, причём второсортным (в отличие от облигаций — то есть долговых бумаг). Про доли в предприятиях люди начали понемногу забывать, а сами акции стали больше ассоциироваться с рискованной игрой на скачках. Повезло — выиграл, нет — ну, что делать.

Но в двадцатые годы, пока у нас заправляли обезумевшие большевики, американские домохозяйки наконец поняли, что инвестиции в фондовый рынок — это стильно, модно и молодёжно. Акции красиво и чётко росли и несли владельцам звонкий шекель.

А в 1929-м подкрался белый зверёк и наступила совершенно адская Великая депрессия, в которую никто не верил, и каждый думал, что она вот-вот закончится, так было туго. А она всё не заканчивалась, и всем становилось всё хуже и хуже. Тогда американский расовый президент Рузвельт придумал тему: циклопические работы на государство, называлось это *TERA*[1], — люди могли трудиться тупо за еду, но у них была хоть какая-то работа — и еда! Укрепляли набережные, строили лестницы, мостили дороги, благоустраивали парки, вырубали и высаживали леса, короче, трудились на благо родины. А родина им

[1] Temporary Emergency Relief Administration — временное административное облегчение.

за это платила сущие гроши, но и то хорошо — хоть с голоду не дохли.

И только через пару десятков лет акции вернули себе былую славу, которая, впрочем, была изрядно подпорчена несколькими чёрными днями недели. Об этих событиях, которые с лёгкой руки ливано-американского писателя Нассима Талеба были названы «чёрными лебедями», я расскажу попозже, а пока будем разбираться, как обстоят дела в корпорациях сегодня.

ГЛАВА 3. ДИРЕКТОР? ДА ПОШЁЛ ТЫ В ЖОПУ, ДИРЕКТОР!

Проблема доверия существовала примерно всегда. В корпорации один из главных затыков — взаимоотношения между акционерами и менеджерами. Это причина того, почему сам Адам Смит корпорации недолюбливал. Он плакался: «*Будучи управляющими не своими, а чужими деньгами, менеджеры вряд ли будут относиться к ним так же ревностно, как к деньгам предприятия, в котором все партнёры работают и приглядывают друг за другом*».

Через 150 лет после этих слов произошла фундаментальная перемена. Акции американских предприятий стали широко распылены. Частные собственники практически потеряли возможность влиять на управление компаниями. В таких условиях контроль стал перетекать к директорам или менеджерам, которые путём подлых махинаций создавали схемы вечной непотопляемости своих постов, даже если у них была лишь малая доля акций. В той или иной мере проблема существует и сейчас.

Это начало феномена под названием «управленческий капитализм». При Адаме Смите такого не было! Акционеры тогда владели предприятиями, и проблема доверия находилась в русле ответственности директоров. Но во второй половине XX века она переросла в возможность личного обогащения менеджеров при полном, сука, соблюдении закона. Для этого применялись всевозможные ухищрения; но самое очевидное, конечно, это выплата друг другу фантастических бонусов.

3.1. Кресло со встроенным парашютом

Совращённые менеджеры-капиталисты расплодились и окрепли. Множество гендиров провозгласили себя и председателями совета директоров, а места в советах распределили между своими подельниками и шестёрками. Случилось страшное: в советы директоров проникли фиолетовоголовые главбухи и сраные менеджеры по продажам. Вместо того чтобы задавать компании стратегические цели и контролировать ушлых менеджеров, советы превратились в жалкое подобие изначально чинных и благородных тусовок.

Менеджеры просто-напросто перестали работать на акционеров, а стали работать исключительно на себя. Увеличение акционерной стоимости компании? Зачем, когда можно выписать себе премию? Если рынок упал на 10%, а компания — лишь на пять, можно это отпраздновать и рассказать всей отрасли, какой в компании гениальный директор. В книге *«Фрикономика»* был отличный пример из кинобизнеса: издатель нанимает нового директора, и компания начинает выпускать один блокбастер за другим. Никому не приходит в голову, что все эти фильмы делались при предыдущем руководителе, которого с позором уволили за фейлы, заложенные его предшественником. Да и вообще большой вопрос, действительно ли руководитель влияет на прибыль компании или это у буржуев так заведено — верить в каждое чучело в пиджаке и с галстуком.

Ну вот, управленческий кризис-таки разразился, и некоторые владельцы начали беспокоиться, что менеджеры вконец обнаглели. Советы директоров *General Motors* и *IBM* стали планомерно увольнять озверевших руководителей, а внезапно проснувшийся американский регулятор прояснил обязанности советов. Крупные институциональные инвесторы начали давить на советы, и возникло целое движение за чистоту корпоративного управления.

Идеи съезда партии были такие:

- большинство директоров должны быть независимы;
- председатель совета директоров и управляющий (по-нашему, генеральный) директор — это должны быть разные люди;

- ключевые комитеты (например, наблюдательный) должны состоять исключительно из независимых директоров — т. е. не сотрудников компании;
- надо избавляться от золотых парашютов;
- надо более чётко прописать возможности покупки акций компании и исполнения менеджерами своих опционов.

3.2. Рейдерство, основанное на принципах

Тем не менее акционеры и сейчас бывают так распылены, что у них нет никакого контроля над компанией, а советы директоров много где превратились в самовоспроизводящиеся механизмы: одни и те же люди назначают друг друга директорами, получают циклопические зарплаты за «наблюдение», «консультирование», «представление интересов акционеров» и нихера при этом не делают.

В Америке есть такой чел, Карл Айкан, он считается крутым корпоративным рейдером, но не совсем в том смысле, как у нас. То есть он не фээсбэшный ублюдок, а просто угарный чел с принципами. И он сделал карьеру на разрушении таких вот пидорских самовоспроизводящихся советов директоров.

На бычьем (растущем) рынке много денег зарабатывается на кредитном плече. Понятно, что в кризис это всё отзывается очень больно. И в 1962 году Айкан просрал абсолютно всё, даже выигрыши в покер. Очередная модная тёлка ушла в тот день, когда банк забрал его тачку. Потом он восстанавливал капитал, торговал на бирже, занимался безрисковым арбитражем — тогда это было куда проще, без компьютеров и хедж-фондов: конкурентов было мало.

Сейчас он примерно тем же и занимается. Покупает акции компаний, которые стоят дешевле, чем активы этих компаний. Смотрит, почему фирма оценивается так дёшево; чаще всего это из-за дебилов в управлении. Выкупает доляну в этой конторе и ломится туда всё менять.

Он пишет, что крайне мало людей понимают, насколько плачевно обстоят дела в этих советах. Там просто трэш какой-то творится. Надеяться не на кого, ответственность никто на себя не берёт, никакой демократии и представительства акционеров, вокруг одни маньяки и меньшинства. И Карл об этом постоянно твердит, за что его все эти менеджеры дико ненавидят.

Как раз по этой причине и он заработал свои миллиарды — он просто ставил хорошего управленца вместо имеющихся придурков. Сразу меняется структура, урезаются расходы на всяких козлов, увольняются все лентяи и дебилы, и компания как по волшебству начинает приносить прибыль. Остаётся только научиться находить такие конторы, где есть активы, персонал, бренд, технологии — и ужасное управление.

3.3. Коричневые директора

Америка, по его мнению, управляется из рук вон плохо. Полный антидарвинизм и холокост. Самые умные, самые лучшие люди никогда не попадают в советы директоров. А кто попадает?

Сперва будущий директор поступает в приличный институт и становится председателем студсовета или какой-нибудь похожей шняги. Он неплохой парень, даже нормальный иногда, всегда готов поддержать, всегда сидит в столовке или в клубе. Если у тебя плохое настроение, чот приуныл, тёлка ушла, завалил экзамен, курсовая стёрлась — ну, в общем, херня произошла какая-нибудь, там тебя ждёт этот чел. Вы с ним берёте пива, играете в пул, перекидываетесь парой слов — ну да, тёлка ушла, ещё и ноут спёрли, денег нет, всё как всегда — короче, тупая беседа ни о чём. Понятно, что он всем нравится — потому он и председатель студсовета. Но работает-то он когда? Он никогда никому не мешает, никогда никого не обижает, никогда не блещет интеллектом. Он такой *хороший парень*. Он начинает делать карьеру, чётко лавируя и подлизывая задницы. Он умеет общаться с людьми, не раскачивает лодку. Никогда не предлагает сногсшибательных идей (чтобы не сшибить никого с ног, ха!), не подсиживает начальника, поэтому и двигается по карьерной лестнице — его не боятся ставить под себя. Никто на него особенно не рассчитывает, но он и никому не мешает. Он удобный. Если у него возникает гениальная идея, он держит её при себе, ведь иначе его могут уволить.

Поэтому у него вырабатываются вполне конкретные качества — он приятный, политически ловкий, выживальщик и он не представляет угрозы. И годам к 50 он добирается до самого верха. Это и есть черты современного американского директора, за редким исключением. Он не ерошит перья, не расстраивает совет директоров. Он растёт-растёт и дорастает до зама генерального. Ну а генеральный — он точно такой же мудила. Ему не нужна угроза подсиживания, и он выживальщик. Он никогда не сделает вторым номером человека умнее себя. Поэтому зам оказывается всегда тупее руководителя. И наш приятель становится замом. Он всем нравится, а потом гендир уходит на пенсию и наш бывший председатель студсовета делается генеральным. И — загадка! — кого же он назначит своим замом? Да такого же козла, только ещё тупее. Потому что ему тоже не нужен соперник.

Так несколько раз, и глядишь — огромной компанией управляет полный кретин. Большинство из нынешних менеджеров должны быть отправлены в печь сейчас же. Ну ладно, если уж совсем честно, некоторые из них ещё более-менее, но заняты они вполне конкретным делом — они накачивают свою репутацию, свои связи. Строят себе королевское окружение и создают эффект непотопляемости. Они прилагают все усилия, чтобы остаться в кругу топ-менеджеров, первым делом после найма выпрашивают себе золотые парашюты, и поэтому положиться на них нельзя. Они не думают о компании, они думают о себе. Это как если б ты ходил в школу, а контрольных там не было. И пока не наступит конец года, никто не понимает, выучил ты что-то или яйца чесал всю дорогу.

И настоящих выборов топа тоже нет. Поэтому и убрать их очень трудно, даже если у вас есть какие-то голоса в совете директоров — они все друг за друга цепляются, потому что знают — рука руку моет. Одного ты поддержишь в совете, он тебя поддержит в другом совете. Поэтому они создают такие уставы, что их хер уволишь. А талантливые ребята туда пролезть никак не могут. В итоге нынешние гендиры получают свои космические зарплаты и не думают о компании — долгосрочный рост прибыли для акционеров их не особо интересует.

Ну ладно, это я, конечно, преувеличил. Но не сильно. Таков уж исторический цимес. США развиваются довольно бодро, последние 25 лет прямо в масле катаются. Глобальная экономика росла, инвестиции росли, они получали дешёвые товары из Китая, а низкие (даже падающие) цены при этом сдерживали инфляцию. Говоря простым языком, при низкой инфляции Федрезерву — пендосскому ЦБ — в макроэкономическом плане ничего не стоит печатать новые доллары. Он их и печатал путём выпуска долговых расписок, как с неподдельным — но от того не менее дебильным — ужасом рассказывал наивный фильм *ZeitGeist*.

США выступили в роли огромного таза с бухлом. Амеры пировали и мощно выжирали из таза, ЦБ в него вливал, а остальной мир с радостью принимал за свои товары американские доллары. Все думали, что Америка — это круто. Будто вы приехали из перди и видите, что в городе живёт припеваючи одна крутая семейка. Лежат все вокруг бассейна, жрут и бухают из этого таза, у всех огромные тачки и часы как у Патриарха Всея Руси. Остальной город вкалывает на фермах, заводах и подвозит добро этой семье — еду, одежду, мебель, всё. А семейка эта всем раздаёт только красивые долговые расписки и ничего не делает — только с жиру бесится.

Вероятно, в какой-то момент какой-нибудь житель города скажет, что распиской сыт не будешь. США находятся именно в такой ситуации — платят за дешёвые товары напечатанными долларами. Но нельзя забывать, что у нашей семейки лучшие преподаватели, лучшие технологии, лучшие компьютеры и лучшие умы, а семейка самая богатая во всём городе. Кроме того, очень трудно сказать «мне больше не нужны ваши расписки» семейке с пятью авианосными группировками, мощь которых превосходит военно-морские силы всех остальных вместе взятых. Сами понимаете — когда речь идёт о чести семьи, вопрос о деньгах неуместен.

3.4. Зарплаты топов

Тем не менее в корпоративных финансах большие проблемы. Топы зарабатывают *в сотни раз* больше рядовых сотрудников. Совершенно очевидно, что никакой гена столько не стоит. Это всё потому, что акционеры в реальности не голосуют — им просто-напросто всё похер. Я напомню, что основные владельцы ценных бумаг в мире — это организации, а не люди. А фонды не голосуют против горе-менеджеров. Но такие борзые ребята, как Карл (Карл, Карл!), любят внезапно вонзить вилку в жопу зажравшимся топам и выгнать их на мороз. Он себя гордо называет «корпоративным активистом», ну такой йыхний Навальный с кучей бабла. Интересный кадр.

Надо, правда, указать разницу между директорами и фондовыми управляющими. Управляющие хедж-фондами иногда обыгрывают рынок, потому что лучше, чем обычные люди, понимают, как устроен мир (ну или им просто везёт). Всем было бы лучше, если бы цены на активы были ближе к своим реальным значениям или хотя бы стремились к ним на протяжении времени — чем мотались бы как говно в проруби. Если бы хедж-фонды сделали рынок абсолютно эффективным, всем стало бы зашибись (кроме самих хедж-фондов — ведь тогда бы они не смогли зарабатывать). В этом смысле биржевые трейдеры помогают сделать мир чуточку лучше.

Есть у них и ещё один плюс. Большие хедж-фонды — инвесторы очень активные. Там высокая конкуренция и управляющие постоянно под прессингом рынка — надо зарабатывать для инвесторов деньги. И их космические зарплаты получаются *исключительно* из прибыли фонда — это прямой результат их действий по зарабатыванию денег клиентам, а не какой-то тайной договорённости и подковёрных интриг.

А вот если посмотреть на зарплаты и бонусы нефинансовых компаний (услуг, промышленности и т. д.), выясняется, что директора топ-500 мировых корпораций получают полные компенсационные пакеты, даже если их увольняют — кроме обнаружения явного мошенничества. То есть они могут работать херово, но деньги получат всё равно. Уроды.

3.5. Как получают повышение

Почти каждый, кто пытается работать в полную силу, постоянно мучается в непонятках насчёт своей карьеры. Особенно, когда он уже менеджер и стремится расти дальше. Дело в том, что справедливое ревью, обзор достижений и повышение в должности — это чаще всего фантастика. Как же всё-таки продвинуться по социальной лестнице?

Если вы нанимаетесь в растущую компанию, какие советы вам чаще всего даст консультант по карьере или знакомый эйчар? Делайте своё дело изо всех сил, пробуйте решать всё более сложные проблемы, концентрируйтесь на обучении в каждом аспекте, ищите ментора себе и будьте ментором другим, достигайте измеримых результатов. Я раньше давал всем один конкретный совет: берите на себя больше ответственности. Потому что именно это нужно вашему начальнику: снять с себя хотя бы какое-то количество головной боли. Но, как выясняется, это не главное.

Да, каждый год или полтора у вас будет ревью, которое определит ваши сильные и слабые стороны, ну и назначит вам области для роста и обучения. Каждую неделю или две у вас будет общение с боссом, который поможет подкорректировать ваш курс. Но очевидно, что всё это большой спектакль. Использовать всем известные способы продвижения необязательно, и уж точно совершенно недостаточно. Вполне может оказаться, что это даже вредно: почти каждый, кто делает реально крутые вещи и серьёзно относится к оценкам своей работы, чаще всего пропадает в безвестности и продолжает работать как проклятый, принося деньги своим руководителям и акционерам. Посмотрите на тех, кто принимает действительно важные решения в вашей организации. Вы что, реально думаете, что их продвинули после того, как какой-то вышестоящий менеджер сделал им ревью и высоко оценил результаты их работы за последний квартал? Ха-ха-ха!

Когда вы приходите работать в быстрорастущую компанию, поначалу вы будете видеть исключительно умных, идеалистичных и замотивированных людей, которые работают в поте лица, чтобы достичь какой-то великолепной цели и изменить мир. Но когда вы будете увольняться, если, конечно, вы не абсолютно слепы, вы поймёте, что весь менеджмент — это такая «Игра Престолов», где каждый день люди пытаются манипулировать друг другом не только по емейлу, но и за рубежом. Я уж не говорю о тех, кто подъедает чужие обеды, выпивает весь капсульный кофе и сжирает все печеньки.

Первая вещь, которую вам предстоит усвоить: скрытые преимущества быстрорастущей компании имеют свою цену. Деньги, рост, публичность и статус имеют свойство привлекать вполне определённых людей. Кого? Да тех, кто ищет деньги, рост, публичность и статус! И чем более успешна компания, тем сильнее она будет привлекать подобных махинаторов.

Погодите, неужели не все мы хотим успеха и статуса? Конечно. Но не у всех это стремление выражается одинаково. Суперпродуктивный хакер, который работает в компании-единороге, а в свободное время патчит какой-то opensource-проект, тоже хочет богатства и статуса, но у него есть и другие принципы. Он может запариваться по поводу правильного текстового редактора. Или достойного языка программирования. Или по поводу названий каких-то функций в *API*. Его принципы могут быть удачными для карьеры. Ну или не очень. Они отчасти могут быть глупыми или не очень продуктивными. Но это его принципы! Без них он не стал бы тем, кем является.

А вот оппортунисты, которых привлекает богатство и статус, принципов не имеют. За исключением тех, что приносят им богатство и статус. Дело не в том, что у них какой-то плохой вкус или они что-то неправильно оценивают. Со вкусом у них всё нормально — поэтому их и берут на работу. Но вот желание демонстрировать свой вкус или свои принципы у них давно подавлено другим желанием: скорейшим продвижением по карьерной лестнице.

Когда вы первый раз встретите такого человека, он может показаться вам настолько далёким от реальности, что будет трудно это переварить. У меня таких встреч было несколько, и я каждый раз удивлялся: неужели начальство не видит, что человек представляет из себя актёра, если не сказать клоуна, главная задача которого заключается не в том, чтобы принести какую-то пользу компании, а в том, чтобы принести пользу *себе*? Более того, пару раз такие люди мне открыто признавались: они готовы использовать любую возможность для дополнительной продажи, карьерного роста или подсиживания начальника. И у них с карьерой всё в порядке. К сожалению. Мир несправедлив, и с этим надо мириться.

Маркс считал, что для достижения чувства удовлетворённости жизнью человек должен чувствовать связь с конечным результатом своей работы. Например, плотник чувствует удовлетворение, когда он заканчивает делать стол. Но в постиндустриальном обществе у людей нет такой связи, и этого чувства удовлетворения тоже нет. Карл называл это «*отчуждённым трудом*». Один из способов понять людей, которых привлекает только богатство и статус, заключается в том, что при тех же самых условиях им это марксистское чувство удовлетворения не требуется. Они либо давным-давно избавились от него, либо у них никогда его и не было. Опять Марксу ставим на вид, что не предусмотрел таких уродов в своей политэкономии.

Можно ли построить организацию таким образом, чтобы беспринципные люди не находили там места? Ответ простой: нет. По мере того, как стартап растёт, жажда денег у людей ничуть не ослабевает. Компанию буквально начинают осаждать аферисты мирового уровня, которые так или иначе проникают сквозь заслоны фаундеров. И чем выше уровень, тем сложнее их обнаружить. Дело в том, что на высоких должностях человек обычно занимается формированием команды. По большому счёту, каждый топ-менеджер — это троянский конь. Как только он попадает внутрь, тут же в компании оказываются десятки его мелких подельников. Это как в стакан с водой капнуть капельку чернил:

обратного действия не существует. Вода уже непрозрачная.

Как же вести себя в иерархии, если продвижение в должности — ваша единственная цель? Искать недостатки в системе и эксплуатировать их; в точности как действуют хакеры. В идеале вектор атаки будет неразрывно связан с ростом компании, потому что это никак нельзя пофиксить. Такая возможность обязательно привлечёт оппортунистов. Можно попытаться как-то закрыть эту дыру, но она в любом случае тесно связана с успехом стартапа.

Сейчас я приведу одну из лучших цитат Джеффа Безоса, потому что она как бы нечаянно обнаруживает это самое слабое место: «*Когда кто-то поздравляет Амазон с удачным кварталом, я говорю ему спасибо. Но что я думаю в этот момент? Результаты этого квартала были подготовлены 3 года назад чуть менее, чем полностью. Сегодня я работаю над тем, что произойдёт через 3 года, а не через 3 месяца. Всё, что произойдёт в следующем квартале, уже сделано. И сделано это было несколько лет назад*».

Ключ к корпоративному оппортунизму именно в этой фразе. Когда её читает обычный человек, он думает: «*Вау! Круто! Амазон мыслит долгосрочными идеями*». Наверное, Джефф Безос так и думал, когда это говорил. А что думает в этот момент оппортунист? Он думает: «*Вау! Круто! Я три года могу делать всякую херню и ничего из этого не будет заметно в ключевых метриках!*»

У всех показателей компании есть скорость изменения и есть определённый лаг. Практически всё поведение политически опытных людей эксплуатирует эти факторы. Постоянно изменяющийся показатель будет меняться и дальше. Чтобы это изменить, требуется куча решений, удачи, ну и приложение огромной силы. Просмотр какого-либо показателя сродни наблюдению над светом далёкой звезды: ты смотришь на то, что произошло миллионы лет назад. Поэтому настоящие оппортунисты над такими вещами не задумываются. Стратегия успеха заключается в том, чтобы полностью игнорировать ключевые метрики бизнеса и вовремя менять проекты каждые полтора года, пока никто ничего не заметил.

Неужели это незаметно — спросите вы? Да, непосредственные подчинённые это увидят, но вот высшее руководство — нет. В растущей компании приоритеты меняются очень быстро, там просто ураган разных возможностей и активностей. Постоянно создаются новые команды и проекты, запускаются новые продукты, клиенты приходят и уходят, происходят какие-то *PR*-скандалы и победы — и никто не может всё это отследить. Не вспомнишь, что было две недели назад. А два года? Это просто смешно! Поэтому, если вы хорошо смотритесь сейчас, никто и не задумается, над чем вы работали 2 года назад. Да даже если и вспомнят, всё равно все будут на вас смотреть через призму текущей ситуации. Если сейчас понятно, что тот проект запорот, а вы сменили команду, все неприятности достанутся тому, кто *сейчас* управляет этим проектом.

Поэтому задача оппортуниста заключается не в том, чтобы принимать хорошие решения, которые изменят компанию к лучшему. А в том, чтобы хорошо выглядеть при любой ситуации. Это означает, что достаточно понять некоторые базовые повадки корпоративного человека и научиться ими манипулировать.

Во-первых, сам факт того, что управленческая отчетность всегда запаздывает, означает, что компания всегда находится в одном из двух режимов. Если с метриками всё в порядке, компания находится в мирном режиме. Если цифры стоят на месте, компания переходит в режим аврала. Быстрорастущая компания почти всегда находится в мирном режиме, и менеджеру надо вести себя соответственно. Когда деньги инвесторов текут рекой, бизнес растёт и все счастливы, никто не хочет слушать жопоголиков и пессимистов, даже если они в конце концов окажутся правы. У плохих новостей всегда есть источник. И вот первый инсайт: на самом высоком уровне люди контролируют плохие новости исключительно тщательно.

Конечно, вряд ли у вас получится так сделать, чтобы никогда не сообщать плохие новости. Тут всё дело в обёртке. Плохие новости никогда нельзя персонализировать. Если вы вдруг затупите и скажете, что какая-то команда не тащит, вы станете целью *всех остальных* оппортунистов и говнюков в этой компании. Правильно будет сообщать плохие новости общими словами, типа как будто это небольшие изменения в статистике, а не то чтобы что-то работало-работало а вдруг херак! — и перестало. Так нельзя.

Например: «*Команда фронтэнда выдала такой херовый код, что мы не сможем высылать заказы ещё три месяца, пока они всё не перепишут с нуля*». Это никуда не годится. Настоящий оппортунист скажет иначе: «*Нам надо поработать над ликвидацией технологического отставания*». Понимаете? Херовый код — это поиск виноватого. А когда «мы», «отставание», «надо поработать» — тут всё ок. Никто не виноват, и вы не сообщали плохих новостей.

Во-вторых, надо понять, что все эти *KPI* и *OKR*, встречи и корпоративные ценности — всего лишь демонстративные ритуалы. Они не несут какой-то важной информации. Ни один настоящий говнюк не будет принимать их за чистую монету. Дело в том, что если вы действительно начнёте чего-то там считать, вы неизбежно перебежите дорожку чьим-нибудь планам, репутации, ну и конечно, годовому бонусу. Это не очень умно, потому что кто-то где-то как-то начнёт говорить о вас плохое. Причём это плохое будет валиться с разных сторон. Для успешной карьеры это непродуктивно.

Это означает, что типичные советы по построению карьеры не стоят и ломаного яйца.

Максимум, до кого вы сможете дорасти, — это до менеджера среднего звена на сраной кредитной Хундай Сонате или, того хуже, Тойоте Камри. Большинство реально крутой и тяжёлой работы выглядит весьма уныло. Довольно часто она кому-то мешает. А в особенности она мешает вашей карьере. Я не говорю о том, что хорошая работа выглядит плохо, нет. Проблема в том, что она не выглядит *никак*, если её специально не показать.

В-третьих, даже с учётом того, что не надо принимать общепринятые ритуалы взаправду, их всё равно надо выполнять — и желательно, с большим энтузиазмом. В странах Восточной Европы или, кстати, в Японии, например, принято бухать с важными клиентами. Это ритуал построения доверия и механизм, который позволяет человеку продемонстрировать, что он одной крови. Не будете этого делать — повышение получит кто-то другой. В Америке другая напасть — демонстрация происходит через нелепые митинги, обсуждение *KPI* и *OKR*, напускные коллаборации и *agile* (хотя сейчас и у нас этого говна в достатке). Вся эта чепуха существует лишь для того, чтобы показать, что вы — член избранной группы, так же как и восточное сауна-водка-девочки. Хотя я вам точно говорю, что в Америке также вывозят важных клиентов в Мексику — побухать и потрахаться за казённый счёт. Только у нас при этом на будущих депутатов и министров ещё и будут снимать компромат, потому что без него какая работа? А если вы не в теме, повышения вам не видать.

Пока я лишь рассказывал о том, как себя ведут беспринципные уроды, но что именно нужно делать, чтобы продвинули вас? Так как открытые задачи сводятся к выполнению каких-то показателей, надо определить то, что действительно важно. На самом деле в любой растущей компании цели примерно схожи, тут сыщиком быть не нужно. Первая задача любого менеджера — рост количества подчинённых. Потратить для решения задачи минимальные ресурсы — это просто смешно. Поэтому для начала надо определить базовый уровень роста количества сотрудников и стремиться наращивать свой отдел по крайней мере так же быстро. Если ваша команда растёт медленнее — вы будете забыты. Чем больше, тем лучше. У супер-менеджеров количество подчинённых растёт намного быстрее, чем в среднем по компании.

При этом, конечно, не надо заморачиваться над задачами. Какая-то работа найдётся. В растущих компаниях никогда нет недостатка в бизнес-девелопменте и новых проектах. Работа придумает себя сама. Ваша задача не в том, чтобы делать работу, а в том, чтобы нанять побольше людей, ну и показать, что вы с этой кучей хорошо управляетесь. Как это сделать? Да как — тупо посмотреть, что измеряют у других команд, а потом эмулировать нужные показатели. Обычно это будет означать много тупых митингов, всякую умную херню типа «кросс-функционального взаимодействия», составления документов, встреч с начальством один-на-один, ревью и пресловутый эджайл. Конечно, надо будет показывать какие-то результаты, но это не так уж важно. В тот момент, когда ваш проект можно будет адекватно оценить, вы уже будете работать на другой должности, а кто-то другой пусть пытается выполнять требуемые показатели с вашей толпой приспособленцев и дебилов.

Конечно, не все ваши действия должны быть показухой. Ну то есть не всё время надо демонстрировать воодушевление, организовывать бесконечные встречи и генерировать огромное количество документов. Одну цель нужно всегда выполнять неукоснительно, а именно — необходимо избегать полных провалов. Говёный продукт — это не проблема, потому что над ним можно поработать ещё полгода и выбить под это дело новый бюджет на разработку. Но вот если у вас украли данные клиентов или у вас сгорел склад, вы в жопе. Что это означает? Да то, что в таких чувствительных областях, как информационная безопасность, логистика или инфраструктура, гораздо меньше возможностей для карьерного роста. То ли дело продажи или реклама! Там гораздо труднее к чему-то придраться.

Люди тратят годы, чтобы перестать задавать вопросы типа «*Зачем вы удвоили количество людей в команде, очевидно же, что это толь-*

ко замедлит процесс?» или *«Зачем назначать эти планёрки, если у них отрицательная полезность, и при этом говорить о том, что нам нужно меньше встреч?».* Каждый раз, когда вы будете задавать эти вопросы, вы получите в ответ только удивление: *«Конечно, нам нужны эти планёрки. И конечно, их нужно меньше. Чего тут непонятного?»*

Поначалу кажется, что это удивление наигранное. Но со временем вы будете общаться с разными людьми и всё больше убеждаться в том, что никакой наигранности тут нет. Корпоративные аппаратчики абсолютно искренни в те моменты, когда они назначают встречи, на которых планируют обсудить затраты времени на встречи. На самом деле довольно легко иметь противоречащие взгляды, когда от них зависит ваша зарплата, поэтому многие учатся их как-то разделять и совмещать одновременно. Подделывать искренность довольно трудно. Поэтому основной совет будущему оппортунисту — по-настоящему верить во всю эту гамсахурдию.

Короче говоря, советы начинающему говнюку в большой компании будут такие: 1) избегайте измеримых результатов и вообще старайтесь переключиться между проектами до того, как ваши решения можно будет измерить; 2) изображайте счастливого и дружелюбного человека; 3) плохие новости представляйте как просьбу улучшить что-то в системе; 4) не подставляйте других и не делайте из людей козлов отпущения;

5) участвуйте в корпоративных ритуалах с энтузиазмом; 6) всеми силами наращивайте количество подчинённых и дайте работе изобрести себя; 7) следуйте за модой руководства и 8) избегайте явных неудач. Но самое главное — вам придётся во всё это поверить. Искренне. Иначе повышения вам не видать.

Напоследок карьерный совет лично от меня. Если у себя на работе вы распознали в коллеге карьериста, прошу вас хотя бы нассать ему в чай, подложить жвачку на кресло, а лучше всего — незаметно сломайте ему ногу. А если не хватает смелости — что ж, готовьтесь стать его подчинённым.

3.6. Как заарканить правильного управленца

Бывают, конечно, и годные схемы мотивации. Посмотрим на компанию *AIG*. В свои лучшие годы, а это примерно 15 лет назад, это была самая большая страховая компания в мире, с большим отрывом от преследователей. Её капитализация доросла аж до 200 млрд долларов — это с 300 млн при размещении акций! — и в 2005-м *AIG* стала одной из самых крупных компаний мира.

У основателей было несколько занятных принципов. Во-первых, ни одному управленцу никогда не платили больше 1 млн долларов в год. Во-вторых, ни у одного управленца не было контракта. Ты работал в компании, потому что любил эту работу и хотел этого. Сравните с неразрывными контрактами Сечина (50 млн долларов в год) и Миллера (25 млн долларов в год), которые управляют далеко не самыми большими и уж точно не самыми эффективными компаниями мира.

А за что люди любили работу в AIG? У управленцев были показатели: например, рост на 15% в год; и они их регулярно достигали. Основатели придумали структуру из своих собственных активов, когда их частные фирмы выделяли управленцам акции AIG за определённые достижения. Каждые два года, если цели выполнялись, некоторое количество акций откладывалось в дальнюю тумбочку. Но достать их оттуда можно было, только уходя на пенсию!

Вместо золотого парашюта — золотые наручники. Если ты увольнялся, твои бонусные акции оставались у основателей. И через несколько лет работы этот бонус становился так велик, что крайне мало людей покидали компанию. Прекрасный пример правильной мотивации. При этом миноритарные акционеры ничего не теряли, всё оплачивалось основателями. Но рост компании доставался всем.

Сейчас всё больше применяется более гуманный метод, называется «вестинг». Акции ключевым сотрудникам выписываются каждый год (в виде бонуса), но вот процесс получения растягивают на несколько лет. То есть, например, получил ты бонус в 12 тыс. акций. Но сразу на счёт тебе переводят лишь 4000, ещё треть — через год и остаток через два года. Если ты уходишь из компании до этого срока, то остаток твоего бонуса остаётся в конторе. Следующий годовой бонус распределяется точно так же, то есть постоянно какая-то (довольно значительная) часть твоего бонуса висит, и получить её на руки можно, только поработав в компании ещё несколько лет.

3.7. Банки-проказники

Корпорации часто используются и во всяких хитроумных схемах. Бывает, что юрлицо требуется лишь как склад собственности, чтобы служить залогом под выпуск ценных бумаг. У таких образований может вообще не быть сотрудников, и учредитель у них только один — инвестиционный банк Моргана, Голдмана или ещё какого-нибудь Ротшильда[1]. Тут идея о том, что корпорация — это нечто, действующее от лица группы людей, вообще теряет смысл. Казалось бы, необязательно применять именно эту организационную форму. Так зачем же это делается? С одной подлой целью: ограничить ответственность создателя. Акционер ведь не отвечает по долгам корпорации!

[1] Вижу, что не Иванова.

Это, естественно, открывает широчайшие возможности для мошенничества. Например, в скандале с компанией Enron выяснилось, что множество подконтрольных ей юрлиц скрывали огромные долги основной компании. Или во время ипотечного кризиса в США, когда обнаружилось, что наслоение производных финансовых схем («СиДиО», я с них начал книгу) значительно усилило эффект домино.

3.8. Не так страшно юрлицо, как его малюют

Пора закрыть тему корпораций и назвать основные черты современной акционерной компании.

1. *Каждый владеет долей общака.* У владельцев есть акции, которые дают им право на долю от прибыли компании. Владельцев может быть очень много — например, у «Газпрома» после приватизации их было чуть ли не 1,5 млн, а сейчас несколько сотен тысяч. Передохли, видать. Акции эти можно свободно загнать соседу, а не как с долей в ООО (сначала предложить основателям).

2. *Юридическое лицо с геной, главбухом и счётом в банке.* Корпорация — это такое искусственное существо с определёнными правами и обязательствами. Например, у публичной компании есть обязательство раскрывать все доходные темы, владельцев и чо кому она должна.

3. *Совет директоров.* Каждая корпорация должна создать совет директоров (типа депутатов — со всеми вытекающими), который будет представлять всех акционеров. Совет уже назначает, кому тянуть лямку директора, и следит, чтоб со столов не тащили канцтовары.

4. *Пацаны по долгам конторы не отвечают.* Долги корпорации — это не долги её владельцев, и потерять они могут лишь то, что вложили в акции компании, и не более того.

На этом всё. Поздравляю, мой дорогой читатель. Теперь ты — специалист по корпоративному праву. Пора узнать правду об акциях.

ГЛАВА 4. ОБЩЕСТВО ГИГАНТСКИХ РАСТЕНИЙ

Вот у нас юрлицо — корпорация. Она выпускает акции, которые выдаются основателям, или кто-то их покупает; акция отражает вклад каждого в общее дело. Акции достаются тому, кто так или иначе вложился в бизнес — или сделал вид, как какой-нибудь Березовский.

Когда вы организуете компанию, возникают разные отношения. Кто-то — акционер. У него доля в прибыли. Есть работники, которые живут на одну зарплату, — совсем другое дело. У них договор, там написано, за сколько они будут горбатиться. Есть ещё кредиторы, которые дают корпорации в долг, мерзкие банкиры-ростовщики, или те, кто товар привёз, а денег ему ещё не заплатили.

Самый главный — это акционер. Потому что он *владеет* корпорацией. Он её, так сказать, имеет. Когда вы корпорацию создаёте, вы подписываете набор правил, что-то вроде конституции, свода законов. В каждой стране у этого документа есть свои ограничения. Называется он устав. По мере наступания на различные грабли у компаний появлялись всё более сложные уставы.

Корпорации бывают и некоммерческие, но я говорю, конечно, о тех, которые зарабатывают прибыль. У некоммерческих и акций-то может не быть, недоразумение какое-то.

Теперь очень простое, но важное понятие: количество выпущенных акций. Чтобы рассчитать вашу долю в компании, надо обязательно знать общее количество акций. Если у меня 666 акций ЗАО «Вельзевул», что это означает? Пока у нас нет общего количества, это не означает ровным счётом ничего. Ведь если их всего шестьсот шестьдесят шесть, то я — единственный владелец и, стало быть, у меня 100% акций. А если их 666 млн? Тогда у меня лишь одна десятитысячная доля процента.

Люди зачастую не смотрят, сколько акций выпустила компания. Они как бы доверяют аналитикам, которые это где-то вычитали. Ну, типа, не обманут. Когда мы смотрим на цену компании, мы берём её капитализацию и делим на количество выпущенных акций — так и получаем их текущий курс. То есть количество акций у акционера имеет значение лишь в соотношении к их общему количеству.

4.1. Голосуй — не голосуй

Основное правило: одна акция — один голос. Ну, в РФ, по крайней мере, так, не считая привилегированных акций, которые получают голоса, только если не выплачены дивы. Но в других странах есть и более хитроумные варианты. Например, в киприотском юрлице *QIWI* есть акции с десятью голосами, и владелец 20% акций обладает 59% голосов (7). Удобно, правда? У Гугла есть 3 типа акций: обычные, основательские (с десятью голосами) и неголосующие акции — то есть прибыль по ним получать можно, а голосовать нельзя. Это, конечно, полная вакханалия.

Совсем недавно вышли на биржу *Lyft* и *Pinterest* — это компании с разными бизнес-моделями, стратегиями и прибылями. Но у них есть кое-что общее — *суперакции*. Это отдельный класс акций, который на бумаге стоит столько же, сколько обычка, но есть одно но: двадцатикратное количество голосов! Это все более популярный способ оставить за основателями диктаторский контроль над компаниями — даже после *IPO* (8).

Не все акции одинаково полезны. Обычно, повторюсь, одна акция — один голос. Поэтому, когда инвесторы покупают больше акций, у них получается больше голосов — и больше возможностей повлиять на решения компании. Но не все прозрачны и пушисты. У некоторых контор есть особые акции, которые дают больше голосов их владельцам. При этом есть бумаги, которые вообще не дают права голоса на собрании акционеров — только право на долю в при-

(7)

(8)

были, — несмотря на то, что количество вложенных денег совпадает с другими, более равными акционерами.

Подобные хитровыдуманные акции позволяют основателям контролировать компанию, даже если они не владеют контрольным пакетом. С 1980 по 2015 год корпораций с такими кренделями было не более 20%. Но в последние 4 года их число возросло до половины всех размещений!

Конечно, найдутся мнения, что основателям надо заныкать больше голосов, чтобы ориентироваться на долгосрочный успех. Но чаще всего подобные схемы служат лишь для их обогащения. Запомните эти имена: *Facebook*, *Google*, *Snapchat* — все они считают основателей лучше всех остальных. Тогда как старички — *Apple*, *Microsoft* и *Amazon* — стали гигантами без подобной вакханалии. У них всегда одна акция давала один голос.

Почему, почему же такое разрешено? Да потому, что самые большие биржи — *NYSE* и *NASDAQ* — закрывают на это глаза. Но уже появляются группы инвесторов, которые жалуются (9) на эту некрасивую херню. И слава яйцам! Будем надеяться, что до нас это дерьмо не докатится.

(9)

Ещё одно правило: надо раз в год (как минимум) собираться, и на этом собрании акционеры могут мощно — или скромно — проголосовать по злободневным вопросам. Можно, кстати, не собираться, а письмо прислать — мол, я за добро и справедливость, а Костина и Якунина прошу уволить, так как у них слишком маленькие шубохранилища.

Одна из самых важных задач на таком собрании — это избрать совет директоров. В законе так и написано: в каждую корпорацию по Чубайсу. Их количество вы можете выбрать при регистрации. Потом голосование за каждого; часто это 1 голос на акцию, но у нас по закону всегда используется кумулятивное голосование — то есть голосов у каждой акции столько, сколько мест в совете директоров. Если у тебя 100 акций, а директоров — пятеро, тогда у тебя будет 500 голосов. В США, кстати, такой вариант обязателен только в некоторых штатах. Отстали.

Такой способ позволяет миноритариям договориться, отдать свои умноженные голоса за одного представителя, который надёжно пройдёт в совет; дело в том, что при кумулятивном голосовании акционер или группа акционеров, например с 20% голосов, получает гарантированную возможность избрать 20% членов совета. А при раздельном (прямом) голосовании за кандидатуру каждого члена совета те же акционеры всегда бы оказывались в меньшинстве, не смогли бы провести ни одного кандидата, а олигарх, имеющий контрольный пакет, выбирал бы совет полностью. Ведь если у олигарха 400 акций, а у миноритария — 100, то на каждого директора в отдельности олигарх всегда имеет большинство: 400 против 100. Так он проводит всех своих кандидатов в совет. Понятно, что в жизни редко бывает, что у одного акционера публичной компании большинство голосов; ведь при выходе на биржу он значительную часть своих акций продаёт.

У кумулятивного голосования математика другая: голосуют сразу за всех кандидатов одновременно. То есть на пятерых директоров у олигарха будет 400*5=2000 голосов, а у миноритария — 500 голосов. Но олигарху нужно провести четверых человек, то есть ему придётся разделить свои 2000 на всех. Миноритарий свои голоса может отдать одному кандидату. Получается, что олигарх никаким образом не может провести пятого директора, ведь тогда у кого-то из четверых наймитов-протеже окажется меньше 500 голосов, и его место займёт кандидат от миноритария. Поэтому кумулятивное голосование часто рассматривается как форма защиты прав мелких акционеров, и, конечно, такая тема к добру.

Вообще тема голосований в советы крайне интересна. Существуют специальные корпоративные махинаторы, которые хитроумно составляют эти голосования, представляют кандидатов особым образом, чтобы кого-то приукрасить, а кого-то очернить, манипулируют порядком вопросов и ответов, назначают удобные себе сроки и даты. Чаще всего такие люди, конечно, выражают интересы олигарха-мажоритария. Однако тенденция такова, что простые инвесторы вроде нас с вами понемногу отжимают обратно отобранные буржуями права. К тому же, исследования показывают, что компании с более распылённой акционерной базой управляются лучше.

Совет директоров потом нанимает генерального директора, который у них там называется *CEO*[1], и тот управляет компанией. В теории акционеры его контролируют через избранный ими же совет, хотя на практике, конечно, всё не так радужно — я рассказывал об этом в предыдущей главе.

Читатель прислал занятную шутку: «*Моя дочь ищет компанию для прохождения практики после 1-го курса. Она миллениал, поэтому готова рассматривать позицию CEO или председателя совета директоров*». Это всё, что вам нужно знать о миллениалах. И о CEO.

4.2. Отнять и поделить

Довольно часто компании делают так называемый «сплит», то есть разделение. Сплит может быть два к одному: вам придёт письмо, что была у вас тыща акций, а стало две тыщи. Но радовать-

[1] *Chief Executive Officer* – по-нашему это генеральный директор.

ся тут особо нечему — это у всех акционеров по столько добавилось. Зачем же это делается?

Делается это для того, чтобы акцией было удобно торговать. Традиционно в США акция нормальной фирмы стоила где-то от 20 до 40 долларов, сейчас дороже с этими вашими Гуглами и Эплами. Но раньше, если цена перерастала 50 или 100 долларов, компании почти всегда делали сплиты. Акции обычно покупаются лотами, и мелкие инвесторы вроде нас с вами просто не смогут купить лот из 100 акций, если одна акция стоит 300 баксов.

В разных странах по-разному: бывает, что наоборот, слишком уж много акций, вон как у нашего ВТБ, там эмитент обезумел и выпустил 100500 млрд акций, и они стоят по 4 копейки за штуку. Зачем? Чтобы бабулькам за мелочь продавать, наверное. Позорище, короче. А вот Уоррен Баффетт не делает сплиты, дивидендов не выплачивает, а акции его *Berkshire Hathaway* стоят уже по 380 тыс. долларов за штуку, потому что он мелких пассажиров не хочет брать на борт. Только реальные инвесторы до гроба, только хардкор![1] Гугл тоже не делал сплитов до 2014 года (причём новые акции оказались без права голоса), а Майкрософт — наоборот, девять раз уже цену делил, и с 1987 года акция стала аж в 375 раз тоньше. Гугл в 2018 году стоил больше

[1] Надо, однако, отметить, что в 1996 году Баффетт выпустил акции класса «*B*» — неголосующие, но зато дешёвые — в 1500 раз дешевле обычных акций компании.

1100 долларов за акцию, то есть лот из 100 штук стоил примерно 110000 долларов. А в 2021 цена одной акции Google составляла уже 2800 долларов.

4.3. Размывание

Нужно поговорить о размывании долей в компании. Если компания делает сплит, то размывания никакого нет — у всех акционеров количество увеличивается одинаково. Доля каждого акционера остаётся прежней. А размывание происходит, когда компания изменяет количество акций несимметрично — то есть не для всех.

Типичный пример — это, конечно, опционы всяким козлам и топ-менеджерам. Вот компания наняла, например, Якунина и обещала ему незаметно оплатить золотой стул. Без стула он работать не хочет, и вот, чтобы его дико замотивировать, ему дают помимо зарплаты ещё и акции компании (и ещё наливают). Так вот если ему акции дают, а остальным нет, выходит, что доля всех остальных пропорционально немного уменьшается. Ведь общее количество акций растёт. Было 1000 акций у всех, и у вас, например, 10% — 100 штук. А Якунину дали 100 акций премии, всего их стало 1100, а у вас уже не 10%, а 100 / 1100 = 9,09%. Настоящая порнография.

Когда компания привлекает новое финансирование, она тоже выпускает акции и доли основателей обычно размываются. Хотя тут обычно им горевать не о чем — ведь общая цена компании растёт на величину инвестиций или даже больше; то есть хоть их доля и падает, но её стоимость растёт.

Вот мы ненароком и подобрались к выпуску.

4.4. Инвестбанки и андеррайтинг

Акции появляются на бирже при помощи инвестиционных банков. Инвестбанки интересны потому, что там работают исключительно мажорные ребята. Хотя есть шутка про 30-летнего седого трейдера, который работает 18 часов в сутки 7 дней в неделю и которому в жизни уже ничего не надо, потому что у него последние 10 лет не стоит. Он зарабатывал миллионы за счёт бонусов акциями своей конторы — моднейшего банка «Беар Стёрнс», — и когда банк приказал долго жить, чел оказался на таком днище, что даже не смешно. Так что если вы молоды, амбициозны, хотите работать за границей — в Монголии требуются укладчики асфальта.

Но я отвлёкся. Помощь в организации выпуска акций называется андеррайтинг. Это, по-русски говоря, подписывание. Во всех смыслах. Банк подписывается выпустить акции, или облигации, или чёрта лысого — да всё, за что заплатят.

Обычный гетеросексуальный банк — он привлекает депозиты и раздаёт кредиты, так на 2%

и живёт. Но инвестиционный банк, он, ребята, совсем другой. В США с 1933 года даже существовал запрет на одновременную деятельность обоих типов, хотя теперь он снят. Например, *JP Morgan* тогда разделился надвое: *JP* (который теперь ещё и *Chase*) и *Morgan Stanley*, и сейчас они конкуренты.

Вернёмся к организации выпусков. Допустим, компания «Форд» хочет запустить новый завод убогих автомобилей и ей для этого требуется циклопический кредит на сверхвыгодных условиях — такой кредит ни один банк не выдаст. Поэтому Форд хочет вместо этого выпустить облигации — долговые расписки — и собрать с миру по нитке. Как это сделать? Ему надо обратиться в инвестбанк.

Я уже упоминал Беар Стёрнс. Он был основан в 1923 году Иосифом Виссарионовичем Беаром (Медведом) и Робертом Павловичем Стёрнсом. Просуществовал он 85 лет — до 2008-го — и был очень, очень большим и очень, очень известным банком. Управлял буржуазными капиталами, торговал акциями, да чем только не занимался. В июне 2007-го ему поплохело — один из фондов сколлапсился. Они мощно вкладывались в тухлые ипотеки, причём фонд назывался весьма остроумно, типа «*Высококлассный Фонд Структурных Кредитов „Беар Стёрнс"*». А второй ваще как песня: «*Высококлассный Фонд Невероятно Рискованных Структурных Кредитов „Беар Стёрнс"*». Немного странно звучит, да?

Вроде как высококлассный, а вроде как и в полное говно вкладывался. Они под средства инвесторов ещё в 4 раза больше денег брали взаймы, и на пятикратную сумму покупали облигации, обеспеченные дырявой ипотекой. Поэтому, если эти облигации падали всего на 20%, фонд заканчивался полностью, зиро, жопа. И они там задолжали больше 3 млрд долларов, сразу пошли пахучие слухи, и это уже само по себе добило Беар Стёрнс — им перестали давать кредиты, они не смогли перекредитоваться по мелочи, рейтинг надёжности упал, и всё — жопа!

Чтобы спасти хоть что-то, Федрезерв дал денег Джей Пи Моргану и тот выкупил остатки Беар Стёрнса за бесценок. Ну как, вообще-то вполне себе ценок — 200 млн долларов, но по сравнению с 100500 млрд до этого, конечно, гроши.

Вопрос — а почему Федрезерв дал ДжейПи денег? Просто если Беар Стернс обанкротился бы, его активы (те же облигации) пришлось бы продавать в рынок за копейки, и это унесло бы в ад всю финансовую систему США, а за ней и остального мира. Потом пришла очередь банка братьев Леманов, но это уже совсем другая история, хотя и похожая; не подумайте, что масонская.

Ладно, давайте к делу. Что у андеррайтинга внутри? Проблема выдачи кредитов компаниям в том, что нельзя заранее знать, отдадут они его взад или нет. Поэтому коммерческие банки, которые кредиты выдают, вынуждены постоянно вынюхивать инфу, «быть в рынке», следить, чтоб не выдать кредит какому-нибудь гомосеку или, того хуже, аферисту. Надо сурово играть в гольф с воротилами, заносить конверты чиновникам и бухать в модных клубах с любовниками депутатов. Только лишь чтоб понять, где что как и у кого дела плохи, а у кого всё норм. Те, кто депозиты в банк кладёт, они-то не парятся, им банк должен, а не кто-то другой. А банкирам вот приходится крутиться и всё знать про своих заёмщиков.

Опасность тут в том, что контора возьмёт кредит и свалит в Камбоджу. Если вы простой еврейский паренёк, который хочет вложить миллион долларов в хлебозавод, вам надо играть с директором в гольф, тусить с бухгалтером в клубах и жарить страшную секретаршу менеджера по маркетингу (ведь откуда у маркетолога возьмётся нормальная тёлка).

И тут появляется андеррайтер и говорит — б** буду, отдадут — хлебозавод отличный, печки новые, мука свежая, тараканов нет, всё круто — нужно только дрожжей прикупить. То есть они вместо приёма депозитов подписываются под тем, что контора отдаст кредит. Андеррайтеры становятся посредниками между инвесторами и компанией-эмитентом, вкладывая в сделку свою репутацию и получая небольшой (иногда — большой) навар с выпуска.

Выпускающая бумаги контора может быть не особо известна, или бизнес у неё не совсем понятный (например, какой-нибудь канделаки-маркетинг или в этом духе, хер прассышь, короче). А андеррайтинг — это как служба знакомств, точнее, типа свахи. Расхваливает невесту, говорит, мол, хороша, высокоморальна, все дела. Так и инвестбанк ищет покупателей на облигации всяких компаний, а инвесторам — хорошие условия вложения денег в надёжное место. Надо отметить, что если хлебозавод обанкротится, андеррайтер ничего никому выплачивать не станет. Но вот репутацию обмочит.

Естественно, инвестбанки — это не белые и пушистые ребята. Они всё делают ради денег. Не то чтоб это плохо, но чтоб вы знали. Осенью 2018-го вскрылось, что за 18 лет *General Electric* заплатила банкирам 1,8 млрд долларов за консультации при поглощениях, 3 ярда долларов при размещениях облигаций, а если добавить платежи за выдачу кредитов и размещение акций, выходит круглая цифра (10) в 6 млрд долларов. Там засветились все наши любимые рептилоиды: *Bank of America*, *Morgan Stanley*, *Goldman Sachs*, *Citi* и тот самый Джей Пи. Каждый из них заработал минимум по 500 млн. Изюминка в том, что капитализация *General Electric* составляет около 100 млрд долларов. То есть рептилоиды выкачали из неё порядка 6% капитала. Никто и не заметил! Почему?

(10)

Если сравнить инвестбанкира с трейдером — банкир будет стараться держать безупречную репутацию, потому что это и есть его основной капитал[1]. Но если вы хороши и у вас красивый галстук, придёт Форд и попросит организовать продажу его облигаций на рынок. Поэтому все там носят моднейшие костюмы и ботинки у них блестят так, что глаза жжёт. А трейдеры наоборот: ругаются, орут в телефон, бросают трубки, потеют, закатывают рукава и проливают кетчуп на штаны. Что поделаешь, работа нервная.

4.5. Выход на биржу

Как устроен сам процесс? Вот большая компания думает выпустить облигации или акции. То, что она большая, не значит, что все ей верят на слово. Взять тот же Форд — ему уже больше ста лет, но далеко не все готовы давать ему деньги, так как проблем у компании было много, и не факт, что их не будет в будущем. То есть тут вопрос не моральной прочности хапуг-управленцев, а вопрос в том, готовы ли вы купить облигации этой компании с топорно сделанными тачками.

Они приходят к инвестбанкиру и говорят: «*Ну вот, чувак, сильно нужно бабло и мы хотим продать акции компании*». И приходят они, конечно, не к одному банкиру, а к нескольким — поторговаться, разузнать, кто чо скоко даст. Есть два

[1] Ну ладно, это херня, у них просто очень много денег.

типа сделок: «стопудовая покупка» и «чем смогу помогу». Разница в том, что в первом случае компания выпускает акции, и банкир им говорит: «*Я на себя их куплю, не ссыте*». Понятно, что они ему никуда не впились, эти акции, но он просто знает тусу и надеется их загнать всяким лохам. То есть он на себя берёт риск — продаст он или не продаст, но выкупить акции обязан. Вторая тема — «чем смогу помогу», тогда он никаких обязательств на себя не берёт, только обещает помочь всё кому-нибудь впарить в меру сил. Говорит, ну вот минимальную цену я прикидываю такую, если выгорает, ок, если нет — ну не шмогла, идите к чёрту со своим говном.

Процесс, естественно, дико зарегулирован, чтоб никто не юлил, там всё очень формально и по пунктам, надо регистрировать выпуски везде, и всё такое. Причём в этот период никому нельзя ничего рассказывать — всё дико строго, если не дай бог кто проболтается — сразу отрезают яйца и сажают в Гуантанамо.

Инвестбанк в этот момент собирает тусовку из уважаемых западных партнёров, и они меж собой заключают адскую сделку кровью. Если выпуск большой, один банк обычно не берёт всю вину на себя, а старается ещё привлечь других козликов, чтобы максимально расширить круг потенциальных инвесторов. Они создают синдикат — это группа инвестбанков, которые участвуют в выпуске ценных бумаг, готовят доки и ждут, пока местные авторитеты всё зарегистрируют.

Это называется «подать проспект эмиссии». По-английски — *prospectus*. Вспомнили Древний Рим? То-то и оно!

На Уолл-стрит предварительный проспект эмиссии называют «красной селёдкой» (*red herring*). Никто не знает точно почему, но теория такая, что раньше охотники тренировали собак на лису и по следам возили селёдкой. Селёдка мощно воняет, и собаки в непонятках — где лиса чо куда бежать а ну рекс ищи фас б***я всё пропало, — такая типа тренировка. Из-за этих непоняток вроде как и назвали этот предварительный проспект селёдкой, мол, там всё туфта и вата.

Наконец комиссия по ценным бумагам и биржам (у нас — ЦБ) проверяет этот проспект, чтобы всё было чётенько. В это время андеррайтер может давать своим потенциальным клиентам предварительный проспект, но комментировать его никак нельзя, т. е. можно сообщать только голые цифры, которые там содержатся. Это для того, чтобы покупателям не промывали уши насчёт моднейшего выпуска бумаг и не делали акцента на преимуществах будущего выпуска. Всё, что необходимо (там вообще формулировка антисемитская: «*всё, что может понадобиться задающему не очень дебильные вопросы*»), есть в проспекте. Поэтому тема с селёдкой — это такой суровый трейдерский юмор, ведь в реале всё должно быть наоборот. Сверхпрозрачно.

Что ещё обязательно в этом проспекте — указаны все потенциальные эпик фейлы, которые могут произойти. Там порой ужасные вещи: что компания может просрать вообще всё и пойти по миру, что их могут засудить, директора посадить, ну, короче, всё дерьмо, которое теоретически может произойти, указывается. Мелким шрифтом, но всё равно — указывается. Поэтому, если в будущем всё накроется медным тазом, можно будет сказать инвестору: «*Блин, ну извини, чувак, ты сам всё видел, сделал выводы, так что хер тебе, а не возврат денег*».

Причина обязательного молчания по всей остальной информации — ЦБ не хочет скрывать никакого потенциального негатива. Такая уж система. Нельзя недостатки в одной папке написать, а преимущества в другой, и клиенту послать правильную брошюрку — за это ЦБ сурово карает и даже навсегда лишает лицензий. В это время из рекламы можно лишь разместить объявление в газете, кто и что размещает и какие банки подписались это замутить.

Рано или поздно комиссия по ценным бумагам (в США это *SEC*, у нас была ФКЦБ, потом ФСФР, сейчас это ЦБ) одобряет проспект, и сразу после этого андеррайтеры начинают дико впаривать лопухам эту тему. В этот момент самих сделок не происходит — банкиры ходят по соседям и рекламируют эту шнягу, чтобы покупатели выстроились в очередь. Сразу становится понятна проблема с выпуском новых бумаг на рынок. Про те акции (или облигации), которые уже торгуются на бирже, все и так знают. Но, если вы выпускаете акции первый раз — это называется *IPO*, *Initial Public Offering* (по-русски «АйПиО», первоначальное публичное предложение), это значит, что компанию на рынке (финансовом) могут и не знать, и кто ж её купит? Поэтому важно, чтобы андеррайтеры привлекали внимание, дабы создать ажиотаж.

При *IPO* цена бумаг дёргается, как эпилептик, и это отчасти из-за того, как оно организовано этими хитрожопыми банкирами. У андеррайтеров есть свойство — это давно доказано британскими учёными — намеренно недооценивать выпуск. То есть они специально устанавливают цену ниже, чем могли бы. Звучит странно: казалось бы, зачем?

А чтобы желающих купить акцию было больше, чем требуется. Вы вот звоните своему брокеру (поднимите руку, у кого есть свой брокер, бггг) и говорите: «*Я вот тут слышал, скоро намечается АйПиО Фейсбука, я хочу немного акций прикупить*». А брокер говорит: «*Нууу, я посмотрю*». И не перезванивает. Потом вы слышите, что акции в первый день взлетели на 30%, и думаете, ну что за гандон мой брокер, сука? А он, может, на вас был в обиде, что вы за прошлый год почти не торговали и не приносили ему комиссию. Но всё равно он гандон.

Кажется, что участвовать в *IPO* невероятно выгодно — компании ведь дико растут в первый же день торгов. Попросил брокера зарезервировать тебе тыщонку-другую акций и ждёшь профита! Но всё не так просто. Некоторые «горячие» конторы валятся в ад; процентов на 10 или даже 20 сразу же после размещения. Те, кто хочет поучаствовать в хайповом *IPO* и в первый же день продать подорожавшие акции, брокеру в хер не впились. Зачем вы ему нужны-то? Инвестбанк и без вас заработает. Если он видит, что спрос превышает размещаемое количество в 10 раз (так называемая «переподписка»), в первый день точно будет рост. У него в очереди пенсионный фонд Норвегии с заявкой на миллиард, и вы с заявкой на 10 тыс. Внимание, вопрос: какой сорт сёмги он предпочитает?

Возможно, именно поэтому даже большие брокеры не дают клиентам доступа к первичным размещениям. Они просто не могут дарить бесплатный сыр без мышеловки. А если кто-то и обещает вам сладкий пакетик свежей айпиошечки, вы прочитайте заранее, чего вам нельзя. Какое время нельзя продавать (может быть, полгода?), когда вожделенные акции окажутся у вас на счёте (не через месяц ли?), какую комиссию надо отдать инвестбанку (не 40% ли процентов от роста в первый день торгов?). Денежки-то все ваши.

Короче говоря, это такая игра. Типа как искать билеты на какой-нибудь крутой концерт или на выставку Ван Гога. Сначала касса зажимает какое-то количество билетов в фан-зону, образуется очередь, давка, потом перед входом все мечутся и спрашивают, нет ли лишнего билетика, и рядом уже говноеды-спекулянты предлагают их в 2 раза дороже. Ещё по интернету можно купить себе фальшивую контрамарочку и обосраться по полной. А в итоге-то билеты начинают торговаться дороже, чем на них написано.

Надо понять, что весь этот спектакль подстроен уродами-продюсерами. Есть кто-то, кто отвечает за репутацию артиста. Ну и он думает — так! Главное, чтоб зал не был полупустой, надо забить его, нужны очереди, чтоб все думали, что это чумовое событие, на которое все хотят попасть, и артист — Стас «Золотые Яйца России» Михайлов. Поэтому и цены на билеты сначала ставят пониже, а часть билетов зажимают, чтобы создать очередь и ажиотаж, и радость приобретения этого говна.

С *IPO* происходит то же самое. Цену на акцию ставят чуть ниже собственной оценки компании, создаётся очередь (переподписка), и у лохов возникает дикая радость приобретения кусочка волшебства. Бизнес растёт, репутация ловких импресарио тоже растёт, типа, вот они как могут разжечь интерес. В некотором роде это, конечно, манипуляция рынком, но такое допускается.

Основная мысль такая: у инвестбанкиров репутация — это очень важный актив. И если с каким-нибудь Беар Стёрнс происходит херня, то от этого страдает вся индустрия лоснящихся костюмов и яхт.

4.6. Как Илон Маск выводил Теслу на IPO

Благодаря телеграм-каналу Неблокчейн я наткнулся на замечательную историю про парня-стажёра в инвестиционном банке Морган Стенли. Парень занимался подготовкой Теслы к *IPO*. Его зовут Майк Голдберг и он рассказал эту историю в своём, прости Господи, твиттере (11). Майк работал в Моргане младшим аналитиком и своими собственными глазами видел, как Илон Маск порвал индустрию лощёных костюмов за 10 лет до того, как выстрелили убыточные монстры вроде Убера и *AirBnB*. Тогда его действия были просто немыслимы, но, как мы видим, у него всё получилось. Сейчас Тесла — самый большой автопроизводитель в мире, если считать по капитализации.

Юному аналитику Майку тогда было 22 года, и он всеми силами пытался попасть в отрасль, связанную с возобновляемыми источниками энергии. При этом он ничего не знал о финансах, диплом получил исключительно гуманитарный (там это называется *Liberal Arts*), но благодаря упорству, уму и настойчивости он умудрился попасть в один из самых крутых инвестбанков мира — Морган Стенли. Майк получил начальную должность в команде аналитиков, которая анализировала чистую энергетику.

(11)

Он поработал там пару лет, прежде чем его назначили на проект размещения акций Теслы. Можно сказать, что его мечта сбылась. Девять месяцев финансового моделирования, работы допоздна, составления и бесконечного исправления проспекта эмиссии — и вот начинается заветное Роуд-шоу. То есть, по-нашему говоря, выставка-продажа или презентация компании инвесторам. На ней Илон Маск с группой товарищей из клана Морганов будет впаривать всему миру предстоящее размещение акций Теслы.

Тут приходит первый сюрприз от Маска. Илон заявляет, что его Роуд-шоу будет не как у всех. Люди, которые собираются вложиться в его компанию, должны потрогать его... машину. Сухая и отточенная банкирами презентация в ПауэрПойнте его не устраивает. Инвестор должен увидеть тачку воочию и посидеть внутри.

После этого заявления проект резко тормознул: потянулись целые недели совещаний: как засунуть автомобиль в главный офис Морган Стенли на Таймс-сквер? Большие банковские боссы злились, но Илон настаивал: стеклянные двери нужно было демонтировать и поставить внутрь Теслу.

Самым большим инвесторам даже предложили тест-драйв у какого-то потайного элитного дилера. И вот 22-летний Майк Голдберг, который рассказал эту историю, улучил момент и, когда кто-то из рептилоидов отказался прокатиться на спортивной, ещё не выпущенной *Tesla Model S*, он забрался внутрь. Вокруг были такие же возбуждённые ребята, только постарше и побогаче. Он говорит, что никогда ещё не видел настолько довольных инвесторов, ждущих своей очереди. Это был суперход Маска. Взрослые люди, миллионеры и миллиардеры радовались, как дети, что им дали прокатиться на машине, недоступной простому люду. Это было гениально.

Сам Илон тогда ходил в обычных джинсах. Вроде бы незначительная деталь, но все, абсолютно все вокруг носили костюмы: боссы, коллеги, клиенты, инвесторы, вообще все. В инвестициях так принято. Хотя помните, как в фильме «*Социальная сеть*» Цукерберг тоже ходил в халате и в тапках. Сейчас времена немного изменились, а Маск может позволить себе ходить в чём угодно. Но 10 лет назад он смотрелся просто рок-звездой и иконоборцем в своих джинсах. Это был в том числе и имиджевый ход для бренда, ну и конечно, плевок в глаза всей Уолл-Стрит.

Ну а теперь самое главное — цена компании. После Роуд-шоу в духе успешного успеха, со всеми шутками, прибаутками, ягодками и ёлочными игрушками банкиры напыжились, собрались с духом и предложили Илону 15 долларов за акцию. Но Илон сказал: нет, ребята. Этого мало. НУЖНО БОЛЬШЕ ЗОЛОТА.

Голдберг вспоминает, что после этих слов из комнаты будто бы высосали весь воздух, потому что сраные инвестбанкиры просто не могли вдохнуть. Никто никогда не видел, чтобы компания, которая ищет деньги, подвинула инвестбанк. В конце концов, кто эксперт в ценообразовании компаний — убыточный местечковый автопроизводитель или громадный инвестиционный банк господина Моргана?

Тут ребята в костюмах выключают микрофоны на своих устройствах конференц-связи (зума-то не было тогда) и начинают дико ругаться. Майк слушает и у него заворачиваются уши — такой там стоял мат-перемат.

Можно ли переубедить основателя компании?

Что он вообще о себе думает?

Что, если *IPO* провалится в ад?

Втащим ли мы организацию этого говна, если согласимся?

Надо признать — риск был огромен. Финансовое положение Теслы оставляло желать лучшего, и это мягко сказано.

Вот как обстояли дела. Они продали только 1000 машин к моменту размещения. Всего 1000 спортивных Тесла Роадстеров, ну и получили заказы ещё на 2000. В рамках автопроизводства это не просто мало, это смехотворно мало. У компании страшная нехватка кэша, который скоро закончится. У компании огромный долг, который непонятно, как выплачивать. Модель S для широкого рынка ждать ещё минимум два года. То есть тут вся репутация банкиров на кону, потому что всё может загореться, как бесхозная помойка.

Но Илон знал кое-что, чего не знали важные банкиры. Он знал, что Тесла изменит автомобильную промышленность. И он понимал, что, если цена будет низкой, все сливки с его бизнеса снимут именно финансисты, а не он. Он был уверен, что в первый день всё взлетит, как это обычно и бывает (хотя и не всегда).

И Маск собрал яйца в кулак и заявил, что цена будет не 15 долларов, а 17 долларов, или *IPO* не состоится. В конце концов банкиры согласились. Торги открылись по 17, а закрылись по 24 доллара. Инвесторы ему поверили, а Илон был рад поскорей убраться из Нью-Йорка, подальше от мужиков в костюмах.

Тесла собрала 226 млн долларов, а компанию оценили в 1,7 млрд долларов. Причём в первый же день торгов компания выросла ещё на полмиллиарда. Наивысшая цена в год размещения достигла 35 долларов. В 2011 они купили обанкротившийся завод в Северной Каролине, который когда-то принадлежал Дженерал Моторс и Тойоте. И только в 2012 вышла Модель S — первый седан для широкого рынка. Несмотря на ряд наград, цена акций почти не увеличилась — они торговались по 38 долларов.

Но тут появилась надежда на то, что компания начнёт приносить прибыль. И цена скакнула в 4 раза до 193 доллара. В 2014 у Модел S появились новые прошивки, и в топовых конфигурациях она стала конкурировать с Феррари и Ламборгини. Пиковая цена в 2014: 286 долларов.

В 2015 у Теслы появляется внедорожник Модель X с дверями, которые открываются вверх, как и положено крутой тачке. Тогда же появился первый автопилот и сразу порвал шаблоны.

В 2016 Тесла выпускает массовую модель 3, которая тут же собирает сотни тысяч предзаказов. Тут внезапно Маск присоединяет к Тесле ещё одну компанию — *SolarCity*, которая производит солнечные батареи. Но акции не растут, а даже наоборот: все считают, что Илон так прячет убытки и даёт обкешиться держателям бесперспективной SolarCity.

В 2017 появляется прототип грузовика, а акции достигают 385 долларов. При этом количество продавцов вкороткую зашкаливает: акция Теслы — самая зашорченная бумага на американском рынке. Маск это прокомментировал, что, типа, эти ребята так хотят, чтобы мы разорились, что у них даже во рту запах разложения.

В 2018 обновлённый Тесла Роадстер оказывается самой быстрой серийной машиной в мире. Но Маск остаётся самим собой и вдруг пишет какую-то абсолютную хрень в твиттере, что он нашёл деньги, чтобы забрать Теслу с биржи и выкупить её полностью. За это регулятор смещает его с поста председателя совета директоров и штрафует на миллионы долларов. Акции стоят 380 долларов за штуку.

В 2019 появляется футуристический джип Сайбертрак, а цена акции вырастает до 430 долларов. В 2020 Тесла тормозит заводы в Китае и в США на фоне коронавируса, но Маск успешно запускает на МКС корабль с людьми — совсем от другой своей компании, *SpaceX*. Хорошо, что он не забыл припомнить Рогозину его дебильную шутку про космонавтов и трамплин. И ещё лучше, что он не шутит про автомобили компании Автоваз.

Летом 2020-го акции Теслы показывают новый максимум: 1500 долларов за штуку. Если бы вы купили их в первый день торгов, вы бы увеличили свой капитал примерно в 80 раз.

Илон Маск провёл *IPO* по-своему, и ему это удалось. После этого он отправлял в космос космические корабли и они прилетали обратно. Акции Теслы тоже улетели в космос. Потом вернулись на Землю. Улетят ли они на Марс?

Решать вам.

ГЛАВА 5. ДИВИДЕНДЫ И ДРУГИЕ БАРЫШИ

Люди покупают акции, чтобы дико озолотиться, например. Но как они получают доход? Компания заработала денег и хочет немного раздать. Раздача прибыли акционерам и называется выплатой дивидендов. Молодые фирмочки часто своими акциями мотивируют сотрудников, но дивиденды, как правило, не платят — все доходы вкладываются в дальнейшее развитие компании. Но хотя бы иногда дивиденды стоит, конечно, распределить — иначе люди могут и позабыть, зачем им акции.

Совет директоров решает, когда и сколько платить дивидендов акционерам, и по закону у всех одинаковые права. Нельзя одному заплатить дивиденды, а другого кидануть.

Иногда компания заявляет, что вместо денежного дивиденда она выплачивает «стоковый» дивиденд — то есть в виде акций. Приходит такое письмо, мол, поздравляем счастливчиков, все получают по 5% от имеющихся у них акций, ура. Хорошо это или плохо? Надо ли радоваться такому сообщению? Конечно, нет. Акции-то у всех прибавляются, то есть их цена пропорционально упадёт. Было у вас сто — станет сто пять, но и выпущенных акций будет не 100 млн, а 105 млн.

Зачем же компании это делают? Может, они хотят кого-то облапошить? Короткий ответ — да. Ну, типа, денег мы вам не дадим, зато акций подбросим. А толку никакого, чушь какая-то. На стоковые дивиденды не надо платить налог, то есть надо, но лишь после того, как вы продадите эти акции. Хотя фактически денег-то вы и не получали.

Не надо путать стоковые дивиденды с программой реинвестирования. Это сейчас много где практикуется. Вы с эмитентом подписываете договор (электронно — через брокера), что вместо дивидендов вам на счёт зачислят акции на эту сумму. Тут количество акций компании не возрастает, поэтому это абсолютно справедливая штука. У меня по всем эмитентам стоит реинвестирование дивов. Ведь 200—300 баксов погоды не сделают, а лишнюю сделку делать не надо. Если у вас прицел портфеля на 10 лет вперёд, то это полезная опция.

5.1. !!! — ??? — Профит

В чём смысл корпорации? Приносить прибыль акционерам. Для них компания и существует. Не для наёмных работников — у тех есть зарплата; и не для клиентов — для них компания производит товары или услуги. А вот акционер — он главный. Он и получает профит.

Если вы когда-нибудь окажетесь в совете директоров — а я на это надеюсь, — то пришлите мне, пожалуйста, открытку. Когда вы туда вступаете, вы даёте обещание и у вас появляется обязанность: одинаково относиться ко всем акционерам и работать именно ради них. Вам доверяют важную роль: защищать права акционеров и зарабатывать для них деньги. Это не плохо, как утверждает РПЦ, а даже и наоборот — хорошо и богоугодно. Корпорации дают всем процветание и производят красивые вещи: джинсы, печеньки, айфоны. И тут стыдиться нечего, надо смело вступать в советы директоров и яростно биться за права акционеров, как святой Навальный. Акционерное общество — хорошая бизнес-модель, потому она и прижилась в мире.

Вернёмся к истокам. Смысл вложений в акции — получение дивидендов, это базовая идея корпорации. Традиционно люди покупали акции именно для этого. Сейчас многие вообще не понимают этой темы. Большинство думает: вот куплю акции. Зачем? Ну, вырастет цена — продам и заработаю громадную сумму денег, куплю дирижабль. Так ведь все думают, верно? Многие даже и не знают, что такое дивиденды, а про акцию думают, что это нечто такое интересное херзнаетчто, и цена этого имеет свойство расти. Но отчего цене расти-то? Об этом люди не задумываются. Вложили ли бы вы в акции деньги, если бы не было способа получить свои вложения обратно? А?

Так вот, главное — это дивиденды. Они и есть движущая сила. Теперь вы узнали тайну акций. Однако стоит рассказать о ситуации на реальном рынке.

5.2. День выплаты

После того как начисляются дивиденды, цена акций падает. Ведь компания изымает со своих счетов деньги и раздаёт их, а количество акций не уменьшается. Получается, что цена каждой акции должна упасть на изъятые из компании деньги, поделённые на количество акций, — то есть ровно на величину этого самого дивиденда.

На Нью-Йоркской фондовой бирже акции в день выплаты дивидендов помечают крестиком — это чтоб люди не волновались, почему цена вдруг упала. Некоторые акционеры за новостями не следят, а смотрят только на курс, и вот они могут напрасно приуныть, если цена внезапно упадёт. Ну и вот им так как бы намекают — не ссыте, всё ок, вы скоро получите на счёт деньжат на эту же самую сумму.

Надо понимать, что дата отсечки реестра акционеров — это не дата получения дивидендов. Это дата, в которую компания устанавливает, кому их выплачивать. Если вас нет в реестре в этот день, то и дивидендов вы не получите. На самом деле, после дня отсечки цены акций и правда падают примерно на размер дивидендов. Поэтому расстраиваться падению не надо. Ну и назавтра, если вы купили дешевле, тоже радоваться особо нечему — дивидендов вы уже не получите. То есть разницы особой нет, если не учитывать хитрости с налогами — иногда это имеет значение, но сейчас об этом вам думать не надо. Подумайте лучше о кружечке пива.

Американский регулятор, который брокерам выдаёт лицензии, запрещает упоминать дивиденды в рекламе. То есть брокер не может звонить и говорить: «Спешите, спешите, скорее покупайте акции Газпрома, пока не настал день отсечки! Если вы купите завтра, то дивидендов вам в этом году не видать!» Так делать нельзя. Считается, что это западло.

Это, конечно, не означает, что дивиденды бесполезны. В конце концов, это та причина, по которой вы владеете акциями. Когда компания выплачивает дивиденды, брокер их вам присылает на счёт. Или хранитель реестра присылает, если у вас нет брокерского счёта.

5.3. Индексируй это

Возьмём биржевой индекс *S&P500*[1], там 500 крупных американских компаний. Причём они каждый год разные: кто-то обанкротился, кого-то

[1] Раньше он назывался S&P Composite.

купили, поделили, кто-то новый добавился. Тех компаний, которые были в индексе в 1871 году, почти не осталось. Плюс надо помнить, конечно, что были сплиты. Естественно, индекс это учитывает, ведь если цена акции упала в два раза — а компания просто количество акций удвоила, — капитализация же у неё не изменилась. Там у них комитет заседает и решает, кого убрать, кого добавить в индекс. Но смысл в том, что там 500 крупных компаний.

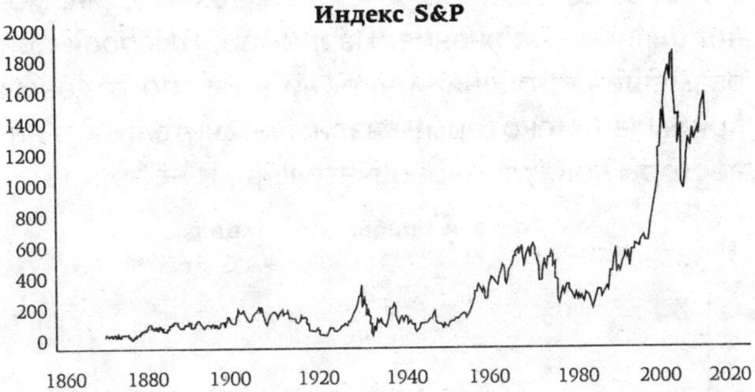

Важная концепция — это *P/E* — прибыль на акцию. Что это такое? Прибыль — это то, что бухгалтерия считала долгие годы, годовой доход компании за вычетом расходов. Цена акции — это, соответственно, цена владения долей от этого потока; причём навсегда. Если я покупаю акцию, я в одной лодке с остальными владельцами и у меня появляется право на долю от прибыли компании.

Прибыль — это цифра, которая меняется из года в год и показывает, насколько хорошо компания поработала в отдельно взятом году. Так вот, цена акций — во много раз больше, чем годовая прибыль на акцию, и гораздо более волатильная (изменчивая) штука. В XX веке коэффициент цены акции к прибыли компании стремился к 15, то есть люди готовы платить за среднюю компанию примерно 15 годовых прибылей, но ярко выраженной тенденции не было. В годы экономического роста люди готовы платить больше, а в кризис стоимость бизнеса падает. Плюс есть ещё перспектива, технология, монопольное положение. Например, *Facebook* при размещении оценили чуть ли не в 100 годовых прибылей. Некоторые аналитики считали, что инвесторы чокнулись окончательно. И не зря.

Годовая прибыль на акцию

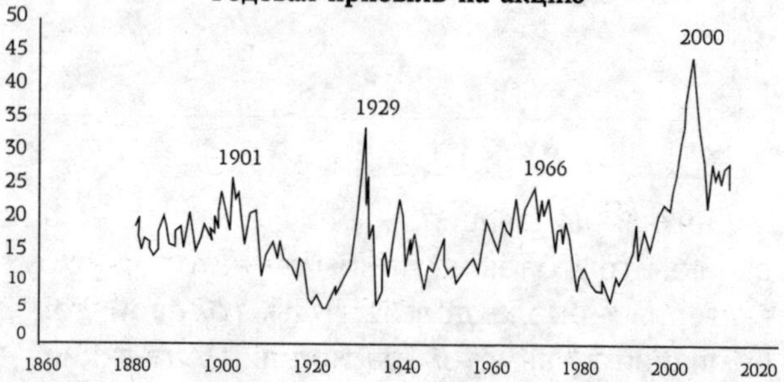

В далёком 1929 году этот коэффициент вырос до 35, и уже тогда люди стали нервничать. А кто-то, наоборот, стал думать, что рынок может только расти. Очень много оптимизма было среди трейдеров. Перед кризисом 2000-х он достиг ещё большей цифры — 46, ну вот потом внезапненько скорректировался — да так, что трейдеры из окон повыпрыгивали. Ха-ха!

5.4. Прибыль — это ещё не деньги

Прибыль на акцию и дивиденды — разные вещи. Прибыль — это сколько компания заработала за определённый год. Необязательно, кстати, календарный; бизнес-год может начинаться 1 июля, как в Австралии, или 1 сентября — такое в США часто бывает. Откуда компания знает, сколько заработала? Это непростая штука, и бухгалтеры её долго-долго считают и потом выдают с потолка какую-то цифру. Она может директора сильно удивить, потому что бухгалтерия и финансы — это слабо связанные вещи. Я разницу сейчас объяснять не стану, просто знайте, что бухгалтерия — это зло и говно, а финансы — добро и «Порше Кайен».

Так вот, бухгалтерская прибыль — вещь довольно абстрактная, теоретическая. А дивиденды — вещь вполне конкретная: это деньги, которые компания высылает акционерам. Может оказаться, что в конце года, в декабре, контора напродавала кучу товара в долг, а деньги получит только в январе. В итоге прибыль у компании есть, а денег нет. Ну или наоборот. Там уж как главбух решит, прибыль или убыток. Страшный человек.

Когда вы покупаете акцию, вы получаете право на поток прибыли, навсегда. Её можно передать детям, а через 200 лет она будет стоить очень дорого. Или не будет, тут как повезёт. Может, компании уже не будет через 50 лет — она разорится или её купит другая какая-то компания, и акцию обменяют.

Как компания решает, сколько платить? Обычно совет директоров создаёт какой-нибудь комитет, но вообще это важное решение, и все акционеры по нему голосуют каждый раз. Молодые компании дивидендов не выплачивают, потому что им нужны деньги на развитие, и все это понимают. Инвесторы не ждут быстрого возврата от таких предприятий, они надеются на бурный рост бизнеса. Ну а когда компания уже подрастёт, заматереет, тогда вот и пора платить дивиденды. В индексе *S&P500* такие компании и есть, и они практически все в той стадии, когда дивиденды выплачиваются регулярно.

Следующий вопрос — коэффициент выплаты дивидендов из прибыли компании. Были периоды, например в 1932—1933 годах, когда компании платили аж 160% своей прибыли в виде дивидендов. Как так, почему? Дело, конечно, в Великой депрессии. Кризис косил корпорации, но они продолжали платить высокие дивиденды! Они не хотели их снижать, чтоб не расстраивать акционеров. То есть выплачивали они даже больше, чем зарабатывали. Занимали, продавали что-нибудь ненужное и платили.

Но тут есть явный тренд вниз. Сто лет назад компании выплачивали в среднем около 80% от прибыли, а сейчас только 40%. Это на самом деле культурный сдвиг. Компании не хотят выплачивать деньги, а хотят над ними чахнуть. В том числе и из-за того, что люди сейчас не так много думают о дивидендах, а корпорации стараются реинвестировать прибыль. Или делают вид, что стараются.

И четвёртая тенденция, про которую надо рассказать, — отношение дивидендов к цене акций. Вложили вы в акцию 100 рублей, а она вам принесла десять рублей за год — тогда дивидендная доходность у неё 10%. В конце XIX века

типичное соотношение было 5%, и это было хорошо, инфляция была низкой.

В те времена вообще всё было как-то понятнее: люди покупали акции, чтобы получать денежный поток. Да и акции были другие — железные дороги или сталелитейные заводы, все всё понимали. Кто-то рекомендует вам акцию, ну вы и спрашиваете — а дивы какие? Вам отвечают — ну вот, 4%. Вы говорите — ну что-то вялый какой-то дивиденд, хочу побольше. Сейчас вообще люди этим не интересуются. Спросишь у аналитика, какие дивиденды по Газпрому, — он только глаза выпучит. Дивидендная доходность сейчас низкая и падает дальше.

5.5. Обратный выкуп

Есть способ вытащить деньги из компании, не выплачивая дивидендов: обратный выкуп акций. Ну ещё ликвидация. Можно же никогда не платить дивидендов, всю дорогу копить денежки, а потом кто-то компанию купит, и тогда это всё акционерам и достанется. Хотя сейчас гораздо чаще акционерам дают не деньги, а акции компании-поглотителя, ну и тогда они надеются на дивиденды уже от новой большой корпорации.

Итак, обратный выкуп. Это довольно обычная операция, но люди иногда удивляются. Вы звоните своему брокеру и говорите: «*Хочу купить акции Гугла*». Но Ларри Пейдж ведь тоже может позвонить из своего кабинета и сказать, что сам Гугл тоже хочет купить немного. Как же Гугл может купить акции Гугла? Ну как, вот так, взял да и купил, почему нет.

Что же произойдёт, если Гугл решит скупить все акции в обращении? Может ли это произойти? Пусть Ларри Пейдж звонит брокеру и заказывает ему купить все акции Гугла. Брокер ему на следующий день звонит и говорит — все акции я скупил, да вот ещё 100 штук осталось у Павла Дурова. А он что-то не хочет продавать их по 630 долларов за акцию. Ларри говорит Павлу: «*Ну продай, Паш, прошу*». А Павел ему и отвечает: «*Нихера я тебе не продам, проклятый империалист! Ведь если в обращении осталось всего 100 акций, и все они у меня, то я и есть владелец 100% акций Гугла и назначаю себя директором. И я теперь вам приказываю открыть поиск по порносайтам, а гугломобили пусть ездят отныне исключительно по Питеру*». Такие дела.

Допустим, у вас есть 100 акций по доллару и компания объявляет, что платит 5% дивидендов. Вам тогда достанется 5 долларов. А что, если компания делает выкуп 5% акций? В итоге-то из компании уходит ровно такое же количество денег, и акционерам достаётся такое же количество. Но вот акций становится на 5% меньше — было у вас 100 штук, станет 95. То есть для акционера разницы никакой нет — дивиденд или обратный выкуп, результат-то один и тот же.

За эту несложную идею два брата-акробата по имени Модильяни и Миллер получили Нобелевскую премию. Хотя они сделали важную пометку — конечный результат может отличаться из-за налогов. И до 2003 года разница была весьма заметна. Тогда в США налог на дивиденды был снижен с 20 до 15% — так же как облагается доход с капитала. А до этого было выгодней делать обратный выкуп, чем платить дивиденды. Сейчас разницы никакой нет.

По большому счёту, любая финансовая тема связана с налогами. Фискальные системы во всех странах сложные, в США даже в разных штатах разные налоги. Но, если их всегда учитывать, ничего конкретного в финансах утверждать нельзя. Поэтому про них обычно забывают. А вот что нужно учитывать обязательно — это политику.

5.6. Политический запашок

Фондовый рынок чрезвычайно зависит от политики. В любой стране. Политика оказывает колоссальный эффект на котировки — даже если государство не национализирует или конфисковывает активы, оно же облагает их налогами. Почти в каждой стране есть налог на прибыль корпораций (за редкими офшорными исключениями) и налог на доходы физических лиц. Налог на прибыль налагается на компанию до того, как она выплачивает дивиденды. А налог на физлиц — после того, как они их получат. Он часто зависит от общего дохода человека, ну и разные источники дохода, бывает, облагаются по разным ставкам.

На протяжении истории налоги менялись очень сильно. В тех же США были периоды с чрезвычайно высокими налогами. Налог на дивиденды физиков зависит от разных факторов, но если говорить о самой высокой возможной ставке, то во время Второй мировой войны она превышала 90%. Государство забирало 90% от ваших дивидендов! Сейчас это 15% — ну для нищих там вообще ноль, но для большинства это 15%. То есть налог снизился с 90 до 15%, почему? Это политическое решение, конечно.

Надо ещё отметить, что есть разница между ставкой и реальными выплатами. В большинстве развитых стран налог на прибыль корпораций — около одной трети. То есть в среднем государство забирает у компании 33% от прибыли. Но реально платят, конечно, меньше — из-за всяких налоговых лазеек. В реальности компании платили до 60% от прибыли во время Второй мировой, а сейчас платят меньше трети.

Рынки не везде ждут вас с распростёртыми. Взять Японию — это полностью закрытый рынок. Японцы сопротивлялись попыткам международных страховщиков открыть там свои представительства, и американские дельцы давили на них на всех уровнях, включая самый высокий. В правительстве лоббировались всевозможные запреты на деятельность японских компаний на территории США (необязательно страховых!), если они не поддадутся.

В конце девяностых все обсуждения заградительных пошлин касались только торговли. Запрещались и облагались пошлинами товары, а не финансовые услуги. В ВТО вообще никто не обсуждал рынки услуг. Эту тему продавили именно американские страховщики во главе с могущественной тогда AIG.

Сначала они добились того, что в Корее и Японии стало возможно открыть 49-процентную дочку американской компании, потом в Китае то же самое пробили. Именно они затащили Китай в ВТО — финансовые конторы, а не производители товаров! Они умудрялись делать бизнес даже за железным занавесом, в странах варшавского договора, страховали (точнее, перестраховывали) риски СССР уже в конце шестидесятых! И по окончании холодной войны именно американцы оказались на коне в Венгрии, Польше, Румынии и много где ещё.

Возьмём пример поновее, из 2018 года. В августе Европа ввела санкции против 6 дружеских Путину фирм, «строивших» Крымский мост. Ирония в том, что санкции ввели только после завершения строительства. Почему?

Потому что на такие циклопические проекты российская промышленность не очень способна, и строили мост европейские подрядчики: немцы, австрияки и итальянцы. Друзья по кооперативу, тренеры и повара только откусывали лишнее (по-другому «зарабатывать» они никогда и не умели).

Европа от своих откусывать не захотела: дождалась, пока завершатся хитроумно составленные контракты. Это к вопросу борьбы за справедливость, мораль отдельных политиков и нравственность всей человеческой цивилизации. Все они хер ложили и на Россию, и на Украину, и на то, чей Крым; заработать бы и ладно, *après nous le déluge*.

Поэтому, рассматривая акции, надо всегда думать о политике. Чем занимается государство и кого оно планирует аннексировать? Опыт показывает, что может произойти всё что угодно. И все наши формулы, модели и оценки придут в полную негодность из-за политического решения. Такова реальность.

5.7. Мадам, а можно в долг?

Ещё Модильяни и Миллер писали о корпоративных займах. Компания может занимать деньги на рынке. А дивиденды компания платит уже после того, как выплатит проценты по кредитам. Чем больше контора занимает, тем больше у неё коэффициент долга к стоимости, тем больше риск. Если вы покупаете квартиру в ипотеку и платите 300 тыс. первый взнос, а стоит она 3 млн, это рискованная инвестиция, кредитное плечо 1 к 10 получается. Стоит цене на квартиру упасть на 10%, первоначальный взнос испарится. Допустим, вам надо переехать и срочно продать эту квартиру. Или в ипотечном договоре (особенно американском) запросто может быть пункт, что, если залог сильно дешевеет, сделка закрывается. Тогда банк продаст квартиру за 2 млн 700, и у вас остаётся 0 руб. 0 коп. Поэтому кредитное плечо — это опасность.

Советы директоров долго и мучительно решают, сколько и когда занимать, и у разных компаний разные принципы. Например, «Майкрософт» долго не занимал денег вообще, у них никакого кредитного плеча не было. Но другие, наоборот, сильно кредитуются, консультируются у разных экспертов. Вот они приходят к Модильяни и Миллеру и спрашивают, сколько денег нам брать в долг? Что они скажут? В идеальном случае, если налоги не учитывать, они скажут, что никакой разницы нет — что выпустить новые акции, что взять в долг.

Почему? Постараюсь объяснить, я и сам это с трудом впитал. Когда вы покупаете компанию целиком и у неё есть долг, то долг ведь тоже покупателю достаётся. И если вам нужна чистая компания без долгов, то его надо будет выплатить. А это всё равно что это был бы не долг, а просто дополнительные акции на эту сумму. В одном случае кредиторы будут ставить вам палки в колёса и не давать выводить деньги или инвестировать, в другом — акционеры мешать начнут. Поэтому выходит, что для стоимости компании разницы нет, как она финансируется — долговыми инструментами или акциями. Главное — кэшфлоу, то есть денежный поток, который компания генерирует. В зависимости от него и определяется стоимость, и нет разницы, выплачивать вам часть кредиторам или другому акционеру. Важен лишь результат в строке *итого*.

5.8. Долг, дивиденды и налоги

Итак, теория независимости долга говорит о том, что долг компании на цену акций не влияет. Фундаментально это вроде бы логично: если для всех компаний и для всех инвесторов всегда доступно и долговое и акционерное финансирование, то значения это не имеет. Но тут, на мой взгляд, многовато допущений. А на взгляд Нобелевского комитета всё хорошо.

Однако не будем забывать про налоги. Проценты по кредиту вычитаются из прибыли, и на них не платится налог. А вот дивиденды облагаются по всей строгости. С 2015 года, кстати, строгость эта выросла у нас с 9 до 13%, что, конечно, расстраивает. Ведь компания уже заплатила с этих денег все налоги! А собственнику приходится платить ещё и налог с дивидендов. Нерезиденты у нас платят не 13, а 15%, а налог на доход у них вообще 30%. Однако поговаривают, что этот налог собираются снизить, чтобы привлечь граждан Украины и Белоруссии на нашу биржу.

Вернёмся к Модильяни и Миллеру. Согласно их идеям, налоги конкретно меняют всю тему. Казалось бы, компании должны занимать как можно больше, а у Билла Гейтса остаётся только спросить: «*Билл, что с тобой? Почему Майкрософт не берёт кредитов? Ведь проценты вычитаются из налогооблагаемой прибыли, а дивиденды — нет!*» Вот и поговорили. Выходит же, что компании должны занимать, пока у них есть такая возможность.

Но в этом случае возрастает вероятность банкротства. И вот наши лауреаты, они написали, мол, надо прикинуть вероятность банкротства, сделать расчёт скидки и вычислить оптимальное соотношение заёмных средств к собственным. То есть, учитывая этот расчёт, вопрос дивидендов и долгов — это вопрос налогообложения, и ничего более.

5.9. Так сколько платить-то?

Напоследок расскажу немного о теории выплат дивидендов от Джона Линтнера. Как компании решают, сколько платить?

Линтнер — профессор Гарварда, он базарил с членами советов директоров и мотал на ус. Выяснилось, что никто толком и объяснить-то не может, чем он руководствуется при определении доли прибыли, которую надо выплачивать.

В первую очередь члены думают о цене акций и волнуются, как бы не расстроить инвесторов. Советы всегда хотят, чтобы акции росли — у них же опционы. Ну и если компания сильно подешевеет, её могут внезапно поглотить конкуренты, а всех директоров выгонит Карл Айкан. Много заплатят акционерам — мало денег останется для инвестиций; мало заплатят — все расстроятся от низких дивидендов.

Есть ещё психология инвесторов. Директор думает, вот мы заплатили дивиденды в том году (хотя в США по кварталам они выплачиваются), и акционеры с больным воображением начнут ждать столько же денег в следующем году. А вдруг прибыли не будет? Придётся уменьшать дивы. Акционеры разозлятся, продадут наши акции, и нас дико скупит Уоррен Баффетт. Начнут звонить репортёры, аналитики, спрашивать, в чём дело. В итоге все боятся снижать дивиденды.

Поэтому и выплачивают осторожно, зато регулярно. Даже если прибыль резко вырастет, дивиденды не повышают — ведь потом-то их придётся снизить, а это опять репортёры, обиженные акционеры. Поэтому при росте прибыли дивиденды растут несильно — на какую-то долю от роста. Это и называется моделью Линтнера. Размер дивидендов медленно следует за размером прибыли, поэтому если прибыль снижается, то дивиденды и снижаются не так резко.

Есть неплохое исследование по дивидендам в странах БРИКС, там выяснилось, что действительно у менеджмента есть тенденция к увеличению дивидендов, а снижать их не любят. При этом в странах БРИКС скорость приближения дивидендов к прибыли больше, чем в развитых странах. Разница довольно большая: в БРИКС изменение дивидендов отображает 70% от изменения прибыли, а в США — только 17%. Выходит, что у нас советы директоров не смотрят далеко вперёд, горизонт планирования всего 2—3 года. Хотя я не утверждаю, что это однозначно плохо. Различается и доля прибыли, которую компании направляют на выплаты дивидендов. В БРИКС этот показатель меньше 10%, а вот в США — почти треть от прибыли выплачивается. В Европе ещё больше. А компании развивающихся стран направляют большую часть чистой прибыли на реинвестирование. Хотя я подозреваю, что прибыль там реинвестируется в основном в шубохранилища и в толчки золотые.

ГЛАВА 6.
КТО ЗДЕСЬ?

Пришло время узнать, где и как люди торгуют акциями, облигациями, да чем только не торгуют. Это огромная индустрия, не какая-то херня. И тут тоже информационные технологии.

Зачем вообще нужен рынок? В первую очередь для того, чтоб определить цену — внутри страны или международную — на бумаги. Проблема децентрализованной торговли в том, что разным людям достаются разные цены на одни и те же вещи. Если хорошо организованной площадки нет, никто не узнает о том, сколько стоит та или иная акция на рынке — ведь как обнаружить её цену сразу везде?

Что такое организованная площадка? Это площадка, открытая для всех, недорогая, быстрая, надёжная и эффективная. Сейчас для нас раскрытие цен на акции — данность, и мало кто понимает, что эта технология когда-то была совершенно невообразимой. Она становится лучше с каждым годом: текущие цены получить всё проще — это стало бесплатно или почти бесплатно и доступно всем, у кого есть интернет.

6.1. Антиквары против риелторов

Два важнейших понятия на рынке ценных бумаг — это «брокер» и «дилер». Это организации или люди, которые торгуют ценными бумагами. Надо осознать концептуальное отличие между ними.

Брокер действует как агент от лица других людей и зарабатывает комиссию. Он помогает заключать сделки другим участникам рынка. За то, что он соединяет продавца и покупателя, он получает комиссию в процентах от сделки — обычно это 0.2%, но бывает и меньше, и сильно больше. Дело в том, что брокерская комиссия на иностранных биржах, как правило, берётся минимум за ~1000 акций, сплошное разорение. Покупаете 5 штук, а комиссия как за 1000. Обычно это долларов 10—20 за сделку внутри дня. Если объём больше, тогда уже будет браться процент от сделки, а если меньше — тогда всё те же 20 баксов, пусть даже одна акция стоит пять. У нас, кстати, не так. У нас по-человечески.

Дилер же работает на себя, заключает сделки от своего лица и получает не комиссию, а прибыль (или убыток) с каждой сделки. Он сам покупает или продаёт бумаги. Это означает, что у него есть некий запас, ну типа как склад — всегда есть что продать. Если вы приходите к дилеру за какой-то акцией, вы покупаете именно у него, из его запасов. Если вы продаёте через дилера, вы продаёте непосредственно ему — он собирается потом перепродать акцию дороже. Это фундаментальная разница — комиссия *vs* прибыль, агент *vs* непосредственный участник.

По закону нельзя одновременно быть брокером и дилером в одной сделке, так как возникает конфликт интересов. Либо то, либо другое. Вообще, одна и та же контора (или человек) может быть одновременно и брокером, и дилером. Но не в одной и той же сделке. Есть брокеры-дилеры; более того, на самом деле почти все брокеры торгуют и от своего лица тоже, плюс имеют запас бумаг — либо собственную позицию для торговли, либо чтобы давать акции взаймы клиентам. То, что фирма сразу и брокер, и дилер, не означает, что она может выступать в обеих ролях одновременно, так делать нельзя.

Когда покупаешь или продаёшь квартиру, агент по недвижимости выступает в роли брокера. Он не покупает квартиру у вас и не продаёт вам свою. Если вы звоните в агентство и говорите «хочу продать хату», там вам никто не ответит: «*Ок, покупаем!*» Они брокеры.

Но, если вы приходите, например, в антикварный магазин и говорите, что вам нужен вот этот комод, хозяин, скорее всего, окажется дилером. Вы покупаете вещь непосредственно у него, из его запасов — и он зарабатывает тем, что покупает дешевле, а продаёт дороже.

Интересный, кстати, вопрос — почему в каких-то отраслях экономики больше дилеров, а в каких-то больше брокеров? Почему картины, антиквариат и музыкальные инструменты продают дилеры, а дома, участки, подержанные автомобили — брокеры?

Тут дело в цене и доступности информации. Покупка дома или машины — большое решение, и вам нужно посмотреть много разных вариантов, а информация о них открыта и доступна. В случае предметов искусства всё не так очевидно — скрипку или картину оценить гораздо сложнее, и их меньше однотипных, информация труднодоступна или дорога, часто нужен профессиональный оценщик. Хотя с рынком подержанных машин сейчас интересные изменения происходят в этом плане. В США комиссионки давно уступили место дилерам, которые покупают и продают машины уже от своего имени; появляются сервисы наподобие нашего *CarPrice*, которые выкупают машины и тут же продают на аукционе дилерам.

6.2. Посторонним В

На брокерство и дилерство на рынке ценных бумаг в любой стране требуется лицензия, а сотрудники должны быть аттестованы специальной комиссией. В США это *SEC* и *FINRA*, у нас сейчас эта функция передана Центробанку. Чтобы получить аттестат, надо сдать экзамен. В России — целых два экзамена, базовый и специальный. На мой взгляд, они весьма непростые, причём базовый сложнее.

Зачем эти экзамены? Из-за того, что у брокеров и дилеров слишком много возможностей для злоупотреблений. Человеческая природа несовершенна, и даже у приличных с виду людей постоянно возникают соблазны кого-нибудь объегорить.

В США целые сценки снимают с актёрами, чтобы показать различные ситуации, и вообще кодексы поведения строгие. Хотя, естественно, и там постоянно все норовят нажиться на фраерах. Просто там это считается неприличным.

Есть, например, сценка, когда женщина приходит к брокеру, а у неё совместный счёт с мужем, и каждое распоряжение должны подписать два человека. Сейчас это не так актуально, так как все подписи электронные, ну я для иллюстрации. Брокер протягивает бланк этой женщине, и говорит, ну вот, мол, нужны обе подписи. Женщина на минуту выходит из офиса и тут же возвращается с «подписью» мужа, и говорит: «Вот он подписал, вы понимаете, мы друг другу полностью доверяем, он мне поручил продать все акции». Брокер говорит: «Ну ладно, ок, я понимаю».

На следующий день прибегает разъярённый муж и говорит, что они в процессе развода, а денежки от продажи акций уже уплыли на счёт жены. А брокер делает вид, что всё типа норм, он не знал. А женщина в суде говорит: «Ну хуле он не знал, всё он знал, я при брокере расписалась за двоих, он сказал, что это ок».

Естественно, брокеру кирдык. Про жену ничего не известно.

Таких ситуаций возникает туча, но в целом система регулирования как-то работает — есть надзорные органы, они там что-то пытаются защищать. Главное — понять, что у людей есть тенденция мухлевать и поддаваться соблазнам. В США регулирование гораздо строже, чем у нас, и там даже за малейшие отклонения от протокола могут отрезать яички.

Например, намёки на «хорошие» сделки с целью спровоцировать клиента повысить оборачиваемость портфеля. Чем больше клиент торгует, тем больше комиссии получает брокер. Если вы заключаете сделку раз в месяц, вы брокеру не очень-то интересны. И поэтому у него есть соблазн порекомендовать вам поторговать ещё. И ещё. Клиент не понимает, что биржа — это игра с отрицательной суммой. Не получится получать прибыль всё время, а вот брокер получает комиссию с *каждой* сделки. Если у вас 2—3% от капитала каждый год съедает комиссия, показывать прибыль на протяжении многих лет невероятно сложно.

Американское Министерство труда в своих ответах на вопросы трудящихся приводит красноречивый пример. Представим, что через несколько лет после начала карьеры у вас на пенсионном счету скопилось 25 тыс. долларов. Для пущей иллюстративности вы туда больше не вкладываете, а лишь инвестируете то, что есть.

До пенсии вам осталось, условно, 35 лет. Допустим, вам улыбнётся удача, и среднегодовая доходность вложений у вас составит 7%. Нехило, но и вместе с тем ничего особенного.

Так вот, если комиссия брокера (+депозитария и биржи) составит 0,5% годовых, к концу срока у вас на счету окажется около 227 тыс. долларов. Из 25к. Да, такое вот чудо сложного процента: 1,065^35 = 9,062, то есть ваши 25к увеличатся в 9 раз.

А вот если комиссия брокера будет 1,5% годовых (на минуточку, в насаждаемом Яндексом сервисе *Yammi* так и есть, то есть случай абсолютно реальный), то при той же доходности через 35 лет на счету у вас окажется всего 163 тыс. долларов — на 64 тонны меньше! Годовая разница всего лишь в 1% откусит у вас 28% (ДВАДЦАТЬ ВОСЕМЬ процентов) пенсии. Нормально?

Поэтому всякие адские заманухи контролируются, клиенты подписывают декларации о рисках и всё такое. И всё равно сливают бабло. У обычного брокера на бирже в первый год 90% людей теряют деньги, 5% в нуле и 5% зарабатывают. И если вы думаете, что на второй год ситуация улучшается, я вам просто мило улыбнусь. Но не расстраивайтесь вот так сразу. На форексе статистика ещё хуже: по информации от одного европейского брокера, там 95% клиентов сливают счета, а средний счёт — всего 4000 долларов. Добро пожаловать в ад, нищеброды!

Главная проблема после разочарования населения в паевых фондах и банковских вкладах —

потеря доверия к финансовым институтам. Его нет, да и взяться неоткуда. Я в том году попросил жену (очень далёкую от финансов) открыть ИИС, дабы получить налоговый вычет. Сказал чётко: открой в Сбере брокерский счёт, купим тебе облигаций. Так её какой-то проходимец с зелёным галстуком умудрился облапошить: она вернулась с договором о доверительном управлении портфелем облигаций от «Сбербанк Управление Активами». Что это за херня, спрашивается? Это что, нормальное отношение к клиенту? Условия там говно: лупят по 0,5% в квартал независимо от результата.

А жадные брокеры привлекают спекулянтов, а не инвесторов — потому что те приносят больше дохода. Кредитные плечи и маржинальные фьючерсы — вот источник благосостояния наших финамов. Зачем привлекать 100 спокойных инвесторов, когда можно заманить в свою кухню 5 упоротых гэмблеров, которые будут оборачивать капитал по три раза на дню?

6.3. Депозитарий

На базовом уровне депозитарная деятельность — это просто-напросто хранение, только не вещей, а ценных бумаг. Так как все ценные бумаги сейчас бездокументарные, это просто ведение счетов — чего сколько у кого есть. Депозитарий — специальная компания, банк, или даже сам эмитент бумаг. Он держит ваши ценные бумаги и берёт небольшую комиссию — либо за хранение, либо за внесение изменений[1] в ваш депо счёт. Продали вы 10 акций из 100 имеющихся — депозитарий должен записать, что у вас их осталось 90. Изменения записываются только в конце дня, и если вы в один и тот же день продали 100 акций Газпрома, а потом купили 100 акций Газпрома, и так три раза, то клиринг депозитарию ничего не сообщит — у вас изменений на счёте не произошло.

Часто депозитарий аффилирован с брокером. Ну что тут поделаешь, приходится смиряться. Опасаться нечего: деятельность зарегулирована и украсть ценные бумаги крайне сложно. Гораздо сложнее, чем из сейфа. А уж с блокчейном это станет вообще невозможно. А блокчейн придёт быстрее, чем через 10 лет.

6.4. Регистратор

Регистратор ведёт реестр акционеров корпорации. До 2014 года если акционеров было меньше 50, то регистратором мог выступать сам эмитент бумаг. Но сейчас все российские акционерные общества, и открытые, и закрытые, должны передать эту функцию какому-нибудь «независимому» паразиту. В целом, регистратор

[1] Либо и за то, и за другое.

следит за тем, чтобы количество акций на рынке соответствовало количеству выпущенных — чтобы внезапно у кого-то их не добавилось или не убавилось.

У регистратора можно открыть и депо счёт — тогда он выступит и как депозитарий, но исключительно для акций этой конкретной компании. Чтобы торговать ими на бирже, их придётся перевести в депозитарий брокера.

6.5. Биржа

Биржевая деятельность — это услуга по организации сделок между участниками рынка ценных бумаг. Большинство ценных бумаг торгуются на биржах. Там продавцы встречаются с покупателями и определяется цена.

Некоторые биржи (сегодня таких осталось крайне мало) — это физические помещения, где люди заключают сделки с помощью истошных криков и эпилептических жестов. Но большинство бирж сейчас — невероятно сложные информационные системы, надёжные (или не очень) кластеры серверов и мощные интернет-каналы с многократным дублированием. И всё равно они постоянно падают и всё портят.

Цель биржи — облегчить торговлю бумагами и снизить риски инвестирования. Представьте, если бы вам пришлось искать покупателя на свой Газпром, бегая по кварталу с плакатом. Удобно?

Хотя в реальности, конечно, биржа — это просто ловко организованный базар.

Прежде всего нужно провести отличие между первичным и вторичным рынками. На первичном рынке ценные бумаги создаются (через *IPO*, об этом было в четвёртой главе), а на вторичном инвесторы торгуют уже готовыми акциями и облигациями. Чаще всего под фондовым рынком подразумевается второе. Торговля акциями какой-то компании не требует присутствия самой компании и напрямую на неё не влияет.

За прошлые годы сорвалось несколько интересных сделок: Сингапурская биржа не смогла купить Австралийскую за 8,5 млрд долларов, Нью-Йоркская с Дойче пытались объединиться, да Еврокомиссия не позволила, сейчас вроде Дойче с Лондонской биржей что-то пытаются замутить. Шанхайская крутит с Бразилией, вообще китайцы в этом плане скоро всему миру дадут жару. Практически с нуля!

В 70-80-х годах Гонконг был небольшим местным рынком. Крупные международные банки, типа Голдман Сакс и Морган Стенли, пришли туда, посмотрели и решили, что рынок слишком мал для них. Но в 1992 году (*perestroika, anyone?*) Китай решил превратить Гонконг в площадку для трансформации своих госпредприятий. А у нас Ельцин всё тупо олигархам раздал. Типа, свои. В конце девяностых Гонконг уже превратился в огромный международный рынок, и все большие игроки там, конечно, тусят. Более половины капитализации приходится на китайские предприятия, с объёмом торгов то же самое. Китайские акции там называют «красные фишки», на манер «голубых», только по-октябрятски.

Раньше биржа была как национальный символ, но сейчас всё изменилось. Когда *NYSE* купила *Euronext* в 2007 году, народ заволновался — возникла самая большая торговая площадка в мире, намного больше конкурентов. Сейчас идёт вторая фаза, когда уже эти консолидированные биржи стараются слиться воедино в торговом экстазе. Нам это на руку — цены на их услуги понемногу падают, да и брокеры уже не берут конский процент с телефонных сделок. Реально же по 0,5% себе откусывали с каждой сделки, уроды.

Вообще тема биржи сложная, потому что площадки меняются день ото дня, реально быстро. Информационные и финансовые технологии развиваются молниеносно, а мировые биржи поглощают друг друга каждый год. Всё идёт к тому, что скоро в мире будет одна громадная биржа на блокчейне.

6.6. Клиринг

Клиринговый центр — это организация, которая служит покупателем и продавцом в каждой биржевой сделке, чтобы участники торгов торговали не напрямую друг с другом, а с техническим посредником. Эта довольно хитрая и на первый взгляд бессмысленная процедура на деле сильно облегчает расчёты организатору торгов. Дело в том, что торговля получается глаже и проще, так как каждый участник технически (но совершенно незаметно) торгует всегда только с клиринговым центром.

Клиринг, как правило, напрямую связан с организатором торгов, даже если биржа заявляет, что это не так. Комиссия за клиринг очень низкая, тысячные доли процента. Но она есть.

6.7. Современные рынки

Расскажу про американские рынки, так как они самые большие в мире; их, грубо говоря, четыре. Первый — это *NYSE*[1], Нью-Йоркская фондовая биржа, она самая старая и главная. Вторая — это *NASDAQ*[2], это первая электронная торговая площадка. Если Найс образовалась в 1792 году, то Насдак буквально вчера — в 1971-м.

Третий рынок — это *Nasdaq small-cap*, где торгуются акции компаний с низкой капитализацией (стоимостью). Имеется в виду не стоимость *акции*, а стоимость всей компании. Акции-то могут быть и дорогими, если их мало. Они торгуются отдельно, потому что считаются более рискованными и простых смертных на этот рынок не пускают —

---

[1] Читается «найс».

[2] «Насдак», на сленге — наждак.

нужно быть «опытным» или «квалифицированным» инвестором. Ну, попросту иметь больше денег.

Есть ещё внебиржа — там, где, например, большие банки заключают большие сделки между собой. Необязательно же на биржу идти, чтобы что-то продать, — можно и соседу загнать, если вы оба согласны. Может быть, вы не хотите, чтобы кто-то увидел вашу сделку среди биржевых. Может быть, вы вообще не хотите, чтобы её кто-нибудь увидел.

Хотя в некоторых случаях, наоборот, обязательно проводить сделку через биржу. Бывает, что ценной бумаге в чьём-то портфеле нужно обязательно иметь рыночную котировку, а сделок по ней нет: офера высоко, биды низко, или в биржевом стакане вообще ничего нет. Тогда портфельный управляющий звонит своему приятелю в соседний банк и они на счёт «раз-два-три» выставляют заявки по заранее согласованной цене — один на покупку, другой на продажу. Через минуту происходит обратная сделка — так, чтобы коллега чуть-чуть заработал в счёт беспокойства.

Изменений в портфелях не произошло, а у ценной бумаги появилась биржевая котировка. Понятно, что когда приятелю понадобится котировка на какое-нибудь никому не нужное говно в собственном портфеле, наш управляющий поможет и на «раз-два-три» купит и продаст несколько тысяч бумаг для своего друга.

Как это говно оказывается в портфелях — вопрос неоднозначный. Страховые постоянно мухлюют с резервами, андеррайтеры и маркетмейкеры «поддерживают» рынок, да и просто случается, что люди за небольшую (или большую) мзду берут на банковскую позицию откровенную дрянь.

6.8. Первые биржи

Естественно, придумали биржу не америкосы. Даже в Древнем Риме была своя биржа, и там у них были даже брокеры, в каком-то храме барыжили акциями коровников и римских бань.

Более-менее современная биржа появилась в Антверпене, и в Лондоне тоже рано возникла — там они шерстью торговали и овсянкой. Поэтому 1792 год — это довольно отстало по мировым меркам. Но, как вы помните, в 1811 году амеры придумали крутой закон, который установил два мощнейших принципа: 1) кто угодно мог зарегистрировать компанию и 2) акционеры больше не отвечали по долгам компаний. А во многих других странах ещё требовалось одобрение короля или ещё какого-нибудь козла. После провозглашения этих двух принципов Нью-Йоркская биржа начала ураганно расти, народ попёр торговать. Потом в Европе, естественно, всё это скопировали, но не сразу. Да и было уже поздно — денежки потекли к амерам.

Система работает уже больше двухсот лет, но она не всегда была такой. Некоторые вещи изменили её до неузнаваемости, о парочке хочу напомнить из первой главы.

В начале XIX века мир был ещё очень примитивен. Люди писали перьевыми ручками, а бумага была адски дорогой. Они вручную вымачивали ткань, варили, выкладывали её на прессы, накручивали; пока один листочек сделаешь, окочуришься. Если вы газету покупали — тогда, в 1800 году, — она была одностраничной.

Придумали дешёвую бумагу, потом, попозже, копирку. В конце XIX века появилась печатная машинка. На ней можно было печатать очень аккуратно, плюс одновременно делать копию. Появились печатные формы — бланки, — их можно было вставлять в печатную машинку. Внесение данных стало быстрым и аккуратным — то есть можно заводить архивы.

В самом конце XIX века придумали шкаф для бумаг — не так уж давно, какие-то 120 лет назад. Это ящики со встроенными направляющими для папок. До этого документы лежали огромными тюками, в коробках или на полках, — страшно неудобно что-то искать.

6.9. Тикер

А потом появились электронные технологии. Телеграф и азбука Сэмюэла Морзе, который запатентовал их в 1837 году. Обмен данными стал происходить мгновенно — точнее, со скоростью света, — а это теперь главное качество современных бирж. Спустя почти 200 лет!

Потом новая тема появилась — тикер-машина. Не очень понятно, кто её изобрёл, вроде как Томас Эдисон. Там несколько было вариантов, может, он один из них придумал. Это было в 1867 году, и ему стукнуло всего 23, шибко умный был. Тикер-машина — это что-то вроде принтера. На тот момент это было, сука, *будущее*, прямо айфон какой-то.

Сейчас принтер в каждой комнате, туда приходят данные, он печатает. Так вот Эдисон придумал эту херню аж 130 лет назад! У Морзе была телеграфная машина, и там надо было, чтоб люди на обоих концах сидели и настукивали — точнее, кто-то один стучит по азбуке точка-тире, второй записывает, что получается. Ну вот, и Эдисон подумал: «А зачем тут человек?» — и раз! — захерачил автоматический принтер. К печатной машинке приделал телеграфный провод. Ну и первым делом этим воспользовались как раз биржи, ведь информация о ценах нужна была в первую очередь и нужна была постоянно.

Вот он придумал этот принтер, и принтер был, конечно, не такой, как сейчас. Бумага была всё ещё недешёвая, и он печатал на узкой-узкой полоске, а для экономии места названия акций сокращались до нескольких (обычно четырёх) букв. Ещё экономия требовалась из-за того, что нужно было постоянно обновлять данные, и все акции через небольшой промежуток времени повторялись уже с новой ценой.

До сих пор мы используем слово «тикер» для короткого обозначения акции, и у каждой котируемой ценной бумаги он есть. Нам сокращения уже и не нужны: бумаги хватает, экраны широкие, но традиция вросла в мозги и сейчас тикер — официальное биржевое имя ценной бумаги. Есть несколько прикольных тикеров, например: *Anheuser-Busch InBev — BUD*; *Asia Tiger Fund — GRR*; *Majesco Entertainment — COOL*; *Olympic Steel — ZEUS*; *The Cheesecake Factory — CAKE* и ещё куча других забавных для американоязычного глаза названий.

Случаются и курьёзы: например, люди регулярно покупают бумаги с тикером *FORD*, думая, что вкладываются в акции автопроизводителя. Хотя на самом (12) деле это некая *Forward Industries*, которая производит ящики для медицинского оборудования. *Forward Industries* стоит всего 10 млн долларов, а не десятки миллиардов, как автоконцерн. У корпорации, которая производит легендарные Мустанги (а также сраные Фокусы), тикер другой: просто буква *F*.

Эксперты оценивают подобные ошибки как минимум в 1 млн долларов (13) ежегодно — и это только брокерские комиссии! Большинство инвесторов даже не понимают, что они купили какое-то

(12)

(13)

говно. А некоторые даже и после осознания этого факта оставляют эту дрянь в портфеле — ну, типа, пусть будет. Вот ещё частые ошибки: *HP* (*Helmerich & Payne*, буровое оборудование) вместо *HPQ* (*Hewlett Packard*), *TWRTQ* вместо *TWTR* (Твиттер), это вообще какой-то банкрот, акции которого взлетели в 10 раз после *IPO* Твиттера в 2013 году. Таких стрёмных пар больше 200, поэтому если сомневаетесь, всегда вбивайте название компании в поисковую строку терминала и только потом ставьте ордер на покупку.

6.10. Электронные торги

Вернёмся к биржам. Когда электронный обмен данными запущен, по идее должен образоваться национальный рынок, где каждый получает одну и ту же цену. Но поначалу это автоматически не происходило. В 1975 году люди подали ряд жалоб: ну, типа, «Я вот поставил приказ на покупку на бирже в Филадельфии, а потом выяснилось, что в это же самое время в Бостоне цена была лучше. А мне никто и не сказал! Гады!». И Конгресс принял закон о создании общенациональной рыночной системы, чтобы клиенты брокеров могли выбирать лучшую цену из всех бирж.

Технологии развивались очень быстро, и появились электронные системы обмена данными — а потом, в середине девяностых, и интернет. Люди стали делать сайты с котировками акций — практически предоставляя услуги организатора торгов, только без организации торгов. Сначала это были просто электронные доски объявлений, где трейдеры выставляли свои приказы на покупку и продажу — просто они это делали не в помещении биржи, а электронно. Плюс это позволило делать всякие более хитрые приказы — текстом же можно оговорить условия, когда, что и где ты хочешь купить. Стало удобно, все стали их использовать. Системы эти быстро развивались, и в конце 90-х уже слились с традиционными биржами.

6.11. Портфельные управляющие

Управляющие — те, кто управляет портфелем. Это может быть безликая компания, может быть конкретный чел или группа людей. Они полагаются на свои аналитические исследования, модели, опыт и интуицию и принимают решения, когда покупать или продавать акции. А самые тупые делают прогнозы. Противоположность активного управления — пассивное (ха-ха-ха) инвестирование, ещё известное как «индексное».

Очевидно, что те, кто верит в активное управление, считают, что рынки неэффективны и на них можно заработать, используя различные стратегии, которые позволяют определять неправильно оцененные рынком ценные бумаги. Инвестиционные компании и пайщики фондов верят, что рынок можно обыграть, и нанимают управляющих, которые торгуют акциями со счёта фонда или даже нескольких фондов сразу. Цель активного управления — получить больший доход, чем у индексных фондов, либо повторить доходность, но снизить при этом максимальную просадку, то есть риск. Менеджер большого американского фонда акций будет стараться обогнать индекс S&P500.

К счастью, это довольно трудная задача, и опыт показывает, что это мало кому удаётся — в особенности несколько лет подряд. Вне зависимости от гениальности управляющего. Тем не менее есть много людей, которые искренне верят в доходность в 30% годовых на протяжении десятка лет. В реальности такой доходности на рынке не существует, а пассивное управление за последние 10—15 лет сожрало 70% активного — как раз в силу тотального провала и завышенных комиссий непонятно за что. В 2003 году половина всех денег была в руках активных менеджеров, сейчас их доля уже меньше трети. Портфельные управляющие становятся не нужны. Индексные фонды победили, и Vanguard впереди планеты всей.

Шиллер пишет, что традиционно рынок даёт (14) около 6,5% годовых. В периоды, когда рост рынка опережает эту цифру, он прогнозирует снижение будущей доходности, ну и наоборот. Это хороший и правильный ориентир.

(14)

6.12. Маркетмейкеры

Теперь опять сделаем шаг назад и посмотрим, что традиционно происходило на Нью-Йоркской фондовой бирже. Там ещё есть торговая площадка, где тусят специальные люди. А может, уже и нет, хрен его знает — в любой момент могут разогнать эту шоблу дармоедов — почти везде их уже отправили на помойку. Прекрасный писатель Николай Носов в «*Незнайке на Луне*» весьма точно их назвал *горлодёрики*.

На каждую акцию есть свой специалист[1]. Вокруг них бегают трейдеры — это и брокеры, выполняющие заказы клиентов, и дилеры, работающие на себя; они покупают и продают акции у этих специалистов. Если им надо купить, например, Дженерал Моторс, они знают, к кому подойти и у кого всегда есть запас. При этом они могут и друг с другом сделки заключать, и все, естественно, с лицензией, аттестатом, паспортом и свидетельством о рождении — посторонних туда не пускают.

Вокруг каждого специалиста образовывается своя небольшая кучка заинтересованных лиц и уважаемых партнёров, которые вынюхивают и высматривают, не пора ли дико загнать свои акции. Или купить, пока не вышел новый айпэд. Специалист выполняет определённую функцию

---

[1] Сейчас он называется Designated Market Maker и возможностей у него поубавилось. Но он есть.

по созданию «организованного рынка», у него есть обязанности: «делать» рынок и обеспечивать ликвидность, чтобы участники всегда могли заключить сделку.

Такой чел чем-то напоминает валютный обменник: у него всегда висит курс покупки и продажи по своей конкретной бумаге, и он всегда готов и купить, и продать по выставленной цене.

Рынок — маркет, делать — мейк, вместе получается мазафакер, то есть маркетмейкер. Если по какой-то причине цена дико валится, специалист всё равно должен покупать у всех желающих акции. Естественно, иногда специалист охреневает от такого поворота и не хочет покупать этот шлак. Например, в 1987 году было адское падение рынка, и эти специалисты обосрались и перестали покупать, и их потом клеймили, что вот, мол, нахер вы тут нужны, а маркетмейкеры отвечали: «*Да пошли вы с вашим говном, засуньте эти акции себе в задницу*». Поэтому сегодня роль маркетмейкеров трудно переоценить.

6.13. Шорты

Ещё один интересный исторический момент — до 1930-х годов на бирже было *две* разных толпы. Одна толпа «куплю / продам», но была и ещё одна, где акции можно было *одолжить*. На Нью-Йоркской бирже был отдельный загон, где акции не покупались, а брались в аренду. Заёмная толпа. Вот вы приходите к агенту по недвижимости — вы же можете квартиру купить, а можете арендовать. С акциями та же фигня: можно заявить: «*Куплю 100 акций Лукойла*», а можно — «*арендую 100 акций*». Ну или наоборот — продам или дам взаймы свои акции. Хотя сейчас так нельзя, только брокер даёт взаймы, а вашими он пользуется без спросу, сука такая.

Зачем кому-то арендовать акции? Для коротких продаж, или по-другому «шортов». Можно взять акции в аренду и продать. Ну, понятно, тот, кто вам их даёт погонять, попросит какую-то плату за пользование. Группа дилеров, которые дают акции взаймы, естественно, торговались между собой — кто дешевле даст взаймы. Кто-то за 10% годовых акции Форда предлагал, а кто-то, например, за 5%. «Уолл-Стрит Джоурнал» публиковал две таблички с акциями — с ценами и с комиссиями за аренду. Правда, после провала 1929 года шортить акции запретили. Подумали, что это из-за них рынок так дико упал.

Вроде как Джон Эдгар Гувер, глава ФБР на протяжении почти 50 лет, подумал, что это шортильщики стали причиной краха, и ему это не понравилось. А если Джону Эдгару Гуверу не нравилось, что вы делали, вам приходилось туговато. Нью-Йоркская фондовая биржа безо всяких объявлений внезапно закрыла всю эту лабуду с арендой, даже объявлений никаких не сделала. Сейчас всё работает, но это не физическое место на каком-то этаже биржи. Всё электронно.

Зачем же я рассказал об этих маркетмейкерах? А чтоб вы поняли, из чего всё оно выросло изначально. У каждого маркетмейкера была толстая тетрадь. В ней он записывал, кто сколько хочет купить или продать. Трейдер подходил к специалисту и говорил: «*Хочу купить 100 акций Диснейленда по 50 баксов*», а другой подходил сзади и говорил: «*Хочу продать 200 акций того же самого по 52 бакса*». И это записывалось в тетрадке. Что характерно, у нас этот список заявок называется «стакан». Почувствуйте разницу: тетрадь *vs* стакан. Пха-ха-ха!

6.14. Приказы

Теперь про типы заявок. Когда ты приходишь к брокеру и говоришь — куплю или продам акции, ты делаешь заявку. По-другому можно сказать «ордер» или «приказ». Можно подать рыночную заявку — «маркет ордер». В этот момент вы сообщаете брокеру лишь количество акций, которое вы хотите купить или продать. Например, «хочу купить 1000 акций Диснейленда по той цене, что есть на рынке», потому заявка и называется рыночной. Просто дайте мне лучшую цену с рынка и проведите сделку тут же, прямо сейчас.

Что происходит дальше? Брокер смотрит, что кто-то хочет продать 500 акций по 50 долларов, ещё кто-то 100 акций по 51 доллару и ещё кто-то

1000 акций продаёт по 52 доллара. То есть в нашей ситуации дешевле 50 долларов купить нельзя, но и акций по 50 долларов продаётся всего 500, а вы заказали купить 1000 по рынку. Тогда биржа реализует вашу заявку таким образом: 500 вы возьмёте по 50 долларов, 100 по 51 доллару у второго трейдера и оставшиеся 400 у третьего по 52 доллара. После вас на рынке останется неудовлетворённая заявка на продажу 600 (из имевшейся тысячи) акций по 52 доллара. Следующий за вами покупатель дешевле 52 долларов взять уже не может: желающих продать по такой цене больше нет. Если бы следующая после 51 доллара заявка стояла бы по 100 баксов, вы купили бы остаток по 100 долларов, ведь вам цена была не важна. В реальности, конечно, в стакане заявок очень много (тысячи и тысячи), и по популярным акциям они добавляются и пропадают с огромной скоростью. Но брокер, как правило, показывает клиенту лучшие 10 или 20 с каждой стороны.

Разница между самой высокой заявкой на покупку и самой низкой на продажу называется «спред» (*spread*). Если все будут ставить только лимитированные заявки вне спреда — один хочет продать по 52, а второй купить по 48, — никаких сделок не будет. В реальности же шаг цены чаще всего измеряется в сотых долях валюты, то есть разница между покупкой и продажей будет не 48 и 52 (4 доллара), а скорее 50,25 и 50,29 (4 цента), а часто даже и ещё меньше.

Второй тип приказа — это лимитный ордер. С этой заявкой вы сообщаете брокеру и количество, и цену акций — и говорите, продать вы хотите или купить. Например — куплю 30 акций по 100 баксов. Но вы не говорите сделать это «прямо сейчас» — ведь последняя цена на рынке может быть 105 долларов, а вы хотите купить по 100 долларов. В этом случае вы не ждёте, что ваша заявка будет выполнена, а только надеетесь на это. Вот когда кто-то захочет продать по 100, вам нальют в вашу заявку 30 акций и тогда приказ будет выполнен. А если продадут не 30 акций, а 20, то на оставшиеся десять заявка останется стоять. Как долго? Обычно до конца дня, но можно сказать брокеру, чтоб он держал её, например, месяц[1]. И вот если цена опустится до 100, только тогда ваша заявка будет исполнена. А если акции будут только расти, то заявка так и останется невыполненной. А вы станете посмешищем.

Очень известный тип приказа — стоп-лосс, то есть заявка, ограничивающая убытки. Это тоже лимитированная заявка с ценой и количеством, но с другим назначением. Допустим, у вас есть в портфеле 1000 акций Диснейленда, которые торгуются по 100 долларов за штуку. Вы опасаетесь, что цена на них может упасть, и как бы говорите брокеру: *«Если цена упадёт до 90, скорее продай все мои ак-*

[1] Хотя *Saxo Bank* — один из крупнейших европейских брокеров — ставит все заявки *G.T.C.* (*Good Till Cancelled*), т. е. они будут стоять, пока не отменишь.

ции». То есть пока цена выше 90, ваша заявка не появляется на бирже, но как только последняя сделка была по 90 долларов, брокер тут же выставит вашу тысячу на продажу согласно вашему приказу.

Можно поставить стоп-лосс и на ваш шорт. Если вы взяли акции в аренду, продали их и опасаетесь внезапного роста, можно поставить стоп-лосс, который купит вам акции обратно при их внезапном подорожании.

Ещё один хитроумный тип заявок, который предоставляют не все брокеры, — айсберг, когда вы хотите продать (или купить) очень большой пакет акций (например, 100 тыс. штук), но не хотите, чтобы ваше намерение видели все трейдеры. Чтоб никого не спугнуть. Брокер выставляет на продажу, например, 2000 акций за один раз, но как только заявка исполнена, он тут же по этой же цене выставляет ещё 2000 и так — пока не продаст все 100 тыс.

Есть стоп-лосс с храповым механизмом, когда вы не хотите потерять накопленную прибыль по позиции — и если акция растёт, то брокер будет двигать ваш стоп-лосс вверх, а если акция падает — заявка будет оставаться на месте. Вы ему говорите — хочу поставить стоп-лосс-храповик (или «следящий стоп») на 5% ниже рынка, и он всегда будет двигать его только вверх. Таким образом, вы никогда не потеряете больше 5% от накопленной в позиции прибыли — но если рынок упадёт на 5,5% и тут же вырастет обратно, ваши акции будут уже проданы.

Есть мнение, что брокеры «охотятся» за стопами своих клиентов, буду рад это обсудить — правда, пока мне об этом рассказывали только не вполне здравомыслящие персонажи.

6.15. Трейдинг для чайников

Теперь несколько мыслей о дилерах. Как это — торговать от своего имени? Сейчас это называется «трейдинг». Трейдер — тот, кто торгует регулярно, чаще всего каждый день, и у него обычно есть свой портфель акций. Ну или нет.

Чтобы торговать каждый день, нужна определённая сила воли и выдержка. А также стальные яйца. Трейдинг — не пассивное управление портфелем, когда вы купили все нужные акции один раз в год и смотрите (или не смотрите), что происходит. Казалось бы, надо всего лишь покупать дешевле, а продавать дороже. В реальности все оборачивается, как правило, полным провалом.

По большому счёту (хотя по сложности понимания эта мысль из следующего уровня книги), главное, о чём *действительно* стоит заботиться трейдеру — это выживание на длительном сроке. Питер Бернстейн, один из мудрейших экономистов на Уолл Стрит, говорил (15), что это единственный путь к богатству. Ещё раз: выживание — единственный путь к богатству. Максимизировать

(15)

доходы нужно лишь тогда, когда возможные потери не могут зарыть ваше будущее в землю. Если это будущее у вас вообще есть.

Наиболее рискованный момент — когда вы правы. Это самая опасная часть инвестирования, потому что на удачных решениях люди склонны зацикливаться. Если вы были правы достаточно долго, вам даже не придёт в голову сокращать плюсовые позиции. Вам будет казаться, что и с диверсификацией у вас всё в порядке. Но на самом деле с диверсификацией у вас всё в порядке только, если что-то в вашем портфеле вам *не нравится*. Потому что следующая удачная неожиданность произойдёт (сюрприз!) в неожиданном месте. Хорошо бы иметь небольшую часть этого заранее.

Напомню также про игроманию. Если человек торгует каждый день, у него появляется сходство с гэмблером, который каждый день ходит в казино. Нет, если вам нравится ходить в казино, то это ок. Но если нет — пожалуй, трейдерство — не совсем для вас.

Трейдеры — те, кто играет. А брокеры, биржи, депозитарии — это казино. Если вы готовы расстаться с накопленным капиталом, готовы стойко переносить многомесячные просадки счёта, терпеть убытки и не выбрасываться при этом из окна — добро пожаловать на биржу. Когда вы сольёте все деньги (а я гарантирую это), пришлите мне открытку.

ГЛАВА 7. НЕДВИГА

Сначала расскажу об истории ипотеки, а потом перейдём к современной ситуации. В конце я раскрою вам секрет, как купить квартиру при доходе в 70 тыс. рублей. Хотя ладно, раскрою прямо сейчас: никак.

Когда мы говорим о финансировании недвижимости, чаще всего имеются в виду сделки, в которых недвижимость является залогом.

Рассмотрим эту тему в хронологическом разрезе.

Начну с американского расового слова «*mortgage*», что означает «ипотека». Оно из латыни, *mortuus vadium*, а это, в свою очередь, означает «смертельный залог».

Неясно, при чём тут смерть, но она есть. Оксфордский словарь английского языка говорит, что слово появилось аж в 1283 году. Явно немолодое.

Но можно заглянуть даже и поглубже.

В Йеле была такая историчка, Валери Хансен, она изучала старинные документы о торговле. Валери глубоко порылась в пыльном кладе китайской династии Тан[1] и нашла там займы на финансирование торговли шелками. Купцы ездили туда-сюда от Сунь-у-Куна к Али-Бабе, возили на верблюдах шёлк и специи, и им нужно было на что-то делать закупки. А Валери набралась ума и каким-то образом прочитала древние китайские бумаги, вот эти иероглифы йыхние. У китайцев никаких ипотек ещё не было. Но среди китайских документов нашлись ещё и арабские, на согдийском языке. Это примерно между Ираном, таджиками и узбеками. Язык-то уже мёртвенький, но некоторые бумаги на нём подозрительно похожи на ипотечные займы. То есть кто-то занимал деньги на закупку шёлка и закладывал под это дело своё жильё! Можно ещё было рабов заложить. И там даже были пункты, что заложенных рабов надо хорошо содержать, чтоб те не померли. А то взял под них кредит и гоняешь их до смерти по рисовым полям. Так не годится. Надо чтоб ты их здоровыми держал, иначе обман. Так вот, тем ипотекам, выходит, больше тысячи лет.

7.1. Первые права на собственность

Но широко известным термин стал только в конце XVIII века. Шиллер прочекал старые аме-

---

[1] Династия Тан очень круто рулила Поднебесной между VII и X веками нашей эры. Про ВВП тогда особо никто не говорил, но это был период огромного могущества Китая на фоне остального мира. Омерики-то ещё не было!

риканские газеты и нашёл в номере «*Хартфордских Курантов*»[1] из 1778 года заметку, а точнее, рекламное объявление. Оно показывает, в каком состоянии был ипотечный рынок в те времена.

Заказал объявление чел по имени Элиша Корнуэлл. Он пишет, что продал свою ферму, а вместо денег ему дали расписку в 800 фунтов стерлингов от другого фермера. Тот обещал, конечно, заплатить, мол, б** буду, я ж ковбой. Но не заплатил, а взял и сам заложил эту ферму второй раз, причём не за 800, а уже за 880 фунтов (с прибылью!). Вы уже догадываетесь, что деньги первому хозяину он так и не отдал. А третий хозяин опять её продал — причём уже за 1000 фунтов, и тоже не наликом, а под залог. Мистер Корнуэлл был очень расстроен и даже приуныл. Ему же не заплатили в самый первый раз, то есть нового хозяина-то у фермы даже и не могло появиться. Как они могли её заложить ещё два раза? Вот он и подумал: «*Напишу-ка я об этом вопиющем случае в газету*». Ну и там приписка: «*Ферма моя, этот гадёныш мне не заплатил, будь он проклят*».

Видно, что ипотека была развита не очень. Бедняге потребовалось давать объявление в газету, чтобы объяснить, что произошло. Не существовало достоверного способа проверить право на собственность. Сраный ковбой, который

---

[1] Штат Коннектикут; моднейший, кстати, штат, хочу вам сообщить.

купил ферму у мистера Корнуэлла, на самом-то деле её не выкупил, но никто об этом не знал. Поэтому он мог обманывать других парней своим длинным лассо.

Вот почему ипотечных кредитов было немного. Закон был непонятный, организации не могли чётко обозначить права на собственность. Как можно выдать кредит, если ты не знаешь, реальный ли перед тобой владелец фермы или там у него ещё куча каких-то бешеных ковбоев, которые считают, что это их корова и они её доят?

И аж до конца XIX века американское правительство не могло по-человечески обеспечивать право собственности — по крайней мере, обеспечивать достаточно для образования цивилизованного рынка внутри страны. Не говоря уже о международном рынке. И в 1872 году в Германии[1] государство придумало закон Грундбуха (не подумайте, что еврей) — это по-нашему всего лишь «*Книга о Земле*», где было написано, кто, где и чем владеет. К концу XIX века этот закон уже работал по всей территории Рейха. В США ничего подобного ещё не было.

На протяжении XX века многие страны приняли эту тему, и права на собственность стали достаточно прозрачными для того, чтобы брать её в залог. Поэтому реально ипотека

[1] А точнее, в Пруссии, мы её сейчас называем просто «Калининградская область».

начала развиваться буквально 100 лет назад. Есть такой перуанский экономист? Эрнандо де Сото, он написал книгу «*Загадка капитала*». Она о развивающихся странах. Эрнандо толкает тезис о том, что проблема признания права на собственность — та самая, что и в американской газетёнке XVIII века, — ключевая и играет огромную роль и по сей день. Вообще Эрнандо де Сото (ему уже под 80) дичайше клеймит бюрократизм, за что мне очень нравится. По его мнению, теневая экономика — это следствие неэффективного госуправления, сраной бюрократии, неправильных налогов и негодной регистрации прав на собственность. И я с ним полностью согласен. Он даже под Арабскую весну подвёл экономическое обоснование и рассказал новым арабским правительствам о том, что первым делом надо делать честные открытые реестры собственности. Блокчейн в помощь!

Во многих странах мира (если не в большинстве!) до сих пор трудно определить, кто чем владеет. И это проблема. Там нельзя взять нормальную ипотеку и рынок не развивается.

Можно приехать в какой-нибудь африканский городок и спросить — а чьё это здание? Кто-то ответит: «*Это дом семьи Порошенко, они владеют им уже тысячу лет*». Но если вам нужны точные данные, нельзя довериться чьим-то словам. Ведь другой человек может сказать что-то совершенно иное.

Даже сейчас видно, что не везде законы достаточно хороши. Во многих странах просто невозможно доказать, что банк стал собственником дома, если его хозяин перестал платить по кредиту. Это нельзя доказать даже в суде! Или можно, но на это потребуется 10 лет, и ещё столько же, чтобы неплательщика выселили. Короче, либо ишак помрёт, либо падишах.

Кажется, что жестоко выселять кого-то из дома, если он не платит по кредиту. Но надо и с другой стороны смотреть. Если таких не выгонять, никто не будет давать ипотечные займы! Какой смысл давать кредит, если тебе его не вернут и дом не отдадут тоже? В этом же весь цимес: если заёмщик не платит, кредитор получает заложенный дом.

В целом, процесс, конечно, идёт, права собственности развиваются, а кредиторы всё чаще могут получить объект недвижимости в случае банкротства заёмщика. Этим и объясняется тот рост ипотечного рынка, который случился в конце XX — начале XXI века.

Но пора рассмотреть конкретные институты. Начнём с коммерческой недвиги, а потом перейдём к жилым домам. Говорить будем в основном о США, потому что там рынок самый большой в мире и традиции стандартизированной ипотеки тоже самые долгие. Там куча законов и регуляторов. Другие страны просто перенимали американский опыт.

7.2. Купи себе «Пятёрочку»

Перейдём к финансовым институтам США. Что у нас с коммерческой недвигой? Вот вы идёте по улице и повсюду дома. Каким образом ими владеют? Вряд ли вы об этом задумывались. Кто у них хозяин? Я вот об этом постоянно думаю, спать не могу.

На протяжении большей части XX века ими владели специальные партнёрства. Это не корпорации, о которых я рассказывал ранее. Но тоже юридические лица. Что их отличает? Обычно большинство владельцев недвижимости — конторы небольшие, и они, как правило, не являются частью какой-то другой корпорации. Поэтому налогообложение у них более дружелюбное. Дело в том, что у корпораций есть налог на прибыль, плюс акционеры платят налог на доходы физических лиц с полученных дивидендов. Получается двойное налогообложение. Избежать этого можно, создав партнёрство.

Но партнёрство доступно только аккредитованным инвесторам. Обычным людям — хер с маслом, а не партнёрство. Кто такой аккредитованный инвестор? Попросту говоря, это богатенький буратино, которому не нужна защита всяких комиссий. Величину требуемого капитала определяет *SEC*[1], сейчас это 1 млн долларов, или доход должен быть немаленький.

[1] Securities and Exchanges Commission.

Если вы аккредитованный инвестор, можно вложиться в такое товарищество. Доход от сдачи в аренду падает на счёт. Это не корпоративный доход, поэтому налог с него надо будет заплатить только один раз — как физическое лицо. Сразу понимаешь: так это ж восхитительно! Не надо платить налог на прибыль! Почему ж тогда все не делают эти товарищества вместо корпораций?

Государство, вестимо, против. Есть жёсткие правила по созданию партнёрств. Корпорация, например, существует бесконечно (пока не обанкротится или пока её не купит Баффетт), а партнёрство — оно рассчитано на 10—20 лет. Покупаете здание, оно амортизируется, приносит ренту, а потом продаётся, и партнёрство закрывается.

Об этом типе собственности слышно не очень много. Потому что они не вырастают большими. Обычно это всего одно здание. Плюс ко всему, партнёрство не рекламируется. В этом нет смысла, ведь у обычной публики нет возможности туда вложиться. Им пришлось бы проверять каждого бомжа на размер его капитала. Ещё у корпораций ограниченная ответственность. А у партнёрств, как правило, нет; но там ничего страшного не может произойти, ведь оно тупо владеет зданием и сдаёт его в аренду; другой бизнес на него не вешают. Весь доход конторы — сдача площадей в аренду.

В 1960-х годах простые американцы начали возмущаться: почему это им нельзя вложиться в недвигу таким способом? Богатеям можно, да ещё и налога на прибыль у них нет. Мы тоже так хотим! Как нам диверсифицировать свои портфельчики коммерческой недвижимостью?

И Конгресс придумал новую тему: *REIT — Real Estate Investment Trust*. Это ещё один пример демократизации финансовых технологий. Можно сказать, Америка тащит весь мир с этой темой — лишь бы простые люди могли занести куда-нибудь денег и немного разбогатеть. Потому что придумали эти РЕЙТы действительно в США, а сейчас они много где есть и за 50 лет выросли колоссально.

Идея такая же: сделаем траст, доступный широкой публике, мелким вкладчикам. И не будем брать с него налог на прибыль — а только НДФЛ. У меня рядом с квартирой есть Пятёрочка, помещение которой принадлежит ЗПИФу[1] недвижимости, это похожая тема у нас. Можно купить паи, там 12% годовых, очень жирно для такой надёжности. Ведь чтоб всё здание целиком купить, нужна огромная куча денег, сотни миллионов рублей. Даже если продать бабушкину квартиру на Ленинском, хватит только, чтоб купить какой-нибудь сраный киоск, да ещё его хер сдашь, короче, замучаешься с этой коммерческой недвигой. А тут илитный арендатор, всё надёжно, никуда не денется. Ещё и налога на имущество нет. Правда, не очень понятно, что делать, если захочется свои паи продать — как найти нового покупателя? Но это не тема нашей беседы.

---

[1] Закрытому паевому фонду.

Как только Конгресс узаконил эту фишку, все сразу захотели свою контору немедля превратить в *REIT*. Пришлось им ввести кучу ограничений, чтоб нельзя было их использовать кому ни попадя. Поэтому деятельность РЕЙТов ограничена только недвижимостью: не менее 75% от активов должно быть в недвиге либо в кэше. Плюс 75% дохода должно приходить от недвиги, и 90% — от аренды либо процентов по депозитам. 95% дохода контора обязана выплачивать акционерам, и обязательно надо быть долгосрочным держателем. Не более 30% дохода может приходиться на продажу недвижимости, которой фонд владеет менее 4 лет. Это чтобы фонды не торговали зданиями без налога на прибыль.

Если фонд всему этому соответствует, он получает статус *REIT*. Ещё раз намекну: это тоже изобретение. Новое, шестидесятых годов. Появлялось потихоньку, потом развивалось, росло, а сейчас эта схема почти везде в развитом мире есть. Я австралийские РЕЙТы у себя в портфеле держал — в Сиднее недвига дико дорожала в последнее время. И метеорит на Канаду, опять же. Ну понимаете.

Американские РЕЙТы росли взрывоподобно. Первый всплеск был в конце шестидесятых, когда ключевая ставка выросла выше потолка на депозиты. Потолок был установлен указом, и правительство не разрешало банкам давать высокие проценты. И внезапно РЕЙТы оказались выгодней вклада в банке, и народ туда попёр.

Был и второй бум. В 1986 году правительство отменило налоговые льготы товариществам.

Там у них разрешалось дико амортизировать здания (именно товариществам), и люди таким образом вкладывались в новые дома, чтобы снизить налоги. Потому что, если вам разрешается быстро амортизировать здание, вы можете красиво и законно занижать налогооблагаемую прибыль. Поэтому люди мощно вкладывались в недвигу через ту схему. А в 1986 году ту лазейку прикрыли, и произошёл второй бум РЕЙТов.

В девяностых был просто мощный рост всей недвиги, и появились кучи новых фондов. Какие-то стали специализироваться, например, на ритейле, на складах и т. п. Сейчас все инвесторы о них знают, хотя этой области финансов всего 40—50 лет.

Что нам надо отметить? Первая тема: финансовые изобретения развиваются долго и придумать их нелегко. И вторая: очевиден тренд на демократизацию финансов, об этом подробней в самом конце книги. Вы уже поняли, что, если посмотреть в прошлое, все эти замечательные продукты были доступны лишь небольшой горстке богачей. А сейчас стало попроще. Захотел — вложился в недвигу. Норм, чо.

7.3. Депрессивные ипотечники

Теперь надо о жилых домах поговорить, эта область куда больше. И самих домов больше, и стоят они дороже, чем офисные / коммерческие.

В США в своём собственном доме[1] живут порядка 2/3 семей. В разных странах по-разному, но это довольно обычное соотношение. А в Германии, например, люди всю жизнь снимают и не парятся. И снять там куда сложнее, чем у нас: только что отпечатки пальцев не попросят. И вот эта американская цифра в 2/3 — она возникла из-за того, что государство сделало ипотеку доступной.

Надо вернуться к истории. Я уже говорил о династии Тан и торговле шёлком, сейчас перенесёмся поближе — в забытую богом Америку времён Великой депрессии. После резкого падения рынка в 1929 году начался жесточайший жилищный кризис. Цены на дома валились как подкошенные, и люди переставали платить по кредитам в огромном количестве. Ситуация была аховая, и американское правительство даже создало специальные конторы по выкупу этих ипотек. В итоге аж 20% ипотек были выкуплены правительством. Что же конкретно происходило?

Это важно именно с точки зрения развития финансовой технологии. До депрессии ипотечное кредитование росло. Типичный срок кредита составлял от 2 до 5 лет, а тело кредита отдавалось в конце. Что это означает? Покупая дом в 1920 году, ты шёл в банк, и он тебе выдавал кредит. Обычно давали половину денег. То есть на дом стоимостью 10 тыс. долларов (сейчас это пример-

[1] Я не имею в виду в полностью выкупленном доме, просто не в арендованном.

но 130 тыс., весьма скромный домик) банк давал кредит в 5000. Проценты платишь ежемесячно, а в конце — через два года, ну или через пять, платишь эти 5000. Потом можно опять попытаться взять ипотеку. Придёшь в банк, и он тебе опять даст 5000. Такая была схема, банки её всем предлагали, и она очень распространилась.

Если говорить о теле кредита, понятно, что это большая сумма. Платишь каждый месяц только проценты, а через два года вдруг надо заплатить всю пятёру. Но люди думали, что это ничего страшного — через два года пойду к ним опять, ну а если не дадут — попрошу кредит в другом банке. Я же могу где угодно найти эти 5000? И всё работало без особых проблем.

Что же произошло во время Великой депрессии? Две вещи: безработица выросла до 25% и цены на дома упали сильнее, чем вполовину. К примеру, занял ты 5000. на дом, который стоит 10к, а он стал стоить только 4000. Прошло два года, идёшь в банк — пора рефинансировать кредит. Приходишь, говоришь: «Ну вот, я безработный, а мой дом сейчас стоит 4000 долларов». Банк тебе говорит: «Ну извини, не шмогла, кредит я тебе больше не дам». Что происходит? Дом надо продавать, ты банкрот, всё пропало. Первый взнос был 5 штук, а ведь, если дом стоил 10, а ты занимал 5, вот первоначальный взнос ты полностью потерял, ещё и должен остался. Это происходило с миллионами американских людей, не говоря уже о простых неграх.

7.4. Блеск и нищета аннуитета

В итоге администрация Рузвельта решила, что такой тип ипотеки был какой-то херовый. Поэтому в 1933 году, примерно через год после вступления в должность, Франклин Рузвельт придумал Федеральную Жилую Администрацию. Она пыталась заставить банки опять давать людям в долг на жильё, потому что в стране была просто катастрофа какая-то.

Чтобы вернуть банкам интерес, эта ФЖА начала страховать ипотеки. Если ты (банк) дал кредит на дом, а заёмщик не платит, и при этом дом подешевел — ты теряешь деньги. И вот страховка означала, что государство вернёт банку разницу. В то же время правительство заявило, что страховаться будут только ипотеки на 15 лет или дольше. Как бы установило стандарт. И ещё они заявили, что это не может быть ипотека с выплатой тела кредита в конце. Для рядовых американцев это было неподъёмным бременем — заплатить огромную сумму в последний месяц. Поэтому банки заставили амортизировать ипотечный платёж на весь срок кредита — 15 лет.

Такие предложения уже были в 1920-х годах, но для большинства людей они были совершенно непонятны. Народ просто не догонял — как это, амортизировать ипотеку. Ну а это просто-напросто выплачивать часть тела кредита каждый месяц. Тогда в конце не будет огромного платежа. Платишь каждый месяц одинаковую сумму, и в конце — всё, превед. Кредит выплачен целиком. Достаёшь вставную челюсть, приглашаешь жену на ужин, всё хорошо.

Арифметика ипотеки немного сбивает с толку даже сейчас, а уж в 1934 году людям дополнительно требовалось три класса образования. Поэтому объясню на пальцах. В 34-м они начали выдавать пятнадцатилетние ипотеки, что вроде и неплохо, но маловато. А в начале пятидесятых уже появились ипотечные кредиты на 30 лет. Это, конечно, длинный срок. Вот вы женились на какой-нибудь парикмахерше размалёванной, купили дом, детей завели — вам около 25 лет. Если дать вам 30 лет на выплату, в 55 вы уже откинетесь. Жена страшная, ну хоть дети в институт пристроены. И если ставка гарантируется на 30 лет, это же дико круто! Никаких подлых сюрпризов. Вы всегда знаете, сколько платить в месяц.

Вопрос в том, как посчитать этот ежемесячный платёж? Вот у вас ставка, и приведённая к текущему моменту стоимость всего потока ежемесячных платежей и равна сумме кредита. Называется, вы уже поняли, «аннуитет».

Стоимость аннуитета = ежемесячный платёж /
/ ставка * [1-1 / (1+ставка)^{срок}]

Срок и ставка всегда в месяцах. Ну то есть в периодах платежа, но я никогда не слышал о том, чтобы период был другим. Годовую ставку надо поделить на 12, а срок в годах умножить на 12.

Всё, что нужно сделать, чтобы подсчитать амортизирующуюся ипотеку, если человек занимает сумму S под r% годовых, — надо подставить их в формулу и определить, какой будет ежемесячный платёж. Вот с этим у них были проблемы, поэтому задачку мы ещё раз повторим во второй части книги. Потому что и у вас с этим тоже будут проблемы.

До того как появились компьютеры — всего лишь 50 лет назад — люди использовали готовые таблицы. Я и сам когда-то смотрел синусы по таблицам Брадиса, помните такие? Считать всё в столбик им было реально напряжно. И в ипотечной табличке была, например, страница на 10-летний кредит под 5% — но это скорее исключение, всё же срок небольшой. Хотя, если заёмщики немолодые, вроде и нормально. Пенсионеру кредит на 30 лет давать как-то опрометчиво. Не поминайте лихом, ха-ха-ха!

На странице вычислены все платежи на кредит в 1000 баксов. А если кто-то занимает 7000, вы просто умножаете этот платёж на семь. При ставке в 5% годовых ежемесячный платёж получается $10,61. То есть они просто посчитали, чему в этой формуле будет равен x при остальных известных нам цифрах.

Дальше идёт график платежей. Итак, ежемесячный платёж — $10,61. В таблице было указано распределение амортизации долга и процентов. Вот вы занимаете тысячу и платите $10,61 в месяц. Каждый месяц тело кредита немного уменьшается. Какая часть из ежемесячного платежа — проценты? Это просто: 5% поделить на 12 месяцев. Из 50 баксов годовых получается $4,17 в месяц, а платёж по телу кредита равен 10,61 - 4,17 = 6,44 доллара.

Из 1000 долларов вы заплатите $6,44, значит со второго месяца останется выплатить уже $993,56. На следующий месяц проценты рассчитываются исходя из нового тела кредита — а оно уже $993,56, и процентный платёж равен $4,14. Видно, что они уменьшились, ведь долг понемногу выплачивается. Значит выплата тела кредита увеличилась. Первый месяц проценты были $4,17, а тело — $6,44. Во второй — проценты $4,14 (на 3 цента меньше), стало быть, из тела кредита вычтется уже $6,47. Через 6,5 лет процентов надо будет платить лишь $1,74 в месяц, потому что от тела кредита останется $407,61. Поэтому и доля выплаты самого кредита станет гораздо больше.

Таблица нужна для того, чтобы определить, что происходит при продаже дома. Если люди переезжают через, например, шесть с половиной лет, сколько они остались должны? Ну вот, в таблице написано — на каждую взятую тысячу они теперь должны 408 баксов.

Сразу понятно, какой гемор возникает при частичном досрочном погашении. Поэтому часто оно было запрещено, допускалось только полностью. Хорошо, что сейчас у нас есть компьютеры.

Так устроена долгосрочная ипотека. Процентная часть постоянно меняется, тело кредита постоянно меняется, но общий платёж всегда одинаков. Это изобретение. В 1934 году это придумали — ещё и ста лет не прошло! Кстати, эта тема есть не везде. В Канаде, например, такого нет — там ставка не фиксируется. В Дании есть, ну вот в США, у нас в России почти все ипотеки по фиксированной процентной ставке. А в Германии, например, ставка может меняться в зависимости от ситуации в экономике. Правда, надо упомянуть, что она может и падать. В Дании недавно произошло страшное: некий банк под названием Jyske Bank (третий по величине) предложил ипотеку под *минус 0,5% годовых*. Занимаешь миллион, через 10 лет возвращаешь 995 тысяч. Потому что валюта крепка, а недвига такая дорогая, что не продаётся даже без первого взноса!

В Великобритании сейчас идут разговоры, что надо схему повсеместно расширять. Понятно, что если ставка резко меняется, страна может попасть в такую же ситуацию, как США в годы Великой депрессии. Редкое, но вполне возможное событие. Тогда люди потеряют свои дома. Но в Англии сейчас опять консерваторы овладели Биг-Беном, и нихера не проходит эта тема. Вроде и можно взять ипотеку с фиксированной ставкой, но, видимо, она будет очень высокой, и мало кто из банков такую вообще предлагает.

На тридцать лет банки боятся выдавать — вдруг чо? А покупатели домов не хотят платить слишком много. В этом плане у нас на родине реальный прогресс, и ставки с учётом инфляции у нас не такие уж конские. У нас просто недвиги мало, регулирование уродливое — полностью коррумпированное, и строители от этого озверевшие.

В Канаде не так давно — в 1980 году — процентные ставки улетели вверх, и у них была похожая проблема, что и в США. Люди не могли себе позволить рефинансирование ипотеки, и куча народу потеряла свои домишки. Большая беда. Ну как-то они её преодолели, послабления сделали. Но даже сейчас в Канаде нет фиксированных ставок по ипотеке.

7.5. Фэнни + Фредди = Господдержка

Продолжим о финансовых изобретениях. Важные вещи — секьюритизация и господдержка ипотеки. В 1938 году в США федеральное правительство под началом Рузвельта придумало FNMA — Федеральную Национальную Ассоциацию Ипотек, государственное агентство, которое покупало ипотеки для поддержки рынка кредитования. На Уолл-стрит никто не мог произнести эту аббревиатуру, и её назвали по-собачьи: из ЭфЭнЭмЭй получилась Фэнни Мэй.

Чем занималась эта контора? Она покупала у банков ипотечные кредиты. Так они старались поддержать рынок ипотек. Поначалу банк выдавал кому-то кредит на покупку жилья, и на этом всё. Больше денег он дать никому не мог, если бы не привлёк ещё через депозиты. Ну а Фэнни Мэй выкупала ипотечные контракты у банков, и банк опять мог выдавать займы. Это они сделали в 1938 году, всё ещё была Депрессия и рынок недвиги был вялый и жалкий. Домов не строили, и безработица среди гастеров и их прорабов была повсеместной. Рузвельт думал, как ему экономику взбодрить. Вот была одна из идей. Так появился ипотечный гигант Фэнни Мэй. А в 1968 году контору приватизировали, и она стала частной компанией.

В 1970 году правительство создало ещё один подобный институт, *Federal Home Loan Mortgage Corporation, FHLMC*. Имя опять придумали на Уолл-стрит, и назвали его Фредди Мэк. Ну, типа, та была девочка, а это парень. Хорошо, что не Крюгер.

Сейчас эти имена уже официальны, и конторы уже не государственные — Фэнни Мэй и Фредди Мэк. Изначально Фредди был другой. Что от него требовалось? Покупать ипотечные кредиты, перетасовывать их в ценные бумаги («секьюритизировать») и продавать со своей гарантией. Как только Фредди начал это делать, Фэнни спохватилась и тоже попросила, ну типа, можно я тоже? Ну и обоим разрешили.

Почему именно правительство придумало эти две госконторы? Ну любой же может создать корпорацию, вот пендосское правительство и создало. Обе компании полностью в бизнесе секьюритизации ипотек. Они покупают займы от тех, кто даёт деньги в кредит. Другими словами, они покупают обязательства, запаковывают их в ценные бумаги и продают широкой публике со своей гарантией. Если должник обанкротится, контора заплатит за него недостающее. Потом ещё и страховщики появились, которые страховали (хотя бы частично) эти займы. Сложная финансовая схема. Но в конце концов образовались две эти корпорации, которые выпускали ценные бумаги под залог ипотек, а правительство за ними уже не стояло. Как бы.

Стали судачить, что всё же правительство создало эти конторы, а ведь они выпускают облигации на триллионы долларов! Не придётся ли честному налогоплательщику раскошелиться в случае чего? Правительство открыто заявило: «*Нет! С пидорами не пьём! Конторы давно частные, и пусть Фэнни начиналась как государственная, сейчас она нам не принадлежит. Её долги не гарантируются правительством*». Кто-то переживал, мол, точно не гарантирую2тся? Точно? Точно? Ну, официальная позиция была такая, что нет, если придёт беда, то денег не будет.

Теперь догадайтесь, что произошло. В 2008 году рынок недвижимости рухнул, и кризис был такой адский, что все вспомнили Великую депрессию. И обе наши компании — и Фэнни, и Фредди — обанкротились, ок? Что же делать-то, а? Вот мы в администрации гениального Буша. Республиканца. А они особо не любят бейл-ауты (спасение за чужой счёт). Казалось бы, есть законы, все дела, и Буш не позволит спасать их деньгами налогоплательщиков. Об этом неоднократно, кстати, заявлялось. Потом кто-то сказал: стойте, но ведь весь мир вкладывает в ценные бумаги этих контор — причём все думают, что конторы эти принадлежат американскому государству. Особенно много китайцы возмущались. Бедные невинные китаёзы доверились америкосам и вложили много миллиардов в Фэнни Мэй. Что вы скажете китайцам? «*Извините, мы тут ни при чём*»? «*Она утонула*»? Ну кто-то так и говорил, мол, пойдите и скажите Мао и его команде, что денег не будет, мы же всегда так говорили. Но китайцы ответят, мол, вы-то, конечно, говорили, но мы вам не верили.

На самом деле правительство действительно не предприняло все нужные шаги для того, чтобы всё разъяснить. Например, «Уолл-стрит Джорнал» печатал котировки бондов Фэнни Мэй и Фредди Мэк в разделе «государственные бумаги». И это главный финансовый журнал страны! Хотя это, конечно, не государство. Но правительство должно было как-то их образумить, наверное, да? Прийти и сказать: «*Слушайте, ну это же частная компания, мы тут ни при чём*». А бедные китайцы прочитали газету и типа ей поверили.

Конечно, Джордж (сраный ковбой) мог бы и сказать, мол, ну, ребята, не повезло. Надо было читать, что в договорах мелким шрифтом написано. Но он ничего такого не сказал. Почему? Ну, типа, чтоб не рисковать. Если бы правительство США позволило этим отмывочным конторам обанкротиться, все инвесторы мира ополчились бы и озверели. У США есть репутация. Они могут бесконечно занимать деньги у всего мира как раз потому, что все думают, что там всё, сука, надёжно. А тут запахло каловыми массами.

Поэтому они взяли шефство над обеими конторами и не дали им забанкротиться. Урок интересный: можно миллион раз сказать, что вы ничего не гарантируете, но в итоге-то всё равно гарантируете. Какие-то воровские понятия, по-моему.

Про другие страны надо ещё рассказать. У Канады тоже есть такая контора, называется *Canada Housing and Mortgage Corporation*. Но она не приватизирована, а до сих пор принадлежит канадскому правительству. Но она гораздо меньше, конечно. Что там Канада — три дома, лось и клюшка хоккейная. Поэтому про эту контору никто никогда и не слышал.

Но в целом там схема очень похожая. Во время кризиса, однако, у канадцев не было такого адского падения цен, потому что и пузырь был гораздо меньше. Но Канада и США, конечно, сильно переплетены — американские инвесторы дико вкладываются в канадские бумаги, например. И экономика Канады, в общем-то, ходит одновременно вверх и вниз с Омерикой. Хотя она и более сырьевая, там нефть, лес, кленовый сироп мощно экспортируется.

И такая мысль: а кто же стоял за решениями Фэнни и Фредди понижать стандарты заёмщиков? Понятно, что денег в стране было тупо больше, но всё же? Есть такая идея, что, несмотря на их «независимость», кто-то из правительства им таки подсказывал, что надо неграм давать больше ипотек, чтобы те могли на своих диванах спокойно смотреть Малахова, или как там он в Америке называется, Опра, что ли.

7.6. Впаривание ипотек и кризис 2008 года

Есть ценные бумаги, которые называются «обеспеченные ипотечные обязательства» — по-английски *CMO, Collateralized Mortgage Obligations*. Внутри там ипотека, но её ещё потом делят на отдельные транши по уровню вероятности досрочного погашения. Ведь для инвестора есть риск того, что ипотеку погасят досрочно, если вдруг у заёмщика будут свободные деньги или желание рефинансироваться в другом месте. Некоторым бумагам рейтинговые агентства давали уровень *AAA*, т. е. никакого риска. Каким-то давали другие оценки. И эти пакеты *CMO* продавались инвесторам по всему миру. Понимаете, что это подмена понятий? Одно дело — риск досрочного погашения, когда вы лишаетесь прибыли. И совсем другое — риск невозврата, когда вы лишаетесь всех вложенных денег!

Другая тема — это *CDO*, обеспеченные долговые обязательства. О них я писал в самом начале книги. Они продаются инвесторам, а внутри те же самые ипотечные платежи в качестве активов. Многие из них — это субпремиальные ипотеки. По-русски говоря, говняные. Это те, которые выдавались «субпремиальным» заёмщикам, по-русски говоря, бомжам; хотя дословно это всего лишь «не самым лучшим». Многие из этих бумаг тоже были обозначены рейтингом *ААА*, и тем не менее некоторые их владельцы получили шиш без масла, и так по всему миру — кто их только не покупал.

США — лидер ипотечного финансирования. И американские компании — не только печально известные Фэнни и Фредди, множество компаний — выпускали ипотечные бумаги с рейтингом *ААА*. То есть знаменитые цирковые агентства Мудис, *S&P*, Фич как бы говорили всем: «*Ребята, никакого риска тут нет!*» И простые европейцы и азиаты дико вкладывались в это говно и думали, что они в полном ажуре. Потом оно всё наебнулось. Некоторые с самого начала были гнилые — и эмитенты об этом прекрасно знали! Но что с того?

Схема же была многоходовая. Кто-то берёт ипотеку, ок. То есть человек куда-то идёт, заполняет анкету. Потом эта ипотека продаётся инвестору или другому жирному гусю, который делает из неё ценную бумагу. Называется «секьюритизатор». Потом он ищет агента по обслуживанию этой ипотеки, ну например, это тот, кто заключал договор, но необязательно он. Что это за обслуживание? К примеру, если вы не платите вовремя, этот чел вам звонит и говорит, мол, ай-яй-яй, плохо как! Или вы хотите досрочно погасить, или дядя Ашот к вам подселяется и пристраивает балкон, кому звонить? Вот этому агенту по обслуживанию.

Есть эмитент этих ипотечных бумаг и эмитент *CDO*. Система усложняется. А потом она взрывается к чертям собачьим. Какие-то там реформы они придумали, чтобы это предотвратить в будущем, и кто-то даже говорил — ну нахер эти ценные бумаги, давайте вернёмся на 200 лет назад, когда не было никаких ипотек и мудисов. Но вроде какой-то прогресс таки есть.

В заключение надо упомянуть небольшое изменение, которое недавно произошло и в Европе, и в США. Европарламент провёл новую директиву, которая заставляет организаторов ипотечного бизнеса обязательно держать минимум 5% своих ипотек у себя. То есть, если вы контора, которая заключает ипотечные сделки, можно продать только 95% от своих вложений, а 5% надо оставить. В США тоже надо 5% оставлять теперь. Это как бы заставляет их тщательнее проверять заёмщиков. Хотя я не знаю, как там организован отбор: можно же у себя оставить 5% самых жирных рэперов, а остальных продать. То есть моральная угроза немного снизилась, но всё равно осталась.

Ипотечные банки (и особенно брокеры) иногда действуют несколько, эээ, цинично. Типа, «мы просто помогаем этой несчастной семье заполнить анкету». И чувак там за прилавком думает: «*А не помочь ли мне этим славным чёрным ребятам? Да, не похоже, что они смогут выплачивать кредит. Но мне-то какая разница? Я кому-то другому эту ипотеку перепродам и пойду пить пиво*». И некоторые случаи, они прямо-таки вопиющие.

Приходит семья к брокеру, и он спрашивает: «*Какой у вас годовой доход?*» Ну они отвечают. А он им говорит: «*И чего, вы реально хотите с таким доходом купить дом за 250 тыс.? Не знаю, смогу ли я вам помочь*». А потом он берёт паузу, как бы задумывается и говорит: «*Погодите, ну вы подумайте ещё разок. Вы мне сказали, что у вас доход 40 тыс. в год. Вы уверены? Может, у вас есть дополнительные источники дохода? Подумайте хорошенько. Может быть, вы таки 50 тонн в год получаете или даже 60?*» А семья на него посмотрит со слезами на глазах и ответит: «*Батюшка, да ведь только 40 тысчонок у нас в годик-то, только 40!*» А брокер им опять: «*Но вы всё-таки подумайте. Может быть, у вас есть подработка какая-нибудь или баба Сара вам присылает гостинцы из Африки? Всем же кто-то помогает*». И подмигивает им. Ну они такие: «*А да, точно! У нас же 60 тыс. годового дохода, вот вспомнили — мы грибы собираем и ещё сынулька в макдаке на кассе стоит по выходным*».

Брокер ставит там галочки где надо, и семья думает: «*Ну, он же сам это предложил, мы-то чо, мы ничо, йоу, камон*». А брокеру похер, убыток-то не его, а банка. Новый закон как бы запрещают такую тему. Они там вводят лицензии на ипотечное брокерство. Ещё пять лет назад можно было только-только откинуться за оголтелое облапошивание крестьян в Небраске и сразу стать ипотечным брокером — не жизнь, а сказка! Вот больше так нельзя.

Перед кризисом американские инвестбанки выдавали кредитов в 30—40 раз больше собственного капитала. Просто жесть. От 5—6 капиталов мультипликатор вырос до 30—40—50-кратного. Это огромный риск. Голдманы и Леманы заявляли: «*Наша работа в том, чтобы создавать новые интересные финансовые инструменты*». Вот они и создавали — собирали ипотеки от людей, которые не могли себе позволить недвижимость, и паковали их в новый «продукт». Возьмём немного из южных штатов, немного из северных, ещё чуток с запада и с востока, соберём воедино. Диверсификация какая крутая у нас, посмотрите на неё!

Шли к рейтинговым агентствам, к Мудису и всем остальным, и рассказывали про свою «диверсификацию», и получали рейтинг ААА. Никто там ничего не анализировал, а потом клиентам впаривались «надёжнейшие» бумаги. Клиентам по всему миру. И естественно, реальный их рейтинг никак не мог быть ААА.

То, что сейчас происходит в мире, означает, что люди немного поумнели и чему-то научились. Но базовые принципы остались те же самые. Те же самые фонды, те же самые управляющие покупают то же самое говно, а говорят, что это не говно, а золото и бриллианты.

Хотя мы надеемся, что будут перемены к лучшему, и мы все переедем из саратовской коммуналки в апартаменты на Кипре, а кто-то даже и в двушку в Бутово.

* * *

На этом первый, **базовый** уровень книги «Хулиномика» заканчивается. Вторая часть этой книги перенесёт вас на новую ступень понимания финансов; она посвящена рискам во всех их проявлениях.

В восьмой главе мы разбираем генетические ошибки коммунизма. Почему надо делиться с соседями и, главное, чем? Как спастись от астероида? Правда ли, что евреи прокормили всю Россию? Почему колхозники отнимают у товарищей айпэды?

Девятая глава невероятно серьёзна. Как правильно выбрасывать шестёрки на кубиках? Как подсчитать количество листьев на дереве? Кто составил гороскоп Иисуса Христа? Зачем смешивать чай с водкой? Почему у чёрных лебедей толстые хвосты? Вопросы эти крайне важны!

Десятая глава посвящена долгам — самым распространённым финансовым рискам в мире.

Сколько будет стоить кредит в следующем десятилетии и почему? Правильно ли поступил Раскольников? Выиграет ли Робинзон Крузо от кредита до следующего урожая? Кто в мире кому должен и за что? Завеса тайны приподнимется.

Одиннадцатая глава — о рациональности. Чего люди боятся больше всего? Как угадать мысли соседей? Зачем экономист Кейнс устраивал виртуальные конкурсы красоты? Как профессор экономики может затроллить коллегу, предложив тому явно выгодное пари? Как не попасться на удочку сейлзу паевого фонда? Градус серьёзности нарастает.

В двенадцатой главе мы, наконец, поговорим о бабле. Тут всё о портфелях и яйцах внутри этих портфелей. Вы узнаете, почему акции так хороши, как кажутся, а управляющие портфелями — совсем наоборот.

В тринадцатой — про отыгрывание новостей и походку пьяницы. Надо ли уважать рынки и за что? Полезно ли делать предсказания и что за это будет? Реагирует ли рынок на непроизошедшие катастрофы? И главный вопрос: почему зарабатывать трейдингом так трудно?

После этого вас ждёт ещё и суровая третья часть, но там мы будем обсуждать уже более высокие материи: кто управляет деньгами мира и каким образом он это делает.

Левел 2: Хоть рискуй, хоть не рискуй

ГЛАВА 8.
КИБУЦ ИМЕНИ ЛЕНИНА

Пришла пора обсудить дико животрепещущую тему: благородное ли дело риск? Был бы у вас миллиард долларов, куда бы вы его дели? У нас миллиардеров в стране хватает, и почти все они занимаются какой-никакой благотворительностью. Ну серьёзно, вот у вас 5 машин, 5 домов, самолёт и яхта, куда ещё-то? Всё равно одновременно не получится всем воспользоваться, даже если всем любовницам по тачке раздать. А если всё пропадёт? Страшно же! По себе знаю.

8.1. Зачем делиться?

Зачем нам нужна адекватная — то есть снижающая неравенство — экономика? У людей с низким достатком крайне высокий уровень маржинальной полезности денег, а у богачей — крайне низкий. Поэтому если взять у богачей совсем чуть-чуть (по их меркам), то беднякам сделается намно-о-го лучше. Гораздо сильнее лучше, чем богачам сделается хуже. Понятно, что коммунизм не пройдёт — это всё ерунда полная, куда хуже робингудства; скоро объясню почему. Надо системно подходить к вопросу: применять финансовые механизмы и распределять риски, убирать к чёртовой матери все пенсии и пособия, выдавать всем людям безусловный доход и делать адский прогрессивный НДФЛ.

У нас правительство повышает пенсионный возраст, и народ по этому поводу дико возмущается. Но надо понять несколько вещей.

Во-первых, люди, которые сейчас вдруг лишились манящей надежды на честно заработанные 15 тыщ, более всего ответственны за происходящее в стране. Это не мы, а они были в расцвете сил во время ельцинских захватов власти, назначения вечных преемников и других дурно пахнущих событий. Они, а не мы, выбирали того, кого выбрали, молчаливо глотая масштабные фальсификации на выборах. Это они всё просрали. Пришло время поесть честно заработанного говна.

Во-вторых, с чего вдруг все решили, что люди, отчисляя налоги с зарплаты, копили лично себе на пенсию? Никто такого не обещал. ПФР давно уже не наскребает на текущие платежи, о каких накоплениях может идти речь? С зарплаты мы платим только нынешним пенсионерам, да и того не хватает. Поэтому высчитывать, сколько миллионов у кого отобрали, — полный бред. Не у вас отобрали: никогда они вашими не были. Трудодни были, только их теперь называют «баллами», это да.

Не буду рассказывать, что глупо надеяться на государственную пенсию — это каждый решает сам. Давайте лучше подумаем, о том, как есть и как надо. Пенсионный возраст у нас был низкий. Стал нормальный. Хотя я до сих пор не вкуриваю, почему у мужчин средний срок дожития после пенсии — полгода, а у женщин — 20 лет. Товарищи феминистки, вы уж разберитесь! Мы равны или не равны? Возраст должен быть, естественно, одинаковый для всех полов. Ко всему прочему пенсию у нас получает дичайшее количество льготников: военных, фсбшников, фсошников и прочих служащих Родине. И там не идёт речи про 60 или 55 лет. Люди умудряются совершенно законно выходить на пенсию в 37! И вот коснётся ли их увеличение пенсионного возраста — самый больной вопрос. Боюсь, что нет. При этом размеры пенсии там несравнимы с гражданскими.

Теперь о том, как надо. Естественно, каждый сам должен копить себе на пенсию и всегда знать, сколько копеек у него на счету и куда оно вложено: в тренера или в повара. На добровольные отчисления должны быть мощнейшие льготы — освобождение от НДФЛ, софинансирование от работодателя и куча всего ещё. И главное — никакой ПФР, чтоб не мог до этих денег добраться.

Что касается государственных платежей, то пенсия за факт гражданства должна быть у всех одинаковая и выплачиваться не с 65 или 55 лет, а с 18. Называется это БОД. Пособия по безработице и прочему тунеядству должны быть отменены. И пенсии, соответственно, тоже. И — внимание! — важный момент. В этом ключе увеличение пенсионного возраста — шаг концептуально правильный. Просто маленький. Шаг надо делать большой, и в любую сторону — полностью отменять и / или понижать до минимально возможной (18 или 16, или 14 — это можно обсудить). А так, как было, — это совсем плохо. Стало лучше.

Забирать же надо у тех, кто своровал, незаконно наприватизировал, отнял и присвоил — и желательно забирать процентов этак девяносто. Но ,когда с ними закончим, надо приниматься за тех, кому подфартило. У этих забирать надо не всё, а только лишнее. Взять хотя бы себя самого — хорошо бы забрать у себя в жирные годы и передать себе в годы голодные. Представьте, что вы разбогатеете годам к пятидесяти. Конечно, лучше, чтоб вы-пятидесятилетний имел возможность немного подсобить вам-двадцатилетнему. Вот было б круто! В пятьдесят-то кабриолет уже нахер не нужен, до больнички бы доехать. Но это экстремальный, гипотетический пример. Пример попроще: если вы можете ходить в ресторан чаще, чем раз в месяц, — это прямое подтверждение тому, что можно откладывать деньги, и, если вы не делаете этого, вы тупой. Глупо думать, что деньги будут всегда. Иногда они и кончаются.

В финансах есть всё объясняющая функция предельной полезности: люди стремятся максимизировать ожидаемую пользу от своего богатства. Вы уже догадались, к чему я веду: зависимость эта не прямая, не просто «чем больше — тем лучше». Попозже рассмотрим этот вопрос подробнее, но в целом можно считать, что ожидаемая полезность — это то, что чаще всего заставляет людей делать то, что они делают. Подумайте над этой фразой.

8.2. Размазать долгосрочные риски

Вернёмся к теме рисков. Долгосрочные риски — это то, что доминирует над нашей жизнью. Каждая жизнь — это серия ударов и кризисов, которые со временем накапливаются и адски наваливаются на людей. Я сейчас об экономических кризисах. Начинаем мы молодыми и здоровыми; понятно, что не все в равных условиях находятся: молодые и здоровые в Уганде — это не молодые и здоровые в Швейцарии, а даже и похуже, чем швейцарские старые и больные. У всех разные родители и разные условия, но даже по Абрамовичу с каждым годом жизнь наносит удары — по имуществу, по человеческому капиталу: захотел жену поменять — отдавай половину денег. Воровство, мошенничество, болезни, девальвации, пожары, невозвраты долгов — всё это нам достаётся, кому-то больше, кому-то меньше.

Человеческий капитал — это способность что-то делать, создавать. Знания, навыки, то, что мы продаём на рынке труда разным улыбающимся лысым упырям в галстуках и прочим макдоналдсам. По мере взросления наш капитал растёт — хотя иногда и падает, если утром опохмеляться, — но начиная с какого-то возраста он начинает принимать иные формы: дипломы, вещи, мебель, акции, облигации, недвижимость. Кто-то зарабатывает больше, а у кого-то ничего не получается и его преследуют неудачи и беды. Расслоение с возрастом нарастает. Хуже всего приходится старикам: человеческий капитал у них истощён, память подводит, сил нет, в затылок черти дышат. Некоторые живут с остатков физического капитала, метут двор и чистят снег. Так жизнь устроена, увы.

Между стариками огромная разница. Кто-то из них живёт очень плохо, жрёт гречку и пьёт грузинский чай в хрущёвке, а кто-то греет пузо в собственном доме, у него домработница, шофёр и повар. Экономика, на самом деле, это с греческого «ведение домашнего хозяйства». На корпорации можно внимания не обращать — живут-то люди, а не фирмы. Имеет значение лишь то, как они влияют на жизнь простых людей. Не так уж важно, что произойдёт с Ситибанком или *IBM*, кроме того, какое влияние это окажет на их сотрудников и акционеров. Некоторые из них крайне зависимы от судьбы своих компаний: кто-то не может себе позволить потерять работу, так как его выселят из квартиры, а у кого-то акции своего работодателя — единственный накопленный капитал к пенсии. Это вялотекущая, но постоянная проблема, которая реально достаёт горбатых и немощных пенсионеров.

У длящихся долгосрочных рисков есть неприятная особенность: всё, что мы делаем для их снижения, создаёт моральную угрозу. Просто-напросто при снижении риска всегда создаётся возможность обмана или мошенничества. Это с ума сойти какая фундаментальная тема. Концепция моральной угрозы весьма стара, но термин появился уже в середине XIX века. Моральная угроза — это когда система устранения рисков создаёт возможность повести себя плохо и всё, сука, испортить.

Классический пример — страховка от пожара. Застрахую дом и подожгу — вот и все дела, и продавать не надо. Это не единственный пример, конечно. Когда имеешь дело с устранением рисков, надо всегда помнить о говнюках. Они повсюду. Поэтому нужно изобретать всё новые и новые фишки, чтобы эти угрозы снизить, а говнюков устранить или хотя бы отрезать им яйца.

Экономист по имени Финн Кюдланд[1] получил недавно Нобелевскую премию. Он изучал корреляцию потребления в разных уголках земного шара[2]. Что такое потребление? Это общая сумма всех расходов людей: на еду, одежду, жильё, короче, на всё. Каждая страна складывает, сколько

[1] Вы должны знать, что он не финн вовсе, а норвег.

[2] Кстати, откуда уголки у шара?

граждане в год потратили. И вот чувак со своей командой очкариков подсчитал, какая зависимость у потребления разных стран из года в год.

Если бы зависимость была прямая, то корреляция была бы равна единице. То есть, если в одной стране потребление за год выросло, в каждой другой стране потребление тоже бы выросло. А если бы у нас была работающая система распределения рисков между странами, то остались бы только риски планетарного масштаба. Если б финансовые рынки работали идеально — не знаю, насколько это очевидно, но мне да, — никто никогда не страдал бы в одиночку. Вдруг какой-то подлый удар настигает человека, но риск уже распределён по всем жителям и удар становится очень слабым. Что остаётся? Только те риски, которым подвластны все сразу одновременно, и ничего более. Корреляция потребления была бы полной.

Упал бы на Землю астероид. Ну, там жертвы, кровь-говно-кишки, всё как в кино, но мы возьмём лишь экономическое потрясение. Всему миру бы пришлось несладко, это понятно. Но что ещё более понятно — если б астероид упал на Канаду, вам бы повезло гораздо больше, если б вы были в тот момент в Австралии. А канадцам пришлось бы ой как херовато.

А если бы мы умели распределять риски правильно, то после заявления британских учёных о возможном приближении астероида люди бы мощно захеджировались. И людям с места падения (опять же, не берём физические жертвы) было бы так же тоскливо, как и антиподам. Весь мир пострадал бы — и у всего мира упало бы производство и потребление. Но не сильно.

И в 1992 году экономисты думали, что так всё и есть. Что наш мир тесно связан нитями распределённых рисков. Ведь очевидно, что есть вещи, которые влияют на весь мир, типа разливов нефти, глобального потепления (неважно, антропогенное оно, циклическое или нет; факт в том, что оно есть). И что же выяснилось? Как там взаимная страховка?

А выяснилось, товарищи, что всё очень галимо. Корреляция между потреблением разных стран низка. Она даже ниже, чем корреляция доходов, что странно. Это означает, что ничего не сделано для снижения рисков не то что отдельных людей, но и целых стран. Нет, ну что-то наверное сделано, но сделано с гулькин нос. Надо стараться, товарищи. Ведь тигру в зоопарке не докладывают мяса.

8.3. Риск-пулинг

Идея того, что риски можно распределять, довольно интуитивна. Она постоянно доходила до мозга разных людей на протяжении всей истории. Пусть мы, например, дикие ковбои, пионеры-герои, покорители Запада. Живём на краю мира в лесах и строим себе деревянные хижины. Никакого государства поблизости нет. Никто нас не защитит от гризли и свирепых команчей. Что подсказывает инстинкт? Надо сбиться в кучу и, если у кого-то, например, домик сгорит, надо прийти всем миром и ему помочь. Это похоже на общую какую-то альтруистическую щедрость, но ведь это в интересах каждого! У любого может произойти несчастье, не только у соседа, но и у тебя. Дом сгорел — человек зимой замёрзнет. Получается, что люди как бы сами собой имеют склонность к распределению рисков; это все спонтанно происходит, по доброте душевной. Глобальный эффект от таких мероприятий незаметен.

Эта книга написана в том числе и для того, чтобы обозначить, насколько широки финансовые концепции. И почему они так важны, и как финансы пронизывают всю нашу жизнь, хотя мы об этом не задумываемся.

Самое время внезапно вспомнить про социализм. Придумал его чел по имени Роберт Оуэн, очередной британский учёный старой закалки. Жил он в конце XVIII века. Роберт хотел разделить всю экономику на всех. Возникает вопрос: за каким хером?

Он бы сказал: «*Чтобы снизить бедность и неравенство, а повысить — богатство и равенство*». Но в некотором роде он говорил и о распределении рисков, хотел он того или нет. Идея-то была собрать все общественные риски и распределить на всех членов социалистического общества[1], вот он чёткую мульку придумал, да?

8.4. Новогармонино

В этом случае всё потребление будет расти или снижаться вместе: как раз о чём писал нобелевский лауреат Кюдланд[2] двести лет спустя. И вот Оуэн задумал тему, что надо создать такое восхитительное общество, где все равны и всё общее, и поехал — куда бы вы думали? В жизни не догадаетесь. Поехал он в Америку. И основал городок под названием Нью-Хармони, то есть — Новогармонино. Оуэн думал, что человека определяет его среда, и если среда будет правильная, то и люди станут ниибаца духовными и славными. Там они построили бесплатный театр, бесплатную школу для всех (кроме негров, конечно) и бесплатную библиотеку. Это он хотел демо-версию социализма построить — на 800 человек — и весь мир дико заразить этой дебильной идеей. Самое уссачное в этой истории то, что он у себя в Англии разбогател на мануфактурах, где нещадно эксплуатировал бедных британских рабочих, и городок этот тупо *купил* с потрохами (за сумму в 135

[1] Если перевести на русский, получится «общественное общество», бгг.

[2] Помните, да, что он-таки норвег, хотя и финн?

тыс. долларов, это сейчас примерно 3 млн). Вот такой был упоротый чувак. Вы уже поняли, к чему я клоню: не срослось.

Во-вторых (про во-первых — дальше), такая славная история про всё бесплатное, естественно, привлекла кучу укурков, великих комбинаторов и прочей гопоты, которая понаехала и сожрала все печеньки.

А во-первых, люди в этом Новогармонино жили совсем не гармонично. Угроза морального разложения реализовалась там в полной мере. Всех собрать в одном месте и сказать — ну, ребята, у вас теперь всё общее, работа общая, город общий. Что сразу приходит нормальному человеку в голову? «*Если мне и так дают столько же, сколько остальным, то я, пожалуй, лучше полежу на диване*». Хотя в реальности было ещё интересней: там были у них общие трудодни, и у тех, кто работал, их было больше. Но те, кто не работал, они дико возмущались и говорили, что ваша гармония — это какая-то херня и обман, потому что тут, оказывается, надо работать. Домов у них на всех не хватало — понаехали же всякие оклахомские маргиналы; сами они, естественно, делать ничего не хотели. Короче говоря, Оуэн этот обосрался по полной, всё своё английское состояние спустил на эту гармонную чушь, и всего за три года посёлок осиротел и загнулся.

Социалистическая идея на этом, конечно, не закончилась. В других странах тоже возникали разные потрясающие воображение эксперименты, где общий риск делился на всех. В Израиле — кибуцим — это как раз коммуны, у которых таки всё общее. В Израиле, Карл! Они там поначалу вообще упоролись — делили абсолютно всё, и производство, и потребление. Насчёт жён мне неизвестно, но идея интересная.

В Японии — ямагиши: каждый вступающий отдаёт в секту всё своё состояние, а в 6 лет детей забирают у родителей в общий детский сад. Есть ещё итто-эн — колхозные демократы по следам Толстого. В США — хуттериты (пацифисты, которые не используют денег и за всё хором голосуют) и амиши (которые не используют электричества), да множество примеров различной степени упоротости. У нас вон сейчас есть Стерлигов, например. В ЮАР молодой Махатма Ганди тоже организовывал индийскую коммуну (так он и поднялся, кстати) по заветам Толстого и ходил там проверял, чтоб их хаты из картона не развалились, а в сортирах говно было ровно присыпано песочком — это он сам писал в своей биографии. Без песочка какой коммунизм — провоняет всё. Хотя, будем честны, коммунизм, он что с песочком, что без — разница невелика. Всё равно провоняет.

8.5. Беды соцреализма

Сразу видно общую черту этих коммун: они все живут и работают на природе, в ходу натуральное хозяйство, и каждое поселение старается обеспечить себя максимально полностью. От этого и все ништяки, и все беды. Хотя надо сказать, что в Израиле есть дико преуспевающие кибуцы, которые зарабатывают на экологическом туризме и суперэффективном фермерстве, и работать их членам приходится, видимо, не очень много. Кто умеет продавать — едет на базар, кто не умеет — поливает. И десять правильных кибуцов обеспечивают овощами и фруктами не только Израиль, но ещё и на Россию с Украиной редиски с клубникой хватает. Реально дохера производят на каких-то клочках земли. Правда, обетованной. Иисус им в плюс[1].

Конечно, при -20 такая коммуна собирается вместе, обмазывается навозом и дружно околевает, поэтому у нас эта тема приживается плохо. Хотя есть люди с таким складом ума и характера, которым это нравится. Им проще делить всё вместе, чем бороться с оскалом капитализма поодиночке. Общая идея — полная страховка за счёт остальных членов, полное распределение рисков: все помогают друг другу. Но даже и в преуспевающих кибуцах, где тепло и яблоня вырастает в том месте, где ты бросил огрызок, бывают яростные ссоры насчёт того, кто кому сколько должен. Подарят кому-нибудь айпэд, а остальные члены кибуца придут и скажут: «*А айпэд-то общий! Делись, сука!*» Кто-то скажет, мол, мне нужен *свой* телевизор, вы сами смотрите

---

[1] Камон, нигга, йоу!

своё вонючее «Поле Чудес» в общей столовке, но от меня отвалите, я буду Малахова смотреть и ещё передачу «Давай поженимся». Понятно, что правила меняются, система со временем совершенствуется.

Кибуцы — ещё и офигенный расклад для вновь прибывших репатриантов. Вот ты приехал на родину, языка не знаешь, никуда устроиться не можешь. А в кибуце всем рады (почти). Все тебе помогают и ты, в общем, трудишься в меру сил. В 2010 году в Израиле было 270 кибуцов размером от 80 до 2000 человек. Это много, почти 3% всего населения.

Есть и ещё одна проблема распределения рисков на этом уровне — и она, видимо, оказалась неподвластна умам Оуэна, Толстого и Ямагиши. Речь о том, что даже в большой коммуне людей мало. И риск можно поделить только друг с другом, а риски самого сообщества не распределены. Ведь в идеале опасности надо делить не с соседом, а с кем-то, кто живёт абсолютно по-другому, в другом месте. В кибуце не надо специально разделять риски с другим евреем-агрономом, ведь множество рисков у вас и так общие. Надо делиться с тем, у кого другая погода, другое государство, другие соседи, другая работа. Если к тебе в деревню прилетает палестинская ракета, не имеет значения, поддерживает ли тебя сосед, — ведь его тоже разорвёт к херам и ничем вы друг другу не поможете. Если в регионе засуха, деревня за оврагом тебя не прокормит —

у них ведь тоже засуха! Понятно, что реально поделить риски не так-то легко. В этих коммунах, может быть, все друг друга любят во все места, делятся хурмой и выслушивают душевные излияния, но вот с защитой от экономической нестабильности дело плохо. Проще говоря, риск-менеджмент там херовый.

Тем не менее какое-то развитие у этих идей имеется. Технологии эволюционируют, и Швеция у себя уже какое-то подобие удачного социализма построила. Большой вопрос, развитие ли это капитализма, или наоборот, — хрен его знает. В среднем, наверное, люди не очень злые и никто не хочет страдать в одиночестве. Поэтому надо придумывать механизмы хеджирования с людьми, с которыми мы никогда не встречались и, самое главное, — на которых мы клали огромный член. И пусть это будут очень, очень сильно отличающиеся от нас люди. По логике, сделки по распределению рисков надо заключать именно с ними. Вот для этого и нужны финансовые рынки.

8.6. Генетическая ошибка коммунизма

Теперь надо вспомнить, конечно, про Маркса. Оуэн — это ещё цветочки, но вот Маркс, Карл! Важный был мыслитель. Он финансистов — всех! — принимал за говнюков и хотел убить как последних шакалов. Маркс думал о неравенстве, о том, что некоторым людям живётся очень уныло, думал-думал и придумал альтернативу. Надо сказать, он не всё придумал сам — до него ещё француз Луи Блан предложил тему общественных мастерских, типа артелей или вроде того. Это как раз Блан выдвинул знаменитейший (и величайший по своей маразматичности) лозунг «*от каждого по способностям, каждому по потребностям*», хотя фразу приписывали и Марксу, и Ленину, и даже Бобу Марли, ноу уоман ноу край.

Этот лозунг — ядро коммунистической философии, полное распределение рисков. У кого-то высокие способности — он херачит, у кого-то способности похуже, те не очень по жизни пригождаются, но всем обеспечивается равное удовлетворение потребностей. То есть коммунизм — он о распределении рисков, хотя с этой стороны о нём мало кто думает.

Проблема марксистского учения прежде всего в нравственной угрозе — той же самой, что и в кибуцах, и в коммунах. Люди не очень эффективно работают, если их риски полностью расшарены. Мы что-то усвоили после развала Союза, да и не только мы — всему миру стало понятно, что надо как-то поумнее тему продумывать. Чёткий дизайн, опыты над людьми. Финансы — это как раз об этом.

Коммунизм — для тех, кто думает: «*Не знаю, уж как оно выйдет, может, разбога-*

тею, а может, и окажусь на днище, но лучше б у всех было всё поровну». Казалось бы, мысль совершенно дебильная. Но попробуем оказаться в голове у этого чудака. Ведь никто из нас не желает представить себя стариком, инвалидом, безработным или сумасшедшим. Мы просто не хотим об этом думать. Это всегда происходит с кем-то другим. Пока не произойдёт с нами. И вот тогда-то мы начинаем думать: «*Сука, а не такая уж это плохая идея, чтоб всем было по жизни одинаково*». Почему я один должен мучиться?

Кому-то эта идея и с полным комплектом конечностей нравится. А кто-то понимает, что работать в таком обществе люди будут неэффективно, и он думает — ну, может быть, надо добавить щепотку неравенства, чтоб у людей был стимул. Кто-то думает — да хер бы с ним, с равенством, пусть будет расслоение, пусть будут нищеброды и олигархи, как кто смог — так и заработал. А четвёртый думает — расслоение пусть будет, главное, чтоб нищих не было, вот это будет норм. Все счастливы, и всё по справедливости. Повезло — ну круто, чо, купи яхту, трахай фотомоделей, пляши и не унывай. Иначе скучно. Поэтому на равенство мы забьём.

На самом деле, у коммунизма ошибка в ДНК. Беда в том, что способности у людей ограниченные, а потребности — нет. Это Марксу в голову почему-то не пришло. А вот идея распределения рисков не так уж плоха.

8.7. Налоги как народное достояние

Теперь пару слов об общественных финансах. Это налоги и пособия. Государство облагает людей налогами и раздаёт деньги на важные вещи (например, яхты), а также подкидывает медяки тем, у кого их нет совсем. Это тоже система риск-шеринга. Наверное, Роберт Оуэн и Карл Маркс её заценили бы, но им требовалось нечто более адское, так как они были наркоманы.

Поговаривают, что новоизбранный президент задумал поднять НДФЛ до 15%. Вообще в наших условиях плоская шкала — это плохо, а повышение и без того большой нагрузки на измученный средний класс — верная дорога в ад.

Прогрессивное налогообложение — шаг в правильную сторону. У богатых надо забирать больше денег, потом искать самых бедных и им выплачивать. Понятно, что и тут есть нравственная угроза — одни скрывают доходы, чтоб не платить высокий налог, другие прикидываются нищими, чтобы получить пособие. Но ведь фискальная система не вырублена в камне. Есть много способов её улучшить. Жаль, что наши министры о них не знают, а носятся с ужасным по своей сути НДС.

НДС — один из самых вредных для нашей страны налогов, ибо это вполне конкретная такса на развитие производства, на инновации (тьфу чёрт, но как ещё сказать, *R&D* что ли?), на всё полезное и хорошее, что мы ещё можем придумать, создать и произвести.

Причина его использования — и повышения — очень проста: его легко и удобно собирать. Налоговая давно всему научилась. Спрятать и вернуть НДС очень трудно; но чиновникам можно, вспомните историю бедного Магнитского, который разыскал спрятанное и был замучен до смерти; расхитители же остались в шоколаде. Огромная часть уголовных дел о мошенничестве — это как раз махинации с возвратом НДС. Поэтому повышение НДС — рай для чиновников (больше можно будет своровать) и обнальщиков — их услуги станут ещё более востребованы.

Есть и ещё одна версия: НДС существует как мера поддержки нефтяной промышленности РФ. Он был введён при цене нефти 10 долларов за баррель. Некоторые считают, что никакой другой реальной функции этот налог не выполняет, а объём НДС, который возвращается экспортёрам, сопоставим с поступлениями по налогу на прибыль и ввозными пошлинами. НДС возмещается из госбюджета, и теперь голодающим газовикам и нефтяникам будет возвращаться не 18%, а 20% от проданного империалистам-рептилоидам. То есть мы с вами их теряем, а они приобретают. Яхты, самолёты и виллы.

Да, НДС есть в Европе. И чего? Там давно развито производство и его гораздо труднее загнобить, у нас всё наоборот. В США же, самой могучей стране мира, НДС нет, и у меня есть такое ощущение, что это одна из причин экономической мощи Омерики. Самые большие налоги там (в том числе опосредованно) берут с физлиц —

и как с потребителей, и накопителей, получателей, короче, важно, что с простых американских людей. А вот корпорациям и малому бизнесу там привольно — и страна получается богатая. Но самое главное: нет этой бредовой наценки на добавленную стоимость.

Сука, у нас чего не хватает — так это добавленной стоимости! Разве это не очевидно? В России 2/3 бизнеса — это государство, и мотивация там совсем другая: как спереть, отмыть и чтоб за это ничего не было. В крайнем случае — вывести через космические зарплаты сынулькам, зятьям и любовницам. А вот добавить продукту стоимости никому в голову не приходит. Это ж работать надо.

Самое главное: НДС поощряет купи-продай и порицает придумай-произведи. Куда уж ещё? Ну вот, оказывается, можно. Хотя у нас вроде как останется льготный НДС на лекарства, книги, часть еды и детские товары. Как бы такая моднейшая поддержка образования, здравоохранения и семьи. На самом деле, конечно, в еде, книгах и детских товарах добавленной стоимости не так уж много. А где её много? Если кто не в курсе, я расскажу: в гражданских самолётах, в тачках, в сложном медицинском оборудовании, в заводах и станках. Всё это мы, увы, не производим[1]. Но вот США — да. Это, между прочим, основные статьи их экспорта. Задумайтесь над

[1] Ок, самолёты производим. Только мы – 1 в год, а они – 1 в день.

этим. Мы даже сраные буровые установки сами сделать не можем, у них покупаем.

Про постиндустриальную экономику тоже нелишне было бы подумать. Сейчас в приличных странах услуги занимают всё большую долю в ВВП, а НДС по ним бьёт больнее всего. При замене НДС на налог с продаж свободнее вздохнут оптовики, наукоёмкие производства и вся сфера услуг. В особенности хорошо станет сектору B2B — из-за того, что в цепочке юрлиц пропадёт налог.

Остаётся сказать спасибо, что всего до 20% повысили. И это не на 2%, как по телеку скажут. Это на 11.1% больше прежней ставки. В то же время в Китае НДС снизили с 16% до 13%, а на транспорт и строительство (отрасли с большим мультипликатором) — с 10% до 9%.

Почему же китайцы развиваются быстрее нас? Загадка! Одна мысль крутится у меня в голове: может быть, выгнать к чёртовой матери наше Минэкономразвития и просто ввести китайские налоги? Сколько дармоедов освободится! Смогут вахтёрами работать. Да, и в следующий раз когда кто-нибудь вам скажет, что НДС полезен для страны — чихните ему на галстук. Так, чтоб не харкать в лицо, а просто для очистки совести.

К сожалению или к счастью, налоги — самая важная система распределения рисков, которая существует в мире. Она не идеальна, но она есть и она работает. В развитых странах люди не голодают, и это прямое следствие существования налоговой системы. Этого, конечно, недостаточно:

в США, например, можно совершенно спокойно помереть от какой-нибудь болезни, если не хватает денег вылечиться. А беда нашей системы в том, что можно совершенно спокойно помереть от какой-нибудь болезни, даже если денег хватает. Скорая помощь там какая-никакая есть, но говорят, что у нас лучше. Бесплатнее.

Система налогообложения — необходимость, и она становится гораздо понятней и полезней, если смотреть на неё в ракурсе риск-менеджмента. Налоги чаще обсуждают исключительно с популистской точки зрения, да и вообще экономические решения принимают люди, которые в финансах ничего не смыслят. Прогрессивный НДФЛ — вещь на самом деле правильная и нужная, но вот презентовать и показать её концептуальную полезность никто (из политиков) не отваживается. Или никто не догоняет. Только что и умеют журналисток за лобки хватать.

Единственная причина, по которой правительство США когда-либо устанавливало высокие налоги на богатых, — война. Во время Первой и Второй мировой люди гибли как мухи, и народ проголосовал за социалистов — за тех, кто говорил «*давайте богатеев подоим*». Война, что поделаешь. Кто-то умирает, кто-то на этом наживается, надо поднять на богачей налоги. Во время Второй мировой НДФЛ подняли чуть ли не до 90% — именно на богатых: так и возникла прогрессивная шкала налога на доходы.

Люди склонны думать — ну вот, война кончилась, можно налоги опустить. А о распределении рисков никто не думает. Политики с трудом снижают налоги, но постепенно вот ситуация дошла до нынешней.

Интересно, что самый первый налог на доходы физлиц возник тоже во время войны — Гражданской войны в США, — и он тоже был прогрессивный. В 1862 году налог составлял 3% на доходы свыше 600 долларов в год. Потом его подняли ещё — если доход превышал 10 тыс. в год, налог был уже 5%. Сейчас в США действует прогрессивная шкала, которую ввёл (точнее, до которой *снизил* налоги) Джордж Буш. Максимальный налог составляет 35%, по мере снижения доходов ставка падает до 33%, 28% и 25%. Кто бы что ни говорил о гениальности нашей плоской ставки в 13% — это, товарищи, полная и безоговорочная херня. В Китае, например, шкала такая (курс примерный):

до 1 500 юаней (15 тыщ рублей): **3%**

1 501 — 4 500 юаней (до 40 тыщ рублей в месяц): **10%**

4 501 — 9 000 юаней (до 80 тыщ в месяц): **20%**

9 001 — 35 000 юаней (до 300 тыщ в месяц): **25%**

35 001 — 55 000 юаней (до 500 тыщ): **30%**

55 001 — 80 000 юаней (700 тыщ): **35%**

80 001 юаней и выше: **45%**

И не надо компостировать мозги, когда можно тупо взять и ввести китайские народные стандарты. У 50% граждан любимой страны налог упадёт, ещё у 48% — останется прежним, а остальные 2% пусть платят сполна, шакалы злобные. Иначе — расстреливать и изгонять в Махачкалу.

Да, заметьте, как интересно растёт шкала. От нищеты ко второй ступени — в 3 раза, потом сразу в два раза, потом плавнее, и самый большой налог тоже вырастает очень заметно: до этого шаги по 5%, а тут сразу 10%. Причём 45% мне кажется очень хорошей цифрой. Нельзя забирать у человека больше половины дохода. А вот почти половину — это в самый раз. Осталось понять, как это объяснить оставшимся 2%.

Недавно умер такой классный и смешной учёный-статистик, звали его Ганс Рослинг. Он показывал всякие прикольные закономерности на ресурсе *TED.com*. Есть несколько видео (16, 17, 18, 19), где он хорошо объясняет, что теряют богатые люди от бедности соседей. Это совершенно неочевидные вещи.

В странах, где меньше неравенство, оказывается, меньше младенческая смертность, меньше уличная преступность, выше продолжительность жизни и, самое главное, заметно выше средний уровень счастья. А если вашим соседям будет хорошо, то и вам будет тоже неплохо, дорогие дру-

(16) (17) (18) (19)

зья. Хотя бы потому, что вокруг нет бомжей и недовольных жизнью упырей. Там и богатым быть проще: во-первых, не надо кидать понты, во-вторых, тебе меньше завидуют, и в-третьих, у тебя всегда есть ощущение собственной важности и полезности, ведь ты платишь колоссальный налог. Будь моя воля, я бы ещё и добавил крупным налогоплательщикам голосов на выборах, но беднота осудит.

8.8. Что дальше?

За последние несколько десятков лет рынок риск-менеджмента сильно эволюционировал. Вы об этом наверняка слышали, просто некоторые понятия звучали абстрактно. В новостях постоянно фигурируют инвестиционные фонды, венчурные капиталисты, успешные менеджеры и опционы. Это всё — хотя бы отчасти — попытки решить проблемы нравственной угрозы и справиться с рисками.

Не все в это поверят, но я утверждаю, что с каждым десятилетием финансовые инструменты становятся всё лучше, прозрачней, надёжней. Они лучше мотивируют людей, лучше закрывают моральные лазейки и лучше оберегают общество от рисков. Ситуация хитроумная, потому что текущие экономические риски людям понять трудно — так глубоко они зарыты. И всегда так было: лазейки закрываются постфактум, как только кто-то кого-то мощно объегорит. Но стараться надо всё равно. Мир устроен сложно, и надо как-то пытаться.

ГЛАВА 9. ВЕРОЯТНОЕ — НЕОЧЕВИДНОЕ

Экономика, технологии, даже погода, да и вообще почти всё создаёт проблемы. Вы уже узнали, что существует методика избавления от рисков: распределять их на много разных людей, раздавая пакостей каждому, но по чуть-чуть. Идея, которую предлагают теоретики — возможно, недостижимая, — это идея о том, что в идеальном финансовом мире (где все жители — «хомо экономикусы») все риски распределены полностью и никто не страдает в одиночестве. Защищённый человек уверен: «*Что бы со мной ни случилось, беда распределится на 7 млрд людей и станет незаметной*». Эффект будет так мал, что проблема станет бессмысленной, и в этом идеал риск-пулинга.

В принципе, это возможно, и, вероятно, это одна из самых важных концепций в финансах — пулинг рисков, то есть их сбор и перераспределение. На людей обрушиваются всевозможные испытания и несчастья. Конечно, можно попытаться от них избавиться. Можно исследовать болезни и лекарства, изменения погоды и управление ею, доказывать, что глобальное потепление происходит и догадываться, почему именно. Проблема в том, что, хотя и принцип разделения рисков прост и очевиден, на практике для этого нужны специальные технологии. Базовые принципы механики элементарны, но вот создать двигатель, работающий на этих принципах, непросто.

Покопаемся поглубже в теме предыдущей главы — универсальные принципы риск-менеджмента, риск-пулинга и хеджирования рисков. Все слова тут иностранные, включая «универсальный», «принцип», «риск», «менеджмент», «пулинг» и «хеджирование». Говоря по-русски, это «всеобщий закон управления опасностями, распределения опасностей и защиты от них». Я хочу рассказать об оригинальной и глубокой концепции, лежащей в самой глубине, под финансовыми теориями. Что позволяет нам оценивать и распределять риски через процесс сбора их в кучу и повсеместного размазывания? Это теория вероятности. Кто-то предпочитает говорить «теория вероятностей», «тервер» или «теорвер», ну это не так уж важно.

9.1. Теория вероятности

Эта мысленная конструкция появилась в конкретный момент времени, и у неё чрезвычайно широкий спектр применения. Финансы — лишь одна из граней. Надеюсь, даже басисты всё поймут, буду объяснять на пальцах. На двух.

Начну с концепции вероятности. Что это такое? Вероятность неотделима от события. Какова вероятность того, что фондовый рынок в этом году вырастет? Ну, думаю, процентов 60. Это означает, что в 60 случаях из 100 он вырастет, а в 40 — упадёт или останется на том же уровне. Это примерно ясно. Если кто-то говорит, что вероятность чего-либо составляет 40%, вам понятно, что это означает.

Хочу сделать акцент на том, что это не всегда было понятно. Потому что концепция родилась только в начале XVII века, а до этого никто никогда такого слова-то не произносил. И это серьёзное отличие от других областей математики: у геометрии или матанализа были средневековые и даже античные предшественники, а вот у теорвера — ничего не было.

У самого слова «вероятность» значение какое-то туманное. Люди умом вроде и понимают, что это объективная реальность, но вот сердцем принять этого не могут. Даже сейчас, спустя 400 лет после появления теории. Это много раз демонстрировали всякие исследования. Например, если спросить человека, какую ставку он готов сделать на бросок монеты, он поставит больше денег, если монету бросает он сам или если она ещё не брошена. Ну, то есть её можно же бросить и накрыть рукой, и только после этого спросить, сколько он ставит, 5 рублей или 10.

И человек меньше ставит денег в таком случае. С чего бы это?

Он интуитивно считает, что есть какие-то магические силы внутри, которые будто бы могут повлиять на то, что выпадет. Со стороны это слушать довольно смешно, но представьте себя в этой ситуации, и вы поймёте, что вам *не нравится* делать ставку на уже брошенную монету.

А базовая мысль теорвера в том, что нет, не получится изменить это событие. Есть объективные законы, которые управляют миром. Большинство языков имеют разные слова для обозначения удачи и риска — но, что характерно, по-английски «фортуна» — *fortune* — означает в том числе и богатство. «Удача», тем не менее, рассказывает нечто о человеке — ну, типа, «*я удачливый, и мне благоволит вселенная*», или бог, или сотона, или «*сегодня выдался удачный день*». А теория вероятности — это шаг в противоположную, неприятную для многих сторону. Тут есть математически выверенные закономерности.

Есть такой канадский чел, Иэн Хэкинг, который занимался историей теории вероятности; он прошерстил мировую литературу насчёт употребления термина «вероятность» и не нашёл ничего раньше 1600 года. Там огромный прыжок произошёл в XVII веке, и после него стало даже как-то модно думать о вещах в парадигме вероятности, это распространилось по всему миру. Но до этого времени термин не употреблялся.

Этот канадец нашёл некоторых людей, у которых были мысли в правильную сторону, но они их не публиковали.

Почему? Потому что люди, которые в этом хоть что-то соображали, все умные мысли держали при себе. Ведь они были игроками, а теория вероятности очень полезна, если вы играете в азартные игры. Хэкинг предполагает, что основные концепции некоторым были известны, но их хранили в секрете и даже не записывали.

Но если у вас нет чёткой теории, нельзя ничего спрогнозировать. А если нет жёстких рамок и формул, не получится сделать аккуратный расчёт. И вот в XVII веке эту теорию начали наконец записывать.

9.2. Подстрахуй

Напомню, что в 1600-х годах люди научились составлять актуарные таблицы. Это такие таблицы, где указана ожидаемая продолжительность жизни для данного возраста и пола. Люди начали собирать данные о смертности и делать вот эти актуарные расчёты, где оценивалась вероятность дожития человека до определённого возраста. И на этом уже строили тарифы на страхование.

Хотя в некотором виде страхование присутствовало ещё в Древнем Риме. У них там была похоронная страховка: можно было купить такой полис, который бы защищал семью от недостатка денег на похороны. Они тогда переживали насчёт похорон, что не у кремлёвской стены закопают или ещё что. Вы скажете — ну вот же, придумали эту похоронную страховку, почему для всего остального-то не придумали? А чёрт его знает. Вроде бы появлялось там что-то насчёт страховки от увечий на строительстве галер, но распространения не получило.

В эпоху Возрождения были кое-какие страховые контракты. Но, если перевести тогдашний страховой полис на современный язык, очень трудно понять, что там имелось в виду. То есть до концепции они вроде как и догадались, но сформулировать её по-человечески так и не смогли. Поэтому индустрии и не возникло. А появление теории вероятности как раз и позволило её создать.

Некоторые соотносят появление страхования со знаменитым лондонским пожаром 1666 года. Весь город тогда сгорел к чертям, и после этого люди начали покупать страховку. Но для развития страховой индустрии этот пример необычен — ведь если сгорит весь город, страховые конторы просто обанкротятся. Бизнес строится на независимых вероятностях и на сборе рисков в кучу. Но в любом случае это было каким-никаким стартом. Хотя поговаривают, что страховые контракты появились лет на 60 раньше — в самом начале XVII века, но применялись они для морских перевозок.

Надо признать, что у страхования было трудное детство — как раз потому, что люди плоховато понимали концепцию вероятности. В голове им трудно было это удержать, как и вам сейчас. Тут много аспектов. Чтобы понять, как работает вероятность, надо сначала понять, что такое случайное событие, а интуитивно это непонятно. Многие люди думают, что они могут влиять на случайность каким-то образом. У меня есть товарищ, который думает, что чаще других выбрасывает шестёрки на кубиках. Если с таким подходом браться за освоение теорвера, будет беда.

9.3. История становления

Первые задачи вероятностного характера возникли в азартных играх — в кости, в карты, в расшибалочку. Французский священник XIII века Ришар де Фурниваль подсчитал все возможные суммы очков после броска трёх костей — кому как не священнику играть в кости — и указал число способов, которыми может получиться каждая из этих сумм. Это число можно рассматривать как первую вычислимую меру ожидаемости события — по-нашему, как раз вероятности.

До Фурниваля, да и после него тоже, эту меру часто подсчитывали неверно, указывая, например, что суммы в 3 и 4 очка равновероятны. Ведь оба могут получиться как бы «только одним способом»: по результатам броска «три единицы» и «двойка с двумя единицами» соответственно. Де Фурниваль не догонял, что хотя три единицы и в самом деле получаются только одним способом: 1+1+1, двойку с двумя единицами можно выкинуть целыми тремя способами: 1+1+2, 1+2+1 и 2+1+1, так что эти события вовсе не равновероятны. Сумма в четыре очка выпадает в три раза чаще, хотя это тоже случается редко, в среднем лишь каждый 72-й бросок. Аналогичные ошибки неоднократно встречались и в дальнейшей истории. Самое странное (для меня, по крайней мере): почему никому не пришло в голову кинуть кубики много-много раз и записать результаты? Лишний раз напомню: очевидное не всегда очевидно.

Экстравагантный математик XVI века Джероламо Кардано прославился тем, что вылечился от импотенции, после чего родил троих детей. Сильно впечатлился, стал и сам врачевать, а так как человеком был умным и странным, лечил он хорошо и нажил себе множество недругов. Его сын тоже прославился, так как дико отравил свою жену, из-за чего папаша окончательно свихнулся, составил гороскоп Иисуса Христа и попал в застенки инквизиции. Посвятил анализу игры содержательную книженцию «*Книга об игре в кости*» (1526 год, опубликована посмертно).

Кардано провёл уже безошибочный анализ для значений суммы очков трёх костей и указал для разных событий ожидаемое значение доли «благоприятных» событий: например, при бросании трёх кубиков доля случаев, когда значения всех трёх совпадают, равна 6/216 или 1/36. Вроде бы и очевидно, что их всего 6 — три единицы, три двойки, ну и так далее, всего 6 граней, но до этого (да и после) какие-то были проблемы у людей с этой концепцией.

Именно Джероламо Кардано предложил формулировку вероятности — что это число благоприятных исходов, делённое на число всех возможных исходов. Кардано сделал ещё одно весьма проницательное замечание: при небольшом числе игр реальное количество исследуемых событий может сильно отличаться от теоретического, но чем больше игр в серии, тем это различие меньше. По существу, Кардано вплотную подошёл к понятию вероятности и заявил о законе больших чисел.

Голландец Христиан Гюйгенс[1] был довольно продвинутый чел: в XVII веке знал 5 языков, играл на скрипке, лютне и клавесине, в 13 лет построил себе токарный станок. В 13 лет! У нас дети вон ходят на коньки или в бассейн, в лучшем случае — на изо, а Гюйгенс, он вот ходил в станкостроительный кружок.

Он ещё наловчился вырезывать из стекла линзы и их тряпочкой шлифовать, после чего собрал окуляр для телескопа и обнаружил кольца Сатур-

[1] На самом деле читается «Хуенс».

на[1], изобрёл маятниковые часы и — внимание — диапроектор, чтобы дичайше смотреть «*Ну, погоди!*» на слайдах. Часы его конструкции были точны, недороги и быстро распространились по всему миру. Гюйгенс же и написал первую книгу о вероятности. Такой был замечательный голландец, ну вы понимаете, что ему там послужило вдохновением.

А дальше вот что происходит: развивается геодезия, астрономия и стрельба, например. И теория вероятностей начинает применяться в теории ошибок наблюдений, как ложатся пули вокруг мишени. И тут надо сказать про Лапласа, Пьера-Симона. Он опубликовал два закона распределения частотности ошибок, и второй из них называют «гауссовым распределением». Дело в том, что большинство случайных величин из реальной жизни, таких, например, как ошибки измерений, стрельбы и прочего, могут быть представлены как анализ большого числа сравнительно малых ошибок, каждая из которых вызвана действием отдельной причины, не зависящей от остальных. Например, дрожанием руки — рука же каждый раз по-разному дёргается.

А второй закон Лапласа гласит, что частота ошибок — степенная функция от квадрата ошибки, что сейчас называется нормальным

[1] Галилей их тоже обнаружил, но так и не понял, что это такое, а Гюйгенс — он понял.

распределением, а кривая — гауссианой. Гаусс (кстати, Карл), конечно, тоже был очень развитым ребёнком, но в то время ему было 2 года от роду, и он пока плоховато ещё законы формулировал. Но он подрос и авторитетом задавил бедного Лапласа.

9.4. Независимость

Сейчас я хочу пробежаться по некоторым терминам — для кого-то это будет повторением, но всё равно не повредит. Вероятность чаще всего обозначается латинской буквой *p* (от слова *probability*). Это всегда число, которое лежит между нулём и единицей, ну или от нуля и до 100%. «Про цент» — это по-латински «поделить на сто», поэтому 100% и есть единица. Если вероятность события — 0, это значит, что оно не может произойти. Если вероятность равна 1, то оно обязательно произойдёт. В этом основная идея.

Один из базовых принципов — это идея независимости. Вероятность обозначает шансы наступления какого-либо события. Например, результата какого-либо эксперимента вроде броска монеты. Вероятность того, что если вы подбросите монету и она упадёт орлом, равна 1/2, потому что у неё одинаковые шансы упасть орлом или решкой. Независимые эксперименты — это такие эксперименты, которые происходят — сюрприз! — вне зависимости друг от друга. Если вы бросаете монету два раза, результат первого броска никак не влияет на результат второго, и тогда мы говорим, что это независимые величины. Между ними нет никакой связи.

Один из первых принципов даёт нам правило умножения: если у вас вероятности независимые, то вероятность сразу двух этих событий будет равна произведению их вероятностей. Это не сработает, если события как-то связаны. Страховка построена на том, что в идеале страховая компания продаёт полисы на независимые события (или страхует жизни независимых друг от друга людей). Поэтому лондонский пожар — плохой пример страхового случая. Если кто-то в квартире оступился, у него лампа упала на ковёр и подожгла шторы, а потом загорелась вся квартира, другие дома от этого не сгорят, они от этого неприятного происшествия никак не зависят.

В этом случае вероятность того, что сгорит весь город, страшно мала. Ведь вероятность того, что сгорят дом *A*, дом *B* и дом *C*, равна произведению вероятностей пожара в них. Если она равна 1/1000, а в городе 1000 домов, то вероятность того, что все они сгорят, равна 1/1000 в тысячной степени, это хотя и не ноль, но можно считать, что ноль. Поэтому, если выписать очень-очень много независимых полисов, то риска разориться у страховой компании практически нет. Это фундаментальная идея, которая кажется простой и очевидной, но она совершенно точно не была такой, когда появилась.

9.5. Ожидание мата

Ещё одна важная концепция, которую мы будем использовать, — это матожидание. Кто-то может называть его средним или наиболее ожидаемым результатом — это примерно взаимозаменяемые термины. Можно их немного по-разному объяснять в зависимости от того, говорим ли мы о среднем из известной нам выборки или из всей совокупности событий.

Но сначала надо таки понять, что такое случайная величина. Если мы проводим эксперимент и результат эксперимента — какое-то непредсказуемое число, то наш эксперимент выдаёт случайную величину. Ну, к примеру, если мы бросаем монету и присвоим решке 0, а орлу — 1, тогда вот мы и определили случайную величину, она принимает значение 0 или 1 совершенно случайно.

Существуют дискретные (то есть прерывистые) случайные переменные, типа той, что я только что привёл в пример, — у неё могут быть только конкретные значения. Когда мы имеем дело со случайными, но вполне определёнными событиями в идеальных условиях (как, например, подбрасывание абсолютно честной монеты), вероятность происшествия — это число нужных нам исходов, делённое на число всех возможных исходов. Так, два раза бросив монету, мы получим вероятность выпадения нужных нам двух решек в виде 1/4, потому что исхода у нас четыре (решка-решка, решка-орел, орёл-решка и два орла) — и все они имеют одинаковые шансы.

Есть ещё непрерывные случайные величины, которые на некотором отрезке могут принимать любое значение. Ну вот возьмём мы, смешаем зачем-то горячий чай и холодную водку и опустим туда термометр. Кстати, его тоже изобрели в XVII веке, и тогда концепцию температуры — для нас привычную и понятную — только-только начали применять. Вы уже догадались, что в нашем стакане с волшебным чаем температура — величина непрерывная, у неё неограниченное количество возможных значений, хотя минимальное и максимальное мы представляем неплохо.

Для дискретных случайных переменных матожидание можно обозначить греческой буквой μ (мю), и оно будет суммой всех результатов, помноженных на вероятность каждого из них. В случае броска нашей условной монеты матожидание будет равно 1/2, и результата только два. А вообще, конечно, их может быть любое число, в том числе и бесконечное. Но их можно сосчитать и узнать средневзвешенную оценку, а она и называется матожиданием. Также его называют средним арифметическим. Но чтобы его посчитать, мы должны знать точные вероятности событий.

Для пущей ясности возьмём обычный (честно и точно сделанный) шестигранный кубик. Очевидно, что вероятность выпадения каждой цифры — одна шестая, граней ведь шесть. Сумма всех выпадений равна 1+2+3+4+5+6 = 21. Берём от каждой 1/6 (надеюсь, сможете сами?), складываем вместе (или просто 21 делим на 6), получаем 3,5. Значит матожидание броска кубика — 3,5. Если мы много-много раз бросим кубик и посчитаем среднее, то получится число, близкое к 3,5. Понятно, что в случае броска одного кубика ожидать 3,5 бессмысленно, а вот в случае двух ждать семёрки —хорошая идея. И чем больше раз мы бросим кубик, тем ближе среднее будет к 3,5. Его и следует ждать математически, поэтому оно и называется матожидание.

Кроме среднего ещё есть медиана — это когда половина результатов эксперимента больше, а половина меньше этой цифры. Она часто используется в демографии. Например, зарплату по регионам корректнее сравнивать не среднюю, а медианную, потому что очень маленькие или (чаще) очень большие зарплаты, даже если таких всего несколько, заметно искажают реальную картину. А на медиану они не влияют.

Если нам потребуется матожидание непрерывных функций, то идея там точно такая же, но складывать надо интегралы. Слово страшное (сам его боюсь), но вообще это просто сумма площадей под графиком функции. Например, взять температуру — вероятность того, что термометр покажет у кипятка ровно 100 градусов, равна нулю, потому что он всегда может показать 100,001 или 99,999. Таких цифр бесконечное количество, и у каждой конкретной из них вероятность равна нулю. Но можно посмотреть, например, плотность вероятности у какого-либо отрезка.

9.6. Генеральная совокупность против выборки

Теперь пару слов о совокупности. Мы измеряли признаки всех возможных вариантов выпадения кубика, хорошо и годно всё посчитали. Но в реальности результаты экспериментов сосчитать трудно, потому что мы гораздо чаще имеем дело с выборками, а не со всей совокупностью результатов. Возьмём, например, дерево. Хотим мы оценить количество его листьев, берём 5 веток и считаем на них среднее количество листьев. Потом умножаем их на количество веток, и у нас получится *примерная* (но неплохая) оценка количества листьев на дереве.

Так вот, реальное среднее количество листьев на ветке мы не знаем, а лишь приблизительно определили из 5 наших веток. Его принято обозначать не иксом, а иксом с чертой, и оно тем ближе к иксу, чем ближе количество отобранных нами веток к количеству веток на всём дереве. Если мы возьмём несколько отличающихся веток (а не только самые длинные, например), то наша выборка будет лучше отражать свойства всего дерева. Так и с людьми — если в исследуемой группе есть представители разных городов, профессий, возрастов, то выводы будут точнее и вернее, чем если опросить только вечно пьяных студентов МИРЭА.

В Америке был интересный казус с репрезентативностью выборки, когда журнал «*Литерари Дайджест*» опросил аж 10 млн человек насчёт выборов президента. Это огромное количество респондентов: для достоверной статистики хватило бы 2—3 тыс. правильно собранных ответов. Журнал предсказал победу республиканцу Альфу Лэндону со значительным перевесом (60 на 40), а выборы выиграл демократ Франклин Рузвельт — как раз с таким же перевесом, но в обратную сторону. Дело в том, что большинство подписчиков журнала были республиканцами, а в попытке сгладить это несоответствие журнал рассылал бюллетени по телефонным книгам. Но не учёл забавного факта: телефоны тогда были доступны только среднему и высшему классу общества, а это были в основном республиканцы.

9.7. Дисперсия

Пока мы говорили лишь о средствах измерения основной тенденции, но ещё нам потребуется средство измерения её вариативности, иными словами, разброс её значений. Дисперсия случайной величины — это как она меняется от одного измерения до другого. Обозначается она как σ^2, греческая сигма в квадрате. А просто сигма — это так называемое стандартное отклонение. Это корень из дисперсии.

Дисперсия — это сумма квадратов расстояний от каждого результата до среднего результата, делённая на их количество. Квадратов — потому что какие-то результаты отличаются от среднего в меньшую сторону, и, чтобы при складывании отрицательных отклонений сумма не уменьшалась, придумали возводить разницу в квадрат и складывать уже квадраты отклонений (которые всегда положительны).

Тут плохо то, что дисперсия размерностью не совпадает с изучаемым явлением. Если мы измеряем сантиметры, то дисперсия окажется в квадратных сантиметрах. Поэтому из неё берут корень. Чтобы не лопнул мозг, вспомним про кубик. Так вот для шестигранника дисперсия получается 2,92 (сами посчитаете? Я вам помогу[1]), ну а корень из этого — 1,71. То есть в среднем у нас выпадает 3,5, но разброс результатов от среднего равен 1,71. Чем больше этот разброс, тем больше квадраты расстояний до среднего, тем больше дисперсия. Чем дисперсия больше, тем сильнее наша случайная величина варьируется.

---

[1] $(3,5-1)^2+(3,5-2)^2+(3,5-3)^2+(4-3,5)^2+(5-3,5)^2+(6-3,5)^2=17,5$, делим на 6 = 2,917.

Оценивать дисперсию всей совокупности по выборке не совсем правильно. Возвращаясь к нашему примеру с деревом, разброс между количеством листьев у выбранных нами веток будет, естественно, меньше, чем у всех веток дерева. Поэтому, чтобы узнать дисперсию всей совокупности, её делят не на n результатов, а на $n-1$, это называется коррекция смещения, придумал её в XIX веке Фридрих Бессель, ученик Гаусса.

На этом о дисперсии и оценках выборки всё. Там есть, конечно, ещё куча мелочей, но мы будем говорить о теорвере лишь в контексте инвестиций. Это именно та область, где нам нужен высокий доход, а вот дисперсия совершенно не нужна. Высокое матожидание дохода — добро, а высокая дисперсия — зло, потому что это риск, это неизвестность. Все финансовые теории в конечном счёте стремятся получить высокий доход с минимальным риском.

Жалко, что у них ничего не получается.

9.8. Корреляция, ковариация и регрессия

Ещё одна важная концепция — это ковариация. Это показатель того, насколько две переменные движутся вместе. Насколько похоже их поведение? Если эксперимент выдаёт нам икс и игрек и мы подмечаем, что когда икс высокий, то игрек тоже имеет свойство быть высоким, или наоборот, оба низкие, тогда ковариация будет положительной. Отрицательная ковариация — это когда при высоком икс игрек низкий, и наоборот — то есть они ходят в противоположном направлении.

Пройдём к корреляции. Это ковариация с поправкой на дисперсию наших изменяющихся величин, всегда число от минус одного до плюс одного. Сейчас много кто употребляет этот термин, ну например, кто-то считает, какая корреляция между результатами ЕГЭ и институтскими оценками чеченских отличников, знаменитых знатоков русского языка. У них, возможно, корреляция меньше нуля, а у всех остальных отличников — больше 0,5.

Корреляция не означает причинности, а лишь отмечает созависимость. Причина ли в том, что одна влияет на другую или что-то третье на них влияет, — этого мы из одной цифры определить не можем. Если график доллара весной похож на график температуры, не стоит думать, что осенью он повалится обратно. Хотя весной корреляция была.

Теперь регрессия. Это тоже базовая концепция из статистики, но в финансах у неё особенное предназначение. Разрабатывал её тот же Карл Гаусс, рисуя линии через кучу точек на графике. Если отложить по оси x доходность по годам какой-нибудь компании, например, Майкрософта, а по оси y — доходность рынка, то мы получим много точек, по одной на каждый год.

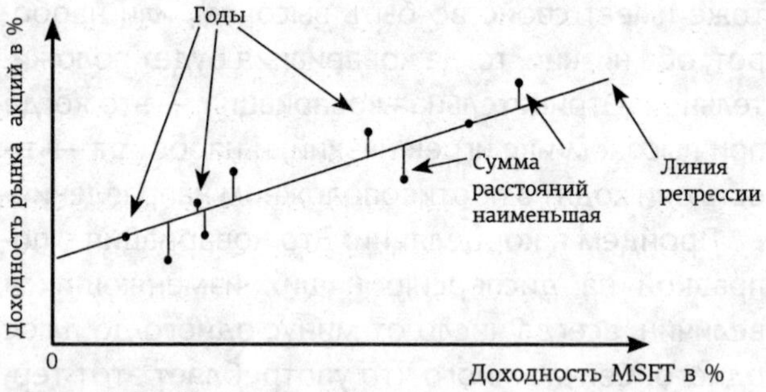

И вот Гаусс говорит, давайте-ка проведём линию через эти точки. Линию, Карл! Назвал он её линией регрессии. А провёл он её таким образом, чтобы минимизировать сумму расстояний от точек до этой линии. То есть квадратов расстояний. Чтобы прямая наиболее точно отражала все точки, надо её провести таким хитроумным образом, чтобы расстояния до неё были минимальны. Эта прямая и называется линией регрессии, в финансах её пересечение с осью игрек называется альфой, а наклон — бетой. Таким образом, бета акций, например Майкрософта, — это наклон этой линии, а альфа — пересечение. Альфа — насколько бумага обгоняет рынок, а бета — насколько она двигается вместе с рынком. Пока непонятно, но не переживайте; я об этом ещё расскажу поподробней.

9.9. Распределение хвостов

Теперь пару слов о распределении. Мы часто принимаем за данность, что множество величин в нашем мире распределены по нормальному закону. Такая известная всем функция в виде колокола, вроде бы она везде подходит, и годовые доходности, например, вполне могут быть распределены нормально. Но я хочу сделать акцент на том, что есть и другие распределения, тоже в форме колокола, но с другой математикой.

И для финансов это варианты с так называемыми толстыми хвостами. Хвостами, Карл! В нормальном распределении события, которые отклоняются от среднего значения на 5 и более стандартных отклонений, встречаются крайне редко, а с 10 или более сигмами — практически невозможны. Пример распределения «с толстыми хвостами», которое имеет «бесконечную сигму», — распределение Коши. Главная его особенность для нас — это сложность прогнозирования событий. Причём дело не только в самой сложности, но и в нашем весьма отдалённом понимании уровня этой сложности. Человеку не свойственно мыслить вероятностными категориями, и он не может оценить даже сложность стоящей перед ним задачи.

Негативные события реального мира — теракты, банкротства, мятежи и восстания — математически непредсказуемы, они и составляют эти страшные толстые хвосты. Это означает, что можно провести 20 лет на Уолл-стрит и увидеть только те случаи, что под вершиной колокола. Вам кажется, что вы понимаете, как работает система, но потом внезапно происходит что-то поразительное, чего вы никогда не видели. Это может быть чрезвычайно выгодная сделка или, наоборот, полная потеря капитала. У человека никогда не может быть достаточно опыта, чтобы ожидать некоторые вещи. Это сильно усложняет финансовые прогнозы.

9.10. Чёрные лебеди

Нассим Талеб написал об этом целую книгу, которая называется «*Чёрный лебедь*». Она о том, как много финансовых планов летят в тартарары из-за редких событий, которые появляются откуда ни возьмись. Он назвал их *чёрными лебедями*, потому что если смотреть на лебедей, то они всегда белые. Никогда чёрного не видно. Поэтому всю жизнь думаешь, что чёрных лебедей не существует.

Древнеримский поэт Ювенал писал, что «*редкая птица на земле подобна черному лебедю*» — это он так прикалывался, ведь до 1697 года считалось, что лебеди бывают только белыми. Но бравые голландцы нашли-таки чёрных лебедей в Австралии. Правда, неизвестно точно, только ли голландцы могут их увидеть. Статистики шутят, что чёрными они могли быть только с одной стороны — которая была видна наблюдателям.

Нассим Талеб пишет, что люди в принципе неспособны прогнозировать будущее, а уверенность людей в своих знаниях чрезмерна и порождает феномен «сверхуверенности», о которой мы поговорим в конце книги. Первая мировая, развал СССР и атака 11 сентября — яркие примеры таких чёрных лебедей. Есть пример и посвежее — коронавирус. В январе 2020-го никто не мог даже представить, что через три месяца во всём мире перестанут летать самолёты, люди начнут мыть еду из магазина мылом, испугаются ходить в рестораны и в кино. Это было просто невероятно. Но это произошло. Задним числом мы можем как-то рационализировать и объяснить такое событие, да вот беда: следующий лебедь всегда прилетает откуда не ждали и клюёт нас прямо в задницу.

Основная идея Талеба в том, что не надо строить грандиозные планы, основываясь на том, что чёрных лебедей не существует. Естественно, можно искренне считать, что их нет, но уже очевидно, что люди своими идиотскими действиями могут ловко и непринуждённо их скреативить. Кратко об этом я расскажу чуть позже, а как этих событий избежать — в третьей части книги.

ГЛАВА 10. ЗАЙМЁШЬ[1] ПЯТИХАТКУ ДО ПОЛУЧКИ?

Пришло время рассказать о долговой теории и о кредитных ставках. Подробности о том, как Центробанки печатают деньги, я приберёг для третьей части книги. А пока начнём с технических вещей, а конкретно — с модели Ирвинга Фишера. Потом расскажу о приведённой стоимости, сложных процентах и будущих ставках; это всё техника. А под конец поговорим о том, что в реальности происходит на долговых рынках.

Всё просто: процентная ставка — это сколько вы платите за кредит. Ну или сколько вы зарабатываете на выданном кредите. Ставкам несколько тысяч лет, идея очень старая. Обычно кредитная ставка — это несколько процентов в год. Первый вопрос — почему? Почему несколько процентов в год? Почему не сто? Почему не отрицательная цифра? Почему не дробь? Это что мне в голову пришло. Мои маленькие читатели задают вопросы и потруднее.

---

[1] Правильно говорить «одолжишь».

10.1. Откуда вообще берутся процентные ставки?

Историю начнём с экономиста Ойгена фон Бём-Баверка, который написал книгу о проценте в 1884 году. Очень длинный и подробный трактат о том, как возникают процентные ставки. Он пришёл к трём разным объяснениям. Почему ставка обычно где-то между 3—5—7% годовых? Первая причина — технический прогресс. Экономика получает знания о том, как производить вещи и как более лучше одеваться. Может быть, 3% или 5% — это и есть норма технического прогресса, скорость развития технологий.

Но это не единственная причина. Ещё одна занятная вещь, о которой писал Бём-Баверк, — это преимущество отсрочки. Идея в том, что отсроченное производство более эффективно. Если кто-то просит вас произвести что-нибудь прямо сейчас, надо использовать самый очевидный способ это сделать — ведь надо быстро. Но если у вас есть время, можно подготовиться получше. Можно сделать инструменты, «заточить пилу», как писал мистер Стивен Кови, который каким-то образом научился измерять людскую эффективность. То есть, может быть, процентная ставка — это мера преимущества дополнительной подготовки.

И третья причина — время. Люди предпочитают настоящее будущему. Они нетерпеливы. Это поведенческая экономика, о ней подробно в последней главе книги. Это психология. Лежит у вас в шкафу коробка вкуснейших конфет, вы на неё смотрите и думаете: хорошо бы их к Новому году приберечь. Или хотя бы ко Дню космонавтики. Но нет, почему-то не приберегается, надо обязательно всё сейчас сожрать! Мы подвластны внезапным импульсам. Может быть, ставка — это мера довольства этим импульсом. Возможно, человек делается на 5% счастливее, если он конфеты ест именно сейчас, а не через год. Хотя у алкоголиков и наркоманов всё гораздо сильнее перекошено в ближайшее будущее. Они не могут терпеть, им надо сразу.

Из более-менее современных финансистов о долгах много писал Ирвинг Фишер, его же препарирует Фабоцци в знаменитейшем учебнике *Foundations of Financial Markets and Institutions*. Так вот, Фишер писал, что ставка — это пересечение спроса и предложения для сбережений. Идея в том, что на рынке всегда есть предложение сохранить деньги. Люди хотят положить сбережения в банк, чтобы получить процент. И теория в том, что чем больше ставка, тем больше будут сберегать. То есть график предложения как бы растущий.

А есть спрос на инвестиционный капитал. Банк отдаёт ваши сбережения бизнесу, а предприятия будут брать тем больше, чем ниже ставка по кредиту. То есть график спроса будет как бы падающий. Очень простая история, и в учебнике так всё и представлено.

Инвестиции и сбережения

Но я хочу другой пример привести, его в учебнике как раз нет. Что, если заглянуть немного в будущее? Хотя бы на один последующий период. Об этом писали ещё Бём-Баверк и Фишер, а Фабоцци уже не пишет.

Помните книжку «*Робинзон Крузо*»? Её написал Даниель Дефо в 1719 году — уже 300 лет назад. История клёвая, но нам она интересна с точки зрения экономики. Экономика Робинзона Крузо — это когда в системе всего один человек и нет торговли. Посмотрим, что будет со ставками в этом случае. Допустим, у Робинзона есть только один тип еды: зерно. Он решает, сколько ему съесть, а сколько посадить[1]. Если он всё сожрёт,

---

[1] В самой книге главный герой рассчитал, что ему требуется сорок бушелей ячменя и риса на год, а это около 2,5 кг зерна в сутки — порядка 10 тыс. килокалорий. Минимум 3 суточных нормы. Жировал старина Робби!

то сажать будет нечего и он умрёт с голоду, когда не получит следующий урожай. Поэтому надо отложить сколько-то зерна, посадить его и произвести новые запасы. На каждый бушель, что он посадит, вырастает 2 бушеля, ну или сколько-то, неважно, пусть будет 2. Если ничего не съест, то у него станет в два раза больше зерна, чем было (только тогда он умрёт с голоду задолго до появления нового урожая). Естественно, мы делаем кучу допущений: зерно у него не портится, засух и наводнений не бывает, а настроение и работоспособность Робинзона не зависят от того, сколько он съел и сколько посадил.

Если все возможные комбинации нарисовать в виде точек, то получится линия возможностей, а её наклон — как раз и есть процентная ставка. Робинзон в зависимости от своих предпочтений выбирает точку на этой линии и сажает / съедает соответствующее количество. Здесь у нас будет первая бём-баверковская причина возникновения кредитной ставки: преимущество отсрочки. Хотя, может быть, и технология тоже. С годами Робинзон учится выращивать и собирать различные полезные в хозяйстве травы, делает себе грабли там, комбайн, пугало от попугаев ставит и всё такое.

Следующий шаг: добавляем уменьшающуюся маржинальную полезность. К примеру, если он выращивает мало, то хорошо следит за урожаем, а как только начинает сажать больше зерна, сразу возникают проблемы масштаба — например, новый участок земли уже похуже или воды на полив не хватает, короче говоря, продуктивность Робинзона падает.

Тогда наша прямая возможностей превращается в кривую, а ставка будет наклоном касательной к ней в точке выбора — то есть она станет ниже теоретической.

Вот мы и рассмотрели все факторы, влияющие на ставку, — урожайность, технологию, и не будем забывать про предпочтения самого Робинзона Крузо — чем он более нетерпелив, чем больше хочет сожрать сейчас, тем выше будет его ставка.

А если предположить, что Робинзон, наоборот, очень терпелив и готов ждать урожая? Тогда его предпочтения сильно снизят ставку, ведь полезность посева увеличивается с падением объёма. В такой экономике с терпеливым сеятелем процентная ставка будет ниже.

10.2. Кредит, несущий добро

Добавим на остров ещё одного Робинзона. Начнут они автономно, пусть они ещё не встретились и не полюбили друг друга, и даже Пятницы у них нет. Они живут на разных краях острова. Технологии у них одинаковые, урожайность тоже, и между собой они не торгуют. Предположим, что начальное количество зерна у них тоже совпадает.

Но характер у них пусть будет разный. Мойша Крузо терпеливый, а Иван Крузо — наоборот, нервный и неразборчивый в половых связях. Кривая полезности Мойши будет выше. Они оба планируют сажать, но Иван хочет сожрать больше зерна прямо сейчас, а Мойша хочет приберечь, а покушать-таки потом. Иван будет сохранять очень мало, он так максимизирует свою полезность, своё счастье. А Мойша съест мало, зато соберёт большой урожай в следующем году. Вот собрались они пахать и сеять, и тут вдруг — хоп! — нашли друг друга.

Теперь у нас получается экономика из двух людей. Что же они должны сделать после встречи? Не то, что вы подумали. У них появляется возможность обменяться плодами своего труда. И обменяться ими они могут на долговом рынке.

Мойша Крузо страдает от уменьшающейся полезности. Воды на полив не хватает, новый участок земли плохой, копать спина болит, кроты корни подъели — куча проблем. А Иван мало сажает, зато получает сполна — в 2 раза больше, чем посадил. Участок маленький, пахать надо немного, и уследить он за всем успевает — ему важнее на пляже поваляться. Тогда Мойша предлагает Ивану займ: «*На тебе, Ваня, зерна, покушай, потом посадишь чуть больше, но всё равно вырастишь хороший урожай*». Денег в системе нет! Просто Иван Крузо любит потреблять, и вместо того, чтобы Мойша Крузо сажал слишком много и терял в полезности, пусть чуть больше сажает Иван и не теряет в полезности.

И Мойша, и Иван таким образом вырвутся за пределы своей маржинальной пользы, а ставка определится как равновесная — меньше, чем для Ивана, и больше, чем для Мойши. Мойша одолжит Ивану на потребление, чтобы тот стал счастливее. Но они ведь оба окажутся в выигрыше!

Таким образом наша ситуация из модельной стала чуть больше похожа на реальную. Видно, что все три фактора играют роль. То есть ставку нельзя вычислить исходя из кривой полезности какого-то конкретного человека. И это не просто дисконт за нетерпеливость. Люди — весьма сложные существа, у всех в мозгу целый набор предпочтений. Непросто определить, насколько мы готовы чего-то ждать или куда-то вкладываться. Это желание сложным образом переплетается с возможностью заработка на сбережениях, чтобы в итоге получилась искомая процентная ставка.

Если с такой точки зрения смотреть на рынок, он выглядит так, что несёт только добро и процветание. Я не могу придумать ни одной причины, почему Робинзонам невыгодно давать друг другу заём. Они ведь оба будут более довольны, чем раньше, и больше съедят зерна! Но у нас был пример необитаемого острова. А на обитаемых островах обитают сами знаете кто: говнюки.

10.3. Ростовщичество и конский процент

Отступим немного в прошлое. Ирвинг Фишер, Фабоцци и Бём-Баверк, о которых я рассказывал, это всё крутые ребята, и они нам помогли понять, что к чему. До них никто ничего подобного не писал. Но вообще-то кредиты вполне себе выдавались и тысячи лет назад. Можно даже в Библии покопаться, главное, не причаститься лишнего.

Польза — это по-латински *usura*, и английское *use* как раз от этого слова и происходит. Но в латыни у него ещё одно значение есть — как раз «процент». Даёшь кому-то деньги в использование. Не навсегда, а на время. У этого латинского слова отрицательные коннотации. У нас тоже давали деньги «в рост», и слово «ростовщик» звучит паскудно, какой-то урод сразу представляется. Ростовщичеству как термину более 2000 лет. Библия его дико порицает, например. «*Если дашь деньги взаймы бедному из народа Моего, то не притесняй его и не налагай на него роста, иначе попадёшь в ад и дико спляшешь на сковороде*» (Исх. 22:25).

Тут нельзя однозначно понять, «рост» — это излишние проценты или вообще любые проценты? Библия не запрещает давать в долг: ты давать-то давай, да проценты не бери. Немного странно, да? В Коране такая же тема: брать проценты это шайтанство и священный Курбан-Байрам такого не одобряет.

Изучать религиозные книги — профессия странная, не могу сказать, что необходимая; но многие годы богословы по-разному пытались эту тему трактовать. Наши священники (возможно, спонсируемые кем-то) пишут о «патриархальном уклоне» еврейского общества и о том, что Библия осуждала только потребительские кредиты, которые загоняли должников в долговые ямы. Рынка капитала тогда не было и на производство никто кредитов не просил; инфляции тоже практически не было. А сейчас в банке работать и раздавать кредиты — вполне себе богоугодное дело. Хотя в арабских странах сейчас используются хитрожопые схемы, когда банк получает как бы долю в прибыли проекта — это Аллах разрешает — вместо процентов. Называется «сукук». Голосовать по таким бумагам нельзя. То есть кредит просто удачно замаскирован, ведь по шариату ростовщичество не халяльно.

В любом случае, церковь долгие годы считала проценты делом аморальным. И только евреям разрешалось копать эту мерзкую тему. Похоже, не обошлось без мирового сионистского правительства. Поэтому у меня всегда дома запас мацы есть. Вдруг что.

Теперь история Даниеля нашего Дефо. У нас там было двое ребят на разных сторонах острова. Один хотел жрать прямо сейчас, а второй хотел откладывать. Первый вопрос: а может быть, они делают что-то не так? Может быть, они оба должны делать одно и то же? Почему они вообще приходят к разным выводам? Может, с парнем, который хотел побольше сожрать, надо поговорить, объяснить ему что-то? Ну типа: «*Чувак, ты в следующем году будешь голодать, зачем так много жрать-то, Ваня?*» Вместо кредита ему можно просто дать совет. Может, ему и не нужен этот кредит вовсе?

Уже какая-то философская тема у нас развивается. Что там они делают с кредитами? Или вот советы людям давать — это хорошо или плохо? Особенно бесплатные. Есть ли у всего мира тенденция к ростовщичеству? Проблем-то хватает. И тысячелетняя история долгового рынка это только подтверждает. Дело же не только в долговом рабстве. А сколько раз короли обманывали бедных евреев? Брали гигантские деньги в долг, а потом всё прощали. Что выбираешь — простить долг или тебя повесят? Подумай хорошенечко, старый Абрам-ростовщик.

10.4. Приведённая стоимость и бонды

Начнём с простейшей финансовой арифметики, это бонды и приведённая стоимость. История Фишера про Робинзонов была очень проста, и там мы рассматривали только 2 периода — «сейчас» и «после урожая». Для наших целей (поумнеть) этого маловато. Хотя, может быть, кому-то и достаточно — тогда пролистывайте дальше.

Самый простой долговой инструмент — это дисконтная облигация. Если кто-то даёт кому-то в долг, компания или государство, неважно, то дисконтная облигация приносит фиксированное количество денег в будущем, а сейчас продаётся со скидкой. Процентов и купонов никаких не выплачивается. На ней написано только, что она принесёт столько-то в такую-то дату.

Зачем покупать такую бумагу? Просто она стоит меньше, чем принесёт[1]. Например, она принесёт 100 баксов через T лет. Сколько же она стоит сейчас? Мы тут подходим к сложному проценту, ну давайте пока ограничимся годовым процентом, у нас T в годах измеряется. Тогда цена дисконтной облигации сегодня равна $\$100/(1+r)^T$, где r — это процентная ставка.

По этой формуле мы можем посчитать, сколько нам принесёт эта бумага в процентах — если мы подставим туда текущую цену облигации. Ведь r — это сколько процентов она будет приносить каждый год.

Если у нас проценты начисляются ежегодно и мы кладём в банк $1 под r%, значит, что через полгода у нас будет $1+r/2. Через девять месяцев — 1+r*3/4 долларов. Но через год проценты начнут

[1] Надо сказать, что последние швейцарские и немецкие облигации стоили больше, чем приносили в конце. Их имело смысл покупать в расчёте на рост курса валюты номинала.

капать уже на (1+r). Поэтому через полтора года у нас будет (1+r)(1+r/2). Через два — $(1+r)^2$, и так далее. Это годовое начисление процентов. У Фабоцци в книге часто используется полугодовое начисление. Обычно мы в годах считаем всегда, это удобней. В финансах часто считают полугодовыми интервалами. Почему? Потому что чаще всего купоны по облигациям приходят раз в 6 месяцев.

Текущая приведённая стоимость — это фундаментальная тема в финансах. Цена дисконтной облигации, как мы увидели — это сумма к выплате/$(1+\text{ставка})^{\text{кол-во периодов}}$.

Но начислять сложные проценты можно и раз в квартал. Тогда проценты на первые проценты начнут набегать уже через 3 месяца. Можно и каждый день начислять, у меня так Юникредит банк на накопительный счёт деньги присылает. Видишь и радуешься — каждый день на копеечку больше капает. Правда, ставка там маленькая совсем — 4% была на начало 2018-го.

Если кто-то обещает платить в будущем, надо складывать весь поток платежей в текущую стоимость. В финансах часто бывает, что люди обещают платить на протяжении какого-то времени через регулярный интервал. Надо всего лишь уяснить, что будущие платежи стоят меньше, чем текущие. Это одно из самых базовых финансовых правил.

А если вы даёте в долг своему другу, чтобы тот купил дом, а он платит вам каждый год, сколько стоит такой поток платежей? Тоже надо посчитать приведённую стоимость. Из первой части вы уже знаете, что поток одинаковых регулярных платежей называется «аннуитет». Платишь каждый год (или месяц), в конце всё выплачено.

Ну и обычная облигация — сейчас это, наверное, самая распространённая тема. Каждые полгода у неё одинаковый платёж купона, и в конце погашение полной стоимости. Получается, что это одновременно и аннуитет, и дисконтная облигация, так ведь? То есть цена традиционного сейчас бонда — это сумма аннуитетных платежей плюс приведённая стоимость погашения. Вроде бы всё ясно. Ну, бывает ещё встроенная оферта, когда эмитент имеет право выкупить весь выпуск у кредиторов досрочно. И бывает, что облигации гасятся поэтапно, например, 30% через 2 года, ещё 20% через год и остаток через 5 лет. Бывает, что залогом служат заводы, газеты и пароходы, но Дэвид Боуи, например, умудрился выпустить облигации с гарантией в виде дохода с продаж своих будущих альбомов, а какая-то итальянская сыроварня долги гасила сами догадываетесь чем.

Но это всё мелочи; главное — понять принцип.

10.5. Процентные ставки будущего

Последняя важная концепция — это будущие ставки, и вообще временная структура процентных ставок. Сейчас постоянно приводятся доходности различных бумаг (чаще всего государственных облигаций США) к погашению, а они выпускаются аж на 30 лет вперёд. Как определить, какая будет ставка через 20 лет? Об этом пишут в учебнике, но я попытаюсь рассказать попроще. Концепцию будущих ставок изучал Джон Хикс в своей книге *«Ценность и капитал»* 1939 года. Он, кстати, тоже получил Нобелевскую премию, но только в 1972 году.

Забавно, что Роберт Шиллер (на базе лекций которого написана эта книга), когда в 80-е годы писал одну из первых своих книг, попросил помощника проверить, действительно ли до 30-х годов никто не упоминал концепцию будущих процентных ставок. Помощник порылся в библиотеках (интернета тогда особо не было) и сказал Роберту: *«А ты сам у него спроси!»* Оказалось, что Джон Хикс (сэр Джон Хикс!) действительно был ещё жив — он умер в 1989-м — и реально ответил Шиллеру письмом из Оксфорда, хотя книгу свою издал почти 50 лет назад. И он написал, что действительно они там с пацанами за кружкой чая обсуждали эти ставки ещё в 20-х годах.

В любой момент можно открыть газету (или сайт) и посмотреть на ставки к погашению инструментов различной длительности. Например, можно глянуть на американские казначейские облигации — там будет однолетняя доха. Будет двухлетняя. Будет и трёхлетняя, и семилетняя Вообще сейчас в мире деньги на год-два очень дёшевы — много их скопилось. По Европе в 2019 году ставка составляет около 1% или меньше, в США даже ниже — около 0,7%. Понятно, что всё зависит от того, кто ты и что ты, но если кредитный рейтинг хороший, то деньги на мировых рынках сейчас дёшевы.

Но если ты хочешь взять кредит на 10 лет, то ставка будет уже около 2,5%. А на 30 лет — уже около 3-3,5%, а ещё недавно была 4% или 5%. В 1925 году все эти ставки печатались в газетах, и всегда имеется в виду ставка чётко от сегодняшнего дня и на год (или два, или больше) вперёд. Всё на сегодня.

Хикс со товарищи сидели за Гиннесом (про чай я, конечно, пошутил) и обсуждали, мол, както оно всё это однобоко. Ставки указываются всегда между сегодняшним днём и днём в будущем. А как насчёт ставок меж двух будущих дней? Взяли они ещё по кружечке, и кто-то заявил: «*А они и не нужны вовсе, ведь они все встроены в ставки уже сейчас!*» Вот откуда взялась концепция будущих ставок. Объясню на пальцах.

Допустим, сейчас 1925 год и мы взяли ещё по две. Допустим, у меня появится 100 фунтов, чтобы вложить в следующем, 1926 году. То есть ровно через год. Но на ставку я хочу посмотреть прямо сейчас. Как это сделать? Можно пойти к банкиру и спросить: «*Ты мне какой процент дашь по вкладу через год?*» Банкир, конечно, может что-то предложить, но подпишет ли он контракт с чётко прописанной ставкой? Как ему понять, какую давать?

Но, если у нас есть все эти котировки, можно будущую ставку установить совершенно однозначно. Каким образом? Дело в том, что эти казначейские бумаги можно не только покупать, но и продавать вкороткую. И вот что я сделаю: продам однолетние бонды со ставкой r_1, а на эти деньги куплю двухлетние бонды со ставкой r_2 в количестве $(1+r_2)^2/(1+r_1)$.

Что произойдёт через год? Через год я буду должен 100 фунтов покупателю однолетних бондов, ведь я их зашортил с тем расчётом, чтобы заплатить сто через год. Ну я и заплачу ему запланированную соточку — это же то же самое, что инвестировать 100 фунтов через год! А в конце второго года я получу $(1+r_2)^2/(1+r_1)$ умножить на 100 фунтов — ведь ровно столько я их купил в самом начале сделки.

Какую доходность я получу? Как раз форвардную ставку: годовую доходность между ‘26 и ‘27 годом, но выставленную в 1925-м году. Если r_1=3%, а r_2=4%, то годовая ставка в 1926 году будет равна $(1+0{,}04)^2/(1+0{,}03)=1{,}0501$, то есть 5,01%. Сто фунтов, вложенные через год, превратятся в 105,01 через два.

Так можно вычислять форвардные ставки. Это пример на один год вперёд, но, если у нас будут котировки на длительные бонды (а они бывают даже пятидесятилетние), можно всё это прекрасно посчитать. Таким образом, все будущие ставки есть в сегодняшней газете.

Что на них влияет? Хикс в своей книге написал, что эти форвардные ставки — всего лишь предположения насчёт спотовых (текущих) ставок в будущие годы. Можно, кстати, проверить, правильно ли они вычисляли эти ставки для будущего. Рациональные у них были ожидания насчёт процентных ставок или нет?

На этот счёт есть множество литературы, но Хикс в своё время вопрос этот загумозил и заявил, что теория не сработает, потому что существует премия за риск. Что форвардные ставки всегда будут выше прогноза спотовых ставок — из-за риска. Люди не знают, чего ожидать в будущем, поэтому они будут требовать более высокую форвардную ставку, чем та, которая окажется на рынке в тот период времени.

Вот и вся теория. Ничего сложного, хотя мы немного посчитаем ещё в следующей главе. Мне кажется, что эти расчёты довольно примечательны — ставки на 100 лет вперёд и всё такое. Вроде как всё предопределено рынками, это забавно. А история про робинзонов Мойшу и Ваню ну вдохновляющая же? Как хорошо, что они встретились и дали друг другу. В долг.

Одна из тем этой книги — поведение человеческих животных, и как мы друг другу портим жизнь, и зачем и сколько это будет продолжаться. Пора немного расслабиться и прикинуть, кто кому на самом деле даёт в долг и зачем, как это регулируется и как ко всему этому надо относиться.

10.6. Кто кому должен и за что

Можно погуглить кредиты на отпуск. Найдётся больше миллиона страниц, которые всеми правдами и неправдами будут убеждать, что это отличная идея. Это общественно полезная деятельность или нет? Вообще, может ли быть хоть когда-нибудь верным решением ехать в отпуск на незаработанные деньги? Сомневаюсь, но вообще есть о чём задуматься.

Франко Модильяни, нобелевский лауреат 1985 года и автор ряда учебников, искренне считал, что кредит на медовый месяц — одно из лучших вложений человека. Женишься, едешь отжигать. Зачем люди это делают? Для радости и счастья? Может, и нет. Может быть, это завуалированная инвестиция в совместный проект — семью. Вам нужен семейный альбом, нужны фотки. Это создание чего-то нового. Можно погуглить кредиты на медовый месяц. Результатов даже больше, чем на отпуск. Куча контор готовы выдать под это дело кредит. Видать, считают, что вы их стопудово вернёте. Когда-то я считал кредиты на медовый месяц абсолютным бредом, но со временем стал к ним относиться спокойнее. Пусть себе веселятся. Впереди много разной херни.

Сейчас новая тенденция: пошло поверье, что кредиты на образование себя не отбивают. Речь об американских студентах, которые учатся в элитных школах. Некоторые венчурные капиталисты типа Питера Тиля считают, что вообще нет смысла учиться в кредит (да и без кредита тоже), и те молодые люди, которые вместо этого начинают сразу работать, по итогам 10—20 последующих лет оказываются в более выгодном положении — у них больше стаж и нету долгов, хотя зарплата может быть и меньше.

Сам я страшно не люблю кредиты, однако всю сознательную жизнь они у меня были — на бизнес, на жильё, даже на машину брал займы, хотя кредитной карточки и потребительского кредита у меня не было никогда. И, наверное, не будет. В какой-то момент я ненавидел долги, в какой-то момент очень хотел их завести. Сейчас мои активы гораздо больше долгов, но выходит так, что мне и удобнее, и выгоднее не гасить кредиты досрочно. Потому что кроме ставки есть и другие факторы, которые имеют значение: налоговые вычеты, материнский капитал, хорошая цена недвижимости.

А отчего возникают персональные банкротства? Очевидно, из-за долгов. И больше всего их заявляет средний класс. Количество банкротств подсчитать нелегко, потому что людям бывает стыдно, когда они объявляют о таком позоре. И они пытаются это скрыть. На самом деле в США банкротств не меньше, чем разводов[1], —

[1] Это к делу не относится, но свадеб у них таки в два раза больше, чем разводов. А у нас чуть ли не одинаково. Любви, понимаешь, не хватает.

больше миллиона в год. Хотя разводы тоже люди скрывают. Особенно от жены. Но развод таки скрыть потруднее, общие знакомые, туда-сюда. А банкротство — оно ж только по документам. Попрячут дорогие вещи по знакомым и объявляют, мол, гол как сокол. Вообще вся долговая индустрия склонна людей порабощать и использовать. Постоянно же идёт реклама кредитов на тачку, на отпуск, на мебель и всё такое. А о том, что деньги придётся как-то отдавать, — об этом в рекламе не говорят. Как сказал Суворов, «*берёшь чужие и на время, отдаёшь свои и навсегда*».

Сейчас в Америке какой-то новый регулятор появился, который вроде как должен прекратить адское ростовщичество. Это замечательная история, но всё равно она далековато зашла с критикой долговых рынков. Всё же они не хуже, чем есть на самом деле. Но это происходит и в Европе тоже, даже у нас хотят приструнить микрофинансовые организации, которые выдают кредиты под 2000% (да даже и под 200% — всё равно ад) годовых. Ростовщичество — это когда деньги выдаются без учёта возможности их выплачивать. Вполне может быть, что кредиты на свадьбу и на отпуск — не такая уж дебильная идея. Вопрос-то в ставке.

Есть и ещё одна крайне интересная тема: кредиты от огромных банков огромным корпорациям. Я о ней знаю лишь понаслышке, но готов немного накинуть тайного знания на вентилятор.

Существует теория (опять не обошлось без Бильдербергских клубов и прочего масонства), что именно кредитные учреждения получают основную прибыль этого мира. Именно крупные банки определяют, каким корпорациям выдать деньги, а каким нет. Банки получают основной процент с прибыли компаний, а бухгалтерская прибыль для акционеров рисуется уже постфактум — после уплаты всех процентов. И именно синдикаты кредиторов, а не акционеры в реальности управляют транснациональными компаниями. Это, конечно, конспирологическая теория, но одна из более-менее креативных. Я обычно над ними потешаюсь, но эта мне нравится.

ГЛАВА 11. РАЦИОНАЛЬНОСТЬ ПРОТИВ СТРАХА И НЕНАВИСТИ

Любой рынок — это прежде всего базар. Он думает как толпа, ведёт себя как толпа, живёт как толпа. Поэтому, чтобы понять, как работает рынок, нужно понять, как мыслит толпа.

Что интересно, способность осознать, как мыслит кто-то другой, доступна только людям. Другие животные на это не способны. Даже котики. Рекомендую прикольное видео (20) на *ted.com* — его автор Ребекка Сакс провела массу исследований на этот счёт. Выясняется, что способность допускать собственные мысли у другого человека появляется довольно рано: в 5-7 лет. Ребёнок уже может представить, что думает тот или иной человек в модельной ситуации. И очевидно, что с годами эта способность улучшается.

(20)

Но, увы, не у всех.

11.1. Понятие о чужой рациональности

Студентам я каждый раз предлагаю одну остроумную игру, называется «угадай мысли соседей». От участников требуется угадать 2/3 от среднего числа, загаданного всеми игроками в комнате (в диапазоне от 0 до 100). Все пишут на бумажке числа, мы их складываем, делим на количество участников и берём 2/3 от среднего. Побеждает тот, кто написал на своей бумажке наиболее близкое к найденному число. Что интересно — я отчитал несколько курсов по финансовым рынкам, каждый раз провожу эту игру среди студентов и каждый раз выигрываю.

Поиск равновесия Нэша[1] в этой игре приводит к занятному парадоксу. Равновесие ищется путём отсеивания доминируемых стратегий. Так, числа больше 66 доминируются любым игроком, так как 2/3 даже от 100 (если вообще все игроки написали на бумажке 100) — меньше 67. Их можно исключить. Как только все игроки использовали эту стратегию, можно выключать числа больше 44, ведь тогда уже никто не запишет цифру больше 66, а 2/3 от 66 — примерно 44,5. Этот процесс продолжается до тех пор, пока все числа выше нуля не будут исключены путём итерации алгоритма.

Но все ли игроки будут руководствоваться здравым смыслом? Даже студенты магистра-

[1] Из того самого фильма с Расселом Кроу.

туры по корпоративным финансам не назовут ноль. Среди обычных людей победитель обычно называет цифру гораздо выше: например, в конкурсе датской газеты «*Politiken*» с призом в 5000 крон участвовало 19 196 людей. Среднее число было 21,6 — так что в достаточно большой компании смело можете называть 22 и будете близки к победе.

Игра иллюстрирует отличие между рациональностью самого игрока и его понятием о рациональности остальных. Даже абсолютно рациональные игроки не будут называть цифру 0, если только они не знают точно, что остальные игроки абсолютно рациональны. Если здравомыслящий игрок уверен, что остальные не всегда рациональны, он назовёт цифру выше нуля.

Занятно, что мы можем наделить остальных игроков здравым смыслом, но при этом не пойти на следующий уровень и не дать им навыка оценки чужой рациональности. Они же тоже могут допустить, что кто-то действует иррационально — но неизвестно, кто и насколько.

11.2. Кейнсианский конкурс красоты

Конкурс красоты — старинная концепция известнейшего экономиста Джона Кейнса, которую он применял для объяснений флуктуаций на фондовом рынке. Он описывал поведение трейдеров, используя аналогию конкурса красоты в газете, где участникам предлагается выбрать шесть наиболее красивых девушек из большого пула фотографий. Приз выдаётся тому, кто угадает самые популярные лица. Не самые красивые на *его взгляд*, а самые красивые на взгляд всей толпы участников.

Наивная стратегия — выбрать шесть мордашек, которые нравятся лично игроку. Более хитроумный подход: подумать, какие лица выберут остальные участники, и указать их. Можно пойти дальше: предположить, какие решения будут принимать другие участники, основываясь на своих выводах, и так далее, шаг за шагом.

Получается, что третий уровень — это размышление о том, как предугадать, что усреднённое мнение ожидает от усреднённого мнения. Кейнс был уверен, что найдутся люди, которые пойдут и до пятого, и до шестого уровня абстракции[1]. Он считал, что подобное поведение присуще и работе на фондовом рынке. Это означает, что люди будут оценивать акции исходя не из собственной их фундаментальной оценки, а из того, что они думают о средней оценке их стоимости другими людьми.

Передача *Planet Money* на расовой американской радиостанции *NPR* проверила эту теорию

---

[1] О таких особенных людях у меня есть история. Пишет на спичечный завод слесарь Иван: «Я уже десять лет пересчитываю спички в каждом коробке вашей фабрики. Их то 59, то 60, но иногда бывает и 61. Вы что там, совсем с ума посходили?»

экспериментом: участников просили выбрать три самых няшных видеоролика про котиков. Слушателей разделили на 2 группы: тех, кто выбирал просто понравившиеся им видео, и тех, кого попросили угадать наиболее популярные ролики. Результаты показали существенную разницу между выборами. Из первой группы самого няшного котика выбрали 50% участников, а из второй — 76%. Игрокам из второй группы удалось сбросить свои собственные предпочтения и в 3/4 случаев угадать наиболее популярного — в среднем — котёночка.

Итак, у людей есть уникальная способность: размышлять о мыслях других людей, метамышление. Выясняется, что эту способность, а точнее, этот навык можно развить. Можно ему научиться. Но почему-то на фондовом рынке это мало у кого получается.

11.3. Ожидаемая полезность

Заглянем чуть глубже. Британские учёные предполагают, что у людей есть функция вероятной полезности, которая показывает, насколько рады они будут какому-либо исходу событий. Ну, например, если исход — это обогащение долларами, тогда функция полезности — это $F(x)$, где x — количество ожидаемых нами долларов.

Может быть, вы слышали об этом раньше, а может, и чувствовали на своей собственной шкуре: добавление полезности имеет свойство снижаться с ростом благосостояния. Этот эффект называется «снижающаяся предельная полезность», хотя какая разница, как он называется. Объяснить легко: чем больше у вас денег, тем меньше вам нравится каждое такое же увеличение. Ну, вниз эта кривая вряд ли может загнуться — этак выходит, что после первого миллиарда следующий миллиард приносит вам несчастье — а в жизни мы всегда только хотим больше; меньше мы почему-то не хотим.

Понятно, что если у вас есть тыща долларов, то вторая тыща вас дико обрадует. А если у вас есть миллион, то тыща вас, конечно, обрадует, но не так дико. Тут как в анекдоте про Билла Гейтса: как представить себе его состояние в 50 млрд долларов? Очень просто: соберите все свои деньги и добавьте к ним 50 млрд долларов.

Теория интересная, но в конце книги мы её немного подрихтуем.

11.4. Перспектива обосраться от страха

Одна из самых знаменитых разработок в поведенческих финансах — это теория перспектив Канемана и Тверски. Это чуть ли не самая цитируемая работа в экономике. Она о том, как люди делают выбор и почему они делают его нерационально. Старый израильтянин Даниел Канеман до сих пор жив (ему 84), получил нобелевку и написал совершенно гениальную книжку «*Thinking, Fast and Slow*» (переведена как «*Думай медленно, решай быстро*»), всем её мощно рекомендую — очищает мысли от шлака.

Но раньше всех об искажениях в оценочной функции человека заговорил американский экономист Пол Самуэльсон, он чуть ли не до 100 лет дожил (умер в 2009-м) и до самой смерти подкалывал коллег по полной программе. Однажды за обедом он дико затроллил профессора Кэри Брауна: предложил тому пари на бросок монетки. Самуэльсон предложил выдать коллеге 200 баксов за решку, а за выпавшего орла взять с того лишь 100 долларов. В 1963 году, когда состоялось (а точнее, не состоялось) это пари, 100 баксов было значительной суммой денег: как сейчас 774 доллара — я посмотрел по инфляции. Но американские профессора и тогда получали хорошие зарплаты — то есть всё-таки могли позволить себе такую игру.

Вы бы как, сыграли? Если подумать и ответить честно, то вряд ли. Представьте, что кто-то внезапно предлагает вам подкинуть монетку и дать вам 100 тыс. при выигрыше, а при проигрыше вы должны отдать 50. Представили? Хорошо?

Вот и Кэри Браун зассал. Самуэльсон был немного расстроен, хотя и рад тоже. Он сказал: «*А если я тебе предложу сыграть 100 раз подряд, ты согласишься?*» На сто раз тот был, естественно, согласен, ведь тут никак нельзя оказаться в проигрыше.

Самуэльсон вернулся в офис и написал статью, доказывая, что Кэри Браун нерационален и что он смахивает на кретина. Смысл в том, что нерационально выбирать 100 единиц чего-то, если тебе не нужна хотя бы одна единица этого чего-то. Если что-то имеет для тебя ценность (а у сделки положительное матожидание, то есть пари имеет ценность), то рационально принимать любое количество таких пари — и 1, и 10, и 666.

Этот случай послужил мотивационной идеей для Канемана и Тверски. Они начали исследовать вопрос, почему же люди не хотят играть в эту безусловно выгодную для них игру. Простые еврейские ребята предположили, что дело

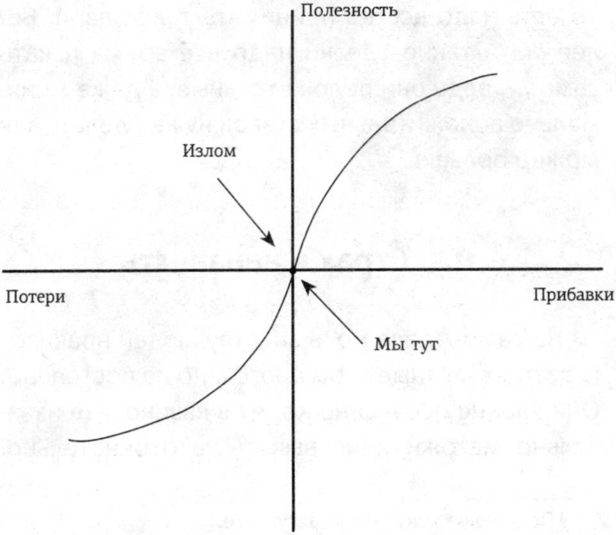

в *изломе функции полезности*. Знаю, звучит немного абстрактно, но у нас же криптонаучная книга, чего вы хотели. Традиционная функция полезности выглядит как постоянно замедляющаяся растущая кривая[1], и теория говорит, что люди принимают решения, исходя из неё. Базовая идея всё ещё в том, что человек хочет больше, потому что полезность он получает как раз от денег.

А почему кривая замедляется? Это понятно: каждый дополнительный доллар даёт нам всё меньше счастья, но всё-таки даёт, поэтому нам и хочется больше. Традиционная теория говорит, что пари +$200 / -$100 имеет плюсовое матожидание в 50 долларов, и минус 100 долларов не имеет значения на протяжения всей жизни. То есть надо всегда принимать такое пари. Более того, такие сделки надо всё время искать самому, ведь они положительные, а даже минимально положительных ставок нужно делать как можно больше.

11.5. Страх и ненависть

На самом деле большинству людей нравится играть в азартные игры *иногда*, но не постоянно. Они вполне осознанно ходят в казино, где изначально матожидание выигрыша отрицательно.

[1] Похоже на арктангенс, загуглите.

На рулетке это 36/37, то есть в среднем выручка составит примерно 97 центов с каждого поставленного доллара[1], но там всё как-то так красиво обустроено, будто это развлечение.

А вот по жизни люди не ведут себя таким образом, и более того, каждый их конкретный выбор связан с их материальным положением на данный конкретный момент. И у такой — реальной, а не теоретической функции — есть излом. Она неплавная и непостоянная.

В начальной точке — там, где мы сейчас, — функция ломается. Это означает, что для человека потери имеют больший вес, чем аналогичные прибыли. Между выигрышем и проигрышем большая разница — я имею в виду по модулю. Мысль о том, что можно потерять 100 долларов, слишком пугает, и идея принять пари выглядит не такой уж привлекательной. Заработать 200 долларов — это хорошо. По старой теории полезности человек должен был бы сам жадно искать такое пари. Но в жизни люди не всегда готовы делать ставки с положительным матожиданием.

Итак, фундаментальное отличие от теории полезности — излом этой функции. Излом будет находиться на вашем личном уровне, и Канеман и Тверски показали, что он двигается вместе с нашим богатством. То есть мы всегда как бы

---

[1] В американской рулетке зеро целых два, поэтому там матожидание ещё хуже.

смотрим на своё текущее благосостояние и преувеличиваем значимость отрицательных отклонений от него. Людям очень, очень не нравятся даже маленькие потери, вот из-за чего возникает слом в оценочной функции. Вспомните, как бывает обидно, когда вас обсчитали в магазине или украли какую-нибудь мелочь — хотя на ваше общее благосостояние это не оказывает практически никакого влияния.

11.6. Взвешивание вероятностей и парадокс алле-оп

Ещё одна интересная штука у Канемана — функция взвешивания вероятностей. Люди склонны искажать вероятности у себя в мозгу. Дело не в том, что мы не знаем вероятность каких-либо событий, а в том, что, даже когда мы их *точно* знаем, мы их взвешиваем неправильно.

Пример возьмём от французского экономиста Мориса Алле (оп!), он тоже нобелевский лауреат, а прославился тем, что писал свои работы исключительно на французском, а на английский язык плевал с высокой колокольни[1].

Алле привёл парадоксальный пример человеческого решения и назвал его своим именем (ну а чьим же ещё?). Парадокс иллюстрирует образ

[1] Ещё он мощно критиковал введение евро и всю эту евроконституцию с дружелюбными арабскими гостями.

мышления, который переворачивает теорию ожидаемой полезности. Я приведу упрощённый вариант, на самом деле у француза была более сложная конструкция из двух одновременных пари, но суть та же.

Итак, испытуемому предлагают выбор между двумя «перспективами», как их называли Канеман и Тверски. Например, выиграть 3000 долларов с вероятностью 25% или 4000 долларов с вероятностью 20%. Матожидание первой сделки — 750 долларов (считать вы научились в предыдущей главе). Второй — 800 долларов. Тут все выберут вторую. Но не потому, что у неё больше матожидание — об этом мало кто задумается! Просто у нас в голове между 20% и 25% разницы нет, а вот между 3000 и 4000 долларов — разница весьма существенная.

Потом вводим небольшую вариацию — очень простую. Умножим обе вероятности на 4. Их *соотношение* никак не меняется: матожидание выигрыша в обоих случаях просто увеличивается в 4 раза. На этот раз выбор такой: выиграть 3000 долларов с вероятностью 100% (матожидание +3000 долларов.) или 4000 долларов с вероятностью 80% (матожидание +3200 долларов). И вот тут оказывается, что ни один человек не решается выбрать второй вариант, хотя математически он более выгоден.

Почему мы выбираем 4000 долларов. в первом пари и 3000 долларов. во втором? Соотношения выигрышей одинаковые, пропорционально увеличилась лишь вероятность. Ожидаемая полезность у них не должна отличаться, ведь по теории не может быть такого, что рациональный человек выбирает второй вариант в первом пари и одновременно первый вариант во втором. Но на практике всё не так. Из-за чего происходит переключение?

Дело в том, что ожидаемая боль от 20% вероятности проигрыша слишком велика. Мы исключаем азарт при малейшей возможности. Потому что люди предпочитают определённость. Тревога нам не нравится — к ней трудно приспособиться. Канеман и Тверски писали об этом в таком духе, что мы всё ещё пещерные люди. По жизни вроде бы все умеют считать, да вот беда — никто ничего не считает. Есть байка, что у пещерных людей было только три цифры: один, два и много. Хотя вроде бы в каких-то языках до сих пор так и есть. Так вот, эмоционально мы всё ещё такие же. Будто спрашиваешь у многодетной мамаши из далёкого амазонского племени: «*Сколько у тебя детей?*» А слова «три» у неё нет. И если детей больше двух, то их просто «много».

Когда речь заходит о наших оценках вероятности, мы похожи на этих пещерных людей: понятие о вероятности у нас искажено. Между 20% и 25% для нас никакой разницы нет, а между 98% и 100% — или между 0% и 2% — разница колоссальная, не говоря уже о 80% и 100%. Хотите получить миллион долларов с вероятностью 98% или 700 тыс. с вероятностью 100%? У первого пари матожидание — 980 тыс. долларов, у второго — 700 тыс. долларов. Разница почти в полтора раза. Но 98%? Нет, спасибо. Можно сойти с ума от неудачи.

Выясняется, что для обычного не слишком умного человека-обывателя эмоциональной разницы между 20% и 25% нет. Деньги разные, а вероятность их получить звучит как одинаковая. Как будто у нас только три дискретных вероятности: не может произойти, может произойти и точно произойдёт. Краям диапазона мы придаём куда большее значение, чем середине. По старой теории полезности рациональный человек считает матожидание и делает осознанный выбор. По Канеману (и *по правде*) вполне рациональные люди ведут себя не вполне адекватно: если у этого лекарства 0.1% смертельных побочек, а у этого — 0%, но больше лёгких и средних, то внезапно средние и лёгкие осложнения перестают играть для нас какую-либо роль. Потому что определённости (в данном случае — определённо не умрём) мы придаём куда больший вес, а вовсе не подсчитываем в уме матожидание различных исходов.

11.7. По дороге разочарований

Тесно связана с двумя вышеописанными концепциями (для заснувших напомню — маржинальной полезности и взвешивания вероятностей) теория разочарований. Общий смысл там похожий, она с перспективами тоже дружит. Люди испытывают боль от разочарований и делают всё, чтобы их избежать. Например, когда рынок растёт, инвесторы хотят побыстрее продать, чтобы зафиксировать хоть какую-то прибыль: они беспокоятся, что, если рынок пойдёт вниз, они слишком расстроятся, что не успели продать вовремя. Это нерационально.

Если вы что-то заработали и оно у вас есть, а потом оно пропало, вы испытываете боль — и гораздо большую, чем если бы того, что было, у вас изначально не было. Если вы болеете за какую-то хоккейную команду в финале чемпионата, вам будет гораздо больнее, если команда проиграет турнир, ведя по встречам 3:0 и проиграв 3:4, чем если бы она просто проиграла 0:4 — или если бы счёт менялся равномерно. Рецепт тут простой: не надо болеть ни за какую команду. А если уж вы точно решили зафанатеть, всегда болейте за безусловного фаворита. Жизнь станет легче, жить станет веселее.

У людей в мозгу есть разделы, куда люди распределяют свои деньги. Старая теория ожидаемой полезности говорит о том, что полезность — это всё ваше богатство на протяжении всей жизни, поэтому каждый отдельный случай надо воспринимать лишь как маленький эпизод одной большой истории. За свою жизнь вы заработаете намного больше, чем 50 баксов. По этой теории надо всегда принимать пари +$200 / -$100 на бросок монетки — ведь какое это имеет значение при общем заработке в миллион? Думать надо именно так, но беда в том, что все мы люди и думаем мы не по-экономически, а по-человечески.

Люди раскладывают +$200 и -$100 по виртуально-мозговым счетам, и ценность у них отличается совсем не в два раза. Если вы идёте в казино, тамошний выигрыш и проигрыш окажутся в совершенно разных разделах мозга: проигрыш вы определяете в раздел «игры» или «развлечения» и не паритесь. Некоторые инвесторы тоже раскладывают портфели подобным образом («*с этим я немного поиграюсь*»), чтобы облегчить страх потерь.

Как этим пользуются негодяи? А вот как. Например, одному и тому же инвестору два разных продажника предлагают один и тот же паевой фонд. Первый говорит: «*Фонд у нас отличный. Средняя доходность 7% годовых за последние 10 лет*». Второй говорит: «*Фонд у нас отличный. Доходность у фонда за последние 10 лет была выше среднего, но в последние годы, увы, упала*». У первого сейлза инвестор купит паи, а у второго нет. Потому что первый представил фонд как приносящий в среднем 7% годовых, а второй — как комбинацию хороших и плохих годов. А фонд-то один и тот же. Просто первый не стал нашего инвестора пугать, чтобы у того не сработала теория перспектив. Но психология управления капиталом — тема большой отдельной главы, об этом я подробно расскажу в третьей части книги.

Главную мысль этой главы сформулировал Бенджамин Грэм (иногда пишут «Грэхем») в книге «*Разумный инвестор*»: рынок — это не устройство для взвешивания цен, это устройство для голосования по ним.

11.8. Куда нельзя вкладывать деньги

Все успешные гуру, трейдеры и инвесторы постоянно рассказывают, куда вам нужно вложить свои деньги, чтобы дико разбогатеть. Я придерживаюсь другого подхода. Чтобы дико разбогатеть, вам для начала нужно всё не просрать. И сейчас как раз об этом. Итак, куда же никогда нельзя вкладывать деньги?

Самый главный и самый важный принцип — способ перевода денег. Несмотря на любой крутой и грамотно сделанный сайт, или сервис, или телеграм-бот, или какой-то маркетплейс, как только вам предлагают вложить бабло кому-то на карту — это развод. Да, есть какие-то редкие исключения, тогда это не развод, а донат — ваша искренняя поддержка известному человеку. Но никаких товаров, услуг или сервисов он вам предоставлять не собирается. Это базовый принцип и о нём надо сообщить всем — главное, родителям, — потому что именно люди старшего возраста очень часто не верят родным и близким, но всегда готовы отправить последнюю рубаху какому-то совершенно новому проходимцу за чудо-пылесос, фильтр для воды и на спасение своего ребёнка, который почему-то пишет им смс-ки с чужого номера. Любой перевод на карту — это сразу пожертвование, неважно какой фасад у всего этого мероприятия — доверительное управление, инвестфонд, акции или биткоины. Деньги улетают в ад. Переводы в криптовалюте ещё менее защищены: если перевод с карты на карту ещё можно как-то попытаться оспорить через банк и полицию (хотя это и маловероятно), то криптовалютную транзакцию отменить точно никак не получится.

Второй простой фильтр — это бонусы на депозит. Если кто-то предлагает вам удвоить (или как-то иначе увеличить) ваше вложение, неважно на каких условиях, в лучшем случае вы попали в казино. И чем больше бонус, тем хуже казино. Скорее всего, деньги вам никто возвращать не собирается, либо главным условием получения бонуса будет проигрыш всего депозита.

Третий принцип: читайте внимательно, что вам предлагают. Основные звоночки, которые должны вас встревожить, — грамматические ошибки: у солидной фирмы всегда будут деньги на корректора и на нормального копирайтера. Дальше — контакты. Если их нет, надо задуматься. Хотя в последнее время мошенники почему-то полюбили адреса в Москва-сити. Всё равно, настоящий адрес — хоть какой-то фильтр. Хотя даже Британские Виргинские Острова сейчас выглядят более прилично, чем офис в Москва-сити.

Четвёртый фильтр — это обещаемая вам доходность. Что вас должно насторожить? Это когда доходность указана в месяц, а не в год. Ни один солидный управляющий не измеряет доходность месяцами, а если и измеряет, то никому не рассказывает, потому что стыдно. То есть если вы нашли кого-то, кто предлагает 10% в месяц (да, на самом деле почти любой процент за месяц, а не за год) или рассказывает, что он столько-то зарабатывает своим клиентам *каждый* месяц, — это означает, что человек либо обманывает, либо клиенты у него настолько мелкие и никчёмные, что ваша тысяча долларов удвоит его капитал. Потому что, если сумма, которой он управляет, имеет хоть какой-нибудь экономический смысл, ваши деньги ему уже ни к чему. Он и так богатый человек. Поэтому четвёртый критерий развода — указание ежемесячной, а не годовой доходности. Оговорюсь, правда, — если там длинный трек-рекорд (то есть несколько лет, проаудированных или подкреплённых брокерскими отчётами), тогда ряд цифр с помесячным изменением эквити может быть нормой, чтобы посмотреть на просадки. Но и там упор должен быть в любой случае на сравнение с бенчмарком, на указание дродаунов, коэффициентов Шарпа и Сортино и в целом с упором на годовую, а не помесячную доходность. Даже если там всё честно и хорошо, то указание ежемесячной или, что ещё более палевно, — еженедельной доходности — может означать, что история управления очень короткая и о годах речи не идёт. В лучшем модель будут тестировать на вашем депозите, а в худшем — никакой модели нет вообще. Потому что посчитайте сами: 10% в месяц за два года — это в 10 раз. За 4 года — в сто раз. Вложите 50 тыс. долларов и через пять лет у вас будет 15 млн — можно отчаливать на острова.

Дальше вниз по лестнице афериста идут бинарные опционы. Если все предыдущие пункты почему-то не сработали (хотя я с трудом могу в это поверить), то просто можете считать, что это такой подвид казино. Матожидание прибыли там, естественно, смещено в сторону казино. Больше на этот счёт не имеет смысла что-то рассказывать. Любите рулетку — добро пожаловать в бинарные опционы, просто не надо думать, что это инвестиции. Ставки на спорт — примерно того же уровня мероприятие, но там иногда возможен арбитраж на вилках. Возможны системные заработки, хотя если вы об этом задумываетесь, вы не тот человек, который может надёжно зарабатывать. Это целая индустрия, где не место новичкам, да и реальные доходности гораздо ниже, чем заявленные капперами, ведь профессионалы не полагаются на удачу.

Для следующего этапа нам придётся углубиться в суть предлагаемого вам вложения. Если пока ничего подозрительного не видно, значит, обман скрыт где-то глубже. То есть деньги мы отправляем в какую-то компанию или отдаём данные своей карты какому-то реальному мёрчанту, имеющему юрлицо с лицензией, адрес и телефон, и доходность нам обещают более или менее реалистичную, и у неё есть какое-то подтверждение или обоснование, то копаем дальше.

Скорее всего, в этот момент мы увидим какую-то форму доверительного управления, активного или не очень. ДУ в самом плохом его проявлении — это *PAMM*-счета на форексе. Раньше это был распространённый развод лоха с обещаниями космических прибылей, сейчас вроде немного поутихло, но и обёртки стали лучше и красочней: вам будут предлагать не одного «успешного» трейдера, а целый портфель из них, который будет зарабатывать вам огромную доходность вне зависимости от перформанса отдельных личностей. Предвосхищу ваши комментарии, что кому-то где-то когда-то удалось на этом заработать, деньги ему вернули и он на них купил себе мороженое, тут я не сомневаюсь. Наверняка кому-то это удалось. Но это не означает, что это удастся вам. Управлять вашими деньгами будут такие же профаны, как и вы, только с понтами и ложной уверенностью в своих силах. Все ваши деньги они сольют примерно за полгода, но, может быть, и быстрее.

Чуть менее рискованное мероприятие по управлению вашими деньгами — это автоследование. Это когда вы вносите деньги на брокерский счёт, подключаете какого-то робота-убийцу и он следует за портфелем какого-то видного управляющего без вашего участия. Многие слышали историю (подробнее в 17 главе) Элвиса Марламова, которого ЦБ уличил в инсайде — хотя это был не инсайд, а фронтран, то есть опережение сделок своих клиентов. То есть он вроде как закрывал некоторые свои позиции об своих же автоследователей и зарабатывал небольшой, но надёжный процент на одном из своих непубличных портфелей. То же самое может произойти и с вашим счётом. Это вполне вероятно, поэтому вряд ли стоит кому-то давать возможность управлять вашими деньгами таким способом. Да и подумайте сами: если вы не способны самостоятельно придумать хорошую, надёжную и прибыльную стратегию торговли, почему вы думаете, что вы вдруг способны найти её в огромной куче предлагаемых вам алгоритмов? Почему вы думаете, что она будет продолжать работать так же, как указано на сайте? Если у вас есть ответы на эти вопросы — тогда вперёд.

Дальше у нас идут инфоцыгане 80 уровня. Это те, кто хочет продать вам какую-то «ценную» информацию — однократно или с подпиской. Сигналы, системы, роботы, которые торгуют за вас, всевозможные чёрные ящики и планы торгов. Ну это самый лайтовый вариант отъёма денег у населения, поэтому как-то дико клеймить его я не вижу смысла. Во-первых, среди них есть те, кто действительно зарабатывает деньги трейдингом.

Конечно, есть и те, кто *говорит*, что зарабатывает деньги трейдингом, а на самом деле зарабатывает продажей сигналов. Есть те, кто искренне думает, что зарабатывает, но забыл что-то где-то посчитать. Их тоже будет неправильно обвинять в обмане и кидалове. Это ваше собственное решение — покупать интересующую вас информацию или нет. В конце концов, если вы не можете сгенерировать её сами и хотите обогатиться на чужих идеях — почему нет? Подписывайтесь на тех, кто вам симпатичен, торгуйте по чьим-то сигналам, выбирайте подходящие вам системы торговли — может быть, вы с кем-то сработаетесь, может быть, кому-то повезёт. А может, и нет.

Главное, понять: по сайту или телеграм-каналу может показаться, что вам продают прибыльные сигналы. Но нет, вам продают *какие-то* сигналы. И опять стоит повторить Нассима нашего Талеба: если у них нет шкуры на кону, грош цена таким сигналам. То есть если вы подписываетесь на чьи-то сделки, проверьте хотя бы, чтобы он реально делал эти сделки, а не присылал вам гулькины фильки с потолка. Ещё нужно проверить системность. То есть человек, продающий вам свою аналитику, должен уметь объяснить, почему и зачем он делает то, что он делает, какими принципами руководствуется и почему. Да, и тут уже обещать гарантированную доходность — самое настоящее мошенничество.

Я ещё раз хочу повторить, что 95% активных трейдеров теряют все деньги в первый год торговли. А во второй год 95% опять потеряют деньги, и 5% заработают — но это будут другие 5%. Это не означает, что людей, зарабатывающих трейдингом, не существуют. Они, конечно, существуют, потому что я знаю как минимум двоих. Но они прошли настолько длинный и непростой путь к своим результатам, что я с трудом могу поверить, что они расскажут о нём за какие-то небольшие деньги. И тем более они не будут делиться своими сделками ДО самих сделок. И ещё одна вещь, в которой я абсолютно уверен: даже прибыльные трейдеры по достижению какого-то капитала превращаются в инвесторов и соглашаются на 6,5% годовых в валюте.

На последнем месте у нас в списке того, куда не стоит вкладывать деньги, идут уже более-менее доступные и абсолютно легальные инструменты от крупных игроков: это структурные ноты и накопительное страхование жизни. Развод тут заключается в том, что вам продают невыгодный финансовый продукт под видом выгодного. И структурные ноты, и страхование вас не разорят и, скорее всего, вы не потеряете все вложенные в них деньги. Подвох там в другом: вы будете надёжно, стабильно и долго отдавать банку значительную часть своей доходности, а вам будут рассказывать, что всё ок и так было задумано. Так как продукты это сложные и условий в них огромная куча, я не могу рассказать про всё сразу и всё накопительное страхование и все структурные ноты дико заклеймить. В конце концов, наверняка есть люди, которым они оказались выгодны. Но в среднем они выгодны, конечно же, тем, кто вам их продаёт, просто в клубке хитросплетений это не очень заметно. Надеюсь, теперь стало понятней.

Давайте ещё раз повторим все наши признаки надвигающегося развода и того, чего следует опасаться, если у вас завелись лишние деньги. Если вложение подразумевает перевод денег физическим лицам — это развод. Если вам обещают громадный бонус на депозит — это в лучшем случае казино. Если у конторы на сайте грамматические ошибки, нет адреса и телефона — это развод. Если вы видите помесячную доходность вместо годовой — это, скорее всего, развод. Бинарные опционы — это даже не развод, это просто вы деньги кому-то отдаёте. Форекс и pamm-счета — это тоже, может быть, даже не развод, но деньги вы потеряете всё равно. Автоследование и доверительное управление: лучше не надо. Если вы не можете управлять своими деньгами, почему вы думаете, что сможете выбрать правильного управляющего? А если вы можете управлять ими сами, тогда зачем вам управляющий? Если вы собрались подписаться на чьи-то торговые идеи, надо сначала понять, почему у вас нет своих и почему вам подойдут чужие.

Избегайте сложных финансовых продуктов, которых вы не понимаете в мельчайших подробностях. Самые распространённые — это структурные ноты и накопительное страхование жизни. Под соусом инвестиций вам будут впаривать дорогие и ненужные вам финансовые услуги.

И самое главное — если вам хочется удвоить свой капитал за месяц, то, вам, конечно, надо делать всё наоборот. Не буду вас отговаривать. Видимо, вы должны совершить эту ошибку самостоятельно, чтобы научиться чему-то. Я тут бессилен. Меня не интересуют заманчивые предложения, я никому не пишу в личку, не делаю депозитов с бонусами, не предлагаю купить рекламу. И уж совершенно точно я не отправляю кому-то в интернете денег, даже если он предлагает что-то невероятно выгодное. *Особенно* если он предлагает что-то невероятно выгодное. Купить айфон за полцены, используя ворованную кредитку? Если вам это кажется интересным предложением, я только за, вперёд! Стопроцентный бонус на акции Теслы, отправив деньги кому-то на карту сбера или биткоин-кошелёк? Добро пожаловать!

ГЛАВА 12. ПОТЁРТЫЙ ПОРТФЕЛЬ С АКЦИЯМИ

Пора рассказать о диверсификации портфеля и о сопровождающих эту отрасль финансовых институтах — о взаимных (паевых) фондах. В начале этого уровня я писал, что нашему миру требуется больше диверсификации. Даже беднейшим странам и беднейшим людям нужно распределять вложения — я серьёзно.

Много финансовых проблем людей решается с помощью диверсификации. Это относится не только к богачам или к среднему классу, это относится к каждому человеку. Речь-то о рисках.

Часто неудача — это результат случайного события. Когда у людей начинаются реальные проблемы, которые загоняют их на днище, это почти всегда происходит из-за череды случайных событий, на которые человек не смог верно отреагировать; а правильное управление рисками может снизить удар по благополучию.

12.1. Что лежит у нас в портфеле?

Начнём с простейших выкладок. Как составляется портфель и каковы расчёты? Многие финансовые решения принимаются на основе общепринятых моделей, и понятия одной из них (под страшным для всех студентов названием CAPM, об этом позже) мы немного рассмотрим.

Итак, базовая идея — портфель. Что это такое? Это просто-напросто вся куча активов, которые у вас есть. Это всё ваше состояние. Первый и самый фундаментальный принцип: имеет значение только величина *всего* портфеля *целиком*. Глупо быть рыбаком, который хвастается одной большой рыбой. Мы говорим о протяжении всей жизни, и речь надо вести о всей рыбе, которую вы поймали. Если у вас кроме пятикилограммовой щуки других успехов не было, то гордиться нечем. Это базовый принцип. Поэтому когда мы говорим об управлении портфелем, мы имеем в виду любое длительное управление, которое приносит экономический результат.

Под теорией лежит идея расчёта результатов нашего инвестирования путём вычисления средней доходности и дисперсии доходности. Доходность за любой период — это всего лишь изменение стоимости в процентах; изменение может быть положительным, может быть отрицательным. Принцип прост: нам хочется, чтобы матожидание доходности было как можно выше, а дисперсия как можно ниже (для данной доходности, конечно). Высокий доход — добро.

Вы можете сказать: вот я думаю, что у моего портфеля ожидаемая доходность 12%. Ну, это лучше, чем 10%, правда ведь? Но, с другой стороны, высокая дисперсия вам не нужна, потому что дисперсия — это риск. Поэтому *оба* этих показателя имеют значение. На самом деле, разные люди выбирают разные комбинации риска и дохода, в зависимости от того, какой риск они готовы выдержать. Но в конечном счёте, если мы сравниваем два портфеля с одинаковой дисперсией, нам больше понравится тот, где выше доходность. А если сравнить два портфеля с одинаковым доходом, всегда хочется выбрать тот, где меньше дисперсия.

12.2. Корзина с яйцами

Теперь следующий шажок. Допустим, у нас много разных акций в портфеле, и допустим, что они все друг от друга независимы[1]. То есть корреляции между этими акциями нет. Сделаем и второе допущение — что всех акций у нас поровну — такое, кстати, бывает, тут ничего странного нет. Разных эмитентов у нас *n*, все они независимы. У каждой из них есть какое-то стандартное

[1] Это чересчур большое допущение, но оно для пользы дела, чтобы понять базовую математику.

отклонение доходности, его мы посчитали исходя, например, из последних 10 лет, назовём его σ, для шибко умных повторяю — сигма. И ещё одно сделаем допущение, номер три, — оно совсем нереальное, но значения это не имеет, это не проблема; оно для красоты эксперимента: допустим, что у всех акций одинаковая доходность *r* и одинаковое стандартное отклонение σ.

Так вот, британские учёные подсчитали, что стандартное отклонение портфеля из таких допущений, как у нас, равно стандартному отклонению акций, делённое на корень из их количества: $\sigma_{портфеля}=\sigma_{акций}/\sqrt{n}$.

Понятно, что это особый случай — все активы независимы друг от друга, а так не бывает. Как в страховании, когда люди страхуют жизнь и считают, что все смерти независимы друг от друга. Это мы переносим на управление портфелем, и всю математику сразу видно. Ещё раз напомню, что акций у нас в модельном портфеле поровну. Доходность портфеля — *r* (как у всех акций; очевидно, это было бы так, даже если бы у всех акций был разный вес), но вот стандартное отклонение в $\sqrt{n}$ раз меньше, чем у каждой отдельной акции!

Поэтому оптимальной стратегией в подобном мире было бы наращивать *n* как можно больше, ведь так можно уменьшить риск в любое количество раз. Если найти 10 тыс. разных независимых доходных активов, риск портфеля можно снизить практически до нуля: ведь его стандартное отклонение уменьшится в корень из 10000 — в 100 раз! — то есть станет очень-очень маленьким. Поэтому, если такие активы постоянно искать, риск можно заметно снизить.

Рэй Далио в одном из своих видео (21) показывает проблему такого подхода: если корреляция цен на активы достаточно велика (скажем, 40%), поиск новых теряет смысл, начиная уже со второго-третьего десятка. Дальнейшие добавления практически не снижают общий риск и, таким образом, не улучшают риск / доходность всего портфеля.

(21)

Однако нужно понять, что это базовый принцип диверсификации. Именно этим должны заниматься портфельные менеджеры по всему миру. Всё время. Но они заняты кое-чем другим: выкачиванием комиссионных. Ведь это их бизнес.

12.3. Граница эффективности

Теперь давайте перейдём к более-менее реальной ситуации. Есть такая проблема, что независимых активов практически не существует. Разные акции двигаются вверх и вниз одновременно. Конечно, в реальном портфеле у активов не будет и одинакового ожидаемого дохода, и одинаковой дисперсии: у доходов будет ковариация, а каких-то активов может быть отрицательное количество — если мы их продали вкороткую и должны вернуть.

Но пусть у нас и неидеальные условия, но стремиться к модельной диверсификации всё равно нужно.

Упростив портфель до двух активов, можно построить кривую соотношения ожидаемой доходности и риска для всех возможных соотношений (0 и 100%, 50 на 50, 30 и 70% или даже -100% и 200%). Эта кривая называется *границей эффективности портфеля*. Граница — это график функции риска от дохода, а служит она для того, чтобы понять, при каком соотношении активов риск на выбранный доход минимален. Кривая больше всего похожа на гиперболу, и, пользуясь ей, можно подобрать оптимальный портфель под тот риск, который инвестор готов нести.

Помимо акций и облигаций можно, к примеру, добавить в наш портфель нефть или золото. Тогда кривая сдвинется немного влево, снижая риск (при том же доходе), и так далее.

Основной принцип: в портфель нужно собирать как можно больше разных типов активов. Если добавить безрисковый актив, а таковым считаются американские госбонды, то каждого инвестора будет мучить ещё один вопрос — сколько такого актива положить. Кто-то совсем не любит риск; он купит только госбумаги. Кто-то, наоборот, хочет заработать как можно больше, риск его не пугает, — он займёт деньги по безрисковой ставке и сделает портфель с кредитным плечом. Но это всё в теории.

12.4. Ошибка лэндлорда

На практике можно посмотреть на большие долгосрочные портфели, например на резервный фонд Норвегии, и выяснится, что у него колоссальные запасы нефти, то есть проинвестирован он далеко не оптимально — на тот же ожидаемый доход можно сильно снизить риск. Они это, конечно, тоже понимают, но есть политические препоны, психологические ошибки, структурные проблемы. В реальности мы видим, что оптимальный портфель никто не держит.

И речь даже не только о фондах государственного масштаба, а просто о наших собственных скромных капиталах. Некоторым из нас досталась в наследство от родителей квартира. И теория может быть сколь угодно прекрасной, но мы, как правило, не спешим ею воспользоваться.

При остатке на вашей карте в 60 тыс. рублей (а это очень неплохой остаток для нынешнего выпускника хорошего вуза) и стоимости квартиры в 12 млн рублей, ваш капитал на 99,5% вложен в недвижимость. А она, увы, растёт далеко не всегда. Теория говорит нам совершенно однозначно: квартиру надо продать, деньги вложить в хорошо диверсифицированный портфель, а жильё арендовать.

На практике же это сделать вряд ли возможно: ни один родитель не даст ребёнку продать семейное достояние. Поэтому, дорогие мои, представьте, что квартира не ваша, заработайте на вторую, продайте и потом вкладывайте.

Есть ещё один вариант изменения парадигмы паразита-потребителя на мысли уверенного в будущем солидного инвестора: свою квартиру надо сдать в аренду, а самому арендовать жильё поближе к работе. Такая рокировка хотя бы заставит вас думать в верном направлении. Но от падения стоимости недвижимости не спасёт.

12.5. Альфа- и бета-самцы

Вернёмся к базовой модели (*CAPM*, *Capital Asset Pricing Model*) и коэффициентам альфа и бета. Модель говорит, что ожидаемый доход на акцию (или портфель) равен безрисковой ставке плюс премии за риск. Если ожидаемый доход меньше этой цифры, вкладывать деньги не стоит.

Пример: если безрисковая ставка равна 3% годовых, бета (мера риска, показатель устойчивости / волатильности акции по отношению к рынку) акции равен 2, а ожидаемый рыночный доход равен 10%, то доход по акции должен быть не меньше 3%+2*(10%-3%)=17%.

Альфа и бета чаще всего используются паевыми фондами (и инвесторами) для вычисления ожидаемой доходности и риска. Оба показателя используют какой-нибудь эталон, ещё его называют «бенчмарк» (например, индекс *S&P500* или наш индекс *ММВБ*), чтобы сравнивать с ним показатели фонда или акции. Альфа и бета — стандартные, очень часто используемые коэффициенты, их надо понять, а остальное можно и выкинуть из головы. Чуть реже используются стандартное отклонение и коэффициенты Шарпа и Сортино; поищите сами, что они измеряют.

Альфа — это показатель мастерства управляющего. Например, доходность в 8% у паевого фонда выглядит круто, если рынок в этом году вырос на 4%, и весьма жалко, если рынок вырос на 20%. В первом случае альфа высокая, во втором — низкая. Если модель *CAPM* предполагает, что доходность у фонда с данным риском должна была быть 5%, а управляющий заработал 3%, то альфа отрицательная — минус 2%. Обычная альфа равна нулю, то есть от управляющего ожидается средняя по рынку доходность. А один из самых интересных сайтов для трейдеров называется *SeekingAlpha*, то есть «в поисках альфы».

Бета (коэффициент бета) акции — это показатель того, насколько сильно акция скоррелирована с рынком. Если бета равна единице, это означает, что при повышении индекса на 10% акция вырастет тоже на 10%. Если бета равна 2, тогда при понижении рынка на 10% акция упадёт на 20%. Проще говоря, инвесторы могут смотреть на бету как на показатель уровня потенциального провала.

«Обычная» бета равна единице, то есть акция, как правило, ходит вместе с рынком. Если бета близка к нулю, это значит, что акция неподвластна даже мощным движениям рынка. Ну а бета выше единицы означает, что акция более волатильна, чем рынок в среднем. Отрицательная бета — птица редкая, она означает, что актив движется противоположно рынку.

Тогда как положительная альфа — это всегда хорошо, с бетой всё не так однозначно. Многие осторожные инвесторы предпочитают низкую бету, а рисковые — более высокую, чтобы на движении рынка вверх заработать побольше. Низкая бета «должна быть» у всяких коммунальных компаний, в которые в недалёком будущем превратятся и телекомы.

Надо понять, что и альфа, и бета вычисляются исходя из предыдущих данных. Все цифры берутся из прошлых лет, а в любом рекламном проспекте брокера или управляющего должно быть написано, что прошлые прибыли не гарантируют прибыли в будущем. Но, используя данные нескольких последних лет, с помощью альфы и беты можно дать фонду хотя бы приблизительную характеристику. Хотя, конечно, если у фонда поменялся управляющий или принята новая стратегия, все наши расчёты и гроша выеденного не стоят.

12.6. Пазл из акций

Теперь о загадке повышенной доходности акций. Люди давно сосчитали ожидаемые доходы от вложений в акции и в облигации. Джереми Сигел в книге «*Акции на долгий срок*» напирает на модель CAPM и вот эти эффективные границы, которые он подсчитывал. Но основная тема, которую он продвигает, — это доходность акций и облигаций на протяжении долгих лет.

Он собрал данные с 1802 до 2006 года для США. Выяснилось, что за этот (господи, какой он длинный!) период ожидаемый доход на акции превысил безрисковый на 6,8% в год — это уже скорректировано на инфляцию, то есть речь о реальном, а не о номинальном росте. А на облигации — доход превысил безрисковый всего на 2.8% реального роста в год.

Самое интересное — это вот это различие в 4% между исторической доходностью акций и облигаций. Это называется «*загадкой повышенной доходности акционерного капитала*».

При этом стандартное отклонение доходности составило 18% для акций, 9% для облигаций и 6% для госбумаг. Для инвестора с горизонтом в 1 год акции кажутся значительно рискованней (в 2 и в 3 раза), чем фиксированный доход.

Однако картина для десятилетнего холда сильно отличается. Средняя доходность за лучшее десятилетие между 1802 и 1997 годами — 17% годовых, а средняя за худшее десятилетие — минус 4%, разница в 21%. На облиги и госдолг разница соответственно в 18% и 17%. Но за лучшее *двадцатилетие* разница между среднегодовыми практически одинакова для всех видов активов — 12%, а за 30 лет картинка вообще страннейшая, у акций изменчивость доходности получается меньше, чем у бондов (8 и 9% соответственно). У стандартного отклонения такой же паттерн на длинных периодах: за 20 лет они одинаковые (при более высокой доходности у акций), а за 30 лет у акций оно даже меньше. Выходит, что для акций риск уменьшается, если вы можете держать их хотя бы 10 лет. Похожие тенденции есть и на рынках других стран.

Возникает загадка. Как краткосрочный рыночный риск может исчезать на долгом периоде? Куда он девается? Этому вопросу внимание почему-то не уделяется, а надо бы.

Математически у краткосрочного и долгосрочного риска может существовать такая разница, только если матожидание доходности изменяется циклично. С постоянным ожиданием доходности годовое стандартное отклонение за долгий срок (*n* лет) будет равно отклонению за год, делённому на корень из *n*, — та же формула, что и в случае с портфелем из нескоррелированных акций. Снижение относительного риска на длинном горизонте планирования — это непрямое подтверждение тому, что у доходности акций есть предсказуемая цикличность.

Тип этой цикличности, объясняющий долгосрочный риск, по-другому известен как возврат к среднему (*mean-reversion*). Но если необычно хорошая доходность сегодня действительно понижает доходность будущую, тогда бычьи рынки имеют свойство корректироваться, а медвежьи — восстанавливаться. Цены на акции будут возвращаться к долгосрочному среднему.

Но вопрос-то всё равно остаётся: это вообще нормально? То есть люди чего-то не понимают, что ли? Неужели акции тупо лучше облигаций? Почему бы всем не держать огромные портфели из акций? Вот Джереми считает, что так и надо делать, и пример США показывает, что акции всегда выигрывают. Анализ довольно интересный — в *каждой* стране, которую они проверили, за последние 100 лет обнаружился «бесплатный» дополнительный доход от вложений в акции.

12.7. А из нашего окна?

Сигел нашёл премию в 4% на огромном сроке — 204 года. Почему? Ну можно задать встречный вопрос: а почему он смотрел на рынок США? США — самая большая экономика в мире, поэтому выбор, возможно, был спровоцирован эмоциями. Если вы выбираете самую успешную страну в мире, это вряд ли может быть примером *любой* страны. Американский фондовый рынок — давно уже самый большой, и другие страны ему завидуют. Может быть, остальные слишком сильно всё копируют — в США многие финансовые институты были созданы раньше. А может быть, Америке просто повезло. Как добавить логики в алгоритм выбора?

Да очень просто: давайте остальные страны проверим, есть ли там премия за акции. Сразу же возникает проблема: менее успешные страны не хранят исторические данные! Ну и ещё один вопрос: а у скольких стран непрерывная история фондового рынка с 1802 года? Взять, например, Великобританию — во время Первой мировой войны рынок был закрыт, во время Второй мировой, конечно, тоже. И в Японии был перерыв.

Есть книга товарищей Димсона, Марша и Стонтона, называется «*Триумф оптимистов*», которую цитирует Джереми Сигел. Они посмотрели на следующие страны (читайте внимательно!): Бельгия, Италия, Германия, Франция, Испания, Япония, Швейцария, Ирландия, Дания, Голландия, Великобритания, Канада, США, ЮАР, Австралия и Швеция. Выяснилось, что в *каждой* из этих стран была премия за инвестирование в акции, а в США она оказалось одной из самых высоких, но даже не самой высокой. За XX век (раньше данных не нашлось) самая большая премия оказалась в Швеции, а после неё — в Австралии. Ну и Джереми заявил, что уж это исследование подтверждает, что США — не намеренно выбранный пример, а вообще во всех странах так, ведь так много подтверждений от этих троих товарищей. Короче, можно верить. И он так прямо и заявляет: «*Акции всегда обгоняют другие инвестиции на длинном горизонте планирования, и это не зависит от выбора страны*».

Но, знаете, есть кое-что подозрительное в этом списке стран. Не находите? Чего вы не находите? Я вам скажу чего: тут нет России, Индии и Китая. Почему бы Россию-то с Китаем не изучить этим ребятам? Рынки немаленькие — по сравнению с какой-нибудь Данией или ЮАР так уж точно.

Может, они не смогли найти данные? Но нет, вообще-то в России был большой фондовый рынок до 1917 года, а в Китае — до 1949-го. Что же произошло? Если у вас были китайские акции в 1948 году, что же с ними случилось-то, мать? Я вам расскажу, что случилось. Знаменитый доход в минус 100% годовых. И что было потом, не имеет никакого значения, потому что весь ваш капитал накрылся медным тазом раз и навсегда, финита.

Что мистер Сигел ответил бы нам на это? Он же пишет, что надо дико вкладываться в акции и ждать. Наверное, он втирал бы что-то вроде: «*Надо вкладывать в политически стабильные экономики, в развитых странах не может быть коммунистической революции, конфискации и деприватизации, поэтому примеры России и Китая несостоятельны*». Премия за акции существует, и ей надо верить. Но, пожалуй, он немного лукавит.

Почему? Да потому что в США даже НДФЛ не было до 1913 года, он был равен 0%. А во время войны он дорастал до 94%, а потом падал до 15%. Это мощнейший удар по фондовому рынку: зачем туда вкладываться, считать какие-то доходности, если 90% всё равно забирает государство? Поэтому дело тут не в Китае, который в 1949 году экспроприировал все компании на бирже. И когда пендосы забирали у акционеров 90% дивидендов — то 90% уходило как раз с рынка. Но и это не всё, чего были лишены акционеры: корпорации вообще-то тоже платили дохера налогов в то нелёгкое время. Потому тот, кто прочёл бы книгу Сигела о сотне волшебных лет как раз до Великой депрессии, пожалуй, сильно расстроился бы лет этак на пятнадцать или двадцать. А если у вас уже есть неплохой портфель, то вы не так уж молоды; а за 15-20 лет можно вполне себе двинуть кони, не дождавшись этой премии за акции.

12.8. Акции против облигаций: fight!

А если посмотреть на XXI век? Всё начиналось не так радужно для акций. За первые 15-17 лет инвесторы в акции обосрались по полной. Облигации принесли-таки доходность повыше, особенно если сравнивать их с общемировым рынком. Ну, тут есть пара оговорок: начало века кажется хорошей точкой отсчёта, но это всё же совершенно случайная дата в масштабе последних 200 лет. А 2000 год — это пик технологического интернет-пузыря, когда акции американских компаний оценивались аж в 30 годовых прибылей, что в два раза выше долгосрочного среднего.

И второе: для облигаций начало века оказалось очень хорошим временем, ведь ставки рефинансирования были низкими (рекордно низкими!), а значит, вложения в долгосрочные облигации приносили дополнительный доход от роста их котировок.

Но Федрезерв не раз намекал, что не будет доводить ситуацию до отрицательной ставки. Вполне вероятно, что за последующие 16 лет акции покажут более высокий доход. У них было два плохих медвежьих периода, и бондам вряд ли удастся обгонять их в будущем. Тем не менее не стоит отдавать безоговорочное преимущество акциям в нынешнем волатильном мире.

Цель бондов в портфеле — стабилизация. Долгосрочное (10—20 летнее) инвестирование может оказаться слишком долгим для клиента. Акции могут разочаровать опять — терроры, кризисы, вся эта херня слишком непредсказуема. А лежать самым богатым красавчиком на кладбище — не очень интересная цель. Может быть, стоит снизить риск от акций, когда определённая сумма уже заработана. Если в портфеле больше облигаций и кэша, это позволяет его выгодно перебалансировать — подкупать акции на глобальных провалах и кризисах. Правда, для этого кроме кэша нужны ещё и яйца.

12.9. Собственная тупость и оценка чужой тупости

Последний вопрос — об индустрии взаимных (паевых) фондов. Казалось бы, все эти теоретические расчёты должны для нас делать управляющие компании и их лощёные менеджеры. В идеальном мире мы просто читаем презентацию фонда и складываем туда деньги на весьма туманно определённых условиях инвестирования, в тот портфель, который нам как бы подходит по риску. Причём не по реальному риску, а по какому-то виртуальному, предполагаемому.

Но сейчас почти вся отрасль паевых фондов превратилась в отрасль подбора акций, а не диверсификации портфеля. Что делает большинство, когда покупает паи? Люди пытаются найти гениального, сука, управляющего, который выступит лучше рынка методом подбора правильных акций. На сленге это называется «покажет хорошую альфу». А теория и практика говорят о том, что паевые фонды должны всего лишь делать для нас правильную диверсификацию, ну, типа, купить акций Беркшира на фонд, тогда как каждый индивидуальный пайщик не смог бы купить ни одной, что-то в этом духе. Ну истина где-то посередине. Большинство фондов, конечно, дают некоторую диверсификацию, но всё равно пытаются выступить не хуже рынка. Потому что даже один раз хуже рынка выступить страшно: вкладчики разбегутся.

Профессор Шиллер проводил у себя на сайте интересный опрос насчёт выбора акций в портфель. Вопрос он задавал такой: «*Попытка угадать, когда рынок пойдёт вверх или вниз, — хорошая ли это идея? Возьмётесь ли вы угадать, когда надо закупаться?*» Только 11% людей ответили, что это хорошая идея. Даже удивительно такую сообразительность обнаружить.

А потом, как бы прочитав предыдущую главу нашей книги, он задал другой вопрос: «*Попытка угадать, какой фонд превзойдёт рынок в этом году, — хорошая это идея или нет?*» Так вот, больше половины тех же самых людей сказали, мол, да, идея отличная. Фонд-то я угадаю, какие проблемы.

Улавливаете нестыковочку? Человек вроде бы и осознаёт, что угадать направление рынка он не может. Но почему же он думает, что угадает хорошего управляющего? Загадка.

Тем не менее, паевые фонды мощно растут по всему миру, это важная часть финансовых рынков, особенно относительно недавно появившихся ETF (*Exchange-Traded Funds*) — торгуемых на бирже фондов. Чтобы их купить, не надо идти в управляющую компанию, достаточно иметь брокерский счёт. Просто покупаешь его, как акцию, а там внутри уже вся катавасия встроена, включая комиссию за управление. Дивиденды он тоже сам на счёт присылает либо реинвестирует.

Кто-то исследовал, где люди несут больше денег в паевые фонды: ну тут ничего удивительного не обнаружилось: больше несут в странах, где по-человечески работают суды, защита собственности и регуляторы рынка. Ещё они хорошо растут в странах, где высокий уровень образования и доходов населения. Ещё больше они растут в тех странах, где есть похожие структуры от государства — например, качественные пенсионные фонды.

Короче говоря, в мире тенденция развивать эти фонды, и только у нас из-за постоянных политических кризисов все давно поняли, что это полное говно и обман. Пальму первенства, конечно, несут печально известные фонды Юниаструм банка, которые совершенно законно умудрились нагреть клиентов на 90—95% от их активов за один счастливый день в сентябре 2008 года; об этом немного позже.

Что тут скажешь? Так держать! Покупайте наших паёв, ожидайте в жопу...

ГЛАВА 13. ПРОСТИТЕ ЕГО, ОН СЛУЧАЙНО

Случайно ли дёргается рынок? Закономерны ли его судорожные движения? Загадка. Над нею бились довольно долго, пока не появилась *теория эффективного рынка* — важная интеллектуальная конструкция, на которой построено множество других финансовых теорий. Сначала, как обычно, немного истории.

Термин довольно свежий — несколько десятков лет ему, но сама идея старая. Смысл в том, что на развитых рынках с нормальным регулированием, с ликвидностью и шириной, цены, которые мы видим, являются идеальным индикатором реальной стоимости активов. Другими словами, эффективный рынок означает то, что он эффективно использует всю имеющуюся информацию, а цена — лучший индикатор стоимости чего бы то ни было. Иначе говоря: не верьте аналитикам, верьте рынкам. В такой формулировке теория мне нравится; особенно делается смешно, когда кто-нибудь из наших чиновников рассказывает, сколько сейчас должен стоить доллар, да вот беда — почему-то он сейчас на 10 (или на 100) рублей дороже. Но это определение не самое популярное среди теоретиков.

13.1. Вокруг света за 80 миллисекунд

Первые мысли об этой концепции возникли ещё в конце XIX века, и звучали они примерно так: «*Когда акции выходят на открытые рынки, цены, которые они принимают, могут считаться суждением об их реальной стоимости*». Тут интересно то, что автор цитаты (его звали Гибсон, прямо как гитару) писал, что «*в условиях электронного века информация облетает мир со скоростью электричества*». Забавно, что он написал это не в 1989-м, а в 1889 году. Телеграф уже существовал, телефоны начинали появляться, то есть действительно можно было передавать информацию по всему миру очень быстро. И выдвинул этот Гибсон вполне здравую идею о том, что не стоит пытаться обыграть рынок, ведь в цене забита вся имеющаяся на данный момент инфа.

Весьма поучительна история господина Рейтера, который держал голубиную службу срочных смс ещё до телеграфа. Он обеспечивал клиентам быструю передачу информации, чтобы можно было заключать сделки раньше других. И ему пришла в голову идея почтовых голубей. Голуби выращивались в одном месте, потом в клетке их везли куда-нибудь, и, когда нужно было послать сообщение, к ноге голубя привязывалась записка, его выпускали, и он летел домой как угорелый — ведь дома ждут сизая голубка-жена и хлебные крошки. Как и у большинства из нас. В то время это было мега-быстро и круто.

Интересно, что информационная служба мистера Рейтера и сейчас в ходу, только вместо голубей у него интернет. Понятно, что стало только хуже — в случае необходимости емейл нельзя, например, сожрать. Но что характерно, принцип возник задолго до компьютерной эпохи. Котировки голубями прилетали куда быстрее, чем с посыльными на лошадях, — и этого было достаточно для получения преимущества.

С бизнесом мистера Рейтера и в наше время произошла интересная вещь. Они, видать, думали, что они быстрее всех доставляют информацию, но у лидера частенько появляются на глазах шоры, и он не замечает очевидного: мир, оказывается, меняется. Компания придерживалась старых надёжных продуктов и моделей, но в конце XX века пришёл товарищ Блумберг и захавал половину рынка всего за несколько лет. Потом ещё и мэром Нью-Йорка сделался. И ездит всем назло на метро. В итоге в 2007 году Рейтер продали корпорации Thomson, а в январе 2018 их обоих купила инвестиционная компания *Blackstone*. Сейчас у Блумберга 33% инфорынка, а у Рейтера (когда-то монополиста) — только 23, причём *Bloomberg* продолжает их давить, тайком снижая цены.

Телевидение медленно убивало радио, а компьютерная индустрия шагала от мейнфреймов к *PC*. Сейчас планшеты убивают бумажную прессу: далеко не всем газетам суждено выжить в ближайшие 5 лет. Ведь информация на гаджет приходит куда быстрее, чем её могут напечатать в любой газете.

К чему я веду? Основная идея в том, что единственный способ надёжно обыграть рынок — это получить информацию, которой больше ни у кого нет. Уже в 1889 году информация передавалась со скоростью света, а это трудновато улучшить. Но можно улучшить наши возможности доступа к ней. Сейчас у всех смартфоны в карманах — не надо даже за компьютер садиться, как 10 лет назад. То есть новости мы узнаём почти в тот самый момент, когда они появляются.

13.2. В эфире программа «Двести»

Что происходит, когда выходит новость? Представим, что это новость о фармацевтической компании «*Дьявольские снадобья господина Пфайзера*», которая разработала новое лекарство — или получила разрешение на его продажу. Новость выложат в сеть, у кого-то загорится красная лампочка, а у кого-то пикнет телефон. Есть ведь трейдеры, которые следят за определёнными акциями. Эти ребята подпрыгнут и начнут своё дело — и им надо спешить, они прекрасно понимают, что рынок среагирует чрезвычайно быстро. Они начнут делать сделки через несколько секунд после того, как увидят новость, иначе ничего не заработаешь.

Итак, получила компания господина Пфайзера разрешение. Может быть, кто-то быстренько звонит знакомому аналитику медицинского сектора и спрашивает: «*Слушай, как считаешь, насколько изменится прибыль компании?*» Чувак быстро брякнет: «*Ну, авось, на 20% вырастет*». Трейдер сразу выставляет заявку на покупку миллиона акций. Потом ему аналитик через минуту перезванивает и говорит: «*Чувак, я, пожалуй, погорячился. Прибыль вырастет максимум процентов на десять*». Трейдер меняет заявку. На протяжении нескольких минут куча людей истерично принимают эти решения, и цена прыгает туда-сюда. Минут через пять, когда все более-менее ситуацию обдумали, цена начинает успокаиваться.

Потом какой-нибудь совет фармацевтических экспертов собирается через час или два и делает заявление, что лекарство реально крутое. Но цена уже выросла на новости, и сейчас после этого заявления она двинется не так сильно. На следующий день выходит статья в газете про эту компанию. Как думаете, ещё можно заработать на этой информации? Потом в каком-нибудь еженедельнике аналитику печатают. Кто-то вообще через полгода эту новость увидит и начнёт покупать. Даже те, кто не понимает, насколько реально эффективно это лекарство, и насколько изменится прибыль компании, и как это может повлиять на стоимость акций. Может быть, не стоит пытаться обыграть рынок после прочтения подобной статьи? Вы как считаете?

13.3. Теория эффективного рынка

Теория эффективного рынка — это гипотеза о том, что рынок надо уважать. Опять же, это всего лишь гипотеза. Я не говорю, что она верна. Но она вызвала множество подвижек в регулировании в нормальных странах. Например, в США обязательно объявлять новость сразу всем, и нельзя кому-то одному, это закон. Цель ясна: доступ к информации должен быть всеобщим, чтобы правила были одинаковы для всех.

В некоторых учебниках эффективный рынок принимается за данность, пишут, что это одна из важнейших идей в финансах: цены аккуратно отражают доступную информацию и быстро реагируют на новую информацию, как только та становится доступной. Это не означает, что нет глупых, или умных, или удачливых людей. Просто это означает, что конкуренция на рынке акций очень сильна — поэтому цены справедливы.

На самом деле это полуправда. Слишком много энтузиазма тут, знаете ли. Факт в том, что надёжно и регулярно зарабатывать на рынке очень сложно. Если в этом идея, то я с ней согласен. Некоторые учебники различают три формы этой гипотезы: слабую, среднюю и сильную. Слабая форма — это когда в ценах учтена вся информация о прошлых движениях. Нельзя предсказать рынок по его прошлому поведению. Если цена выросла сегодня, это не означает, что она вырастет и завтра тоже. К этой версии теории прикопаться трудно.

Средняя версия — это когда в ценах учтена вся доступная информация. То есть всё, о чём объявлено, уже учтено в цене, поэтому не надо торговать на новостях. Они же уже произошли.

А сильная версия — это когда в ценах учтена вся информация, и публичная, и закрытая. Понятно, что этой версии доверять сложнее всего. Она о том, что вся информация не является частной, и вся она есть в цене. При этом у компаний, разумеется, есть секреты, так называемая «непубличная информация». Всякие комиссии следят, чтобы до объявления новостей этой информацией не пользовались. Но сильная форма — это о том, что вся, абсолютно вся инфа перетекает в цену.

Давайте немного сбавим градус категоричности и предположим, что, когда мы говорим о теории эффективного рынка, мы имеем в виду среднюю форму. Всё-таки сильная — это слишком. Кстати, это всё были интуитивно понятные формулировки, но *что именно* они означают? Что именно значит фраза «цена включает в себя всю информацию»? Как это — включать в себя информацию? Прикол в том, что однозначного ответа на этот вопрос нет, поэтому буду отвечать тупо, чтобы самому было понятно.

13.4. Золотой поток дивидендов

И тупой ответ существует! Эффективный рынок — это когда цена акции равна текущей рыночной оценке потока будущих дивидендов[1]. Теория утверждает, что ценность акции — в будущих дивидендах, которые выплатит компания-эмитент. Если компания выплачивает D денег на акцию, а безрисковая ставка — r, тогда стоимость постоянного потока дивидендов равна D/r. А если дивы постоянно растут со скоростью g%в год, тогда приведённая стоимость потока равна $D/(r-g)$. Ну это если рост выше, чем ставка дисконтирования. Мои маленькие читатели уже догадались, что это просто-напросто сумма геометрической прогрессии. Это простая, но неплохая модель — цена акции как сумма всех ожидаемых в будущем дивидендов.

Если вы ждёте, что дивиденды будут расти (g высокая или растущая), тогда цена акции будет высока — знаменатель у дроби уменьшится. Если вы ждёте, что в будущем с дивами будет туго, тогда цена по отношению к нынешнему

[1] Не такой уж он и тупой!

дивиденду будет низкой. Вот о чём говорит теория эффективного рынка. А как оно работает на практике?

Была такая компания *First Federal Financial*, ипотечный брокер. Это было в декабре 2006 года, ещё до кризиса. И газета «*Business Week*» написала, что соотношение цена / дивиденды у этой компании очень низкое. То есть можно было купить её недорого: по отношению к доходам цена компании выглядела очень привлекательной. Но по теории эффективного рынка всё наоборот: нет причины покупать эти акции, ведь цена относительно дивидендов низка, это значит, что люди считают, что дивиденды не будут расти и что-то произойдёт с прибылью компании. То есть у *First Federal Financial* низкий показатель g (роста дивидендов). Почему?

Возможно, из первой части вы помните о том, что компания Уоррена Баффетта называется «Беркшир Хэтэуэй» (*Berkshire Hathaway*), и её акции класса «А» стоят очень-очень дорого, почти 400 тыс. долларов за штуку. А Уоррен считается финансовым гением. Если он не выплачивает дивидендов, надо что-то делать с нашей формулой. Теория эффективного рынка отвечает на этот наброс довольно бредово: ну, типа, когда-то же они заплатят дивиденды, поэтому цена отражает этот будущий мифический доход.

Но Уоррен Баффетт не раз намекал, что дивиденды он платить не собирается, потому что он может распорядиться прибылью компании гораздо мудрее, чем акционеры своими дивидендами. Зачем же тогда держать эти акции? Ну, можно сказать: чтоб продать кому-то другому подороже. А этому кому-то они зачем? Если по ним никогда не придут дивиденды, за каким хером они нужны? Это просто бумажки, если только не выйдет впарить их ещё большему идиоту. А что, если Уоррен сделает контору некоммерческой? Всю компанию — раз! — и объявит благотворительным фондом? Тогда цена станет нулевой. Зачем же людям нужны будут такие акции? Да чёрт его знает. Для удовлетворения ЧСВ. Кстати, Майкрософт долго не выплачивала дивидендов. Для молодых компаний это нормально, но они всё же начали платить на какой-то год своего существования.

Вся эта теория говорит о том, что всё, что нужно людям от акции, — это деньги. То есть цена компании зависит лишь от её деятельности. Иначе, если компания никогда не заплатит, какая разница, чем она занимается? Это имеет смысл, лишь если они когда-то пришлют вам бабла! Очень многие инвесторы забывают об этом, что наивно. Будто бы акции каким-то образом генерируют увеличение капитала: цены растут и растут; но надо понять, что цены растут лишь потому, что улучшаются перспективы роста дивидендов; именно это говорит нам теория эффективного рынка.

13.5. Думают ли андроиды об электронеграх

Вернёмся к *First Federal Financial* — у неё была низкая цена относительно прибыли, и какие-то трейдеры думали — это, выходит, выгодная сделка? В журнале «*Бизнес Уик*» написали, что 40% акций *FFF* было продано вкороткую — а это много, очень много заёмных акций. Что это означает? Это означает, что инвесторы думали: «*Мне не нравится First Federal Financial. Я не хочу в неё вкладывать. Больше того, я займу их акции у какого-нибудь дурачка и продам их на рынке, чтобы потом откупить дешевле*». То есть они ждали, что цена упадёт, и очень надеялись на это. Когда 40% акций компании проданы вкороткую, это значит, что много людей не верит в её светлое будущее, а верит в её неминуемую кончину.

В статье было написано, что *FFF* — это маленький ипотечный кредитор — это было ещё до кризиса! — что в Санта-Монике, что в Калифорнии. И компания эта, в некотором роде, первопроходец. 80% её займов были выданы без документов. Ну, типа пришёл, показал пропуск в спортзал, тебе — хоп! — тут же дали ипотеку. То есть компания прямо заявляла: «*Мы дадим тебе кредит и не спросим, как ты собираешься его отдавать; не спросим, где и кем ты работаешь и что у тебя есть. Мы просто дадим тебе денег*». Это как бы немного рискованный бизнес-план, не находите?

Плюс у них ещё был необычно высокий процент хитрожопых опциональных ипотек, вообще цирк. Это ипотека с изменяемым платежом. Типа — «не могу заплатить в этом месяце всю сумму, ну, заплачу поменьше». Если не хочешь платить, можешь отложить платёж. Восхитительно! Это привлекало вполне определённую категорию заёмщиков — тех, кто считал, что теперь может позволить себе ипотеку, ведь платежи-то можно отложить!

Автор статьи в «*Бизнес Уик*» предположил, что низкое соотношение цены к прибыли означает то, что рынок предвосхищает падение будущих дивидендов. И действительно: через год компания всё ещё существовала, но акции упали с 70 до 40 долларов.

Казалось бы, великолепный пример работы теории эффективного рынка. Рынок установил низкую цену, потому что была информация, что у компании дела идут неважно, и был прав: компания оказалась в жопе. Низкая цена относительно текущих дивидендов оказалась отличным индикатором нисходящего движения цены в будущем.

Но ведь люди, которые в этот момент продали акции компании, хорошо заработали на их снижении. Получается, что на самом деле теория не сработала! Потому что те, кто прочитал эту статью, должны были позвонить своему брокеру и тут же зашортить акции *First Federal Financial*. Но наша теория говорит о том, что это оказалось бы просто удачей, аномалией. Ведь по ней считается, что цена *уже* включает в себя прогноз снижения дивидендов в будущем. Но она не позволила бы предсказать падение цены! Выходит, что этот случай, наоборот, опровергает всю гипотезу.

Но всё же кое-что полезное в ней есть. Вы читаете журнал «*Бизнес Уик*», и все люди мира понимают, что *First Federal Financial* чо-то не алё. Если я продам эти акции, я заработаю? Но все же видят эту статью и куча людей знает об этой компании больше меня? Может, не стоит продавать? Видимо, вот о чём теория эффективного рынка.

В своей жизни я весьма неожиданно встретился с результатом работы этой теории, даже ещё не зная о ней. Я торговал на бирже, основываясь на сигналах механической системы с простым принципом: если акции падают, я делаю ставку на то, что они продолжат падение. А если акции растут, я их покупаю в расчёте на то, что они продолжат расти. Это называется «тренд-следящая система», она идёт за рынком; параметры сейчас не так уж важны. Возможно, я расскажу о ней в следующей книге, чтобы вы дико озолотились и прислали мне открытку с волшебного Бали.

Так вот, в 2003 году, а именно 21—23 октября, акции Юкоса начали заметно падать, и моя торговая система дала сигнал на продажу. Я зашортил Юкос по цене в 400 с лишним рублей. Двадцать пятого октября, в субботу, арестовали Ходорковского, а в понедельник 27-го акции Юкоса упали на 20% сразу после открытия. Остальной рынок тоже сильно упал, но мой шорт Юкоса отбил все потери по длинным позициям в других бумагах. Остаётся гадать, почему акции начали падать за два дня до ареста и что послужило этому причиной. Я склонен верить, что в этом случае теория эффективного рынка сработала, и цена отобразила некие новости, известные лишь узкому кругу говноедов из власти.

Говорят, что сам Ходорковский знал о предстоящем аресте, но либо не поверил, либо подумал, что сможет отбиться. Отбиться он не смог, а через 3 года акции Юкоса прекратили обращение на бирже. Впоследствии разорённой компанией завладела Роснефть — через «*физических лиц, которые долгие годы занимаются бизнесом в сфере энергетики*». В любом случае это была одна из самых моих выгодных сделок в процентах от капитала (откупился я по 130 рублей примерно через полгода, заработал порядка 300 тыс., то есть около 12% от портфеля), а с Роснефтью с тех пор шутки плохи. Не все это поняли. Даже некоторые министры.

13.6. Самосбывающиеся пророчества

Реакция на падение акций демонстрирует ещё один интересный эффект, повышающий волатильность рынков: если трейдер (или его торговая система) оценивает вероятность падения рынка, например, в 60%, либо, другими словами, он продаёт ценные бумаги, основываясь на том, что в 60% похожих ситуаций сделка приносила прибыль, он тем самым помогает своему «пророчеству» сбыться — ведь, продавая акции, он чуть-чуть двигает рынок вниз, и чем больше его капитал, тем сильнее двигается рынок.

Но в этот момент может сработать сигнал на продажу у другой похожей системы или у трейдера с похожим набором торговых правил. Это приводит к тому, что подобное групповое мышление двигает рынок гораздо сильнее, чем ожидал каждый из участников в отдельности. То есть действие (или даже мнение, или намерение) какого-то трейдера или аналитика влияет на мнения других участников рынка и может спровоцировать чрезвычайно бурную реакцию.

Сейчас на рынках очень много роботизированных систем торговли. Машины не думают о том, что они делают, а просто исполняют программу. Их становится всё больше, они всё изощрённей, да вот беда — никто не знает, как они все влияют друг на друга. Из-за этого порою возникают совершенно необъяснимые, но очень быстрые и сильные движения котировок, которые могут зашибить любого охотника на чёрных лебедей. Даже абсолютно трезвого.

13.7. Пьяное блуждание

Теория эффективного рынка стала невероятно популярной в году этак 1970-м и вообще стала главной в финансах. У неё есть особенная инкарнация под названием «случайное блуждание». Формулу я чуть попозже подгоню, а пока история. По названию, наверное, понятно: она говорит, что при эффективном рынке цены на акции и другие спекулятивные активы блуждают случайно. Придумал этот термин Карл Пирсон в журнале «*Nature*» в 1905 году, то есть ей больше 100 лет.

Он предложил пример пьяницы. Представьте — я уверен, вам это легко, — человека, то есть я бы назвал его «существо», каждый шаг которого случаен и независим от предыдущего шага. Например, у нас есть фонарный столб, и вокруг него шатается наш пьянчуга. Он в такое говно, что его шаги абсолютно непредсказуемы. Но ваша задача — всё же предсказать, где он окажется через минуту, через 10 минут и через 20 мин.

Пирсон (видать, после очередной пятницы) написал об этом и предположил, что самое вероятное местонахождение человека через какой-то период — это то место, где он находится сейчас. То есть самый точный прогноз и на 5, и на 20 мин — его текущее местоположение. Одинаково вероятно, что он пойдёт и туда, и сюда, и обратно, поэтому надо указывать место, где он сейчас. Кстати, по поводу курса доллара вы гораздо чаще будете обыгрывать других «специалистов», если будете прогнозировать именно так. Это также означает, что прогноз «всё останется как есть» не несёт в себе никакой ценности: для этого кибернетиком быть не нужно.

Карл (Карл!) и его соратники думали, что спекулятивные цены таким образом себя и ведут. Это звучит так, будто рынки сошли с ума — ну, типа, пьяно блуждают, но они не пьяны, нет. Объяснение они давали простое: рынки реагируют только на новую информацию. А новая информация, по определению, непредсказуема. Поэтому лишь кажется, что рынок управляется алкашами, а на деле он очень точен и оптимально отвечает на каждую новость. Это один из парадоксов, который запутывает юных финансистов.

Случайное блуждание

Потом уже статистики разработали теорию случайного блуждания. Формула выглядит просто: если у вас есть переменная x в момент t, то она будет равна $x_{(t-1)}+e$, где *e* — непредсказуемый шум. Это и есть случайное блуждание: насколько далеко пьяница смог отойти от фонарного столба, если он ходит то туда, то сюда случайным образом.

В дни славы гипотезы эффективного рынка люди считали, что она работает очень хорошо.

Другими словами, цены блуждают совершенно случайно. И если взять и сгенерировать случайное блуждание в *Excel*, несколько раз прогнать генератор, то можно получить замечательные картины, которые будут сильно напоминать индекс *S&P500* или *Доу Джонса* (Доу менее правильный, там всего 30 компаний, а в *S&P* — целых стоПицот). Это очень клёвая психологическая иллюзия. Люди — ну то есть как, люди, — трейдеры начнут думать, что «*вот тут был рост, тут падёж, это Великая депрессия, вот фигура теханализа "голова и плечи,,, двойная вершина, а это пузырь*» и далее по списку. Если им не сказать, что это случайно сгенерированный шум, они ещё и вспомнят, график какого актива вы им продемонстрировали. Но это будет полным бредом, потому что предсказывают рынок только бараны.

13.8. Назад в будущее

Почему предсказывать рынки нельзя? Хочется же! Одна из причин — толстые хвосты. Помните колокол гауссиана? По краям у него хвосты. Движения рынка имеют свойство быть излишне экстремальными, явно не попадающими под нормальное распределение. Хотя его дисперсия тоже меняется со временем. В 20-30-х годах XX века фондовый рынок был очень нервный, намного более волатильный, чем когда-либо до этого. Может показаться, что он был таким из-за аккумуляции крупных случайных потрясений. Мы-то знаем, что рынок не пьян, пусть и его поведение похоже на походку пьяного. Идея теории в том, что движения лишь похожи на случайные, потому что это новости, а новости непредсказуемы.

Если так оно и есть, выходит, что каждый раз, когда рынок движется, это потому что произошло что-то неожиданное. Например, научный прорыв, теракт, какое-то другое внешнее влияние, которое поменяло конъюнктуру рынка. Забавно представить, что все эти случайные движения реально отображают какие-то новости. Это было бы эффективным рынком. Каждый раз, когда рынок двигается, это потому что вышли новости. О чём? О приведённой текущей стоимости акций.

Напомню, что в самом простом варианте теория эффективного рынка говорит, что цена акций — это приведённая стоимость ожидаемого потока дивидендов. Обычно исследователи берут последние данные — самые надёжные, самые доступные, а вот возврат в 1871 год посчитают сумасшествием — это ведь было давно и неправда. Сейчас у нас есть посекундные данные (и даже более подробные — потиковые), а вот за позапрошлый век они не такие точные.

А что, если на старом графике показать будущее? Можно же сосчитать реально выплаченные дивиденды, дисконтировать их по безрисковой ставке в прошлое и показать, чему была равна настоящая стоимость акций — будто бы зная будущее. Роберт Шиллер — напомню, что нобелевский лауреат, — так и сделал: несколько лет назад посчитал реальную дисконтированную стоимость дивидендов и спроецировал её в прошлое. Формула чистой приведённой стоимости смотрит в будущее (как бы бесконечно), но основной вес всё равно приходится на ближайшие к точке отсчёта 10-15 лет, поэтому график вполне можно построить.

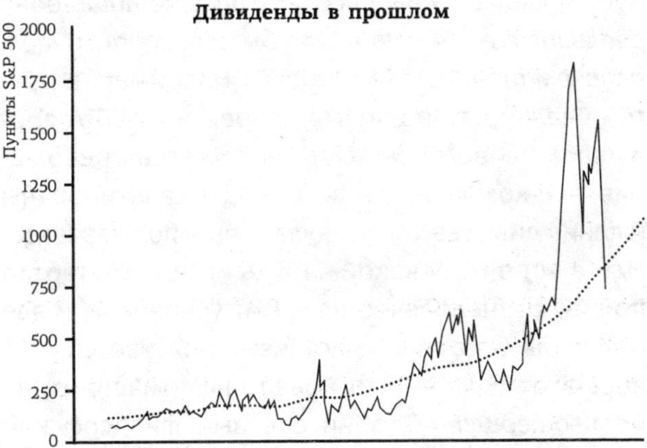

И, если посмотреть на график реальной стоимости предстоящих дивидендов и сравнить её со стоимостью акций (которая как бы прогноз этой стоимости), становится ясно, что с эффективностью прогноза что-то всю дорогу шло не так. Ожидаемые дивиденды просто плавно растут, а рынок оголтело мечется вверх и вниз. Если бы у нас был такой прогноз погоды, то диктор бы рассказывал: «*Ну, завтра, похоже, будет жарковато — плюс сорок пять*». А через два дня он такой: «*Завтра, ребята, похолодание. Будет минус тридцать*». Рано или поздно все решат, что, пожалуй, не стоит доверять такому прогнозисту. Он угадывает если только случайно. А ведь это именно то, что рисует нам фондовый рынок.

Тут много проблем — люди не знают, где была эта линия дивидендов в последний период, — мы ж её задним числом проставляли. Кто-то скажет: «*Вы рассматриваете лишь одну реальность — а что могло бы произойти в том далёком тридцать седьмом?*» Например, в другой реальности во время депрессии в США произошла бы великая коммунистическая революция, все компании были бы национализированы и линия дивидендов уткнулась бы в пол навсегда. Или в 2000 году какой-нибудь интернет-стартап привёл бы человечество к сингулярности, и все стали бы богаты и счастливы. Получается, что весь этот шум — это новая информация о *непроизошедшем*. Это интересный философский вопрос. Но факт в том, что мы никогда не видели изменений в дивидендах настолько больших, чтобы оправдать такие дикие движения рынка. А если бы мы могли видеть будущее, фондовый рынок вёл бы себя куда плавнее.

Давайте посмотрим на кризис 1930-х. Великая депрессия была ужасна, так? Четверть населения США — безработные. Яблоки на улицах продавали, обувь чистили за еду. Но посмотрите на график дивидендов — с ним ничего не случилось! То есть компании продолжали выплачивать дивиденды, ну понятно, какие-то обанкротились, какие-то снизили выплаты на несколько лет, но в целом — ничего не произошло (кроме того, что дивидендная доходность на дне была под 10%). Сука! Стоимость акции зависит от того, сколько дивидендов она принесёт в будущем. Не на следующий год, а в предстоящие десятилетия. И что же получается?

Люди дисконтировали будущие платежи настолько сильно, что занижали ценность акций не на проценты, а в разы. То есть, даже точно зная, что впереди долгая депрессия, было глупо валить оценки так глобально.

По крайней мере, такой график показывает, что простые объяснения неверны. Если фондовый рынок реагирует только на новую информацию и она вся есть в ценах, то за прошлый век он реагировал на информацию о событиях, которые не произошли. Ну, типа, пролетал мимо Земли астероид, и все думали, что он упадёт, а он пролетел мимо. А потом он вернулся, как у фон Триера. Потом, видать, была угроза коммунистической революции в Калифорнии или войны с Мексикой. Но тоже обошлось.

Поведенческая экономика приходит к противоположному выводу: бешеная волатильность рынка — признак чего-то другого. Возможно, каких-то общественных сил, спекулятивных истерик, каких-то действий, необъяснимых рациональным поведением. Разработано множество красивых математических моделей — что цена определяет всё, да вот беда — выходит, что не всё. Кто-то всю жизнь смотрит на график и думает, что понимает, откуда он взялся. Думает, что у него есть объяснение всему. Вот только объяснить он может всё исключительно задним числом, когда уже увидел результат.

13.9. Эксплуатация неэффективности

Стоит лишний раз задуматься о предсказаниях. На третьем уровне этой книги я ещё порассуждаю об эффективности рынков; но в целом они достаточно эффективны. Победить рынки (стабильно зарабатывать), пожалуй, возможно, но и идея эффективности чрезмерно популярна нынче. Особенно с применением алгоритмического трейдинга, когда роботы проводят тысячи и миллионы сделок за короткий промежуток времени.

Взять вот профессоров и преподавателей — они не так уж много зарабатывают. А те «опытные трейдеры», которые проводят семинары о торговле, почему-то не зарабатывают трейдингом, а зарабатывают своими сраными семинарами. С другой стороны, может быть, это и хорошо — начинающим дельцам вроде моих маленьких читателей даже полезно считать, что рынки очень эффективны.

Это такой циклический эффект, когда молодой человек думает: вот я нашёл систему торговли! Надо покупать, когда недельная скользящая средняя пронзит 20-дневную среднюю! Это золотая жила! И через полгода разоряется. Через пять лет он непременно умнеет, копит деньги, терзаясь в офисе, учитывает все ошибки и находит другую систему! Она год или два работает, приносит ему сказочные барыши, а потом он опять разоряется. И так каждый раз. И каждый раз он думает, что вот, он научился эксплуатировать неэффективность рынка, да вот беда — не проходит и нескольких лет, как этот рынок учит его собирать бутылки.

Наш Центробанк в 2016 году проверял брокеров и выяснил, что среднему россиянину требуется целых 9 месяцев, чтобы просрать на бирже весь свой капитал. Этот факт ЦБ дико взволновал и он чего-то там от брокеров потребовал. Странно, что форекс-кухни при этом остались без надзора — там людям хватает и одного месяца, чтобы проиграться в пух и прах.

Вообще открытых брокерских счетов у нас около миллиона, но активных (хотя бы с одной сделкой в месяц) гораздо меньше. А населения-то целых 145 млн! Поэтому брокерам было проще привлечь и обокрасть новых клиентов, чем вылечить старых. За последние 5-7 «стабильных» путинских лет продавцы финансовых услуг научились худо-бедно продавать своё говно, и уж конечно, они член ложили на финансовую грамотность потребителя. Принёс денег — и ладно. Когда стукнет маржин-колл — может быть, позвоним. Хотя нет, порежем да и всё, — невелика потеря.

Я видел где-то данные по Тайваню (да по любой стране можно найти, если поискать) о дей-трейдинге и о реальных доходах трейдеров — тех, кто торгует каждый день. Выяснилось, что везде есть довольно чёткий паттерн. Юные торгаши акциями быстро теряют свой депозит. Они торгуют очень много, занимаются предсказаниями и, естественно, ошибаются. Но есть около 1% трейдеров, которые, казалось бы, могут победить рынок и заработать. То есть, видимо, рынки весьма эффективны, но не до конца — если есть люди, которые из года в год показывают прибыль. Получается, что существует какое-то правило, которое, видимо, работает. Или несколько правил.

С другой стороны, никто из этих умников не стал реально богатым. Это значит, что на протяжении многих лет их достижения усредняются — они не могут показывать 10 лет подряд по 50% годовых, иначе такие трейдеры стали бы миллиардерами, а их нет. Есть Уоррен Баффетт, но он не торгует акциями, он торгует компаниями. И он — крайне редкий экземпляр. Есть мнение, что он (и такие люди, как он, в других отраслях) — случайность. Просто никто не пишет книг про тысячи инвесторов, потерявших деньги или заработавших 1—2 стандартных отклонения от рынка — пару раз в жизни.

* * *

Поэтому не надо страдать иллюзиями насчёт вашей способности заработать на бирже. Скорее всего, у вас её нет. А вот как работают серьёзные ребята, которые скромно, разумно и планомерно приумножают свой капитал, я расскажу в следующей части книги.

Пятнадцатая глава — об инсайдерах и регуляторах. Что такое бойлерная? Что бесит миллионеров? Как ловят инсайдеров и за что? Могут ли клиенты брокера потерять свои акции?

Шестнадцатая глава посвящена Центробанкам. Как появились первые бумажные деньги? Чем бостонские доллары отличаются от чикагских? Замораживали ли банковские депозиты в США? Зачем банки заставляют откладывать средства на счёт ЦБ? Куда делось богатство простых американцев во время ипотечного кризиса?

В семнадцатой главе я расскажу о том, как обыграть лохов. Чем биржа похожа на техасский холдем и почему выигрывать опасно? Как люди готовятся к потерям и, главное, зачем? Чем отличаются торгаши от стригунов? Где проблема у традиционного риск-менеджмента? Зачем нужно держать часть портфеля в кэше? Как заработать на открытой информации? Вгрызёмся в гранит колоссальных профитов.

В 18-й главе мы начинаем копаться в самом сокровенном: кто управляет деньгами мира и почему? Как возникли пенсионные фонды и почему наша пенсионная система так недоразвита? Как наживаются на пайщиках ПИФов? Можно ли спрятать деньги от бывшей жены? А от будущей?

Глава 19 раскроет секреты самых крутых портфельных управляющих мира. Что такое эндаумент и чем он хорош? Чего не стоит делать простому инвестору? Куда деваются деньги из финансовой системы? Как управляющие компании совершенно легально скрывают реальную доходность инвестиций от простых парней вроде нас?

Для 20-й главы книги я приготовил всё самое интересное. Тут я расскажу о поведенческих финансах и типичных ошибках в поведении трейдеров и людей. Почему разорился знаменитый профессор Йеля? Как развить собственное внимание? Влияет ли Якубович на ООН? Почему люди всё время ждут дефолта? Отчего пляшут голуби и кому нужны деревянные самолёты? Страшно ли потерять билеты на Рамштайн? Покровы будут сорваны раз и навсегда. Вперёд!

Левел 3: Мировая закулиса против лохов

ГЛАВА 14.
ИНСАЙДЕРЫ ПРОТИВ РЕГУЛЯТОРОВ

Финансовые институты — чёткие и модные структуры, но они хороши лишь настолько, насколько хороши люди, которые их используют. История финансовых рынков — это по большому счёту история людей, которых обманули, или каким-то образом плохо обошлись с ними. На рынке всегда есть хитрожопые уроды, которые ищут тупых дебилов, чтобы на них нажиться. Часто дебилами оказываемся мы с вами.

В 2007 году в США Национальная Ассоциация Риелторов начала рекламную кампанию со слоганом «*Цены на дома удваиваются каждые 10 лет*». Это организация гандонов, которые продают недвигу, и они вот прямо перед кризисом толкали эту туфту. На любом рынке есть тенденция скрывать негативную и неудобную продавцу информацию и кричать о позитивных и нужных продавцу фактах. Людям не говорят то, что им может не понравиться. Плюс ко всему, у многих есть проблема с концентрацией внимания — они не идут искать источники информации, а часто верят кому-то на слово.

Также у людей есть склонность к повышенной лояльности друзьям. И есть понятие *«все остальные»*. Это те, на которых мы клали с большой колокольни. У многих управляющих будет вполне естественная склонность к тому, чтобы хорошие возможности отдавать своим друзьям, а кал сливать *всем остальным*. Во время ипотечного кризиса это выразилось в том, что плохо осведомлённым иностранным фондам продавалось такое невероятное говно под соусом субпремиальных кредитов, что диву даёшься.

У брокеров есть склонность уговаривать клиентов совершать больше сделок, чем необходимо. Даже у ипотечных брокеров есть такая мулька, что они постоянно предлагают рефинансирование и новые замечательные дома — даже тем, кто переехал всего пару лет назад. Комиссии съедают часть доходности, и профессионалы прекрасно об этом осведомлены. А клиенты часто не обращают на них внимания. Чего там, 0,5%, 0,5% сюда. Так курочка по зёрнышку выклёвывает весь мозг.

14.1. Регулирование

Единственная причина, почему финансовые рынки реально работают, — это дичайшая зарегулированность. Нам имеет смысл говорить о регулировании в США, так как они являются моделью для всех остальных. Хорошо, если у нас станет как у них, — амеры ушли далеко вперёд в этом плане.

Основные институты регулирования возникли во время Великой депрессии, а во время либерализации 1970-х их заставили немного ослабить хватку. Базовая идея регулирования идёт от концепции истинности — и мне такой подход по душе. Главный шаг для развития финансовых рынков — это раскрытие информации. Надо заставить организации раскрывать правду одинаково для всех. Вот цитата основоположника этой идеи, американского судьи Луи Брандейса: «*Солнечный свет — лучшая дезинфекция*». Брандейс был богат, но жил скромно — вместо яхты плавал по речке на каноэ рядом со своей дачей. Он двигал идею, что раскрытие информации должно быть удобным и очевидным. Нельзя, чтобы инвестору надо было идти в ближайшее отделение милиции для получения каких-либо данных, запрашивать какие-то справки и вообще кого-то о чём-то просить.

В 1920-е широко распространился телефон, а всего за 10 лет до этого он работал плохо и был дорог. Но к середине 20-х телефоны уже были у многих пендосов дома. Это привело к появлению бойлерных[1] — они продавали

[1] Есть даже фильм «Бойлерная» — обязательно посмотрите, крутой.

акции по телефону. Почему бойлерная? Просто если вы продаёте по телефону, хороший офис не нужен. Поэтому они сидели в подвалах, где стоят отопительные котлы — бойлеры. Ещё что хорошо — в случае чего оттуда можно быстро свалить. И переехать в другой подвал.

В двадцатых годах таким образом продавалось чрезвычайно много всякого околобиржевого говна — и кучу народа облапошили. В 1934-м образовалась комиссия *SEC*[1] — надзорный орган по ценным бумагам. Идеи у них были как раз как у Брандейса: удобное и одинаковое для всех раскрытие информации. Поначалу это никому не нравилось. Америка — страна прежде всего индивидуальной свободы; это считалось антиамериканщиной, а Франклин Рузвельт выглядел как проклятый социалист, хотя он был просто социалист (не проклятый), да и то вполне вменяемый, а не как партия «Яблоко».

Эти телодвижения помогли созданию свободного и открытого финансового рынка. Основным достижением было то, что людей стали обманывать гораздо реже и доверие к финансовой системе выросло. Люди редко читают мелкий шрифт в контракте, да и даже если читают, понимают не всегда. Многие уловки были тогда запрещены.

[1] Securities and Exchange Commission — Комиссия по ценным бумагам и биржам.

14.2. Открой личико

Одна из вещей, которую реализовали почти сразу, — определили различие между публичными и частными ценными бумагами. Публичные бумаги — это те, к которым SEC допускает широкую публику. Если вы публичная компания, значит, вы прошли все необходимые процедуры по раскрытию информации. Простой американский паренёк может зайти на сайт SEC и посмотреть отчёт любой публичной компании. Там просто гигантские залежи всех этих обязательных отчётов и балансов — чёрт ногу сломит.

Компания может выбрать: стать публичной или остаться частной. Зачем становиться публичной? Для большего доверия. Больше рынок, больше возможностей для привлечения денег. Хотя инстинктивно всем хочется остаться частными: никому ничего не докладывать, не публиковать отчётность, скрывать сынулек Якуниных и Чаек и вообще прятать всё, что можно.

Но, если вы частная компания, вы не можете предлагать всем подряд свои акции. Возьмём хедж-фонд. Проблема в том, что каждый квартал нужно отправлять отчёт в надзорный орган о том, куда ты вложил деньги. Ну а как можно заработать больше рынка, если ты всем сообщаешь, что и когда ты купил или продал? Инвестиционные компании не хотят быть публичными. Но в этом случае они не могут рекламироваться. Иначе их дико зажопят, например.

Поэтому хедж-фонды не дают рекламу, и люди о них мало что знают. У них такой имидж скрытного Скруджа МакДака. Кроме того, есть ограничение на тех, кто может вкладывать туда деньги. Один из вариантов хедж-фонда называется 3с1, там может быть максимум 95 вкладчиков. Не так уж много, да ещё они должны быть аккредитованными инвесторами. Это те, кто 1) имеет миллион долларов на счету — не считая дома, машины и прочей шелухи, либо 2) имеет доход более 200 тыс. долларов в год на себя или больше 300 тыс. на семью за последние два года. То есть это для богатеньких.

Ещё и идут разговоры об увеличении порога до 2.5 млн долларов. Для защиты наивных буратин, у которых на счету жалкий миллион или два. Эта инициатива вызвала мощное бурление как раз среди таких недоолигархов. Перестали их за людей считать вообще!

Есть ограничения на покупку долей в больших хедж-фондах на 500 участников: для юриков это 25 млн долларов, для физиков — 5 млн. Это чтоб мелкие организации (колледжи, например, и детские сады РЖД) не вкладывали деньги в излишне рискованные предприятия.

Различия многих раздражают. Ну, типа, правительство выступает в роли опекуна, а это всех бесит. Вот у тебя не хватает денег, и ты, значит, как дитя малое. Какого хера? Почему кому-то можно вкладывать в хедж-фонд, а мне нет? Идея в том, что широкой публике нельзя инвестировать в инструменты, которые плохо задокументированы, чтобы потом никто не возмущался, что его кинули и он обнищал.

14.3. Инсайд

Важная концепция — это «инсайдерская информация». Инсайдер — это тот, кто владеет внутренней корпоративной информацией, которую можно использовать для торговли бумагами этой конторы. Если вы знаете хорошую новость, о которой пока больше никто не знает, вы можете купить акции этой компании на все деньги и заработать, когда цена вырастет после публичного объявления. Это и есть использование инсайдерской информации: вы зарабатываете на людях, которые не имели доступа к этой новости. Такие сделки запрещены, хотя и очень хочется.

В 2000 году был принят новый закон под влиянием распространения интернета. Во времена Брандейса раскрытием информации было просто напечатать документ. Он жил в бумажном веке. По новому закону надо было открывать информацию на своём сайте. Любой человек в мире может посмотреть трансляцию и услышать новость — одновременно со всеми остальными, в заранее назначенное время. В последнее время было несколько угарных новостей, что русские хакеры взламывали эти системы публикации новостей и читали подготовленные пресс-релизы до их публикации. Инфа сливалась в хедж-фонды, те резко вкладывались, обогащались и откатывали хакерам миллионы долларов. Руководители этих фондов уже выплатили сотни миллионов штрафов. Те, кого сумели поймать.

Сейчас над рынком установлено нехилое наблюдение, чтобы такой инсайдерской информацией никто не пользовался. Задействованы хитрые системы выявления подозрительных сделок. И биржи, и брокеры — все под колпаком.

В 1995 году была занятная история с компанией *IBM*. Секретарше поручили что-то отксерить, а там было предложение о поглощении компании *Lotus* — помните такую? Они первые сделали электронные таблицы, какой-то офисный документооборот, а сейчас их практически полностью сожрал Майкрософт. Но в то время это была большая компания, и новость была огого — *IBM* покупает Лотус! Секретарша рассказала о документах мужу (это уже потом в процессе расследования выяснилось), а он был каким-то сейлзом, типа пейджеры продавал или что-то такое. Причём сам он акции покупать не стал, но рассказал об этом паре друзей, мол, а *IBM*-то собирается поглотить Лотус! Друзья тут же купили акции, рассказали своим знакомым, и за три дня уже 25 человек накупили акций Лотуса на полмиллиона долларов. В акции вложились пекарь, электрик, сотрудник банка, молочник, школьный учитель и четыре трейдера. Что из этого вышло?

Прищучили всех! Двадцать пять невероятно удачливых инвесторов. У каждого отрезали по яйцу. Потому что нельзя торговать на инсайдерской информации.

Ещё один пример — компания *Emulex*. Где-то в середине 90-х чел по имени Марк Джейкоб — сотрудник этого Емулеха — был чем-то расстроен и приуныл, а у него был доступ к информационной системе компании. Он знал, каким образом они публикуют пресс-релизы. И вот он зашортил акции родной конторы, а потом выпустил фальшивый пресс-релиз от её имени, что дела плохи, в компании полная жопа. Он знал, как сделать так, чтобы эта новость выглядела в точности как официальный пресс-релиз компании. Запостил пресс-релиз он из пэтуэшной библиотеки — ну, типа, зашифровался, чтобы не со своего компа. Лошара.

Новость тут же перепостили все агентства, акции сильно упали, и он мощно нажился. Да вот беда — комиссия проверила, кто продавал точно перед новостью и откуда. Сходили они в эту библиотеку, допросили служащих — не заходил ли сюда кто-то непохожий на студента, а похожий на педального коня — и посмотрели камеры. Естественно, гениального шифровальщика взяли через пару дней, он только недавно откинулся.

Такие истории, естественно, оглашаются максимально — и именно поэтому американские рынки работают относительно неплохо. А у нас, например, акции Росбанка выросли на 20% за день до того, как французский Societe Generale объявил о его покупке. И ничего, все хорошо. Поздравляем победителей нашей беспроигрышной лотереи.

Несмотря на эти вопиющие случаи нечестного обогащения, множество профессионалов недовольны строгим регулированием — ведь оно отнимает кучу ресурсов. Но доверие к рынку важнее.

14.4. Пыльные папки

Регулируется и бухгалтерская отчётность. В США есть специальный орган — негосударственный, кстати, — который пасёт GAAP[1]. Это правила, по которым надо вести бухгалтерию.

У компаний есть отчёты о прибыли и убытках, есть доходы и чистая прибыль. GAAP как раз определяет, что можно считать прибылью. Компании и хотели бы по-своему учитывать свою прибыльность — что можно считать доходом, а что расходом, — но есть стандарты и нарушать их нельзя.

Есть балансовый отчёт, там, с одной стороны, активы, с другой — пассивы. Если пассивы вычесть из активов, получится акционерный ка-

[1] Generally Accepted Accounting Practices — признаваемые бухгалтерские практики, но все говорят просто «Гаап».

питал, то есть чистая стоимость компании, если она выплатит все долги.

А о чём следует беспокоиться — это о чёрной бухгалтерии и о всяких методах маскировки реального положения вещей. Некоторые конторы просто не вносят неудобные обязательства в бухгалтерский баланс. Вдруг кто-то спросит, зачем компании такие рискованные вложения или такие дорогие кредиты. Без вопросов спокойней.

Классический пример — компания «Энрон». У них собственность была хитро распределена по всяким ОООшкам, которые покупали бумаги, обеспеченные рискованной ипотекой, — да ещё и в кредит. То есть стоило кому-то не заплатить взносы по ипотеке, рушилась целая пирамида. Эти формы собственности были хитроумно скрыты; фактически это были исключительно пассивы, но из бухгалтерского баланса этого было не видно.

У нас тоже есть какие-то стандарты, но в целом они плохие, я бы даже сказал, полное говно. Наши планы счетов — полный мрак и холокост.

14.5. Страхование инвестиций

Страхование депозитов появилось в США ещё в 1934 году, а сейчас оно есть почти в каждой стране мира. У них застраховано по 100 тыс. долларов на рыло — сравните с нашими 1.4 млн рублей.

Что интересно, во время кризиса страхование депозитов сыграло злую шутку с британским банком *Northern Rock*. Английские депозиты полностью застрахованы только на 3000 фунтов, а следующие 30 тыс. — лишь на 90%. В 2016-м лимит подняли до 75 тыс. фунтов, но тогда, в 2007-м, народ дико забеспокоился за свои 10% — даже их не хотели терять всякие сэры, — набежали на этот банк, и он быстренько, всего за пару дней, составил в угол лыжи. И английский ЦБ его не спас. Говнянка, сэр.

В 1970 году в США случился кризис информационных технологий: под чудовищным валом бумажной работы разорился пятый по величине брокер *Goodbody & Company*. Тогда все транзакции были на бумаге, всё постоянно терялось, а по средам биржа не работала — разгребала завалы чеков и контрактов. Клиентов еле-еле спасли от разорения — но не саму компанию.

С тех пор в США есть агентство по защите прав инвесторов *SIPC*[1], там застрахованы счета до 100 тыс. долларов кэша и до 500 тыс. долларов ценными бумагами. Но только малая часть инвесторов понимает, что именно застраховано. Большинство наивно думает, что если вы вложили деньги в акции, а те повалились, то можно обратиться в эту контору и она вернёт деньги. Разумеется, нет! Более того, если брокер будет вам присылать аналитику, где написано «покупай»,

[1] Securities Investor Protection Corporation.

вы купите, а акции упадут, то и в этом случае претензии предъявлять можно только самому себе. Единственное, от чего страхует это агентство, — это если бумаги были своровaны. То есть вот было у вас на счёте 100 акций Фейсбука, брокер обанкротился, а акции со счёта куда-то делись, вот тогда можно обратиться в *SIPC* и их вам вернут (на сумму до 500 тыс. долларов) — не деньги, а именно акции.

Кто-то думает, что регулирование зашло слишком далеко. А кто-то наоборот: что ещё слишком много вольностей. Не все люди умны. Некоторые — полные кретины. Поэтому система должна быть рассчитана на всех, даже на самых мелких инвесторов. Сейчас проблемы решаются по мере поступления, то есть после очередного кризиса или красивого обманулова. Проблемы сложные, потому что всем нужна система, где люди могли бы принимать свои собственные решения без влияния всяких уродов, в среде, которой они полностью доверяют. Такую среду создать нелегко, а может быть, и вообще невозможно. Как писал Пушкин, сделай систему, доступную даже дураку, и только дурак будет ей пользоваться.

ГЛАВА 15. ЦЕНТРОБАНКИ И УНИЧТОЖЕНИЕ БОГАТСТВА

Я немного рассказывал об обычных банках, пора поговорить о центральных. Что это за звери? Это специальные учреждения, которые отвечают за валюту и её количество в стране. У каждой страны есть бумажные деньги, на которых напечатано название йыхнево ЦБ. А вот монеты есть не у всех стран. Из ближайшего окружения — лет 20 не было монет у Белоруссии, только в 2016 году появились.

Чтобы понять изначальную суть вопроса, надо, как всегда, немного опуститься вглубь веков. Вернёмся к теме самой первой главы — к изобретениям. Финансовые инновации — это важный процесс, схожий с инженерными открытиями. Когда кому-то приходит в голову идея, её копируют повсюду. У нас похожие машины, самолёты и утюги. Потому что выяснилось, что это работает и все это стали использовать. С центральными банками — та же история.

Как появился самый первый Центробанк? Сперва надо вспомнить, как появились обычные банки. Они в той или иной форме существовали очень давно, но современный банк начался с появления ювелиров. Они делали золотые украшения, и, так как очень тщательно охраняли свои товарные запасы, люди стали к ним приходить, чтобы просто держать у них своё золотишко. Можно сказать, что они клали (некоторые — ложили) золото на депозит. А банкир-ювелир давал им взамен бумажку, на которой было написано, что он вам должен столько-то и вы в любой момент можете прийти и забрать своё золото. Потом этими расписками люди стали меняться и расплачиваться между собой — как будто это были банкноты — безо всякого регулирования со стороны государства. Просто частные деньги, мавродики.

Самое интересное, что именно с таким содержанием, но в меняющихся формах, золотой стандарт просуществовал аж до 1970-х годов. Удивительно. Точнее, это не было всегда именно золото. Чаще всего стандарт был биметаллический: серебро и золото или даже только серебро — вспомните хотя бы английский фунт стерлингов, это же и есть фунт серебра. Самое удивительное для современного человека — золотой стандарт существовал всего несколько десятков лет назад, и наши родители его ещё застали.

С момента появления этих расписок возникали проблемы по их обналичиванию. Не каждый

Абрам отдавал деньги по предъявлению расписки. Приходишь к нему, показываешь его же расписку, а он тебе говорит: «*Слушай, я что-то всё раздал, приходи в другой раз, когда какой-нибудь новый фраер мне золотишка принесёт на хранение*». Всё по Торе.

15.1. Первый в мире ЦБ

Перейдём к Банку Англии, который был основан в 1694 году. Это был обычный банк, но основанный особым указом парламента, а британское правительство выдало ему монопольное право стать корпорацией. Это был единственный банк во всем королевстве, которому было позволено выпускать акции и продавать их большому количеству людей. Были и другие банки, конечно, но у них было ограниченное количество участников-партнёров, и поэтому они были не так велики. Так Банк Англии стал самым большим. Потом выяснился один чрезвычайно важный момент: стало понятно, что у этого банка огромная мощь из-за его размера, и мелкие банки ничего не могут с этим поделать. Он мог одним махом выкинуть любой другой банк из бизнеса, в любой момент, просто когда хотел. Но как?

Из-за того, что он был такой большой, он мог собрать много долговых расписок любого другого банка и внезапно прийти их обналичивать.

Такой предъявы ни один мелкий банк выдержать не мог, ведь для роста бизнеса золото нужно вкладывать. Поэтому Банк Англии фактически рулил всем рынком одними только угрозами.

Но со временем он принял свою роль государственного банка, причём не являясь официально государственным. Он использовал политику «хер с вами, живите» — но с одним условием: если вы другой английский банк, заносите нам депозит, ок? И предписывал, сколько именно. Если депозита нет, то вам гарантирована жопа. Но! Это создало чёткий стабилизец в системе, ведь в трудное время Банк Англии мог и помочь другому банку, вернув этот депозит или его часть. Взамен того, что другие банки держали у него деньги, ЦБ помогал им, даже кредитовал по мере надобности. И система чувствовала себя прекрасно на протяжении столетий.

Это оказалось хорошей моделью для всех остальных центробанков в мире. Все они — копии Банка Англии. Кстати, он был лишь частично независим от государства, и только в 1997 году правительство сделало его полностью независимым.

15.2. Создание Федрезерва

А в США был такой Банк Саффолка. Это уже намного позже было, основали его в 1819 году в Бостоне, и он был частный. И по собственному желанию он вдруг решил устроить такое же западло, как и Банк Англии, — заставил все банки штата занести ему депозиты. Что же получилось? Система стабилизировалась! Работала она до 1860 года.

Теперь понятно, что все центробанки — это финансовые изобретения обычных граждан; не подумайте, что масонов. Это не государство их придумало. Банк Саффолка просто устроил это самостоятельно, стал большим и влиятельным. В первой половине XIX века в США постоянно случались банковские кризисы из-за проблем с валютой. Приходишь в магазин, хочешь купить себе батл виски, а кассир тебе говорит: «*Показывай бабки, чувак*». Ты достаёшь из широких штанин все свои расписки, выкладываешь на прилавок, а кассир тебе и говорит: «*Это галимые бостонские доллары, это чикагские, а эти, голубчик, — хер знает откуда, из Усть-Миссисипского Речного Пароходства*». Дальше он достаёт справочник «*Чёткие Банкноты Севера и Юга*» и говорит: «*Слушай, ну бостонские мы принимаем с дисконтом 20%, поэтому дам тебе лишь 80 центов за доллар. Чикагские — это ок. А на доллары УМРП дисконт будет 30%*». Короче, система ниппель, так сразу и не прассышь, чо куда сколько нести.

Но бостонские деньги были как раз крутые, там же был этот Банк Саффолка, в других штатах было хуже. Поэтому Саффолк стал моделью для всех остальных. Банк США создали в 1791 году, потом, что забавно, основали Второй Банк США, но они были не такие крутые, как Банк Англии, и исчезли в 1836 году. Так как американцы были упёртые по поводу демократии, они долго не хотели создавать что-то правительственное. Потом издали закон, который позволял создание нового типа банков — «национальные», и каждый город создал свой национальный банк, который должен был держать депозиты в государственной казне. Эти банки печатали банкноты — каждый свои, но внешне одинаковые — кроме названия банка.

Тема оказалась успешной. Больше с бумажными деньгами проблем не было: всё начали принимать без дисконта, и эти национальные банки друг у друга тоже. Так и появились первые американские наличные деньги.

Но банковские кризисы всё ещё происходили, и довольно часто. Это не касалось валюты, только устойчивости самих банков: народ дико набегал, вставал в очереди у офисов, и банки лопались. В 1907 году был адский банковский кризис, куча банков разорилась, и надо было что-то делать, как-то систему чинить.

И они придумали Федеральную Резервную Систему. Её создали указом Конгресса в 1913 году, и идея была точно такая же, как и у Банка Англии. То есть ей всего сто лет! По сути, это и есть Центробанк, но амеры так сильно хотели, чтобы оно выглядело по-другому, что извернулись как только смогли. Они создали 12 — сука, двенадцать! — Центробанков по всей стране, вот это по-американски! 12 федеральных резервных банков, без центрального. Но штаб у них в Вашингтоне, называется Совет Управляющих Федеральной Системы, коротко — просто Федрезерв. Это агентство, которое надзирает над двенадцатью региональными банками.

По кодам на долларовых банкнотах можно понять, где именно они были напечатаны[1]. И в соответствующем штате местных долларов больше.

В начале всей затеи все банки заставили держать депозиты в этих резервных банках. Опять же, если возникала какая-то проблема, они могли обратиться за помощью к Федрезерву. Так его стали называть кредитором последней надежды.

В 1913-м, когда система Федрезерва заработала, американский президент Вильсон, который подписал указ, был просто в экстазе. Он прямо запрыгал от радости и всем заявил: «*У нас теперь всё потрясающе, пацаны! Кризисов больше не будет, только небо, только ветер, только радость впереди! Бухаем!*» Ну и все пиндосы подумали, теперь будет всё у нас чётко, как в старой доброй Англии, только без Гиннесса.

С этой системой они сейчас и живут. Может, этот Вильсон погорячился, но шаг был сделан

[1] В Бостоне, Нью-Йорке, Филадельфии, Кливленде, Ричмонде, Атланте, Чикаго, Сент-Луисе, Миннеаполисе, Канзасе, Далласе или в Сан-Франциско.

в правильном направлении, хотя и тупо скопировал успешные технологии у англичан. Никто ж не знает до конца, как именно устроена банковская система. Есть теория денег, но она не особо работает на практике. Центральные банки сейчас играют очень большую роль в экономике, они типа как привратники деньгопечатного царства. И у банкиров есть тенденция давать в долг слишком дохера денег. Это создаёт пузыри и чувство фальшивого процветания, потом кризис, жопа, паника и рецессия.

Это значит, что банковская система вообще-то должна быть источником стабильности и здравого смысла. На место директора ЦБ нужны высоко, сука, моральные люди, а не продавцы мебели. Роль центрального банка, на самом деле, очень проста: убрать бочку с бухлом, когда вечеринка в самом разгаре. Ну, типа, мама пришла. Можно выжрать немного, покуролесить, но когда-то надо и остановиться. ЦБ так контролирует рынок через нормы резервирования. Указывает банкам, сколько они должны занести резервов в ЦБ, ну или в США можно их держать на спецсчетах в самих банках. У нас так нельзя, и правильно.

Ещё есть нормы достаточности капитала. Это всё идеи начала XX века, ещё даже Федрезерва не было, но после его создания он эти функции отгрёб, естественно, себе. Прокрутим время немного вперед. Система казалась великолепной. В каждой стране был Центробанк, даже в СССР. Но в 1933 году, в разгар депрессии, система сломалась. Банки начали разваливаться и укатываться в преисподнюю. Федрезерв мог бы их спасти, но Рузвельт придумал идею получше: он просто закрыл к чёртовой матери все банки от греха подальше. Назвал это «банковскими каникулами». Потому что все бежали за своими денежками, выстраивались в очереди и создавали глобальный крах. Все банки одновременно накрывались огромным тазом, страна могла остаться вообще без денег. Конечно, президент зассал, как иначе. И деньги у людей начали кончаться — в банк-то пойти нельзя.

Какая-то газета даже опрос проводила — сколько у вас денег осталось в кармане. И люди отвечали: 10 центов, 5 центов. Всё потратили до копейки. Жрать не на что было! Они уже начали рисовать долговые расписки, всё такое. Ад был кромешный.

В тот кризис Федрезерв никому не помог, но администрация Рузвельта придумала Агентство по страхованию вкладов. И всем вкладчикам сразу полегчало, ну а как иначе, вклады-то застрахованы. Никто не бежит в банк, всё ок. И до кризиса 2007 года всё это работало очень хорошо.

На самом деле роль ЦБ — не совсем предотвращение банковских кризисов, в реальности она гораздо шире: поддержание стабильности в экономике, защита от рецессий, инфляционного перегрева и сдувание адских пузырей. Если инфляция растёт, ЦБ может повысить ставки, и более дорогие кредиты остудят экономику, ведь денег станет меньше. А если экономика начинает развиваться херово, работы в стране мало, тогда ЦБ может снизить ставку, банки будут больше брать денег, раздавать кредиты, провоцировать потребительские траты и экономика подрастёт. Жаль, что эти простые истины недоступны нашему ЦБ, и в период кризиса ставки у нас конские. Люди работу теряют, страна вся в говне, а Набиуллина[1] заботится об инфляции и курсе. Это с учётом того, что денежная масса у нас крайне низкая: соотношение денежной массы к ВВП составляет 46%, то есть на один рубль ВВП у нас всего 46 копеек денежной массы. Для сравнения: в США на 1 доллар ВВП — 1 доллар денежной массы, в Европе на 1 евро ВВП — полтора евро, в Великобритании на 1 фунт ВВП — 2 фунта денежной массы, в Китае на 1 юань ВВП — почти 3 юаня денежной массы!

В некотором роде ЦБ — как регулятор на паровой машине. Если пар прёт слишком мощно, мотор дико разгоняется, датчик прикрывает клапан притока пара, чтобы мотор не перегрелся, ну и наоборот — когда мотор замедляется, датчик открывает клапан и поддаёт жару.

---

[1] Кстати, лучший председатель ЦБ по версии какого-то видного журнала.

15.3. Независимость Центробанков

У каждой страны есть свой Центробанк, но в Европе есть ещё и Европейский центральный банк. Это совершенно новая тема. Евро начали вводить с 1999 года, а наличная валюта появилась в 2002 году. Не все страны, входящие в Евросоюз, приняли евро. Англичане провели референдум и проголосовали против, они вообще у нас любители референдумов. И у шведов, норвежцев, датчан в ходу собственные кроны, а в отсталой Финляндии — евро. В странах еврозоны остались свои Центробанки, но их первоначальный смысл уже утрачен, ведь они больше не поддерживают валюту своих стран. Итальянских лир и дойчмарок больше нет.

Японский ЦБ — тоже большой и важный в мире — стал независимым в 1997 году. Вообще сейчас целая тенденция делать Центробанки независимыми. Идея в том, что у государства может возникнуть желание напечатать валюты и запустить инфляцию. Политические процессы зачастую на ЦБ оказывают сильное давление. Поэтому для соблюдения независимости в Федрезерве члены избираются аж на 14 лет, и выгнать их нельзя, чтобы правительство не могло на них давить. Каждый седовласый член совета знает, что он там укрепился монументально, и не ссыт. В члены Феда приглашаются видные банкиры с безупречной репутацией. И они становятся хранителями валюты. Люди там верят в стабильность доллара, и по 14 лет её защищают. Попробуй выгони их оттуда!

Многие удивляются, что в США никогда не было деноминаций доллара, как так? Напомню, что в России за последние сто лет рубль стал дешевле в 500 *трлн* раз, это пять с 14 нулями[1], — за 4 деноминации. Вот вам и ответ. Куча стран погрузилась в инфляционный ад, а США — никогда. Какой он был 100 лет назад, таким он и остался. То есть, конечно, инфляция в США была и есть сейчас, но деноминаций там не было никогда. Не было и обмена «старых» денег на «новые». Вот почему независимый ЦБ так важен.

15.4. Что будет, если уничтожить наличные?

Деньги — это весьма замечательная финансовая технология, которая была неизвестна многим недоразвитым обществам, и во многом из-за того, что европейцы использовали деньги как всеобщий эквивалент, они оказались на голову выше покорённых ими аборигенов со всех частей света.

Сразу скажу, что я крайне скептически отношусь к предсказанием Хазина, Делягина и Глазьева, которые 20 лет рассказывали про то, что доллару в следующем году конец, а конец всё никак

[1] 500 000 000 000 000, ок?

не настанет, ну то есть он, конечно, настанет, но не для доллара.

С тех пор, как по миру ударил коронавирус, наличные будто бы исчезли. Заказы мы делаем в онлайне и тут же платим картой, в крайнем случае бесконтактно проводим телефоном у терминала курьера при доставке. Банкноты сегодня кажутся нам ещё грязнее, чем обычно. И мало кто стоит в очереди к банкомату, чтобы снять кэш.

Но количество наличных долларов в мире с начала пандемии только увеличилось! Сейчас по планете циркулирует 2 трлн бумажных долларов — примерно на 200 млрд больше, чем годом раньше. Отчасти это связано с коронавирусной паникой, но не полностью. Что совершенно неочевидно, а я люблю такие открытия, годами и десятилетиями использование наличных денег уменьшалось, но вот объём наличных долларов в мире продолжал расти. И, естественно, основные суммы приходятся на соточки, в американском простонародье называемые «Франклинами». К слову, я на всякий случай заглянул в Википедию, и к моему знанию о том, что Франклин изобрёл громоотвод и подписал декларацию Независимости, добавился факт того, что он предпочитал любовниц в возрасте, о чём написал целый трактат. Сразу ясно, что мужик был невероятно умный и деятельный. Но я отвлёкся.

Начал-то я с того, что стодолларовых купюр в мире, оказывается, больше, чем однодолларовых. Ну, то есть что количество денег в стодолларовых купюрах больше — в этом я нисколько не сомневался, для этого достаточно того, чтобы их было не в сто раз меньше. Но в 2020-м стодолларовых купюр в мире было примерно 12 млрд — каждому американцу по 40 штук, то есть по 4000 долларов на брата.

Возникает вопрос: а где же все эти деньги? Что люди с ними делают? Ну, точно никто и не знает. Это же просто куски зелёной бумаги, рассеянные по всему миру. Но кое-какие идеи у меня есть. Люди в развивающихся странах (например, в Беларуси) хранят свои сбережения в долларах, чтобы уберечься от инфляции местной валюты и общего недоверия к банковской системе. И, наверное, понятно, что есть некоторые личности, которые предпочитают нал, чтобы уходить от налогов, покупать и продавать наркотики, женщин и украденные предметы искусства.

Весной 2020-го года (я про первый год пандемии коронавируса), множество калифорнийских магазинов закрылись на карантин. Но некоторые из них были отмывочными пунктами наркомафии. У дилеров возникла серьёзная проблема: как оприходовать огромные горы кэша. Федеральные агенты не спали и за несколько недель эти горы просто изъяли, потому что магазину без покупателей становится очень трудно объяснить, откуда в кассе взялась куча денег.

Гардвардский экономист с подозрительной фамилией Рогофф пишет, что рядовым американцам жилось бы гораздо лучше, если бы стодолларовые купюры были запрещены. И пятидесятидолларовые тоже. Обычным людям это не доставило бы проблем, а вот преступникам сразу резко осложнило бы операции, ведь перемещать большие суммы денег незаметно стало бы гораздо сложнее. Таким образом *все* преступления, совершаемые за деньги, стали бы гораздо дороже. На мой взгляд, это вполне здравая мысль, и в том числе из-за этого я против появления 10-тысячных купюр у нас в России.

Рогофф указывает ещё на одно, менее очевидное преимущество избавления от крупных купюр. Так Федрезерву будет проще сжимать экономику (при необходимости), устанавливая отрицательные ставки. Каким образом?

Сейчас объясню. Мне, кстати, как законопослушному гражданину, идея нравится. В моменты, подобные коронакризисному, люди копят и ныкают деньги, потому что они испуганы. Но когда все одновременно начинают копить, экономика резко сдувается. В такие моменты задача любого Центробанка (и Набиуллиной, и Федрезерва) — борьба с подматрасными сбережениями путём снижения ставки. Чем ниже ставка, тем менее интересно держать деньги на депозитах, да и наличными тоже, потому что деньги дешевеют. А бизнесу, наоборот, становится проще занимать, инвестировать и нанимать новых сотрудников.

В ответ на коронакризис Федрезерв снизил ставку практически до нуля. Наш ЦБ не отставал и тоже снижал ставку до самой низкой в истории. При этом экономика всё ещё в плохой форме, безработица высока, но ниже нуля ставки опускать не получается.

Тут надо вспомнить о крупных купюрах. Даже минимально отрицательные ставки означают неуклонное уменьшение средств на счетах людей в банках. Поэтому если ЦБ сделает ставку слишком низкой, люди пойдут снимать деньги со счетов.

По словам Рогоффа, у обычных людей с небольшим остатком на счетах никаких проблем не возникнет. Он пишет, что на небольшие суммы негативная ставка вообще не должна распространяться. Проблема должна возникнуть только у тех, кто собрал громадные депозиты. Если каждый месяц сумма будет уменьшаться, скажем, на 3% годовых, люди и организации будут вынуждены вкладывать деньги в экономику или по крайней мере тратить, а не держать их без дела.

Кто-то говорит, что сама идея отрицательных ставок повергнет рынки в шок, поэтому не стоит даже и пытаться. Джером Пауэлл, председатель Федрезерва в 2020 году, не раз говорил, что ФРС не рассматривает отрицательные ставки. Хотя у простого работяги без нескольких тысяч долларов на счету запросто может возникнуть вопрос: если всем станет немножко легче, а преступникам — немного тяжелее, может быть, стоит попробовать?

Разве плохо, если прятать чёрный нал станет труднее? Не знаю. Конечно, мне хотелось бы поменьше государства в жизни. Но и преступности хотелось бы поменьше.

15.5. Ставка и нормы резервирования

Теперь чуть более конкретно о том, что делает центральный банк. Примерно каждый месяц у Федрезерва собирается комиссия по открытым рынкам и устанавливает федеральную ставку фондирования. Это ставка по однодневным кредитам для банков. Нам вряд ли понадобится занимать деньги до следующего вечера, но у банков так заведено, что они берут и отдают, берут и отдают. Для экономики этот уровень довольно важен. На январь 2016 года эта ставка составляла 0,25-0,5% годовых (то есть почти ноль), а перед кризисом 2007 года доходила до 5%. Это годовых, то есть в день берётся 1/365 от этой ставки или 3/365, если деньги дают с пятницы по понедельник.

Ставка эта так низка, потому что экономика США достаточно слаба (сравните с политикой Набиуллиной) и её надо подогреть. Безработица высокая, поэтому они не думают об инфляции, а думают о новых рабочих местах.

Я говорил о том, что банки держат депозиты в центральном банке. Обычно они беспроцентные, но в разгар кризиса, в 2008 году, Буш подписал тему, чтоб Федрезерв ещё и проценты им платил. Это впервые произошло. Так банки подманиваются, чтобы их резервы стали побольше. Если Фед ожидает всплеска инфляции, он может добавить процент по вкладам на резервы и резко зажать денежную массу в стране. Инфляция сдержится[1].

Это было интересное время: потребители были под прессом, потому что набрали слишком много кредитов — в том числе на дома, которые не могли себе позволить. Экономика замедлялась — то ли из-за этого, то ли хрен знает от чего; бывает, что она замедляется. Из-за просранных ипотек крупные банки влетели в полную жопу, инфляция выросла, доллар стал гораздо дешевле. Когда евро только появился, доллар стоил больше 1,2 евро. Когда-то он был дороже и 130 йен, и полутора австралийских долларов, а пару лет назад вдруг стал дешевле 80 йени австралийца. Время было интересное.

Есть мнение, что повышение ставок ведёт к рецессиям и кризисам. Но на самом деле утверждать этого нельзя. Тут нет причинно-следственной связи, а есть корреляция. Вспомните пример про погоду и курс доллара: если весной становится теплее и доллар растёт, то осенью всё может перевернуться с ног на голову: температура будет падать, а доллар, например, продолжит расти. Влияет ли оно друг на друга? Вряд ли. Поэтому причина кри-

[1] Или нет.

зисов, конечно, не в ставках. Если бы Центробанки не зажимали деньги вовремя, то кризисы могли бы получиться куда страшнее. Или нет.

Нельзя забывать и об инфляции, которую надо вычесть из номинальной ставки, чтобы получить реальную. Если у нас в стране инфляция 4,5%, а ставка 7,5%, налицо монетарная политика средней жёсткости (на мой взгляд, неуместная, но я и не министр экономического развития). А если бы инфляция была процентов десять, то ставку в 7% можно было бы смело назвать стимулирующей. В Китае ключевая ставка около 4,5%, а инфляция — около 3%. Но там ключевой ставкой называют годовой депозит в их ЦБ, а то, что под ставкой подразумеваем мы, там около 2,5%. То есть она чуть ниже инфляции.

В США реальная (не номинальная!) ставка долгие годы была ниже инфляции, а осенью 2018-го, похоже, её переросла. Это считают предвестником кризиса, но в реальности макроэкономические модели настолько сложны и оторваны от реальности (22), что всё может быть и наоборот.

Теперь о банковском мультипликаторе. В целом это сложная структура, но, по-простому, это всего лишь единица, делённая на норму резервирования. Банки будут стремиться получить депозитов как раз на эту сумму. Если резервировать надо 10%, то банки будут стараться привлечь 1/0,1 = в 10 раз больше депозитов, чем у них зарезервиро-

(22)

вано денег у ЦБ. Ведь они хотят лишь выполнить норму, и не более того, поэтому лишь 10% денег будет заморожено, а остальные пойдут в дело.

У ЦБ есть право устанавливать нормы резервов, которые должен в нём держать каждый банк. Надо понимать разницу между нормой капитала и нормой резервов. Резервы — это доля от пассивов. Сейчас в США норма резервирования — 10% от всех текущих счетов. Это те счета, с которых можно снять или перевести деньги в любое время. Насчёт вкладов никаких норм резервирования нет, у них вклады безотзывные, то есть их нельзя забрать досрочно. Мне, кстати, это нравится: подписался — терпи. Считается, что 10% резервирования достаточно, чтобы предотвратить набег вкладчиков.

Раньше это всё работало как часы, но теперь, когда Фед начал платить процент по депозитам, банки часто держат более высокие резервы, в 2016—2017-м они очень высокие — более триллиона долларов. Вместо того, например, чтобы раздавать излишки под однодневные кредиты на межбанковском рынке, банки эти деньги держат у Феда.

15.6. Требования к капиталу и рейтинги

Несколько лет назад требования к резервированию были основной темой для обсуждения, чтобы предотвратить набеги и сохранить корованы в целости. Но сейчас-то кто набежит, если у них там триллион долларов под подушкой заныкан? Это не проблема. Кое-что другое набирает вес, и это другое — требования достаточности капитала.

Требования к капиталу — совсем другая норма. Резервы — это доля от рискованных пассивов, зависят они только от того, сколько банк кому должен (прежде всего вкладчикам). После кризиса эти нормы выполняются достаточно легко и без проблем: банки и сами не прочь немного снизить свои риски. Но с капиталом — вообще другая история, сейчас более злободневная.

В России из-за ежегодных требований повысить капитал владельцы мелких банков мучаются и отдают в банки своё имущество (здания, акции и т. п.), только лишь чтоб у них не отозвали лицензию. У нас ЦБ постоянно требует укрупняться. Это, с одной стороны, хорошо: мелких банков у нас слишком много, несколько лет назад их было под тысячу, 850 из которых никто никогда не видел и не слышал. Сейчас их стало меньше: несколько сотен, но всё равно много картонных отмывочных контор осталось. С другой стороны, это, конечно, плохо, так как ограничивает конкуренцию. Нельзя просто пойти и открыть банк, нужно дофига денег для этого. Это могут не только лишь все.

Есть такое международное соглашение, называется Базель-3, призванное снизить рискованность мировой банковской системы и повысить её стабильность. Оно до конца ещё не вступило в силу, там поэтапно; последний этап в 2019 году наступает. Вся большая двадцатка подписала это соглашение, но внутри стран пока есть проблемы с вводом его в силу. Главное требование — держать достаточный капитал в процентах от активов.

В США особенно много проблем с Базелем-3, потому что по нему требуется постоянное рейтингование бумаг — то, что делают *Moody's* и *Standard & Poor*. Но там они ловко приняли закон, который эти рейтинги обходит.

Рейтинговые агентства появились в районе 1900 года, несколько раз объединялись, и теперь они выпускают свои кредитные рейтинги для всего подряд. Например, Мудисы ставят лучшим бумагам рейтинг *AAA*. Это означает, что Мудис считает, что эта компания никогда не обанкротится. Но если им что-то не понравится, они могут снизить рейтинг до *AA*. Или ещё дальше — до *A*. Потом, чего доброго, вообще до *BBB* или *BB*. Мистер Муди[1] придумал эти оценки, как в американской школе, ещё сто лет назад. Тогда люди говорили, что он натуральный псих — оценки даёт ценным бумагам, ну точно двинулся парень. Но он упорно гнул свою линию, и его рейтинги понемногу начали признавать. Потом уже всякие организации (и правительство) стали даже тре-

[1] Говорящая фамилия.

бовать, чтобы банки зависели от рейтингов своих активов.

Но как раз в недавний кризис оказалось, что это не рейтинги, а говно. Некоторые бумаги с рейтингом ААА или АА потеряли всю свою стоимость. По каким-то облигациям рейтинги менялись аж на 10 ступеней за день, это же полный крантец, даже вакханалия! И Конгресс заявил, что рейтинги — это никому не нужная херня, и правильно сделал. Проблема в том, что компания *платит* агентству, чтобы оно проставило ей рейтинг. А там уж, сами понимаете, кто сколько занёс, тому такая и оценка.

Люди, которые делали Базель-3, особенно эту тему не догоняют. Они ж не Америка, а G-20, международная ватага дебилов. Они всё ещё верят в рейтинги. Хотя я вам скажу, что риск измерить с ума сойти как трудно. Сегодня его нет, а завтра — хоп! — Ходора взяли, компанию обанкротили и раздербанили. Это фундаментальная проблема. Поэтому, конечно, хорошо было бы, если б агентства работали по-человечески, и мы знали вероятность дефолта по всем бумагам, но вышло-то так, что они весь кризис просрали как последние кретины. Они его просто не ждали. Почему? Это сложный вопрос, но я дам вам на него короткий ответ: хер его знает.

Ну и вот сейчас амеры судорожно придумывают, как без рейтингов интерпретировать требования Базеля-3. Скорее всего, придумают, чтобы у каждого банка был свой комитет по управлению рисками, и они бы отвечали за свои оценки. Но в реальности что произойдёт — они просто будут брать рейтинги «Мудиса» и «Стандард&Поора» и подмахивать, будто сами их вычислили.

Базель-3 вводить дорого. Банки уже вроде как и смирились с более жёстким регулированием — все признают, что кризис мог затащить весь мир в пропасть. Но не все банки одинаковы. Некоторые не брали никаких государственных денег и держались на чётком риск-менеджменте, поэтому им обидно, что другим вдруг помогли беспроцентными кредитами от государства. Причём кому помогли-то? Самым тупорылым! Которые были на грани разорения из-за собственного кретинизма. С какой стати?

После кризиса регулирование зажимается. Потом рынки растут, ВВП растёт, нормы чуть-чуть отпускают, лазейки открывают. Потом опять приходит кризис, и приходится устанавливать ограничения. История показывает, что тут как с маятником — то туда, то сюда. Регулятор всегда исправляет вчерашние проблемы. Когда происходит какой-то скандал (типа Энрона), всё ахают-охают и запрещают вредные практики. Но так предотвращается старая проблема. Да, она больше не повторится. Новая жопа будет совсем другой. Так уж мир устроен.

15.7. Создаём ручной банчок

Расскажу маленькую историю про основание банка. Представьте, что вы решили создать банк. В развитых странах это не так уж сложно, можно пойти вот и создать свой банк. Надо зарегистрировать устав, а после этого удовлетворить требования достаточности капитала. Допустим, денег у вас хватает (пхахаха, ну да, насмешили). Находите вы пустое здание под офис на Тверской, заполняете бумажки, подписываете все договоры, кулер, смузи, секретарша, все дела, открываете двери, сажаете в окошко кассира и ждёте вкладов от всяких лохов и прочего населения.

Приходит первый клиент и вносит 1000 рублей на счёт. Понятно, что сейчас регуляторы изначально потребуют наличие капитала, но мы представим, что всё начинается с депозита; допустим, так разрешено. Ну вот, кто-то приходит, заносит вам тысячу рублей, вот ваши активы — тыща, и пассивы, вы же ему их должны, — тоже тыща рублей. Если это срочный депозит (например, на год) и клиент не может его забрать, пусть даже с потерей процентов, на такой счёт резервирование не нужно. Но если человек просто на текущий счёт принёс 1000 рублей, то 100 из них нужно зарезервировать. В хранилище у вас 1000 рублей, ок, но ещё надо посчитать риски. У каждого актива есть риск. Только у кэша нет риска — а у вас всё как раз в кэше. В резерве у вас эта же тысяча (это не 10%, а все 100%), поэтому если клиент придёт и попросит её обратно, вы ему просто их отдадите, всё хорошо.

Базель-3 требует, чтобы капитал составлял 4,5% от рискованных активов. Погодите, а где он? Вы только двери открыли, и 1000 рублей у вас в активах, и 1000 в пассивах, резервов достаточно, а где же капитал? Надо выпустить акции, чтобы он появился. Плюс у них ещё одно требование — 2,5% на какой-то консервационный буфер, чёрт его знает что такое. Факт в том, что его не обязательно надо создавать, но если его нет, то там накладываются определённые ограничения на деятельность. То есть вроде как и необязательно, но надо. Всего 4,5 + 2,5 = 7% от рискованных активов. Но пока капитала нет.

Что делать? Нарушаем, товарищ. Надо набрать где-то капитал. Можно выпустить акции и продать. Давайте выпустим на 200 рублей акций, например. Это означает, что кто-то даёт вам 200 рублей за эти акции, ну и у вас оказывается 1200 рублей уже. Всё налом, очень хорошо. Но это и пассив — акционерный капитал. Это уже, сука, бухгалтерия, и поэтому мой курсор начинает подванивать.

Для регуляторов огромная разница между вашими двумя типами пассивов — 1000 и 200. Почему? Потому что клиент может прийти в любой момент и затребовать свой штукарь, и придётся ему его отдать. Но вот акционеры ничего затребовать не могут. У них доля в компании. Придут к окну, ну нальёте им пивка. Акции обратно выкупать у вас обязательств нет. Единственная обязанность перед акционерами — это чтоб когда вы выплачивали дивиденды, всем досталось бы по количеству акций. Но непосредственно они не могут управлять вашим банком — только через совет директоров. А совет уже утверждает, когда и сколько прибыли выплачивать. Но набегать акционеры не могут, поэтому риска обанкротиться нет. И проблем вы тоже можете не бояться: когда они приобретали акции, их предупредили, что они могут обесцениться, и все подписали меморандумы о рисках, что, мол, «если кинут, всем прощаю».

Что там у нас с рисками? Пока ноль, риска нет — у нас 1200 рублей в казне. 7% умножить на 0 — нету пока рискованных активов — это 0, всё окей. Вы в отличной форме. И резервов и капитала по Базелю хватает.

Что делать дальше? Банк мы сделали, по текущему счёту проценты мы не платим, но и ничего не зарабатываем, только тратимся на офис. Требования все удовлетворены, но бизнеса нет.

Встречается совет директоров и решает, ну давайте бизнес делать уже, дадим денег в долг. Вот у нас тыща есть от клиента, давайте её и раздадим разным конторам, они нам будут платить проценты, заработаем! Ну вот, раздали, в сейфе больше денег нет, есть корпоративные кредиты. Это и есть банковский бизнес. Активы-пассивы в порядке, 1200 там, 1200 тут. Но что там с рискованными активами? По Базелю корпоративные кредиты считаются полностью рискованным активом — а их у нас на 1000 рублей. 7% от тыщи — это 70 рублей. А резервов требуется 10% — 100 рублей. Вроде всё в порядке. Капитал есть, мы в бизнесе. Резервов хватает — 200 рублей осталось же от акционеров. Всё путём.

Идём дальше. Наступает кризис. Бизнесу плохеет. Что происходит? 20% от корпоративных кредитов не возвращают. Собирается совет директоров, и кто-то говорит: «*Парни, у меня для вас плохие новости. Мы 1000 рублей раздали, но 200 из них никогда не вернётся. Заёмщик выбросился из окна, а его заводик растащили на металлолом. Давайте спишем эти 200 рублей, останется 800, ок?*»

Но активы должны соответствовать пассивам. Активов осталось 1000 рублей, а не 1200, потому что 200 мы провафлили. Пассивов не может быть 1200, потому что они должны соответствовать активам. Придётся залезть в капитал — списываем из него, и он становится равным нулю. Посмотрим на требования. Что там с резервами? Всё ок, резервов хватает. Надо всего 100 держать в резерве, а у нас 200 акционерных рублей припасено.

Но требования по капиталу мы не выполняем! И регулятор приходит и начинает нас лечить. Как найти ещё капитал? Можно, например, продать некоторые из наших кредитов. Найти покупателя на наши облигации и продать их, например, на

200 рублей. А толку? Капитал-то убавится ровно на стоимость проданных активов, а мы ведь их ещё и с дисконтом продадим!

Пора идти к товарищам опять и говорить им, что банк накрылся мандою. Мы дали плохие кредиты, и капитал у нас кончился. Надо ещё искать. Не, ну можно ещё скинуться понемногу, да хер кто теперь даст — предыдущие акционеры уже всему свету раструбили. Все полимеры просраны. Если найдёте, то хорошо, чо. Ещё акций выпустите, на второй тур хватит.

15.8. Капитал в кризисные времена

Если у банка достаточно свободного капитала, то он не обанкротится — хотя не сможет дать лишних кредитов. Но в этой системе есть встроенная проблема: во время кризиса банки хотят продать права на выданные кредиты или выпустить новые акции. Беда тут в том, что во время кризиса и то и другое сделать довольно проблематично.

Всё разваливается и превращается в шелуху. Банк хочет выпустить акции для покрытия своих кассовых разрывов, а инвесторы ему говорят: «*Да ты чокнулся, что ли? Лучше б бутылки сдал. Кто ж эти акции-то купит?*» Поэтому в кризис никто и не выпускает акции. А что насчёт продажи кредитов? Тут проблема в том, что во время кризиса *все* банки хотят продать часть своих кредитов. Даже не в стране, а в мире. Возникает всеобщий коллапсец, как раз на манер 2008 года.

История эта повторялась 100500 раз. Банки пытались привлечь акционерное финансирование, пытались перепродать выданные кредиты. А когда все начинают это делать одновременно, цена этих кредитов падает на самое дно. Если б не Центробанки, то весь финансовый мир закончился бы за несколько дней — достаточно кому-то одному начать скидывать свои активы за бесценок. Но в 2008-м Центробанки всего мира быстро начали выдавать кредиты всем подряд — и банкам, и крупному бизнесу. Так «кредитор последней надежды» спас человечество от болезней и пожизненного вегетарианства.

Швейцары очень удивились этой истории и начали изучать вопрос: как же так, почему оно всё чуть не рухнуло к чёртовой матери? Думали-думали, особо умного ничего в голову не приходило — ведь даже в странах с другими порядками всё равно жопа наступала очень быстро и основательно. Базель-3 предложил своеобразное решение: центральным регуляторам было разрешено добавить дополнительный буфер в 2,5%, если они считали, что надувается адский пузырь. То есть они до нашествия кризиса смогли бы повысить требование с 7% до 9,5%. Ведь во время самого кризиса что там повысишь? Только напортишь. А теперь можно вроде как довериться Центробанкам, они типа вовремя всех спасут и от пузыря, и от кризиса. Если, конечно, предвидят его вовремя. А так-то кто его знает, может, и не предвидят.

И ещё чисто для инфы, в 2010-м амеры приняли Закон Додда-Фрэнка. Из-за того, что многих бесили эти правительственные выкупы без объяснений — почему именно того, а не этого, Федрезерву запретили поддерживать любой конкретный банк. Установили только временное окно, и в это время Федрезерв должен помогать всем без разбору. Чтобы не было такого — пусть Беар Стёрнс укатывается в ад, а Леманов мы выкупаем. Теперь так нельзя делать (ха-ха-ха, смеются счастливчики). Отныне придётся довериться более строгим стандартам.

Понятно, что система довольно сложная. Лучшие умы трудились над этой херотой и до конца так и не придумали, как избежать последующих кризисов. Но я хочу вам сказать, что в американских законах зашито огромное количество сдержек и противовесов на случай того, что кто-то обнаглеет и мощно дёрнет одеяло на себя. У них система не стоит на месте, а постоянно развивается. А у нас Набиуллина.

15.9. Ипотечный кризис

Теперь самое время рассказать о том, к чему может привести сверхнизкая ставка ЦБ. Цены на недвигу в США выросли с 2000 по 2006 год просто невероятно. Хотя на длительном промежутке (десятки лет) была тенденция к росту из-за того, что население США росло быстрее, чем строились дома, но в эти годы было просто мракобесие: население выросло на 1,5%, доход на душу упал на 3%, пендосы в среднем строили 1,8 млн домов в год (рост на 6%), а цены выросли на целых 40%. Парадокс, вроде ж никто не понаехал.

К росту цен привели низкие стандарты заёмщиков. В 1970-х дом стоил 60 тыс. долларов и требовалось внести 25% как первоначальный взнос. Ипотека была намного дешевле аренды, но нужны были стабильная работа, первый взнос и кредитный рейтинг. В середине 90-х в Калифорнии и с 2000 года в остальных штатах первый взнос снизился до 10%, кредитный рейтинг стал лояльней. С 2003-го появились кредиты без первого взноса вообще, а с 2005-го появилась возможность просто назвать свой доход (не доказывая), так легко стало получить кредит. Потом банки придумали новую схему ипотеки: в первые годы ставка была очень низкая (даже семья уборщика могла еле-еле её себе позволить), а потом становилась выше.

Почему стало легко получить кредит? Обычно кредитный менеджер жёстко и тщательно проверял заёмщика, а потом банк выдавал кредит. Но выросли большие ипотечные брокеры — Фэнни Мэй и Фредди Мэк, которые не только искали ипотечников, но скупали ипотеки у банков и получали под это госденьги. Ипотечные кредиты продавались инвестбанкам (типа Беар Стёрнс) за небольшую комиссию, а инвестбанки выпускали под них облигации, которые продавали с наценкой, ведь бумаги-то ипотечные — «*надёжные*». Пока все ипотечники платят, всё хорошо: купон по облигациям капает.

Тут вступают рейтинговые агентства, а это вообще самые жулики и шарлатаны из всех финансистов. Они выставляли ипотечным облигам рейтинг ААА, инвесторов становилось больше, ипотечные брокеры видели это и искали новых клиентов — с понижением кредитных стандартов. Инвесторам это тоже нравилось, ведь они получали неплохие 6-7% годовых по «супернадёжным» (ААА) бумагам.

Когда цены на дома растут, резко падает количество дефолтов по кредитам. Ведь если человек теряет работу и не может больше платить, он может продать подорожавший дом и даже ещё на этом заработать. Всё иначе, если дом подешевеет; но цены-то росли.

Финансирование облегчается — цены на недвигу растут — дефолты снижаются — риск по закладным снижается — агенты дают ещё более высокий рейтинг ипотечным бумагам — больше фондов хотят дать деньги под эту тему — кредитные стандарты снижаются — финансирование облегчается. Круг замкнулся.

Если мне нужен миллион долларов на дом, я иду в банк. Потом если я не плачу по кредиту, банк забирает ключи, мой кредитный рейтинг падает. Допустим, банк даёт миллион под 10%, условно возьмём простой процент и выплату всего долга через 10 лет, то есть девять лет по 100 тыс. в год и на десятый год миллион сто. Платежи идут прямиком в банк. Там кто-то занёс миллион долларов на депозит под 5%, и банк живёт на эту разницу 10 – 5 = 5% годовых.

Новая модель заключается в том, что банк не ищет депозиты, а продаёт ипотечников. Набрал тысячу таких, как я, дал им миллиард долларов и получает каждый год по 100 млн, и эту тему всю скопом продаёт, например, за миллиард и 50 млн сверху. Продаёт он это инвестбанку. Инвестбанк под это дело создаёт специальную корпорацию и вносит туда права по ипотечным платежам. Потом выпускает облигации, ну, например, миллион штук. Каждая номиналом 1000 баксов, приносит 100 долларов в год и в последний год 1100 долларов. Инвестбанк получает за облиги 1,1 млрд, ведь он продаёт их лохам не по 1000, а по 1100 баксов. Инвестбанку не надо собирать ипотечников, а достаточно создать вот такую структуру. Облигации становятся обеспеченными ипотекой. Если кто-то не платит ипотеку, эта структура получает его дом.

Тот, кто купил эти облигации, получит свои 10% (на самом деле меньше, ведь купили они их не по 1000 долларов, а по 1100 долларов) только в том случае, если все ипотечники будут исправно платить и никто не погасит кредит досрочно — ведь тогда инвестор не получит будущие проценты.

Оценщики и хедж-фонды начинают строить модели оценки этих бумаг. Они считают, какова вероятность дефолтов по всей стране и за сколько процентов от стоимости можно будет продать заложенные дома. Пусть, например, за 10 лет в среднем 2% людей теряют работу и перестают платить, и за их дома можно выручить половину стоимости. Получается 2% * 50% = 1% потеряется, останется 9% годовых[1].

Но есть некоторые инвесторы, которые говорят, что под правильную ставку мы кому угодно деньги дадим, ведь в массе высокая ставка окупит больше дефолтов. Это как с грабительскими ставками по потребкредитам: их выплачивают не все, но из-за того, что ставка конская, хватает покрыть убытки. И инвестор думает: «*Я разработал крутую математическую модель, какие могут быть проблемы. Я хочу взять дополнительный риск за дополнительный доход*».

Но норвежские пенсионеры не верят ни в какие модели. Они говорят: «*Зачем нам это говно, это слишком стрёмная тема, давайте нам реальный залог. Нам нужны высококачественные бумаги*». И инвестбанк придумывает СиДиО. Он режет контору по сбору ипотек на три транша: рискованный, мезонинный[2] и качественный. Потом говорит пенсионерам: вот мы собрали миллиард, из них 300 млн рисковые, но под 18,3% —

[1] На самом деле меньше (из-за комиссии инвестбанка).

[2] Средний риск.

это доход в 55 млн, 300 млн под 7% (средний класс) — это 21 млн дохода, и 400 млн супермены и депутаты под 6% — это 24 млн, всего 100 млн дохода в год, как и было.

Что происходит, если 20% людей перестают платить по кредиту? Эти дома не пропадают, а продаются за половину стоимости. Контора получает вместо ста миллионов девяносто. Тогда средние и высококлассные получат всё как надо, а рисковые инвесторы получат вместо 55 млн 45, что уже 15%, а не 18%, но тоже неплохо. А что, если не заплатит половина? Тогда рисковые получат только 30 млн (100-100*50% дефолтов*50% половина стоимости) - 24 - 21 = 30 млн, то есть 10% годовых вместо обещанных 18.

Но на деле-то всё гораздо страшнее! Ведь когда половина ипотечников не заплатят, банки точно не смогут продать их дома за половину стоимости.

15.10. Уничтожение богатства

Вот по соседству есть 5 домов, которые в 1995 году стоили по 100 тыс. долларов. Все заплатили 20% (=20к) первый взнос и взяли по 80 тыс. кредита.

Через 10 лет кредит стало взять проще, а дома дико подорожали. Кто-то купил один из соседних домов за 600 тыс. долларов без первоначального взноса. Внезапно весь квартал разбогател: они думают, что их дома стоят теперь по 600К, но продавать их не хотят. Но они могут перефинансировать кредит! Банк даёт кому-то кредит в 500 тыс. долларов под 8%, а жилец его дико пропивает на Мальдивах, покупает новую тачку, ковры на стены и *Sony Playstation*, пристраивает к дому туалеты с гранитными полами и золотым унитазом на крыше.

Наступает 2008 год. Безумный строитель сдаёт банку ключи. Банк еле-еле выручает за дом 300 тыс. (а первоначальный взнос за него был, как мы помним, 20к + люди платили 10 лет ипотеку), но сейчас-то чел должен за него больше 500 тыс.!

Теперь начинают беспокоиться соседи. Кто-то взял на бизнес, кто-то пропил, кто-то ещё как-то бабло просрал, но все увидели, что соседний дом продался за 300к вместо 600.

Один сосед волнуется, что скоро потеряет работу, и решает валить любой ценой. Выставляет свой дом на продажу за 600, потом за 550, потом за 480, но банк говорит: «*А не очумел ли ты?*» Тогда чел плюёт на всё, сдаёт банку ключи и говорит: «*Идите в задницу, мне моя плейстейшен дороже, чем сраный кредитный рейтинг*». Банк злится и продаёт дом за сколько может — за 250к.

Остальные соседи от такого поворота выпадают в осадок. У них взято по 500к кредитов на дома, которые стоят 250к?! Они выставляют их на продажу, и выясняется, что теперь никто их не хочет покупать даже по 100к — ведь двое соседей уже съехали и теперь там тусят бомжи и афроамеронегры. Полный Детройт и помойка. В итоге люди теряют дома и кредитные рейтинги, банк теряет как минимум половину выданных денег, все в трауре.

А вот самая странная и обидная мысль: рейтинги потеряны, люди обанкротились, но дома-то эти американские никуда не деваются, стоят и после кризиса. А у нас как жили люди в хрущёвках, так и живут. Будто в стране места нет человеческое жильё построить.

15.11. Подвохи кредит-дефолтных свопов

Кредит-дефолтные свопы (*CDS*, *credit-default swap*) появились примерно 20 лет назад. Суть проста: это страховка от невыплаты займа. Финансовая организация выпускает *CDS* на долг какого-нибудь банка (или целой страны), а кредитор может ей заплатить и купить эту страховку. В случае дефолта кредитору платит контора, выпустившая *CDS*, и к ней же переходит право требовать кредит от заёмщика. Самое интересное в этом инструменте это то, что его может купить кто угодно — совсем необязательно держатель кредита! Более того, таких сделок на рынке сейчас чуть ли не 80%.

Котируются *CDS* обычно в разнице с безрисковой ставкой, называется это «спред». На 10-миллионный 5-летний кредит *CDS* может стоить, например, 0,5%, то есть 50 тыс. долларов. Цена уплачивается не сразу, а периодами.

Ещё *CDS* могут понадобиться банкам для страхования выданных кредитов. Если Сбербанк почует, что какая-нибудь Северсталь кашляет и подмораживает выплаты по кредиту, он вряд ли захочет перепродавать этот кредит другому банку. Во-первых, это сразу вызовет переполох, а во-вторых, испортит отношения с заёмщиком. Но он может купить на рынке *CDS*, застраховав часть позиции. Отношения не будут нарушены, а часть риска уйдёт.

Пока нормальной биржи для свопов нет, они все торгуются между крупными финансовыми организациями кулуарно. И поначалу продавец свопа должен был реагировать только на собственно дефолт базового контракта. Но в один прекрасный момент американский регулятор решил, что этого мало и нужно вносить гарантийное обеспечение, что, на самом деле, логично и правильно. Ведь где гарантия того, что продавец (то есть фактически страховщик) выплатит вместо банкрота его кредит? Поэтому при росте риска приказали довносить маржу. Тот, кто выпустил кредит-дефолтный своп, должен был добавить какой-то залог, если его позиция по *CDS* теряла в стоимости.

Это изменение сыграло важную роль в развитии кризиса на Уолл-стрит. Добавление залога означало, что эмитенту *CDS* надо было иметь нефиговый запас кэша. Во время нестабильности страховщикам пришлось довносить миллионы и даже миллиарды по проданным свопам, и денег не хватало — ведь свопов было продано в разы больше, чем самих кредитов.

Свопы на кредиты Голдман Сакс начали дорожать сильнее всего — на рынке царило потное ожидание банкротства знаменитого банка. А больше всего *CDS* напродавала компания *AIG* — на тот момент крупнейший страховщик в мире. И они не смогли довнести залог на проданные свопы. Деньги у них совершенно внезапно кончились.

Ещё одна деталь: до начала кризиса у *AIG* был высочайший рейтинг надёжности — *AAA*. Но в один прекрасный момент из компании уволился её основатель, и рейтинг снизили на одну ступень. Компаниям с рейтингом *AAA* не надо было довносить залог по своим свопам: считалось, что они настолько надёжны, что выполнят свои обязательства в любом случае. Но как только рейтинг упал, стало необходимо добавлять гарантийное обеспечение. Пришёл крантец, и *AIG* попросило помощи у Феда.

Голдману и Моргану — у обоих были колоссальные проблемы — выдали особые лицензии банковского холдинга, что позволило им получить доступ к окну Федрезерва. Это означало, что они могли занимать деньги практически бесплатно и в любом объёме. *AIG* такой лицензии не дали. Понятно, что тут дело было не только в финансовом состоянии, но и в подковёрных играх.

AIG получила кредит от Феда на совершенно кабальных (по тем меркам) условиях: 85 млрд долларов под 14.5% в обмен на 79.9% акций. Фактически они национализировали компанию. Но эти деньги им тут же пришлось внести по закладным на свои свопы, а потом ещё и вернуть! Они хотели там как-то договориться, чтобы внести только часть, но Фед заставил заплатить сполна. В итоге страховщик получил кредитные деньги, сразу же отдал их по контрактам, поползли слухи, AIG начала терять бизнес, одно за другим покатилось — и всё. Начали продавать активы за бесценок, и контора кончилась.

Амеры спасли Голдмана и многих других, но 200 ярдов капитализации AIG были просраны безвозвратно. Сейчас самая большая страховая компания в мире — это Чайна Лайф, там дикий рост у них. В Китае уже и машин больше продаётся, чем в США. А их ведь надо страховать. Какие-то 20 лет назад посткоммунистические агенты не умели работать за комиссию, тупо за зарплату горбатились. Но как только китайцы (не без помощи забугорных управленцев, конечно) ввели новую мотивацию, индустрия взлетела в небеса.

А основатели AIG тихонько плачут в сторонке. Некрасиво получилось.

15.12. Акции против инфляции: fight!

Инфляция — одна из базовых экономических концепций. Заключается она в том, что со временем вещи дорожают. Но в этой простой идее довольно много нюансов. Не всё дорожает с одинаковой скоростью, да и вообще, строго говоря, дорожает не всё. У нас в стране до сих пор все боятся инфляции, и от этого мы все живём хуже, чем могли бы. На всякий случай уточню: мы живём хуже не из-за инфляции, а из-за боязни инфляции. Я всё же осмелюсь утверждать, то мы не Зимбабве, хотя иногда похоже.

Сначала рассмотрим базовую претензию неграмотного пролетария: тупо раздать всем денег или (что немногим лучше) повысить всем зарплату. Если вырастут цены на всё, то, вообще говоря, ничего не станет дороже. Да, цены на товары, казалось бы, вырастут, но одновременно произойдёт кое-что незаметное: упадёт цена на деньги. Мы плохо понимаем концепцию цены денег, потому что мы их не потребляем. Не жрём мы, сука, бумагу.

Деньги просто имеют хождение, люди ими обмениваются, и мы частенько забываем, что у денег тоже есть цена. Пусть двойной чизбургер стоит 115 рублей, и это мы понимаем хорошо. Но одновременно это означает, что рубль равен 1/115 двойного чизбургера. Компания Макдоналдс с 1986 года ведёт индекс БигМака в каждой стране, где есть её рестораны. Индекс очень неплохо отражает реальный паритет покупательной способности валюты, ведь в сэндвич входит булка, мясо, сыр, салат, рабочее время персонала и аренда, то есть это неплохой интегральный показатель сферического товара в вакууме. Поэтому неправильно сравнивать ВВП Китая и США в долларах, а вот в БигМаках — ну, не то чтобы правильно, но гораздо ближе к истине.

Когда цены на вещи растут, мы не всегда связываем это со стоимостью валюты. И часто путаем инфляцию с какими-то магическими злодеями, которые хотят на нас нажиться и дерут втридорога за любимые сэндвичи.

Но довольно часто правительства занижают стоимость денег намеренно. В прошлом десятилетии этим славился Китай, за что периодически получал а-та-та от американских регуляторов. Но даже в Древнем Риме при Диоклетиане (это III век нашей эры) денарий обесценился в десятки раз (23) — серебра там осталось всего 2%. Была ли тут замешана жадность? Нет! Своими решительными действиями Диоклетиан остановил затяжной кризис в Римской Империи и стал одним из величайших императоров.

Теперь давайте представим, что завтра всем повышают зарплату. Вроде бы звучит неплохо. Но проблема в том, что для наших работодателей это будет означать резкий рост затрат на производство, и цены вырастут буквально на всё. Либо — второй вариант — компаниям придётся уволить часть сотрудников, а оставшимся придётся работать больше. Есть и вторая проблема, тоже поначалу незаметная: владельцы капитала начнут искать, в какую ещё страну его можно пристроить, чтобы не терять деньги на девальвации.

(23)

Общий рост зарплат приведёт нас туда же, откуда мы начали. Поэтому призывы ввести минимальную зарплату в 25 тыс. (да неважно сколько тысяч) рублей нельзя сводить к противостоянию капиталистов и пролетариев, или бизнеса и персонала. Тут нет однозначных и лёгких ответов, потому что у последствий этих действий будут свои последствия.

Я обнаружил интересную таблицу (24) в исследовании твиттер-персонажа под классическим ником Джесси Ливермор. Там речь про Америку 2020 года, и мы сейчас рассматриваем именно её, но это как-никак крупнейшая экономика мира и, пожалуй, можно опираться на неё в нашем маленьком исследовании.

Выясняется, что телевизоры, игрушки и мебель за последние 20 лет подешевели! Насчёт игрушек я могу сказать точно, я помню, что в моей семье это было дорого, и у меня было несколько конструкторов и, в общем-то, всё. Ну ещё говно и палки, и проволоку мы воровали со стройки, из неё плели солдатиков и фенечки.

Почему какие-то товары дорожают, а какие-то нет?

Продукция тех отраслей промышленности, которые не могут увеличивать свою производительность и эффективность, со временем становится дороже, то есть дорожают быстрее инфляции. Там главная составляющая — это зарплаты, а цена человеческой работы растёт. Это я знаю по под-

(24)

московным таджикам, 10 лет назад они за 1000 рублей приходили траву косить, а сейчас и за 2500 не все соглашаются. А если за работу надо платить больше, то фирмы, которые занимаются строительством, ландшафтным дизайном, уборкой, здравоохранением, консультированием, программированием, рекламой и так далее, вынуждены повышать цены быстрее инфляции.

Одна из сфер деятельности, где цены росли быстрее средних по экономике — это образование, и высшее, и среднее. Продаются не только знания. Вузы и колледжи продают престиж и полномочия. А один из главный критериев престижности вуза — это отношение количества учеников к количеству преподавателей. В 1998 году была какая-то норма количества человек в классе или на курсе. Почему эта норма должна измениться? Хотя я подумал об удалённом обучении, тут всё же один препод может окучить бесконечное количество подопечных, но для этого, строго говоря, вообще не нужен человек — можно просто включить запись. А вот для ответов на вопросы, выдачи и проверки заданий и приёма экзаменов нужно столько же преподов, сколько и раньше.

На другом конце спектра — спорттовары и телевизоры, на которые цены упали из-за глобализации. Дело в том, что производство товаров длительного пользования, типа одежды, мебели, электроники и игрушек (хотя долгосрочные игрушки... мда) проще перенести в другую страну и воспользоваться разницей в оплате труда. Но у вас не получится аутсорсить няню по интернету. Даже просто привезти домой молодую филиппинку будет стоить слишком дорого, да и жена может быть против. В результате долгосрочные товары испытывают куда меньше инфляционного давления, а некоторые из них вообще скорее подвержены дефляции, например из-за перепроизводства.

Ещё инфляция славится двумя занятными видами пророчеств: самоуничтожающимися и самосбывающимися. Сейчас объясню. Например, из-за опасений высокой инфляции Центробанк громогласно заявляет, что станет жёстко реагировать на любые сигналы о росте цен, зажимая денежную массу и повышая ставки по кредитам для коммерческих банков. Денег в экономике внезапно станет меньше, чем требуется, и так как никто не может купить на них товары, начинается кризис перепроизводства и падение цен. Предприятия увольняют сотрудников, в ответ на угрожающие заявления ЦБ промышленность и экономика сворачивается, и вместо призрачных опасений инфляции страна получает совершенно реальную дефляцию и замедление экономики. В Японии уже три десятка лет не могут разогнать инфляцию, а экономика и фондовый рынок с 1990 года в застое, хотя ставки японского ЦБ почти на нуле.

Самосбывающееся инфляционное пророчество — это когда люди думают, что цены скоро сильно вырастут, бегут в магазин, скупают все товары, и цены действительно растут. Это давно известный феномен, и именно из-за него у нашего правительства паническая боязнь инфляции со времён бешеных девяностых. Всегда и всеми силами необходимо убеждать народ, что инфляция у нас маленькая, цены не растут и не вырастут. Потому что если в это перестать верить, может произойти что-то плохое.

Но, повторюсь, плохие новости могут стать и хорошими, потому что Центробанки могут в ответ на них снижать ставки. И если подпитка от низких ставок будет сильнее, чем влияние плохой новости, то общий эффект может стать положительным.

Представим, что Конгресс или Госдума поставили задачу 5% роста экономики (25). И ЦБ, и Минфин могут делать что угодно, лишь бы достичь этой цели. Вдруг при такой политике появляется страшный, заразный и непобедимый вирус, который заставляет всех держать социальную дистанцию, причём не на несколько месяцев, а, например, навсегда. Появление такого вируса будет ужасной новостью для человечества. Но вот будет ли это плохой новостью для фондового рынка?

Давайте подумаем. Вирус заставит экономику полностью измениться: удалить из жизни деятельность, подразумевающую активные контакты людей, заменив их на те, которыми можно заниматься в от-

(25)

далении. В экономическом плане такая реорганизация будет ужасной, вызвав колоссальную безработицу и волны банкротств. Пропадут рестораны, цирки, концертные залы, стадионы, дома культуры и бейби-клубы, и клубы свингеров.

Вспомним о нашей стойкой Госдуме (которая будет вести заседания через Zoom) и о Центробанке. Чтобы выполнить цель в 5% годового роста, ставки будут урезаны до нуля, а, возможно, даже ниже нуля. Инвесторы оголтело понесутся вкладывать все имеющиеся деньги в бизнес, только чтобы не потерять их из-за постоянного и гарантированного обесценивания. Снижение ставок, особенно на отрицательную территорию, сделает акции намного привлекательнее облигаций и кэша. Вдобавок, массовая эмиссия госбумаг на финансирование схлопывания экономики снизит предложение любых долей в любом мало-мальски прибыльном бизнесе.

Вполне вероятно, что вирус заставит корпорации снизить расходы на персонал и повысить эффективность. Да, доходы уйдут от домохозяйств, и в обычной ситуации такое действие ударило бы по корпоративному сектору в виде снижения спроса. Но если правительство одновременно сильно снизит налоги, чтобы оставить цель по минимальному росту экономики, то доходы и прибыли компаний снизятся не так уж сильно. В нашей модели правительство может вводить бесконечные налоговые стимулы, заменяя реальный рост экономики инфляцией.

В этом случае, если ваш портфель в основном состоит из акций, вам попрёт со всех сторон. Относительная доходность будет выше, акции будут более востребованы из-за спроса на акции, ну и компании станут более прибыльны в будущем. Так плохие новости могут стать не просто хорошими, а даже и прекрасными. Денег в номинальном выражении станет больше у всех, то есть все обеднеют неодинаково, но вот у держатели акций станут сильно богаче соседей.

Какой из этого можно сделать вывод? Да никакого. Инфляция — одна из самых сложных и непонятных концепций в экономической науке. Её нельзя предсказать, трудно контролировать, и мы даже не знаем, откуда она берётся. Я рассказал вам, как бывает и как может быть, и вы теперь, я надеюсь, будете принимать более взвешенные решения в ответ на действия любого Центробанка. Ну и купите себе ещё немного акций.

А вы думали, за что нобелевские премии дают? Не понимаете? Вот и я не понимаю.

ГЛАВА 16.
ОБЫГРАТЬ ЛОХОВ

Мысль об эффективном рынке приходит из априорной теории — подспудном «знании» обо всех рынках вообще. У людей куча собственных интересов, исходя из которых они действуют — или, что вернее, должны были бы действовать. Теория привлекательная, но хорошая теория должна давать точные прогнозы. Если прогнозов сделать не удаётся, теорию надо выбрасывать к чёртовой матери — или, по крайней мере, дорабатывать. Существует много примеров неэффективности рынка. Даже акции одной и той же компании, торгуемые в разных странах, могут стоить разных денег. В 1998 году акции *Royal Dutch Shell* стоили на 20% дешевле в Лондоне, чем в Голландии. Экономически абсолютно идентичные!

Есть закрытые ПИФы, которые торгуются на бирже, а сами они наполнены другими акциями, и часто бывает, что они стоят дешевле или дороже своего наполнения. Есть компании-коробки, когда одна публичная компания владеет другой — например, когда *3com* владела первым производителем наладонников *Palm* (у меня был!), стоимость «Палма» была в разы больше всей капитализации *3com*. Потом «Палму» пришёл конец и всё наладилось.

Ещё одно наблюдение: менее волатильные акции со временем принесли более высокий доход, чем более волатильные. Это тоже не свидетельствует об эффективности рынков. Это нельзя объяснить удачей, случайностью или инсайдерской торговлей.

В конце концов, случаются вещи наподобие интернет-пузыря или пузыря на рынке недвиги. Кризис некачественных ипотек — это тонны кредитов в виде облигаций с залогом, которые люди покупали исходя из их стоимости в 1 доллар, тогда как по этим ипотекам заёмщики могли реально заплатить что-то между 15 и 20 центами. Вряд ли это можно назвать эффективным рынком. Скорее наоборот, вопрос об эффективности тут закрыт.

Мало кто из учёных способен полностью изменить свою парадигму мышления. Как сказал поэт, это могут не только лишь все. Ну, подождём, пока они помрут. Иначе будут появляться всё новые и новые объяснения тому, что теория почему-то не работает и происходят вещи, которые они никак не могли предсказать. В целом-то, рынки пока ещё не особо эффективны, но с годами эта эффективность, очевидно, возрастает.

С другой стороны, даже немного обыграть рынки — показать чуть лучшую доходность, чем индекс — задача нетривиальная. Почему-то многим это кажется простым делом. Но некоторые очень продвинутые трейдеры (назовём их Уорренами) считают, что на длительном периоде это невозможно и надо просто зарабатывать на индексах. Но это не невозможно, а просто очень трудно. Есть ряд препятствий.

Совсем недавно (в декабре 2017-го) Уоррен Баффетт выиграл пари на миллион долларов. В далёком 2007 году он громогласно заявил, что на протяжении десяти лет обычный индексный фонд обгонит хвалёных управляющих хедж-фондами, если учитывать все их комиссии. А комиссии у них немалые: обычно это 2% от активов в год плюс 15-25% от прибыли. В итоге тупой индекс *S&P500* обогнал фонд фондов чуть ли не в два раза.

16.1. Плохому танцору

Для небольших инвесторов большая проблема — это ограниченность в информации, что порождает недостаточную диверсификацию. Человек может следить за одной или несколькими компаниями пристально (например, за той, где он работает или где работают его друзья / родственники, хотя тут попахивает инсайдерством), но по всему рынку у него не будет информационного преимущества перед другими трейдерами. Это в лучшем случае, а чаще всего он будет в строго проигрышной позиции — вряд ли он может позволить себе терминал *Bloomberg* или *Reuters*. И уж точно он не сможет смотреть в него круглосуточно.

Ну плюс ещё доступ к ограниченному перечню возможных вложений: как простому студенту МГИМО вложиться в коммерческую недвижимость или в евробонды? Это ж придётся продать свой новый Мерседес! Не буду говорить, что придётся делать простой студентке.

Организации — вот профессиональные инвесторы. Они тратят много денег на информацию, а для этого нужна инфраструктура, ресурсы, в том числе время. Хотя и у организаций есть свои слабые места: например, в хедж-фонде нужно иметь 30-дневную ликвидность, чтобы в случае выхода инвестора вернуть ему его долю. В паевых фондах вообще однодневная ликвидность, они должны продавать паи в тот момент, когда этого потребует любой, даже крупный пайщик. И у всех есть когнитивные проблемы: некоторые вещи с трудом поддаются анализу, и принять правильное решение нелегко. Это не только финансовых рынков касается — об этом в последней главе.

Самое трудное для человеческого сознания — оценить процесс или явление, которое состоит из сложного переплетения случайностей и умений. Особенно когда неизвестно, какая именно часть процесса случайна. Можно осознать (или принять) полностью случайное явление — например, природные аномалии. Посчитать статистику и как-то смириться с этим. Вещи, которые можно сосчитать однозначно, тоже большинству людей вполне понятны и доступны. Но вот помесь определённости и случайности принять очень и очень трудно. Квантовую механику нельзя осознать или понять — можно только к ней привыкнуть. С покером то же самое. Можно быть хорошим игроком и год быть в минусе.

16.2. Тройка, семёрка, два туза[1]

Проигрыши обескураживают, но хорошего игрока это не должно сбивать с толку. Если ты уверен в своей торговой системе, не надо её менять после первых убыточных сделок. Гораздо опаснее случайно выиграть, играя неправильно. Вот тут, перейдя на более высокие ставки (на бирже — добавив кредитное плечо), игрок может стремительно обосраться на все денежки.

(26)

Идти ва-банк на карманных тузах[2] — это как если бы все твои торговые системы одновременно показали лонг в конце дня и ты купил бумагу на все плечи. А когда при этом на флоп[3] вываливаются

[1] Это отрывок из моей статьи для журнала «Д-Штрих» № 1 (88) 2010 года. Полный текст тут: http://expert.ru/d-stroke/2010/01/poker/ (26).

[2] Самая сильная стартовая рука в холдем покере.

[3] Три первые открытые карты.

тройка, пятерка и шестерка и оппонент показывает 420[1] — это шок. Ведь со стороны соперника отвечать на повышение ставки с таким говном — все равно что вставать в шорт на мощно растущем рынке: надежда только на чудо, и закономерным был бы проигрыш, а не выигрыш.

Именно поэтому надо обратить особое внимание на то, чтобы не путать случайный заработок и закономерные потери. Как часто я видел тех, кто «познал торговлю на бирже» и разорился в ближайшие полгода!

Можно торговать системно, по тренду, продавая при падении и покупая на росте — делая ставку на продолжение тенденции. При этом твой сосед будет делать ровно наоборот: покупать, когда рынок падает, и продавать, когда растёт. Всегда найдется период пилы, когда он заработает, а ты потеряешь, каждый раз переворачиваясь на локальных экстремумах. Но на большой дистанции рано или поздно он пару раз сработает против дичайшего тренда и потеряет нажитое непосильным контртрендовым трудом. Хотя и ты, на пару лет попав в боковик, легко можешь просадить весь капитал, если будешь слишком сильно верить в светлое будущее.

Так и в покере: можно в ответ на повышение ставки игроком-маньяком, который с любой,

[1] Разномастные двойка и четвёрка, крайне слабая рука, но с 3-5-6 на столе собравшая стрит.

даже плохой, рукой играет агрессивно, пойти олл-ин с карманной парой дам, увидеть у него пару королей и проиграть полный стек. А можно на ривере[1] поймать вторую пару к своему A5o[2] и выиграть против AKs[3] оппонента. При этом идеально верным будет первое решение, так как пара дам — это третья по силе рука из всех возможных, и, соответственно, шансы выиграть с ней велики. А колл[4] большой ставки со слабым тузом[5] — решение новичка. Нормальный игрок в такой ситуации руку зарыл бы.

У покера есть одно довольно интересное преимущество перед трейдингом. На бирже ты один против рынка, и, чтобы показывать хорошие результаты, надо быть лучше всех. Причем хорошо и стабильно заработать можно только на хорошо и стабильно растущем рынке, а это случается не так уж часто. В плохой период можно часть денег потерять независимо от гениальности торговой стратегии: рынок может просто не дать возможности заработать. В покере мы не зависим от рынка. Тут не надо быть лучше всех — достаточно быть сильнее, чем остальные за столом, и в долгосрочной перспективе ты будешь в плюсе. А если за столом ты никак не можешь найти лоха, то лох здесь — это ты.

---

[1] Последней, пятой общей карте.

[2] Разномастные туз и пятёрка, слабая рука.

[3] Одномастные туз и король, сильная рука.

[4] Ответ на повышение.

[5] Туз с низкой второй картой.

16.3. Настрой на проигрыш

Когда приходишь в казино поиграть в покер, кто-нибудь рядом обязательно скажет, что он обычно играет по более высоким ставкам, а сейчас просто пришёл пораскинуть фишками и приятно провести время. Типа сейчас концентрироваться незачем и он просто получает удовольствие. Всегда такой человек за столом найдётся.

Зачем он это говорит? Играл бы и играл себе молча. На самом деле, он готовится к проигрышу — точнее, готовится смириться с проигрышем. Ведь куда менее неприятно проиграть, если ты «просто развлекаешься», чем если ты «играешь всерьёз». Если он соберётся и начнёт считать вероятности или играть более тайтово, он всё равно может проиграть — покер полон нелепых случайностей и ужасных бэдбитов. Но в этом как раз и есть отличие хорошего игрока от плохого. Действительно хорошие игроки всегда играют на максимуме своего мастерства и не расстраиваются, когда проигрывают.

На рынках происходит то же самое.

Людям свойственно готовиться к просёрам, создавая удобные отговорки и сваливая на кого-то (или что-то) свои ошибки и проблемы. Они более склонны придумывать эпические отмазки, чем максимизировать свои шансы на успех. Потому что жопа регулярно приходит и нельзя быть уверенным в чём-то на 100%. Везде есть элемент случайности, и везде нас может подстерегать какое-то дерьмо. Поэтому очень сложно сфокусироваться на своих действиях и не обращать внимания на неконтролируемые вещи. Принцип известен давно: «Делай что должно, и будь что будет», но мало кто умеет ему следовать.

Люди склонны видеть вещи предопределёнными — не только на рынках, вообще везде. Если событие А произошло перед событием Б, то, наверное, А повлекло за собой Б. Ведь событие Б должно было произойти из-за чего-то, а событие А произошло точно перед ним! И люди присваивают этим вещам причинно-следственную связь.

Нам также свойственно концентрироваться на недавнем прошлом, даже если мы знаем, что оно не имеет отношения к делу. Есть интересный тест с расстоянием между городами: человеку называют два малознакомых города и сообщают расстояние между ними, ну, например, 3500 километров. Потом ему называют два других малознакомых города и спрашивают, какое между ними расстояние. Так вот, ответы зависят от того, какое расстояние было между первыми двумя. Если сказать, что 3500 километров, ответы будут больше. А если 750 — тогда меньше. Это как прошивка в нашем мозгу — её невероятно трудно не то что искоренить, но даже и осознать — куча людей будет яростно отрицать, что на них повлияла первая цифра. Это не только нелегко, но и часто не является значимой для людей целью. Об этом эффекте под названием «якорение» я тоже подробнее расскажу в последней главе.

Забавно, что почти каждый человек, связанный с финансовыми рынками и трейдерством, заявляет, что он тут ради денег. Но в реальности есть ещё куча причин: игромания, атмосфера успеха, огромные потоки информации. После работы в банке, где на одного только меня приходилось 10 компьютеров и 8 мониторов, я ещё год не мог привыкнуть к тому, что я вижу так мало новостей и котировок. Информационный голод существует, попробуйте хотя бы неделю не заходить в соцсети. Хотя лучше попробуйте вообще туда не заходить.

16.4. Стрижка только начата

Как же следует поступать в этой непростой ситуации? Существует три защитных принципа.

Но сперва объясню разницу между стригунами и торгашами. Исторически облигации были с купонами — реальными, как на скидку в Магните. И у пятилетней облигации было 10 купонов, каждые полгода надо было отрезать один, вот это и называлось «стричь купоны». Потом надо было относить его в банк или кому-то, и он присылал деньги. Это отдельная категория людей — стригуны, они заинтересованы в потоке наличности — кэшфлоу.

Вторая категория — это торгаши. Люди, которые покупают активы, чтобы их потом загнать по более высокой цене. Кэшфлоу их не волнует, им нужен рост инвестиций. Перепродажа — это свойство и венчурного капитала. Лучшие венчурные инвесторы не просто вкладывают в крутые идеи и стартапы. Они берут идею, развивают её, вкладывают, продвигают. У них хорошее чутье, они чувствуют, что понравится народу, что люди купят и за что заплатят. То есть дело даже не в генерации и в умелой поддержке людей, а в том, чтобы почувствовать, что будет крутым через год или два. Поэтому они покупают или вкладываются не чтобы получить кэшфлоу из стартапа, а чтобы, когда через год люди начнут пользоваться его услугами, впарить свой пакет подороже какому-нибудь инкубатору. Бизнес-ангелы, конечно, надеются на миллиардного единорога в портфеле, но всё равно заранее — или вообще сразу после входа — готовят экзиты через знакомые венчурные фонды.

Есть успешные стригуны и есть успешные торгаши. А зарабатывают они, соответственно, с неуспешных стригунов и торгашей. Тут есть немного искусства и немного науки. И есть люди, которым удаётся удачно вкладывать деньги. Уоррен Баффетт, например, считает, что *любое* инвестирование — это стрижка купонов, а разница между акциями и облигациями всего лишь в том, что у бондов будущий купон известен, а у акций — нет. Для Баффетта это одно и то же, и он описывает свою работу как выявление купонного платежа по акции, и если он его устраивает, то компания будет куплена. Итак, первый принцип — стрижка купонов.

16.5. Наихудший исход

Второй принцип — это риск наихудшего исхода. В типичном отделе риск-менеджмента на Уолл-стрит (да и у нас в банках) аналитики будут фокусироваться на перечне достаточно вероятных исходов. Они будут использовать модель *VAR*[1], строить какие-то свои выкладки на основе этой модели. Что они там пытаются вычислить? Звучит странно, но они вычисляют *ширину перечня исходов*. Ну, типа, насколько опасно будет попасть в 95% вероятность или 98% вероятность убытка[2]. Ну вот, они там, например, подсчитают, что с 98% вероятностью не потеряют деньги на какой-то сделке. Но эта модель не делает различий между величиной капитала! Оставшиеся 2% — это риск, но риск чего? Что они потеряют: 2 доллара или 2 млн долларов?

Это, друзья мои, фундаментальный провал. Возникает он оттого, что статистику применяют там, где могут её применить, где есть удобная формула. Если у вас в руке молоток, всё становится похоже на гвоздь[3]. Но они не обращают внимания на самый плохой исход, его нет в моделях, ведь он за пределами этих 2%. Но мы уже знаем, что случайности на рынке происходят

[1] Value at Risk, риск потери ценности.

[2] 99,9% никогда не используется, потому что с такой надёжностью хер что предскажешь.

[3] Даже тёщина голова.

гораздо чаще, чем в модели нормального распределения. Хвосты у графика распределения цен — очень-очень длинные, и события, выходящие за невероятные 5 сигм, происходят с завидной регулярностью. Чёрные лебеди трахают этот *VAR* в хвост и в гриву, а удалой Нассим Талеб ими погоняет.

16.6. Избавление от риска

Третий принцип, который поддержат далеко не все профессора экономики, да и вообще редко кто об этом задумывается, — это то, что вы зарабатываете не на том, что берёте на себя риск, а на том, что избавляетесь от риска. На протяжении истории люди крайне редко получали деньги за то, что брали на себя риск. Взять вот, например, акробата на канате — как будто он получает деньги за то, что может внезапно упасть и сломать себе шею. В этой концепции есть фундаментальный подвох: его заработок за всю жизнь будет не очень высоким, если в разгар карьеры он сверзится головой вниз. На самом деле ему платят за то, что он много тренировался, пока был маленьким, ходил по тонкой верёвочке и научился круто держать равновесие. Он получает деньги за то, что *исключил* риск падения, а не за то, что взял его на себя.

Возьмём разработку лекарств: компании скажут, что открытие веществ, которые лечат болезни, — рискованный и ненадёжный бизнес и они за этот риск получают высокую доходность. Хотя в реальности они получают деньги за то, что применяют мозги своих сотрудников в лабораториях и исследовательских институтах — не за то, что они нашли, а за то, что они откинули все неработающие вещества в процессе исследования, поняли, как развивается болезнь, и догадались, почему одно вещество действует лучше другого. Они исключили риск, а не взяли его на себя.

А страховые? Вот точный пример. У человека есть какой-то риск нежелательного события. Но у страховой компании есть риск, только если в руководстве работают идиоты или если управляющие активами воруют деньги[1]. Если они всё делают правильно, риск распределяется по закону больших чисел. У казино нет риска в игре — на длинном периоде рулетка приносит 3—5% с каждой ставки, единственный риск — что придёт мало лохов и сделает мало ставок с отрицательным матожиданием.

16.7. Премия за нетрадиционную ориентацию

Ещё одна интересная тенденция людей при попытках создать средний по риску портфель — сваливание в кучу низкорисковых и высокорис-

[1] Поэтому риск у страховых, конечно, всегда есть.

ковых активов. Вместо того чтобы подобрать инструмент с требуемым (средним) сочетанием риск/доходность, инвестор берёт половину чего-то надёжного и половину чего-то рискованного. Я постоянно твержу, что диверсификация портфеля — отличная идея, но в диверсификации *риска* есть подвох.

Дело в том, что для многих участников рынка «надёжность» означает примерно одно и то же. Низкий риск — это американские госбумаги, если мы говорим о классах активов, и большие стабильные международные компании, если мы говорим об облигациях. Аналогично мыслят те, кто выбирает рискованные активы. В каждом классе они всем очевидны: высокодоходные облигации на грани дефолтного рейтинга, если речь о высоком риске внутри долгового рынка, и акции молодых, бурно растущих и зачастую убыточных технологических компаний, если речь о фондовом рынке.

Беда в том, что если эти идеи очевидны — а теперь они действительно понятны всем, даже моим маленьким читателям, — то в портфели со средним риском вместо среднерискованных активов горе-диверсификаторы будут класть[1] понемногу и того, и этого. К чему это приведёт? Из-за того, что микс более популярен, чем что-то со средней доходностью и средним риском, низкорискованные и высокорискованные акти-

[1] Некоторые — ложить.

вы будут немного переоценены — ведь на них больше спрос.

Соответственно, активы, которые и не очень доходные, и не очень рискованные, будут чуть-чуть дешевле — потому что на них меньше инвесторов обращает внимание. Что это за активы? Это облигации с рейтингом ниже инвестиционного и более-менее надёжные акции — компании, несильно зависящие от роста рынка и с каким-никаким дивидендным доходом. Банки, автопроизводители, фармконцерны, телекомы. У них будет нормальное соотношение доходность / риск, и они не будут переоценены из-за попыток людей диверсифицировать классы риска, а не классы активов.

16.8. Кэш как позиция

И ещё немного об эффективности рынка, будь она проклята. Склонны ли рынки переоценивать активы или недооценивать? Когда неэффективности больше — на росте или на падении? В начале XXI века эффективность стала падать, потому что Федрезерв печатал слишком много денег[1]. В последние годы гораздо больше примеров того, что что-то оценивается чересчур дорого, чем чересчур дёшево, но всегда есть ошибки в обоих направлениях.

[1] На самом деле долгов, но на самом деле денег.

Для частных инвесторов, вместо того чтобы иметь портфель, всегда вложенный во что-то: акции, облигации, недвижимость и т. д., может быть целесообразным хранить деньги в кэше[1]. А инвестиции делать, только когда представится хорошая возможность. С течением времени хорошие случаи неизбежно будут подворачиваться, и частные инвесторы могут заметить эти возможности не хуже профессионалов. В течение вашей жизни акции (как класс активов) окажутся дешёвыми по всем стандартам — можно хотя бы сравнивать их с десятилетней скользящей средней. Окажется дешёвой и недвижимость, и ещё много всего.

Акции приносят особенно хороший доход, если вы их купили в правильный момент — когда на графике они выглядят дёшево, а не дорого. И когда-нибудь на протяжении вашей жизни непременно возникнет возможность их купить. Они будут не просто дёшевы на картинке, но и по всем финансовым показателям, по приносимым дивидендам — это же всё вместе меняется. И можно будет взглянуть на цифры и понять — опа, акции-то нынче по цене гороха! Есть отличная причина вложить имеющийся кэш. Поэтому наличные — неплохая позиция; главное, чтобы они у вас в этот момент были.

Хотя наш знакомый Джереми Сигел и пропагандирует держать в портфеле акции, не все

[1] Конечно не имеется в виду бумажная наличность.

с ним согласны. Всё же США — это особенная страна. Она выросла из обычной аграрной страны в индустриального, а затем финансового колосса, и понятно, что акции показали хороший результат. Но это не является гарантией того, что Китай или Индия не догонят Америку — ещё как догонят. Поэтому результаты последних 100 лет вряд ли имеют хорошую предсказательную силу.

А у облигаций есть одно неоспоримое преимущество — их гораздо удобней анализировать. У вас есть процентная ставка, купоны, балансы компаний-эмитентов. У вас есть ожидаемый денежный поток. Всё можно просчитать, эксель в руку.

У акций есть проблема: компании не выплачивают всю прибыль — об этом мы подробно говорили во второй части, — и в будущем они могут устроить любую гадость, которую нельзя предугадать. С одной стороны, если акция продаётся за 4—6 годовых прибылей, то рынок считает, что прибыли в будущем снизятся. Если у вас есть веская причина думать, что прибыль вырастет, и вы окажетесь правы, то, когда вы купите такую акцию, вы сделаете ставку на рост будущих прибылей — и дивидендов. Прибыль вырастет, и вы заработаете дважды — потому что и мультипликатор тоже вырастет. Хотя может и упасть.

Если он был, к примеру, 50, то может спокойно стать и 25 — и это тоже дофига. Двадцать пять лет ждать, пока инвестиция окупится. Да и если они не платят дивидендов, как получить этот кэшфлоу, как их окупить? Только продав акции.

16.9. Инвестирование во время рецессии

Ещё одна интересная тема — кризисы. Надо ли набирать больше коротких позиций, если экономика кажется слабой, и что держать в портфеле в такой ситуации? Если ваш портфель действительно большой, вы открываете газету, включаете новости и начинаете переживать о валютных ипотечниках, о недострое, о невозвратах по потребительским кредитам, о полном бездействии правительства, о пошлинах и налогах, дебильных запретах Госдумы и о том, что друзья теряют работу. А потом вы всё равно начинаете искать самые лучшие возможности для инвестирования, которые можно найти в текущей ситуации. Если у вас в портфеле миллиард, вы никак не сможете его внезапно «сбросить» на падающем рынке — только немного перебалансировать. Поэтому надо просто сделать очередные расчёты, поискать новые возможности и вложиться в новые идеи.

Будущую доходность неплохо предсказывает текущее соотношение *P/E*[1]. Это, впрочем, достаточно интуитивно: если акции переоценены, то в буду-

[1] Price / earnings – цена / прибыль на акцию.

щем они будут расти хуже обычного, и наоборот (27). Но на некоторых рынках (США, Швейцария, Нидерланды) предсказательная сила этого утверждения работает гораздо лучше прочих, а где-то — наоборот, гораздо хуже (Гонконг, Италия, Япония, Швеция). Почему? Что общего у Японии с Италией, а у США с Голландией?

(27)

Ребята из *Fortune Financial* задались этим вопросом (28) и предлагают интересное объяснение. Они проверили несколько гипотез, в том числе, например, концентрацию капитала и монополизацию отраслей. Может быть, на менее динамичных рынках, где всем заправляют несколько компаний-гигантов и доли рынка из года в год меняются несильно, предсказания делать легче? Ничего подобного.

(28)

Но вот что они обнаружили, анализируя большие данные: на рынках, где высока концентрация ориентированных на внутренний рынок предприятий, предсказательная сила коэффициента *P/E* теряется. Там, где самые большие капитализации у банков, агропрома, недвиги, местного ритейла и местных, опять же, телекомов, предугадать ничего нельзя. Вы уже узнали страну, где похожая концентрация компаний-тяжеловесов? Правильно, это Украина. В странах же типа США, Франции, Швейцарии и Голландии явный перекос в сторону глобальных корпораций: сложная промышленность и информационные технологии.

Что нам даёт это упражнение в дата-майнинге? А вот что: если доходы рынка домашние по своей природе, то внутренние факторы (рост ВВП, демография и т. п.) гораздо более полезны, потому именно от них зависят прибыли компаний. А швейцарские и американские компании ориентированы на международные рынки. Другими словами, длительная рецессия в Италии (или Украине) будет сильнее влиять на будущую капитализацию фондовых рынков. Неважно, насколько дёшевы акции сейчас; если экономика слаба, ничего хорошего не жди.

С другой стороны, интернациональные гиганты спокойно перенесут локальный кризис, ведь они продают свои товары по всему миру. У них историческое соотношение *P/E* несёт куда больше смысла. Из этого следует ещё один вывод: глобальное инвестирование по общепринятым коэффициентам устроено немного сложнее, чем кажется на первый взгляд.

Как удачно инвестировать на рынке, где, как говорят, можно поймать летящий топор? Покупаете что-нибудь, что упало на 30%, но оно может обвалиться ещё процентов на 50. Тут вопрос в горизонте инвестирования. Если вы нацелены на стоимостное инвестирование, у вас будет тенденция покупать слишком рано. Но, если уж вы купили актив после хороших, надёжных расчётов и уверены в его будущей прибыльности, имейте достаточно силы воли, чтобы докупить, если цена продолжит падать. Если ваши расчёты верны, вам понадобится эта уверенность, чтобы переждать снижение, пока рынок не осознает ценность, которую вы обнаружили своими расчётами.

Одна из самых всеобъемлющих проблем на финансовых рынках — это инвестиции со слишком коротким горизонтом планирования. Люди смотрят на *квартальную* доходность паевых фондов — зачем? Невозможно производить прибыль из квартала в квартал или вообще каждый месяц. На рынке просто нет возможностей, которые отыгрывают информационное преимущество так быстро — поэтому это глупая и бесполезная игра. Увеличивая ваш горизонт планирования до трёх, четырёх, пяти лет, вы открываете огромный пласт возможностей для заработка, которого просто не существует для краткосрочно мыслящих участников рынка. Поэтому, если вы считаете, что рынок сильно недооценивает какой-то актив, вам несложно будет переждать его падение на 20, 30 или 40%. Для вас это может оказаться дополнительной возможностью докупить ещё дешевле — если вы смотрите на 3—4—5-летнюю перспективу. Наступит время, рынок оценит ваш актив справедливо и вы заработаете даже больше запланированного.

Возьмём какого-нибудь крупного портфельного управляющего, который инвестирует в хорошие, годные международные компании. Да, они стоят дорого, но зато растут и платят дивиденды. Это модель growth-инвестирования (покупка роста). Ещё есть модель *value*-инвестирования, то есть поиска низкой цены на активы. Им занимается Уоррен Баффетт, который постоянно ищет возможности купить что-то, что плохо лежит, что рынок не ценит. Пока не ценит.

Но если мы посмотрим на портфели этих двух разных людей, то увидим, что они похожи. Разница только в одном: Баффетт покупал компании 10, 20 или 30 лет назад по цене в 10, 20 или 30 раз ниже текущей.

16.10. Использование открытой информации

Интересные дела творятся порой с опционами на акции крупных компаний. Можно проследить, что происходило в этой теме за последние годы, и выяснится, что там скрыт какой-то поганый скелетик. Что же там такое?

Работники, а точнее, топ-менеджеры всё чаще и чаще получают опционы в качестве компенсации за свою работу. Допустим, работает человек на Кока-Колу, и её акции стоят, например, по 10 долларов за штуку. А менеджеру дают в качестве бонуса опцион на покупку акций по 11 долларов за штуку. То есть по текущей цене акций опцион ничего не стоит: он принесёт деньги, только если цена на акции компании вырастет выше 11 долларов. Менеджера заинтересовывают в том, чтобы цена компании выросла, а он оголтело вкалывает, выращивает фирму. Казалось бы, всё круто, все довольны. Менеджеры как бы трудятся на благо акционеров.

Но выяснилось, что существует волшебная тенденция к росту акций, если компания выпускает большое количество опционов для топ-менеджеров. Подозрительно? Ещё бы! Очень подозрительно. Можно, конечно, сказать, что вот, мол, опционы-то работают, менеджеры пашут до седьмого пота и компания поэтому дорожает. Но, если цена взлетела сразу после выпуска опционов, тут явно что-то нечисто. Было несколько статей на эту тему, и люди доказали, что цены имеют свойство взлетать сразу после выпуска опционов.

Первое подозрение (да не просто подозрение, это шито белыми нитками) — компании придерживают хорошие новости до момента выдачи опционов. Менеджеры всей шайкой поддерживают друг друга, вручают товарищам эти опционы, кукушка хвалит петуха, вот это вот всё. Выдадим опционы, затем объявим о хороших результатах компании и сразу же пилим бонусы. А если б они сразу выдавали опционы «в деньгах», тогда менеджерам пришлось бы заплатить налог по более высокой ставке — ведь так они фактически живые деньги получали бы.

Более того, один чел по имени Эрик Ли показал, что дело не только в новостях. Он прочекал все эти новости и выяснил, что далеко не всегда новости тянули за собой рост акций, а как будто бы на момент выпуска опционов компания знала, что её акции вырастут — но знать об этом никто не мог. Ну и Эрик таким образом понял, что опционы выпускались задним числом. Он там какие-то тесты провёл статистические, и выяснилось, что менеджеры врали о датах выпуска этих своих опционов, потому что никак иначе они не могли понять, когда именно вырастет цена акций. То есть, например, в декабре они объявляли, что в августе были выпущены эти бонусные опционы, а цена акций почему-то росла как раз в промежутке с августа по декабрь. Ещё один чел, управляющий активами по имени Эндрю Рэдлифф, тоже провёл независимое расследование и выяснил, что чуть ли не *все* компании выпускают опционы задним числом. Ну не охренеть ли? И он придумал такую тему, что он дико шортил акции этих компаний, а потом объявлял о своём расследовании. Регуляторы мощно наказывали лживые конторы и их топов, а Эндрю подсчитывал свои честные барыши.

Так работает Уолл-стрит. Невидимая рука рынка. В некотором смысле, эффективный рынок — это когда каждый аналитик и трейдер читает статью Эрика Ли и делает свои расчёты. Но, видимо, не у всех хватает на это сил, ведь не всякий аналитик изучает подобные манипуляции и пытается заработать на них, и поэтому неэффективность остаётся. Рэдлифф вот посчитал, проверил, кому впаяют адский штраф, — и получил преимущество. Хорошо это или плохо? Ну, наверное, хорошо. Или плохо.

Приведу ещё один интересный пример честного заработка этого Эндрю Рэдлиффа. Компании «Дженерал Моторс», как вы знаете, во время недавнего «мирового финансового кризиса» сильно поплохело, как, в общем, и всем автопроизводителям. Так вот, Эндрю купил облигаций ДжиЭм, потом пошёл к менеджменту компании и сказал: *«Ребята, ну дела у вас не очень, рекомендую снизить дивиденды акционерам»*, вполне разумная же вещь. Если денег в компании мало, надо снижать выплаты, но компании не хотят на это идти, чтобы не пострадал их корпоративный имидж — даже в случае падения прибыли. Рэдлиф их убедил, что надо всё-таки снизить дивы. И другие инвесторы увидели, что ДжиЭм реально затянула пояса и начали скупать ещё дешёвые облигации — ведь теперь они стали надёжней, так как у компании станет больше денег для выплаты кредитов. По-английски это называется «акционеры-активисты», ну а по-нашему «навальнизм» или «напугал Чубайса голой жопой».

У нас же всё немного наоборот. В мае 2018-го произошла пренеприятнейшая история с аналитиком Сбербанка по фамилии Фэк, реально такая фамилия у чела, ну понятно, как тут без скандала. Зовут его Алекс и он, гм, аналитик.

Короче, его уволили. За что?

За то, что он написал в своём рисёче очевидное: в Газпроме воруют деньги. Браудер (тот самый, который босс замученного Магнитского) в одном из старых интервью говорил (29), что раньше в Газпро-

(29)

ме пилили капитал, а сейчас как хорошо стало: пилят только профит. Окультурились!

Я вам, ребята, расскажу одну интересную вещь: в 2002-2004 годах мощно и открыто готовилась либерализация торговли акциями Газпрома. Напомню, что его нельзя было иметь иностранцам, и бедолаги по-всякому извращались, чтобы это ограничение обойти: приходили к Мовчанам-Варданянам и другим комбинаторам, а те им делали хитрожопые конторы для владения этим нашим достоянием; за хороший процент, конечно. И иностранцам, и нашим продавали такой апсайд (то есть причину дальнейшего циклопического повышения цен на акции ГП): мол, в Газпроме просто адски воруют деньги, но вот сейчас придут иностранцы, там воровать перестанут, и всё добро наконец-то достанется акционерам и нашей матушке-Расеюшке в качестве дивидендов.

Все в это верили, потому что тогда это была, сука, правда: пилили страшно, и была надежда, что перестанут. Я знавал пару человек, которые у Газпрома получали всякие разные благотворительные и спортивные дорогостоящие вливания. Разворовывалось там не менее половины, но часто и более! Вот ты хочешь провести соревнования по какому-нибудь модному виду спорта, типа прыжки с трамплина на мотоциклах. Приходишь к правильному дяде, просишь, например, 200 тыщ долларов в обмен на рекламу и всё такое. Рисуешь ему смету на эти 200 тыщ, из них 120 (да, офигеть!) возвращаешь в чемодане, берёшь тыщ 20 себе, ну и на 60К делаешь моднейший ивент с призами и журналистами. С благотворительностью было то же самое, если не хуже; воровали немилосердно. Тут и апсайд, потенциальный рост, сами понимаете.

Оно немного, конечно, сыграло, но ГП стоит жалкие несколько десятков миллиардов долларов — примерно в 15 раз меньше сраного Фейсбука, у которого ни одной скважины и в помине нет. Короче, слёзы.

Но! Вернёмся к нашему мистеру Фэку. Он вдруг, не стесняясь, написал, что Газпром горазд на шикарные инвестиционные проекты типа «Сиська Сибири», «Северный роток» и «Поцелуй в жопу чувака, который сбивает твои самолёты». А Фэк взял и посчитал. И выяснилось, что проекты, сука, окупятся только через пятьдесят или сто или миллион лет, да и то, если сильно повезёт. А так-то нет, не окупятся. То есть в открытую аналитик Сбера написал, что Газпром тупо раздаёт деньги подрядчикам на строительство нерентабельного говнища. А подрядчики — сюрприз! — это друзья одного кооператора и дзюдоиста.

Фэк сотоварищи прославились ещё в 2017 году, когда похожий рисёч выдали по Роснефти. Это вообще адовая контора, она уже переросла ГП по капе, и многим кажется, что воруют там ещё страшнее. Хотя даже не в этом дело: со времён потрошения Юкоса у всех нормальных людей есть понимание, что Роснефть — мерзость, не имеющая отношения к бизнесу, а только лишь к рейдерству, ФСБ и другим неприличным словам, что познал, например, мистер Евтушенков несколько лет назад. Но тогда Фэка не уволили (хотя один хриплый алкоголик сильно возмущался), а вот на этот раз да.

Но и это ещё не всё! После скандала уволился начальник Дона нашего Кихота, и, похоже, весь аналитический отдел Сбера в лес смотрит. Что как бэ намекает. Редакция, конечно, желает всем этим упырям передушить друг друга (Греф уже извинился), а Алексу — добра и процветания. Фэк офф, черти.

У них, конечно, тоже случаются туманные истории. Чего только стоит референдум по выходу Британии из ЕС. Недавно выяснилось (30), что большие хеджевые фонды покупали данные экзит-поллов и прямо *во время голосования* шортили фунт. Потом ещё какие-то люди делали (оплаченные?) заявления, что, мол, не, не вышли, Европа юнайтед.

Брекзит произошёл.

Фонды обогатились за день на 100-200 млн долларов, не шибко запачкавшись. Публиковать данные до окончания голосования нельзя, но можно ли их продавать в частные руки? Хороший вопрос. Смотря сколько заплатят. Запустил десяток человек на участки, собрал эксельчик, продал файлик за миллион. Норм. Открытая информация, чо.

(30)

ГЛАВА 17. КТО УПРАВЛЯЕТ ДЕНЬГАМИ МИРА

Есть такая профессия — зарабатывать посторонним людям деньги. Одна из главных проблем экономической теории заключается в том, что она описывает людей как рациональных существ, которые стремятся максимизировать получаемую пользу. На самом деле, у многих с этим большие проблемы — особенно касательно инвестиций на финансовых рынках. Большинство людей находится в перманентной фрустрации и делают страннейшие вещи. Поэтому существует целая индустрия других людей, которые как бы помогают делать инвестиции. Или делают вид, что помогают.

Многие крайне слабо осведомлены о мировой ситуации на рынках. Скажу больше: многие крайне слабо осведомлены о ситуации в своём собственном кошельке! Ладно ещё рынки непонятны и загадочны, и из-за своей отчасти случайной природы сложны для понимания. От этого происходит множество неправильных психологических установок, из-за которых люди совершают ошибки. Но в своих собственных-то деньгах надо разбираться хоть немного!

Я ещё буду подробно рассказывать о чрезмерной уверенности в собственных знаниях. Большинство людей, к сожалению, уверены, что они умнее окружающих; и они почти настолько же сильно уверены в том, что смогут обыграть рынок.

А что же происходит на самом деле? Компании и другие люди вовсю пользуются ошибками лохов. Брокеры и портфельные управляющие создают впечатление, что они вращаются среди богатых и успешных и стоит вам обратиться за их услугами, вы тоже войдёте в волшебный круг говна и пара, то есть, простите, понтов и почёта. Была такая книга в 1940-х годах, называлась «*А где же яхты клиентов?*».

У клиентов, конечно, могут быть яхты, но только, если они у них были ещё *до* обращения к портфельному управляющему.

17.1. Советники и управляющие

Мы живём в мире, где нельзя свободно делать что угодно. Финансовые рынки сильно зарегулированы. И есть советники, которые дают моднейшие советы; их деятельность строго регулируется. Я сейчас, конечно, про Америку. Мы ещё не доросли.

Кто такой финансовый советник? Это тот, кто даёт советы по инвестициям за деньги — фиксированную плату или комиссию. Советники — это не юристы, не банкиры, не страховые агенты, не журналисты из финансовых газет и не преподаватели финансовых вузов. Перечисленные люди могут, конечно, давать советы, но это не главная их деятельность — и уж точно не та, что приносит им основной доход. Ещё сюда не входят брокеры-дилеры.

Проблема советников (а точнее, проблема их клиентов) в том, что, если они работают за комиссию, у них будет склонность советовать делать больше сделок, чем необходимо. Они будут советовать прикупить что-то новое *каждый день*. И если они не берут денег с вас, значит они берут деньги с того, чьи активы они предлагают вам приобрести.

Весной 2018-го произошла неприятная история с аналитикой *Alenka Capital*. С фундаментальной точки зрения там были отличные материалы. Но оказалось, что основатель конторы, Элвис Марламов (это не шутка, чела реально зовут Элвис), оказывается, немилосердно фронтранил своих подписчиков, которых у него было аж 2000.

Способ честного отъёма денег был такой: за несколько минут перед тем, как выслать сигнал о покупке бумаг своим клиентам, которые сидели на автоследовании Финама, он покупал эти акции на свой счёт у другого брокера. Финам эту стратегию, кстати говоря, даже рекламировал и своим клиентикам толкал.

Но это ещё не всё. Практика такая в нормальных странах запрещена, но моральное разложение тут неполное. В самом деле: ну никто ж не заставлял людей покупать подписку, следовать сигналам и вообще верить какой-то посторонней лампочке с надписью «покупай сейчас». Написано «*Элвис покупает*», а ты хочешь — покупай, хочешь — нет. Вроде как всю дорогу польза от этих сигналов была, так чего бы и не купить то, что советует гуру?

А то, что он сам делает в момент сигнала (или за несколько минут до этого), вроде бы, никого и не колышет. Это у нас; у них — да. Если бы у меня было несколько тысяч клиентов, которые бы тупо следовали моим сигналам, я, честно говоря, вряд ли удержался бы от соблазна сначала купить акций себе, а лишь потом выслать сигнал об их покупке всем остальным. Может быть, поэтому я и не продаю сигналов — мало ли кто в жопу куснёт.

Но ЦБ вскрыл куда более интересное применение этой темы. Оказывается, после того, как все овцы выполняли сигнал[1], Элвис тут же закрывал свою позу! Потому что получить надёжные полпроцентика от движения рынка куда удобней, чем сидеть в позе до следующего сигнала.

---

[1] Это автоматически происходило, хотя это совсем уж дно для инвестора. То есть когда управляющий на своём счете открывает позицию, робот делает то же самое на счетах его последователей. На эту «стратегию» можно выделить какую-то долю от капитала. За автоматику клиенты платят какую-то комиссию в виде процента от активов.

Мы не знаем, верил он своим сигналам или нет, но вот ЦБ посчитал, что 8 лямов он таким образом наклевал. У него был какой-то модельный портфель, который он прилюдно демонстрировал, и вот ещё один (или не один) — вероятно, сильно больше. Портфель, который зарабатывал практически безрисково. Под надёжную тему не грех и денег занять! Тут ведь тоже много возможностей для заработка: можно особо избранным продавать сигналы, которые настанут для неизбранных только через пару минут.

Короче, выходит, что продал он своих подписчиков дьяволу примерно по 4000 рублей за каждого. Хотя собирал с них по 10К в год. Ну, года ждать долго, а тут практически постоянный кэшфлоу!

Он написал довольно странное объяснение своих действий, что мол «*закон я не нарушал, никого не заставлял*», то есть сам факт фронтраннинга он не отрицает. Даже и не знаю, благородно это или нет. Хотя до этого Марламов многократно писал в своих обзорах, что население у нас обманутое и в акции вкладываться не хочет — беда-то какая! То есть он, на самом деле, мощный популяризатор темы (это ему плюс). Но на месте подписчиков я бы такую херню, конечно, не простил. Доверительное управление — это про доверие.

Не, не слыхали.

Единственный нормальный вариант финансового совета — это консультация с оплатой по часам. Вы платите за консультацию *вне зависимости* от того, что именно вы собираетесь купить и сколько денег вы собираетесь вложить[1]. Более того, я уверен, что хороший советник будет чаще отговаривать вас от сделки, чем предлагать новое вложение. Короче говоря, не верьте тем, кто не берёт у вас денег за совет. Они что-то скрывают.

Я наткнулся на статью (31) в блоге The Irrelevant Investor, который я периодически читаю. Автор — Майкл Батник. Майкл — директор по исследованиям небольшой управляющей компании *Ritholtz Wealth Management*. Ну как небольшой — миллиардик под управлением. Вот интересный вопрос:

(31)

«В какой момент человек должен перестать заниматься своей финансовой жизнью самостоятельно и выбрать себе советника или консультанта? Я постоянно читаю о том, что это должно произойти примерно тогда, когда вы не чувствуете себя комфортно в обращении с имеющейся у вас суммой. Но слово „комфортно" очень расплывчатое!

Можете ли вы привести какие-то конкретные примеры, потому что неопытные инвесто-

[1] Вообще, брать процент от сделки — старинный риелтерский маразм. С какой стати оформить продажу дома за миллион стоит дороже, чем продажу дома за 100 тыс.? Где дополнительная работа?

ры, наверное, не должны доверять своей интуиции, чтобы самостоятельно определить этот момент?»

Давайте поделим инвесторов на три группы.

1. Те, кому нужна помощь и которые её получают.

2. Те, которым нужна помощь, но они думают, что она им не нужна.

3. Те, кто может найти ответы на свои вопросы самостоятельно.

Попробуем рассмотреть первую категорию, потому что третьей категории помощь не нужна, а до второй попробуем достучаться. Основной вопрос заключается в следующем: в какой момент жизни человеку вообще имеет смысл искать совета посторонних людей?

Перед тем как углубиться в тему, сразу опровергну основной миф, который укоренился у многих людей в голове. Надо сказать, что популяризации этого мифа способствуют всевозможные махинаторы, горе-управляющие, трейдеры, которые обещают людям десятки процентов годовых и продавцы алгоритмических роботов на форексе, которые считают доходность не годами, а месяцами и даже неделями.

Финансовый советник не может побить рынок — не больше, чем вы сами. Если вдруг вы нашли какого-то управляющего или фонд, который действительно даёт вам какую-то альфу и делает это стабильно из года в год, просто считайте, что вам очень повезло. Я сейчас не о бытовом везении, а о том, что вы должны понять: доходность выше рынка чаще всего объясняется не мастерством управляющего. Да, его совет или его взгляд на рынок может оказаться верным и несколько лет подряд. И если перед этими советами вы завели на счёт крупную сумму денег, тогда этот управляющий или советник станет вашим героем. Но не надо обольщаться. Бывает и наоборот, только про это никто не любит рассказывать. То, что вы выбрали фонд в момент, когда его стратегия работала лучше всего, и ввалили туда все ваши деньги, нельзя объяснять вашей проницательностью. Поэтому если вы изначально ожидаете от консультанта того, что он будет давать вам дополнительную доходность, рано или поздно вы будете разочарованы.

Следующая мысль будет несколько неожиданной: если вы не можете побить рынок самостоятельно и финансовый консультант сам не может побить рынок и не может сделать так, чтобы вы побили рынок, зачем он вообще нужен?

А вот зачем: он нужен для того, чтобы ответить на главный вопрос: *всё ли у вас будет в порядке?* Смогу ли я жить так, как мне хочется, как я планирую? Вот в этом его работа и заключается. И, если вы не понимаете, готовы ли вы получить ответ на этот вопрос, я сейчас подскажу, когда стоит об этом задуматься.

1. Когда вы совершили серьёзную ошибку.

У нас в стране такой проблемы почти нет, а вот в Америке у пожилых людей есть такая беда, что в какой-то момент им становится небезопасно водить машину. Вроде бы вот ты всю жизнь за рулём, но возраст берёт своё — зрение уже не то, реакция уже не та, да и руки дрожат. У кого-то это в 60 лет происходит, у кого-то в 80, но у всех происходит. И в этот момент очень сложно себя убедить в том, что хватит, доверять себе больше нельзя. Так вот если вы обкешились в первом квартале 2020 года — это хороший признак того, что доверять себе больше нельзя. Вы не сможете бороться с искушениями в попытках обыграть рынок.

Наиболее точный фактор, который поможет определить, как человек поведёт себя в будущем, — это поведение человека в прошлом. Да, некоторые из нас учатся на своих ошибках, но в целом мы остаётся такими же, как и всегда. Если в прошлый раз вы запаниковали, а потом убедили себя в том, что этого больше не повторится, то вы вряд ли честны перед самим собой. В следующий раз вы найдёте другую причину запаниковать, денег на счёте будет больше, и вам станет ещё страшнее, чем в прошлый раз. И всё повторится, только до пенсии остается меньше времени.

2. Когда случается что-то важное.

Вы меняете работу. У вас рождается ребёнок (или второй ребёнок). Или вы разводитесь с супругой. Вы получаете наследство. Наследство — наверное, лучший повод обратиться к консультанту. Во-первых, у вас оказывается гораздо больше денег, чем вы привыкли, и вам может быть страшновато инвестировать такую сумму. И во-вторых, что порой более важно, с этими деньгами у вас может быть какая-то эмоциональная связь, какие-то переживания и вы будете распоряжаться ими неэффективно — скорее всего, возьмёте слишком мало риска. Вот у вас есть работа и 30 тыс. на карточке, и тут умирает бабушка и оставляет вам квартиру на Кутузовском. Правильным решением, скорее всего, будет квартиру продать, а деньги разложить по разным классам активов. Но вы будете её просто сдавать, получая мизерную доходность, да ещё и в рублях. Чтобы не разбазарить бабушкино наследство. Советник может встать между вашими эмоциями и вашими деньгами и поможет принять правильное решение, объяснив, почему надо делать так, а не иначе. То есть вам родители не позволяют продавать недвижимость, а живёте вы в съёмной квартире рядом с работой, то хотя бы, может быть, советник сможет донести до вас мысль, что две маленьких квартиры в спальном районе будут давать в полтора раза больше денег от аренды.

С детьми похожая история, но в целом уровень материальных затрат на ребёнка слишком преувеличен. Ребёнок не требует каких-то огромных денег и на бюджет нормальной семьи особенно не влияет (кроме отпуска). Другое дело, если у вас нет на него времени, — это гораздо страшнее. Можно рассуждать и дальше, что за деньги это время можно купить, это так, но всё же я не думаю, что один ребёнок способен ваши финансовые планы как-то кардинально поменять, ну конечно, если вы в принципе собирались заводить детей.

3. Когда вы сомневаетесь в своём партнёре.

Тут два кейса: во-первых, у вас в семье может быть напряжённая атмосфера и вы, скажем, не исключаете развода в ближайший год. Во-вторых, если вы глава семьи, а ваш муж, например, музыкант, наверное, имеет смысл найти советника. Даже если вы пока не хотите отходить от дел, надо назначить кого-то, чтобы муж после вашей смерти не пропил всё состояние за пару лет.

Да, я знаю, обе причины невесёлые, но что поделать: такое случается. У нас больше половины браков заканчивается разводом, если чо. То есть если вы выходите замуж, вероятность того, что вы разведётесь, больше, чем что вы будете жить долго и счастливо и скопытитесь в один день. Поэтому сомневаться в партнёре, наверное, приходится.

4. Когда вы устали от решений.

Если вы торгуете достаточно долго, в какой-то момент вы поймёте, что, несмотря на всё вложенное время, энергию и волнение, доходность индексного фонда за этот период как минимум не хуже вашей. Либо — более удачный, но очень редкий вариант — у вас вдруг стало столько денег, что рыночной доходности хватит на всю оставшуюся жизнь. И если вы устали от стокпикинга, маркеттайминга и прочего коксакинга, или вам надоело пялиться в терминал и следить за новостями, или вы больше не хотите мучиться по поводу того, как исход выборов повлияет на ваш портфель, тогда пора, конечно, искать человека, который будет мучиться вместо вас.

5. Когда у вас нет на это времени.

Этот вариант мне нравится больше всего, но мало кто способен это понять. Если вы много работаете, приходите домой, только чтобы уделить 15 минут жене и детям, а в выходные отсыпаетесь, то, наверное, не стоит тратить время на то, чтобы выбирать *ETF*-ы или тем более индивидуальные акции. Или когда найти время на перебалансировку портфеля и вообще проанализировать его результаты за год или два. Когда жизнь бьёт ключом и разрывает вас на части, вполне логично эту часть поручить какому-нибудь надёжному человеку.

6. Когда ставки растут.

Когда вы молоды и в портфеле у вас несколько тысяч долларов, и вы вдруг паникуете, продаёте всё в самый неподходящий момент, на самом дне, то в целом ничего страшного не происходит: за предстоящую жизнь вы успеете всё исправить. А если вы уже в среднем возрасте и портфель ваш достаточно велик — скажем, несколько годовых зарплат, плюс у вас гораздо меньше времени исправить большую ошибку. Понятно, что для каждого человека цифра и возраст будут разные, но мне кажется, что 4 года накопленного дохода или, грубо говоря, 50 ваших зарплат — такая цифра, после которой без опыта в этой сфере становится сложновато и можно задуматься о том, чтобы к кому-то обратиться.

Конечно, есть такой вариант, что вас всё устраивает, деньги лежат в двух-трёх *ETF*-ах и портфель регулярно пополняется, то нормальный советник лишь скажет вам, что у вас всё отлично, продолжайте в том же духе. Наверное, в этом случае заплатить ему 200 баксов за консультацию будет немного обидно. Но по крайней мере у вас появится дополнительная уверенность в своих силах. Кто-то же ходит на Тони Роббинса за 400 тыс., чтобы услышать, что он может сходить на Тони Роббинса за 400 тыс. Да! Да! Да!

7. Когда вы в ступоре.

Если портфель у вас есть, но вы не понимаете, что там и зачем, или у вас какая-то куча бумаг, которые постоянно отстают от рынка, и вы не знаете, как они там оказались — то есть всё там было случайно, а вам нужна какая-то закономерность, то лучше спросить совета. Или, например, вы упустили рост и деньги на счету лежат уже много месяцев без дела в ожидании просадки, а её всё нет и нет. Наверное, пора проконсультироваться. А то можно психануть не вовремя, войти на самом пике на всю котлету и потом несколько лет себя укорять.

8. Когда вам нужны конкретные цели.

Если вам хочется купить дом у моря через 10 лет, а через 20 лет уйти с работы, консультант скажет вам, возможно ли это. Понятное дело, что у него нет шара судьбы, но вообще-то его работа заключается в том, чтобы объяснить, в чем проблема. То есть приближаетесь ли вы к своим финансовым целям. Хороший советник должен честно сказать, что вы даже не близко и, может быть, даже идёте в другую сторону — вместо дома у моря на пенсии вам светит коммуналка и картошка.

Консультант не может заставить вас откладывать деньги. Но он может объяснить, что произойдёт, если вы не будете этого делать. Хороший консультант не будет пытаться побить рынок, но он может помочь вам получить рыночную доходность. Хороший консультант не будет пытаться продать дорого и купить дёшево, но он может, по крайней мере, предостеречь вас от того, чтобы вы сами этого не делали. Хороший консультант не будет выдавать вам 20% годовых в валюте. Он будет ставить вам реалистичные цели. Хороший консультант, конечно же, позволит вам мечтать. Но самое главное: он скажет, совпадают ли ваши мечты с реальностью. Советник предложит вам варианты сохранить ваши деньги и, может быть, что даже важнее, — предложит вам хорошие варианты их потратить. В конце концов, финансовый советник может ответить на главный вопрос. И это единственный вопрос, который имеет значение. Звучит он так: *будет ли у меня всё в порядке?*

17.2. Как же выбрать финансового консультанта?

Типичный вопрос, который мне задают читатели, выглядит примерно так: «*У меня сейчас примерно 15 тыс. долларов капитала, нет своего жилья, хочу инвестировать эти деньги. Правильно ли это или лучше взять ипотеку? Долго читаю про разные инструменты для инвестиций и не могу определиться, какие мне нужны. Как лучше начать инвестировать, чтобы разобраться по ходу? Насколько вообще оправдано посещение финансовых консультантов? Чем они могут помочь?*»

Или вот ещё один вопрос вдогонку: «*Я продаю свою старую однушку, получится 2.5 млн рублей. Новую квартиру купить не смогу. Как лучше распорядиться деньгами, чтобы было все очень консервативно и риски потерять сводились к нулю? Вложить в акции или просто в банк?*»

Финансовый консультант как раз поможет вам найти ответы на эти вопросы, в этом его работа и заключается. Но вот *хороший* финансовый консультант сперва задаст вам свои вопросы, и, если вы на них ответите честно, он принесёт гораздо больше пользы. Так вам не придётся догадываться, что бы он посоветовал такому человеку, как вы, а ему не придётся угадывать, что вы за человек и что вам нужно от жизни, чему вы будете рады, а чего точно не требуется и в какие ситуации вам лучше не попадать.

Более того, советник, который сразу бросается отвечать на вопросы такого типа («Я Вася, у меня есть столько-то денег, что мне с ними делать?»), вызывает большие подозрения. Все люди разные, все ситуации разные, и нельзя дать хороший совет человеку, о положении и характере которого ты ничего не знаешь. И хороший, годный консультант в этом случае ответа давать не будет.

Куда девать накопления? Это сильно зависит от человека и его отношения к риску. Что для кого-то лучше, для другого — абсолютная тупость. Кому-то лучше вообще ничего никуда не вкладывать, а поехать в кругосветный круиз и как следует повеселиться. Кому-то — держать в сейфе в виде казахских тенге. Правда, такому человеку плохие советы лучше не давать. Кому-то — купить картину. Кому-то — купить киоск с шаурмой. Для кого-то 50 тыс. долларов равносильно новой квартире. Для кого-то — новому шкафу. Кому-то надо купить ОФЗ на все деньги. Кому-то — акции Сбербанка. Кому-то оба надо взять пополам, а кому-то — на 1% от портфеля.

Более того, даже одинаковые результаты одинаковых портфелей для разных людей будут означать совершенно разные вещи. Кого-то устроит 10% годовых в рублях, а кому-то окажется мало 15% в валюте. Даже люди с одинаковой финансовой ситуацией будут реагировать на изменения того же самого портфеля по-разному! Кто-то, пережив дродаун в 30%, потратится на психотерапевта, а кто-то не обратит на просадку особого внимания, потому что у него интересная работа и к инвестициям он относится как робот, который просто каждый месяц отправляет деньги в индексный фонд и не смотрит на свой счёт. Кто-то психанёт и распродаст весь посоветованный консультантом портфель на самом дне, кто-то хладнокровно докупится. Кто-то поменяет консультанта.

Я надеюсь, вы поняли, к чему я клоню. Если кто-то ответит на ваш короткий вопрос более конкретно — можете рассмеяться ему в лицо. Человек либо всем советует одно и то же (обычно то же самое, что и у него самого в портфеле), либо злонамерен и собирается на вас нажиться, либо вообще не понимает, что к чему.

Приведу ещё один пример для иллюстрации несколько иного, но тоже вполне рационального подхода к консультированию. Вопрос у читателя был такой: «*Родители волнуются, как бы не было обвала рубля, как бы не повторились 90-е и вообще как бы греча не кончилась. Доллары покупать — поздновато, в недвижимость вкладываться в забытых богами городах под Питером — сомнительная идея. Когда пожилой человек не верит в банки, боится завтрашнего дня и слушать не хочет про то, чтоб разбираться, как всё устроено, но поглядывает на всякого рода сомнительные пирамиды, куда ему безопаснее вложить сумму до 1 млн?*»

Не устану повторять: для каждого человека будет свой ответ. Собственным родителям я бы посоветовал сделать купонно-дивидендный портфель у брокера, так чтобы купоны падали на карту. Процентов на 80 я бы набрал облигаций первого эшелона, на остальное — дивидендные акции типа Сберпрефа и МТС. Но каждый случай индивидуален и тут не угадаешь, что лучше. Я, наверное, смог бы убедить своих родителей в таком подходе. Но сейчас ключевая идея в том, что для семейного счастья не всегда надо выбирать самое выгодное в финансовом плане решение. Так что, когда вы вдруг будете искать себе финансового консультанта, надо обратить внимание на следующие вещи:

1. Какие он задаёт вопросы?

2. Слушает ли он ваши ответы? Может быть, у него для всех одна и та же заготовка?

3. Берёт ли он с вас деньги? Вряд ли хороший специалист захочет бесплатно потратить своё время. Что он с вас получает: реферальную ссылку, комиссию брокера, комиссию с продаж какого-то структурного продукта?

4. Пытается ли он вам что-то продать: конкретного брокера или инвесткомпанию, управляющего или какой-то фонд, странные ценные бумаги, особенно редкие, неликвидные облигации, накопительное страхование жизни, какой-то структурный продукт, "подходящий" к вашей ситуации. Со страховкой надо быть наиболее осторожным: как правило, в ней зашиты самые невыгодные предложения. Вместе с тем, чел, который всем советует купить *ETF* на индекс, вряд ли заслуживает большой оплаты.

Когда вы это всё обдумаете, у вас и появится более-менее точная характеристика финансового (да и вообще любого) консультанта.

17.3. Где деньги, Зин?

Пришло время понять, насколько важны в финансах организации и институты. Они собирают с людей деньги и инвестируют от их имени. Они куда важнее, чем всякие советники по одной простой причине: подавляющим большинством денег в мире управляют организации.

Если у самого богатого народа мира — американцев версии 2017 года — вычесть из стоимости их домов (27 трлн долларов) долги за эти дома (то есть невыплаченные ипотеки на 10 трлн долларов), обнаружится, что самый большой их актив — это пенсионные портфели (23 трлн долларов). Средний американец владеет лишь половиной своего дома, машины и мебели: за вторую половину он ещё не выплатил кредит. А вот пенсией он владеет полностью, даже может её забрать со штрафом и выплатой НДФЛ.

После недвиги идут акции (16 трлн долларов), депозиты (весьма, кстати, внушительные, несмотря на грошовый процент: там больше 11 трлн долларов), разного рода страховки, облигации и так далее. На 2017 год финансовых активов у американцев было на 77 трлн долларов, а вещей, которые можно потрогать, — на 33 трлн.

То есть фактически у них в распоряжении есть по половине дома — но домом-то особо не поуправляешь! Депозитными деньгами управляет банк. Взаимными и пенсионными фондами — управляющая компания. Акции тоже далеко не всегда на брокерском счёте, а в каком-нибудь доверительном управлении или трастовом фонде. Выходит, что амеры живут в стране, управляемой профессиональными инвесторами. А это, в свою очередь, означает, что мы живём в мире, управляемом профессиональными инвесторами.

В главе о долгах я писал о банковских конгломератах, которые своими циклопическими кредитами заарканили международные корпорации. Это тоже, естественно, институциональные инвесторы. Хотя управляются они вполне конкретными людьми.

Короче говоря, выясняется, что на финансовых рынках институциональные инвесторы доминируют *полностью*.

17.4. Пенсионные фонды

Пенсионные фонды — самые большие портфельные управляющие, в 2017 году под их началом было больше 12 трлн долларов. Это не считая системы социального страхования — у них примерно столько же денег, но они практически никак не вкладываются, а лежат мёртвым грузом, поэтому пенсионные фонды гораздо важнее. Это компании-агенты, которые действуют от лица людей для накопления пенсии. Вы молоды и красивы, работаете. Потом здоровье заканчивается, жить всё ещё хочется, работать уже не получается. Это происходит примерно у всех, кто не умер. Случай частый.

Появились пенсионные фонды только в XIX веке, что странно — вроде и до этого было всё понятно, но в конце XIX века пенсионных фондов было ещё очень мало. Первый американский пенсионный фонд был организован компанией American Express. Тогда это была торговая или логистическая, что ли, контора, а не как сейчас — оператор системы платежей. Они сделали фонд, и условия были следующие: надо было проработать там 20 лет, дожить до 60 и ещё надо было стать инвалидом. Если это всё человеку удавалось, он получал 50% от своей средней зарплаты за последние 10 лет. Это первая модель, и она много раз копировалась. С ростом продолжительности жизни (60 лет было редкостью, люди жили в среднем по 45—50 лет) система занимала всё более важное место под американским солнцем.

Первоначально пенсионный фонд скорее был фишкой работодателя, в том смысле, что надо было горбатиться на него 20 лет, чтобы получить право на пенсию. Если ты проработал там 19 лет — ну извини, иди говна поешь. То есть это было придумано, чтобы люди из компании не уходили. Поэтому после 5—10 лет работы люди там застревали — иначе они бы потеряли право на пенсию, а в новой компании они бы уже не успели её заработать. Сам фонд Американ Экспресс был небольшой — потому что и компания была маленькая. А первый действительно серьёзный фонд создала Карнеги Стил в 1901 году, большая была корпорация.

Фонды появлялись и росли, и к 1929 году их было уже полно. Стали появляться отраслевые пенсионные фонды: от профсоюзов камнетёсов и сигарокрутильщиков в 1905 году, паровозостроителей в 1912-м и так далее, только что проститутки в профсоюз не успели собраться. Но в 1929-м во время краха многие фонды отправились в пекло, потому что они были организованы компаниями-работодателями, а если контора разорялась, то и фонд заканчивался вместе с нею — из чего платить-то? Многим не повезло.

В начале XX века конторы эти просто *обещали* платить. Ну, тупо говорили: «*Мы будем вам платить, когда вы уйдёте на пенсию*». «*А из чего, сука?*» — спросят мои маленькие читатели. Вот это как-то не объяснялось — видимо, из прибылей. А что, если прибыли нет? Никто об этом не думал. Поэтому в 1929 году народ перестал верить в пенсионные фонды. Пришлось им придумать что-то новое.

Следующий шаг — это был пенсионный фонд *General Motors*. Его создали в 1950 году, и он вкладывал деньги от лица пенсионеров, то есть если

GM разорилась бы, пенсии не были бы затронуты. Они вкладывали в акции, причём самое удивительное — не в акции Дженерал Моторс. Кто-то подумает — а почему бы и нет? Покупали бы собственные акции, отлично-отлично, например! Цены бы на них пошли вверх. Но это тупо: если компания обанкротилась бы, то и фонд укатился бы в ад вслед за нею. До 1950 года это было ясно не всем. Вот что странно в истории финансовых рынков: вроде бы и понятно, что это было неправильно, а всё равно так долго продолжалось. Пока кризиса нет — никто не обращает на это внимания. Когда жопа загорелась — вот тогда принимаются срочные меры и прилетает Шойгу на голубом вертолёте.

Следующий большой пенсионный кризис наступил в 1963 году — разорился Студебекер. Слыхали о таких тачках? Это был большой производитель, да вот кончился. Ну вот, разорились они, а пенсионный фонд остался, так они говорили. Что его, мол, всю дорогу исправно снабжали деньгами.

После банкротства выяснилось, что пенсионный фонд был «недофондирован». Просто они не откладывали достаточно денег — откладывали гораздо меньше, чем обещали. Поэтому бабла не хватило. Люди, естественно, обозлились: кто-то всю жизнь там горбатился на сраном Студебекере и надеялся на эту пенсию, а получил хер в рот и даже без масла. Начали жаловаться на профсоюз — ну, типа, какого чёрта он не следил за пенсионным фондом. Профсоюз их послал — он же не финансовый регулятор.

Конечно, на профсоюз все начали мощно наезжать. Выяснилось, что он никогда не обращал внимания на *будущие* выплаты — всех ведь интересовали только надбавки к зарплате. Когда члены профсоюза бодались со Студебекером, никто не говорил о пенсии: все тупо хотели денег сейчас. Почему? Да хрен его знает, просто никого это не интересовало. Пенсия — она далеко, а зарплата — она вот, трубы горят же. Получилось, что и профсоюз членов подвёл, и работодатель. Люди дико негодовали.

Тогда и придумали специальный фонд, типа агентства по страхованию пенсий. Туда отчисляется небольшой процент, и агентство это контролирует наполнение пенсионных фондов. А если денег на пенсии в каком-нибудь фонде не хватает, оно выплачивает. Фонд негосударственный, но Конгресс может влить туда денег в случае необходимости.

Потом это агентство тоже попало под атаку активистов: в конце 1990-х фондовый рынок сильно рос и компании начали снижать пенсионные выплаты — иначе казалось, что пенсии растут очень быстро. При этом кто-то кричал, что на рынке пузырь и пенсии пропадут, как только он лопнет.

Вопрос сложный: как далеко должен идти пенсионный фонд в плане рисков? Там они придумали «правило ответственного человека», весьма смешное: инвестиционная компания должна делать то, что сделал бы ответственный человек. Типа, управляющему фонда говорят: «*Ты не думай, что делать; подумай лучше, что сделал бы на твоём месте ответственный человек*». Это реально закон такой, так их заставляют.

Странно, конечно, вести себя так, как вёл бы себя кто-то другой. У них немного сдвигается восприятие — потому что зачем трепыхаться-то. Управляющие постоянно думали о том, кабы чего не вышло, чтобы их нельзя было в чём-либо обвинить. Придумывали, как сделать так, чтобы в любом случае не быть виноватым. Это, естественно, плохо повлияло на портфели, ведь они думали не о работе, не о доходах для своих клиентов, а о том, как избежать ответственности.

Но бывает и хуже. Расскажу страшную историю. В конце 2017 года наебнулся родной банк честного ингушского народа. После героических пенсионеров из «Открытия» ЦБ внезапно решил отсанировать Бинбанк.

Сам Гуцериев (хозяин) красиво рассказывает, что он «обжёгся» на санации какого-то Рост-банка. Типа ему дали на санацию 50 млрд, а тут курс доллара скакнул, и неведомое чудо стало должно уже 100 млрд. Вотоночо! Беда-то какая — курс не учли! Потом они сразу быстренько купили полудохлый МДМ-Банк, и только через год стало понятно зачем: кому-то надо было быстро стать *too big to fail*, пока с голой жопой его не застукал ЦБ. Хотя весной 2018-го сам ЦБ заявил, что по облигациям Бина дисконт будет 60%, это фактически мусор.

На самом деле схема разворовывания денег была очень похожа на обоссанированное «Открытие»: купим пенсионных фондов за 10-15% от стоимости активов, а в них наберём собственного говна. А всё хорошее тихонько заберём в Лондон.

Как можно покупать фонд за 10-15% (а НПФ Райффайзена был куплен Бином аж за 20%) от его активов? Деньги-то чужие! Нормальная управляющая компания может рассчитывать на 1-2, ну, может быть, в случае особой гениальности, 3-4% от активов за свой бизнес. Управляющий живёт только с комиссии от прибыли, которую он делает вкладчикам — то есть пенсионерам. Деньги фонда-то не его собственность.

Тут к бабке не ходи — понятно, что деньги вложены в какие-то особенно полезные бедным пенсионерам проекты. Векселя аффилированных шарашек, да даже и вполне себе облигации мамы-банка, которые почему-то больше никому не нужны. Только его собственному пенсионному фонду.

Формально, конечно, банк напрямую не кредитует проекты акционеров. Но ингушская шобла успела накупить ещё и М.Видео, Эльдорадо, Техносилу и ещё гору всего. Богатство растёт! А когда у тебя много денег, то внезапно может проснуться какой-нибудь талант. У Гуцериева вот нашёлся талант стихоплёта: он написал тексты Стасу Михайлову, Кристине Орбакайте,

Филиппу Киркорову и почившему уже Кобзону (говорят, что главному нашему мафиози). Остаётся только догадываться, кто кому заплатил за чудесные тексты и за ротацию этой дряни на радио. Ой, оказывается, никто ни за что не платил: у Михаила в запасе оказалось ещё и восемь радиостанций! А когда ты талант, про тебя напишет газета «Труд».

Надо сказать, литературное дарование у Сафарбекыча нарастало ураганом. Он, безусловно, лучший поэт-песенник века: в 2012 году у него было три «Песни года», в 2013 — восемь, ну а дальше талант было не остановить: в 2014 самородок получил 12, а в 2015 — целых 13 дипломов за свои чудесные стихи. Что там жалкие 20 млн долларов на празднование расширения клана? Сынулька женится, и мы прекрасно понимаем: когда речь идёт о чести семьи, разговор о деньгах неуместен. Зато какие гости: Джей Ло и Энрике — сын «*Ну что же ты*» Иглесиаса — спели свои лучшие песни, а Стинг просто постоял рядом (его чисто для селфи позвали). Вишенкой на торте стала, конечно, Алла Пугачёва, которая от души пожелала молодым счастья и достатка в семье.

Жаль, что на достаток придётся скинуться всем жителям родной страны. По чуть-чуть, тыщ по 5-10 с хари. Зато всем. Вы и не заметите! Не из кармана же берут. ЦБ мирно напечатает украденные талантливыми банкирами деньги и залатает дыру в балансе. Короче, всё будет в порядке.

Правда, не у вас.

Вам же просто в следующем году придётся потратить на 5-10 тыщ рублей больше на батоны и кефир. Зато Энрике приезжал! А Хулио? А Хулио не приехал, приболел видать.

Вот такая пенсия, товарищи.

17.5. Выплаты против взносов и 401(к)

Есть два типа пенсий: с фиксированной выплатой и с фиксированным взносом. Разница фундаментальная. Например, первый американский пенсионный фонд — Американ Экспресс — обещал выплачивать 50% от средней зарплаты за последние 10 лет. Если вы туда нанимались, это было в условиях.

До 1974 года практически все пенсионные выплаты были с фиксированной выплатой. Были, конечно, исключения, но как экзотика. Профсоюзам нравились фиксированные выплаты. Звучит хорошо: точно знаешь, сколько получишь. Совсем другое дело — это фиксированные взносы. Такой план не говорит тебе, сколько ты получишь на пенсии. Они просто отчисляют долю от зарплаты в пенсионный фонд, который будет эти взносы выращивать для обеспеченной старости. Сколько ты получишь, определяет портфель, а не какое-то правило. Никаких 50% от зарплаты за последние 10 лет, никакой надежды на дядю. Система начала реально работать в 1981 году, но через 7 лет они придумали добавку под названием 401(к) — это раздел налогового кодекса США.

Раздел 401(к) определил условия, при которых взносы не облагаются налогом. На взносы ни работник, ни работодатель, который часто доплачивает в фонд аналогичную сумму, не платит налог на доходы; плюс на сумму взносов человеку полагается налоговый вычет. Налог платится только много лет спустя — по мере получения пенсии. Так как налог откладывается, получается мощное преимущество по деньгам: проценты ведь нарастают на полную сумму, включая невыплаченный НДФЛ.

Это привело к целой пенсионной революции. Ну, во-первых, людям нравятся налоговые вычеты — это всегда приятно. Но главное — адские профсоюзы начали хиреть. Некогда они дико лоббировали фиксированные выплаты, но их час прошёл. Развивалась культура инвестирования. Людям нравилось, что у них есть конкретный, собственный пенсионный портфель — не какая-то компания им выплачивает пенсию и не государство. У них есть собственные деньги. Сейчас США — безусловный лидер в пенсиях с фиксированным взносом, но и Европа, и весь остальной мир их начал активно копировать — даже немытая страна рабов и господ что-то пытается, хотя наши денежки кто-то постоянно норовит спереть. Но попытки есть.

Ещё один большой прорыв с введением 401(к) — это возможность пенсионеру выбрать тип портфеля. Портфель нельзя было забрать[1], но тип инвестирования можно выбрать самому. Сама возможность выбора стратегии привела к громадной популярности паевых фондов, так как создала почву для рождения новой инвестиционной культуры: вложений далеко и надолго. Нам до этого, увы, ещё ой как далеко.

17.6. Паевые фонды

Что такое паевой фонд? Это специальная финансовая структура, которой управляет инвестиционная компания. Паевых (по-другому — взаимных) фондов гораздо больше, чем хедж-фондов, и они намного больше по размеру. Хедж-фонды рассчитаны на небольшие группы состоятельных инвесторов. Паевые фонды созданы для широких слоёв населения, и взаимные они потому, что все пайщики собрались вместе и у каждого там имеется доля.

Первый американский фонд назывался *MIT* (ничего общего со знаменитым институтом) — *Massachusetts Investors Trust*, открылся он в 1920-х. Потом появилась ещё целая куча разных фондов, при этом отрасль почти не регулировалась, а реклама была некорректная и обманчивая, то есть пайщиков постоянно пытались облапошить.

---

[1] Сейчас можно — со штрафом и выплатой налогов.

Часто у фондов были разные классы пайщиков. Типа, пайщики-красавчики и все остальные. Но после 1929 года и краха многих фондов инвесторы скуксились: выяснилось, что тогдашние фонды работали скорее на благо их основателей-управляющих, а вовсе не на благо простых инвесторов.

Что сделал этот Массачусетский Инвестиционный Траст? Он заявил: «*У нас все пайщики равны, и мы ведём нашу деятельность совершенно открыто. Мы публикуем наш портфель — в то время как большинство других фондов держат его в секрете*». Остальные говорили, мол, мы собираемся обыграть рынок, поэтому никому не скажем, что мы делаем.

Вот оно: открытый портфель и равные права. Продаёшь — получаешь в точности свою долю. Концепция быстро прижилась, и вся отрасль начала мощно развиваться. Начиная с 1950 годов паевые фонды росли как на дрожжах. Основное правило такое: все пайщики равны и все получают доход пропорционально своей доле. Акции покупать не надо, их покупает фонд, а ты владеешь паями фонда. Если нужно забрать деньги, приносишь заявку на обратный выкуп паёв.

Когда вы забираете деньги, они ждут закрытия рынка и подсчитывают, сколько стоит ваша доля, потом в течение нескольких дней вам высылают деньги. Инструмент это в целом неплохой, и примерно половина американцев владеет акциями не напрямую, а вот через эти паевые фонды. Более того, обычному человеку труднее решиться на покупку акций самостоятельно, а паи фонда купить гораздо проще. Хотя это полная ерунда: открыть счёт у брокера сейчас можно вообще по интернету, покупай себе что угодно, и комиссию за управление платить не надо.

У паевых фондов есть две проблемы. Первая: некоторые фонды образованы под одного большого (или очень большого) пайщика. И если на падении рынка этот пайщик продаст свою долю, то мелким достанется очень плохая цена выхода. Особенно если у большого пайщика выкупят паи на день раньше и на процент выше.

Условная математика такова: если у ПИФа на миллион рублей 1000 паёв по 1000 рублей, но 900 из них принадлежат кому-то одному, а 100 — сотне разных человек, то, если мелкий инвестор при продаже на 1% ниже рынка изменит стоимость активов фонда на 10 рублей, в фонде останется 998990 рублей (вычли 1000 рублей пай + 10 рублей снижение), то есть один пай станет стоить не 1000, а 998990 / 999 паёв = 999,99 рублей, все пайщики потеряют по 0.001%. А вот если выйдет большой инвестор с дисконтом 1% (то есть вынет из фонда свои 900 тыс. + 1% на снижение = 909000), тогда остальные паи будут стоить (1 млн – 909000) 91000 / 100 оставшихся паёв=910 рублей — то есть потеряют они аж по 9% просто так, в один момент, — лишь из-за выхода основного пайщика. В реальности математика немного другая, но факт в том, что выход большого инвестора из фонда крайне негативно влияет на мелких.

Проблема вторая: этот инвестор как раз знает, когда выходить, а простые пайщики — нет. Обычные люди склонны покупать и продавать паи в неудачное время — покупают они после роста, а продают после падения. И если в среднем паевой фонд показывает доходность в 10% годовых, это не значит, что средний *пайщик* получит эти 10% годовых — он купит паи слишком поздно, а продаст слишком рано. Об этом я подробнее расскажу ближе к концу книги.

У фонда на бумаге результаты будут хорошие, да вот после выплаты НДФЛ и комиссии за управление[1] может оказаться, что выгодней было держать деньги в банке. Я уже не говорю о том, что управляющие компании используют разорительные скидки и надбавки — при выкупе паёв раньше определённого срока[2].

Есть ещё один тип фондов, который появился совсем недавно, в 1993 году, называется *ETF* (*Exchange Traded Fund*), то есть фонд, торгуемый на бирже. Сейчас их меньше, чем паевых, но они растут очень-очень быстро, так как это более удобный для инвесторов продукт, и в любой момент могут их перерасти, если ещё не.

---

[1] Обычно это 0.5-2% от активов плюс 10-20% от прибыли.

[2] Например, если срок инвестирования меньше года, компания возьмёт с вас штраф 1%, а если меньше полугода — тогда и все 2%.

Разница с паевыми фондами в том, что ETF можно купить и продать со своего брокерского счёта, как простую акцию. Можно купить фонд, который в точности копирует структуру индекса *S&P500* за небольшую комиссию. При этом нельзя прийти в компанию, которая управляет этим фондом, и сказать: «Верните мне мои деньги». Его паи надо продавать на бирже. Институциональные инвесторы теоретически могут раскурочить большое количество паёв такого фонда, получив соответствующее индексному портфелю количество составляющих его акций, но частный инвестор этого сделать не может.

Закрытые ПИФы тоже торгуются на бирже, но чаще всего там будет слабая активность и маркетмейкер выставит такие котировки, что проще дождаться открытия окна входа (выхода) у управляющей компании и купить (продать) паи при создании (закрытии) такого фонда. У *ETF* такой проблемы нет — это действительно удобный инструмент.

Приведу пример из своей практики. Мало кто из брокеров даёт доступ к Тайваньской бирже. А на ней торгуется Foxconn — крутейший китайский производитель чипов для айфонов, киндлов, плейстейшенов, цисок, материнских плат для *Intel*, короче мегакорпорация роботов. И очень мне хотелось её купить, да вот никак. Тогда я просто посмотрел, какие *ETF*-ы держат много акций *Foxconn* (это оказался один из фондов, покрывающих тайваньский рынок), и купил его на австралийской бирже.

В нашей стране существуют ещё ОФБУ — общие фонды банковского управления, они могут вести более рискованную инвестиционную деятельность. Если коротко, то отличие от ПИФов у них такое: ОФБУ могут инвестировать в то, что не запрещено, а ПИФы — только в то, что разрешено.

С ОФБУ связана одна занятная история. В сентябре 2008 года несколько фондов Юниаструм банка обесценились на 90% в течение суток. Вот просто — хоп — лалайла! И у пайщиков осталось в 10 раз (сука, в десять раз!) меньше денег, чем было за день до этого. Фондов у Юниаструма было чуть ли не сто, с разными восхитительными названиями вроде «Двойной Фонд Бразильской Нефти», или «Золото партии», или «Волшебные Компании Южной Кореи» — ну полный восторг. При этом инвестиционные декларации у них были просто полным разводиловом — фактически управляющие могли вкладывать деньги во что угодно. Что они и сделали. Вложили все деньги в мутнейшие облигации каких-то дочерних компаний то ли банка, то ли своей же инвесткомпании — векселя ООО с уставным капиталом в 10 тыщ рублей, потом закладывали их и перезакладывали. Попросту говоря, спёрли. Но по декларации они имели на это право — то есть пайщики сами дураки, что поверили в этот завлекательный аттракцион.

Объяснение самой управляющей компании звучало так: «*Резкое снижение произошло вследствие наступления кризиса ликвидности, которое проявилось в резком увеличении краткосрочных ставок и беспрецедентного роста дисконтов при операциях РЕПО при отсутствии ликвидности на этом рынке, в результате было осуществлено закрытие обязательств по второй части РЕПО. Существенным образом на снижение активов повлиял значительный вывод средств клиентов. При полном отсутствии рынка, управляющий был вынужден осуществлять продажи ценных бумаг по минимальным ценам для удовлетворения заявок на вывод средств из фондов, что обесценивало стоимость оставшихся паев*».

При этом наиболее активные вкладчики открыли свой форум, где мощно обличали и клеймили гадов из Юниаструма, но банк выиграл против них суд, и теперь на форуме написано: «*Размещенные на сайте заявления, высказывания, утверждения и предположения о противоправных, неэтичных и аморальных действиях* КБ «ЮНИАСТРУМ БАНК» *(ООО) (в том числе о мошенничестве, воровстве, ограблении, обмане и злоупотреблении доверием в отношении вкладчиков ОФБУ) не соответствуют действительности, являются заведомо ложными. Размещено по решению суда*».

Тут можно сказать только одно: «*Иванова не дура?! Извините!*»

17.7. Личные трасты

В трастах содержится тоже дохера денег: примерно триллион долларов. Что такое траст? Это ещё одна форма институционального инвестирования. Чаще всего это отдел банка, который управляет деньгами человека или семьи. Например, родители обеспокоены вашим поведением и доверяют банкиру больше, чем вам. У семьи, например, есть капитал, наследство небольшое, ложки там серебряные, бюстик Ленина, ну и миллион долларов. Они могут передать вам — сынульке или дочурке — этот миллион, а могут и зажать. Может, они за вами следят и знают, чем вы занимаетесь перед монитором.

Особенно интересны трасты с контролем расходов. Есть транжиры, которые не могут накопить денег, а только тратят. Вот ведь дебилы! И ваши родители могут пойти в банк и создать там антитранжирный[1] траст, который будет вам платить доход всю жизнь. Или даже больше — родители и о внуках могут позаботиться. Траст запрещает вам тратить капитал — нельзя просрать всё в казино, например, или купить себе Мазерати и убиться об стену. Идея в том, что вашим капиталом распоряжается банкир, и даже когда ваши родители отойдут в мир иной, вам достанется моржовый половой хрящ — ведь все деньги надёжно засунуты в траст.

[1] Правильное название — spendthrift trust, траст бережливых расходов.

В США больше всего в мире долларовых миллионеров: больше 3 млн. Это не учитывая коллекции картин и тачки. Забавно, что мало у кого получается сохранить этот капитал дальше первого поколения — 70% детей сливают все деньги, а оставшиеся 30% дожирают беспечные внучата. Грустные миллионеры это понимают и не хотят отдавать деньги детям-дебилам или придумывают всякие подлые условия: закончи институт, женись, роди детей и т. п. Иначе все деньги достанутся коту.

Управляющий трастом — это человек, который работает в интересах ребёнка-транжиры, чтоб тот не прокутил всё разом. Скорее всего, все окажутся в аду ещё до нас — родители умрут, и человек, с которым они общались в банке, тоже помрёт; но когда вам исполнится 90, в банке всё равно будет кто-то — намного моложе, назначенный на эту работу. И этот гадёныш продолжит выплачивать вам доход из фамильного траста, а всех денег так и не отдаст.

Может быть и ещё одна причина, по которой родители прячут от вас деньги. Вдруг вы захотите жениться на какой-то наглой лимитчице, и родители волнуются, чтобы при разводе та не отжала половину семейного капитала. Они запирают бабло в антитранжирном трасте, и, когда после развода придёт жена за баблом, банкир ей скажет: «*Иди гуляй, у меня контракт выплачивать доход вот этому конкретному челу, а не его родственникам, бывшим жёнам и всяким прошмандовкам*». Это, как выясняется, неплохо работает. Поэтому жениться надо с большой аккуратностью, чтоб родители вас не прокляли.

В США и в Англии свой свод законов, и там трасты хорошо прописаны, у доверителя и поверенного есть чётко определённые права и обязанности. Траст не обязательно должен быть в банке — это может быть, к примеру, друг семьи. В англосаксонском праве существует полное разделение активов в трасте и активов самого поверенного. Например, вы доверяете своему шурину выступить поверенным для ваших детей, а потом он попадает в галимый переплёт и просирает всё своё имущество. Суду не получится забрать у него деньги траста, которыми он управляет в интересах ваших детей. В Европе это не совсем так — там законы другие. Типичный траст в Европе — это банк, и он управляет деньгами. Если банк рушится, деньги клиентов вполне могут быть потеряны. Может быть, европейцы больше доверяют банкам, я не знаю. Хотя там тоже какие-то подвижки есть — инструмент-то хороший. От жены деньги прятать милое дело. У меня самого в тумбочке два траста хранятся.

ГЛАВА 18. ИНСТРУМЕНТЫ БОЛЬШИХ ПАРНЕЙ

Для начала удивлю: управление инвестициями, сведённое к базовым принципам, — вещь очень простая. Если смотреть на свой инвестиционный портфель как на жизненный капитал — то есть установить горизонт планирования хотя бы лет в 10 (а лучше в 20) и думать, что для этого хорошо, а что не годится, то мы придём к одним и тем же выводам: 1) перекос в сторону акций имеет смысл, так как на длинном периоде они склонны расти; 2) диверсификация очень важна.

Любой, кто прочитал хоть что-то о финансах, да даже и просто оголтело инвестирует на свой страх и риск, в глубине души понимает, что диверсификация яиц в разные корзины — принцип обалдеть какой фундаментальный. Знаменитый теоретик портфельной теории Гарри Марковиц называл диверсификацию бесплатным сыром. Мы всю жизнь доказываем и рассказываем, где бывает бесплатный сыр, но факт в том, что с помощью диверсификации на любой выбранный уровень доходности можно снизить риск, а на любой уровень риска можно постараться увеличить доход. Круто, а?

Пришло время рассказать про Дэвида Свенсена, портфельного управляющего, который начал управлять фондом Йельского университета в 1985 году. Он немного поработал на Уолл-стрит, но портфельным управлением никогда не занимался. И вдруг оказался с миллиардом долларов — тогда это была огромная сумма (да и сейчас тоже неплохая); расходы всего бюджета РФ на образование в 2016 году — чуть больше 5 млрд долларов. В 2015 году фонд Йельского университета составил около 23 млрд долларов, это уже в 4 раза больше бюджета РФ на образование. Хочу вас ещё немного огорчить: это даже не самый большой фонд американского университета, а лишь четвёртый по величине.

18.1. Эндаумент не для даунов

Ну ладно, поплакали немного, но вот вопрос: что же сделал этот неопытный с виду парень? Даже нет, сперва объясню, чем он нам интересен. Дело в том, что эндаумент-фонд — это для нашего постсоветского взгляда вещь очень необычная. Это деньги, на которые существует университет, но не просто деньги, а проценты с этих денег. Есть фонд, и университет должен существовать на доходы с капитала, не тратя сам капитал, а желательно ещё и наращивая его.

Понятно, что у универа есть нехилый доход от обучения богатых детишек, но, когда у тебя есть фонд, ты можешь делать с учебной программой всё что угодно; тебе не нужны ни государственные деньги, ни деньги студентов. Хочешь — ракету строй; хочешь — шахту копай; хочешь — устрой в кампусе экспериментальную сауну с негритянками.

Чем пример такого фонда особенно замечателен? Фишка в том, что он похож на нашу с вами жизнь. Ну то есть на мою точно похож: я всю жизнь коплю. Многие как психи учатся всю жизнь, чтобы изо всех сил работать. Я всю жизнь учусь, чтобы изо всех сил не работать. Так и тут: когда у тебя есть фонд, который приносит доход, ты можешь жить на проценты и спокойно дуть траву на диване, посматривая «*Карточный домик*». А самое крутое — это когда ты тратишь меньше, чем зарабатываешь. Тогда твой капитал ещё и растёт. Поэтому для нас этот случай — чуть ли не самый интересный в мире портфельного управления. У человека есть зарплата, это ок, это нормально. У Йеля тоже есть доходы от обучения. Но фонд — это куда лучше зарплаты!

Вернёмся к нашему Дэвиду Свенсену. Для начала он сделал довольно очевидную вещь: посмотрел, что делают все остальные управляющие. Он исследовал эндаумент-портфели других колледжей и университетов. Выяснилось, что 50% активов были вложены в акции США, 40% — в облигации и валюту и около 10%

в какие-то альтернативы. Дэвид повтыкал в эту тему и подумал: что-то это немного странновато. Половина всех средств вложено в один класс активов — акции американских компаний, ещё 40% — в американские облигации и американские же доллары, то есть 90% вложений так или иначе связано с финансовыми рынками США и только 10% вложено в недвижимость, венчуры или в частные компании. Это диверсификацией не назовёшь. Не отягощённый традиционными взглядами, Дэвид кардинально изменил систему управления эндаумент-фондами и преобразил всё портфельное управление.

Несколько лет назад он написал книгу «*Pioneering Portfolio Management*»[1], где описал свой подход: как он отошёл от модели 50% акций / 40% облигаций к модели с большей долей акционерного капитала (включая венчур и всевозможные хеджевые фонды) и куда большей диверсификацией — например, он добавил в портфель *LBO*[2] и промышленное сырьё.

Дэвид настолько преуспел, что сейчас этот подход к управлению активами называется «йельской» моделью. Свенсен исследовал три основных инструмента, которые доступны почти каждому, и институциональному инвестору, и частному (хотя конечно, в *LBO*, хедж-фонды

---

[1] «Пионер с портфелем».

[2] *Leveraged Buy-Outs* – кредиты менеджменту на выкуп компании.

и венчур небольшому инвестору вложиться очень сложно, если вообще возможно). Но для нас сейчас важен принцип. Итак, эти инструменты: 1) распределение активов; 2) время входа в рынок; 3) выбор ценных бумаг.

Первый — распределение активов — это просто-напросто на какие классы активов разложен ваш портфель и в каких пропорциях. Второй — время входа (тайминг) — это краткосрочные отклонения от долгосрочных распределений ваших активов. И третий — выбор ценных бумаг, то есть как вы управляете каждым индивидуальным классом активов внутри портфеля. Будете ли вы держать рыночный портфель и изменять пропорции соответственно индексу, чтобы получить доход по рынку? Или вы хотите активно управлять каждой позицией, пытаясь обыграть рынок и сгенерировать дополнительную доходность? Пора понять, в чём сила.

18.2. Распределение по классам

Начнём с распределения активов. Вероятно, это самый важный инструмент управляющего. Некоторые считают, что это прямо какой-то финансовый закон. Хотя скорее это иллюстрация того, как люди себя ведут.

Если взять все 23 млрд честных йельских долларов и вложить их в акции *Microsoft*, распределение активов вряд ли окажет влияние на доходность портфеля. На результаты повлияет лишь выбор ценной бумаги, то есть поведение акций *Microsoft*, которое будет полностью совпадать с поведением всего портфеля. А если эти 23 млрд пустить в дей-трейдинг и начать дико торговать фьючерсами внутри дня, тогда и выбор ценных бумаг не окажет никакого влияния: все результаты портфеля будут зависеть только лишь от тайминга — второго нашего инструмента. Ведь доходность портфеля будет обеспечиваться исключительно временем покупки и продажи этих фьючерсов.

Но, пожалуй, обе эти идеи не очень хороши. Не стоит покупать акции Майкрософт на все деньги и не стоит слишком активно торговать фьючерсами. За это управляющего могут и уволить. Это нерационально. И если посмотреть на каждый класс йельских активов в отдельности — американские акции, европейские акции, облигации, недвижимость, депозиты, вложения в стартапы, — каждый отдельный класс активов тоже будет хорошо диверсифицирован. Там не будет огромных позиций в одном товаре или кучи бумаг из одной отрасли промышленности.

Поэтому распределение бумаг по классам — это сверхважный момент в результатах всего портфеля. Так как Йель держит относительно стабильный и сильно диверсифицированный портфель, выбор каждой отдельной бумаги становится не таким уж важным фактором для выявления общей доходности портфеля. То же самое можно сказать и о времени входа в рынок. Самый главный фактор — распределение активов по классам, и это верно и для таких гигантских портфелей, и для частных инвесторов.

Понятно, что они долго там всё считали, выявляя основные источники дохода. И пришли к неожиданному выводу: оказывается, более 90% инвестиционного дохода[1] организаций приходится на выбор и распределение классов активов. Хотя можно сделать и более интересный вывод: на самом-то деле, *больше 100%* полученной доходности приходится на распределение классов. Как это может быть? Я объясню: это вполне возможно, если выбор бумаг и тайминг приносят убытки и в конечном счёте *вычитают доход* из общего портфельного котла.

18.3. Отток из системы

Если выбор бумаг — игра с нулевым результатом для рынка, то сумма, которую получает победитель, равна сумме, которую проиграл неудачник. Кто-то продал акцию, кто-то купил

[1] Я страстно надеюсь, что вы поняли: речь не идёт о доходности в 90% годовых. Если вы подумали именно так, боюсь, я не смогу вам ничем помочь. Инвестиции — это явно не ваше. Попробуйте стать, я не знаю, музыкантом. Или преподавателем финансов.

акцию — вроде бы на двоих результат нулевой. Но, если вспомнить, что есть ещё комиссии брокеру, бирже и депозитарию, есть оплата консультантам, менеджерам, провайдерам информации, становится понятно, что из системы есть постоянный отток. Общий результат действий всего инвестиционного сообщества отрицательный!

Я немного отвлекусь, но должен сказать, что одна из наиболее неприятных вещей, которую аналитики заметили за последние 20 лет, — это то, что отток из системы в отношении владельцев капитала увеличился колоссально. Пришли хедж-фонды — 25 лет назад ими и не пахло. Сегодня они уже играют важную роль на финансовых рынках. Хедж-фонды забирают жирнейший процент от доходов инвесторов — 1,5-2% от капитала и 20-25% от прибыли. Что остаётся инвестору?

Разница между теми результатами, которые инвестор получит только за пассивное распределение активов по классам, и теми, что он реально получает, постоянно растёт. Всё больше доходов оттягивают управляющие компании и менеджеры по инвестициям, и всё меньше достаётся тем, кто их нанимает. Возможно, тут дело в том, что денег в мире становится больше, и малейшая дополнительная доходность становится ценнее. Но эта тема для отдельной книги. Хотя вряд ли такой же интересной, как эта.

18.4. Доходность в разных классах

Есть такой чел — Роджер Ибботсон. Он просчитывал долгосрочную доходность разных активов на длинных промежутках времени. Мы уже говорили о книжке Джереми Сигела[1], там 200 лет он анализировал. Ибботсон проверил рынки с 1925 по 2006 год — за 81 год — и посчитал, что было бы, если бы в 1925 году вы вложили ровно доллар и всё время бы его держали в определённом классе активов.

Если бы вы вложились в надёжные американские госбумаги, то доллар превратился бы в 19 долларов. Звучит неплохо. Но инфляция съела бы 17 из них. Получается негусто.

Допустим, вы делаете шаг навстречу риску и вкладываете доллар в облигации. Тут уже один доллар превратился бы в 72 доллара. Тут уже 17-кратная[2] инфляция не пугает. Но это всё ерунда. Если вложить доллар в акции, то он принёс бы 3000 долларов за 80 лет. Если бы вы вложили деньги в акции небольших компаний, то 1 доллар бы превратился в 16 тыс. долларов. По сравнению с облигациями это просто умопомрачительно.

Тут даже задумаешься: а нахера нужна эта диверсификация? Зачем? Зачем покупать какие-то

---

[1] «Stocks for the long run» – «Акции на долгий срок».

[2] То есть было у нас 100 баксов. Стало 7200 баксов. Но на каждый новый доллар можно купить в 17 раз меньше товаров, чем на старый.

облигации, если в акциях такая бешеная доходность? В конце 1980-х вопрос стоял остро. Но если бы Дэвид Свенсен просто купил акций мелких компаний на все деньги, вряд ли бы попечительский совет Йеля это одобрил.

Он начал копать дальше данные этого Иббот-сона, и там много примеров, но самый драматичный это, конечно, крах октября 1929-го. На каждый доллар, вложенный в акции маленьких компаний, к концу 1929-го вы бы потеряли 54% ваших денег. На конец 1930-го вы бы потеряли *ещё* 38% ваших денег. К концу 1931-го вы бы потеряли *ещё половину*, а к июню 1932-го — *опять* потеряли бы 32% от предыдущего года. Каждый доллар превратился в жалкие 10 центов. В какой-то момент вы бы просто сказали: «*Сука, ну это уже цирк с конями. Нет никакого смысла держать эти говённые акции мелких компаний в портфеле*». Вы бы продали это говно и вложили бы деньги в облигации или в портвейн. И это именно то, что сделали подавляющее большинство управляющих активами в 1930-х годах. А также в 1940-х и 1950-х.

Пока память о тех адских деньках была свежа, абсолютно все считали, что акции — это полный шлак и говно и нет никакого смысла владеть ими. В литературе тех времён даже писали, что термин «ценная бумага» для акций не подходит — какая же она ценная. Конечно, такое отношение к акциям было совершенно несвоевременным. Если бы вы вложили доллар в акции мелких компаний в июне 1932 года, к 2006-му ваш доллар превратился бы в 159 тыс. долларов. В момент максимально медвежьего пессимистического настроя на рынке была наилучшая возможность для инвестирования.

Выводы простые: перекос в сторону акций — грамотный и даже необходимый шаг для инвесторов с длинным горизонтом событий, но и диверсификация важна. Надо ограничивать долю рискованных активов в своём портфеле до того уровня, при котором вам не страшно будет перенести даже ужасающие и совершенно невероятные события на рынке. Например, такие, при которых ваш и без того жалкий капитал уменьшается в 10 раз.

18.5. Тайминг

Перейдём ко второму пункту: попыткам угадать время входа в рынок и выхода из него, это я и называю таймингом. Ещё старина Кейнс писал: «*Идея сдвигать вложения по разным причинам непрактична и на самом деле нежелательна. Большинство из тех, кто пытается это сделать, продают слишком рано, а покупают слишком поздно, ещё и воздействуя себе на мозг отрицательными спекулятивными эмоциями*». Жизнь показывает, что он был абсолютно прав.

Дэвид Свенсен исследовал повадки частного инвестора: покупки и продажи долей в паевых фондах во время коллапса интернет-пузыря в марте 2000 года. Он взял 10 лучших фондов интернет-компаний и посмотрел их доходности с 1997 по 2002 год. Их доходность в среднем составила 1,5% в год — ну, сначала они выросли, потом упали, общий результат положительный — никто ничего как бы и не потерял. Эту цифру управляющие компании гордо показывают во всех аналитических сводках (и, естественно, в своей рекламе). То есть, если бы вы вложили деньги 1 января 1997 года и вышли 31 декабря 2002 года, вы бы заработали в среднем 1,5% в год.

Но есть ещё один способ смотреть на доходность: взвесить её по активам фонда. То есть по времени реального вложения денег инвесторами. Так получается гораздо более точная картина впечатлений пайщиков этих надёжнейших фондов.

Взвешенная по объёму доходность учитывает главное: когда именно были вложены деньги и когда они были изъяты. Выяснилось, что в эти фонды было вложено 13,7 млрд долларов, из них потеряно 9,9 млрд. То есть 72% инвестиций попало в ад. А из-за того, что налоги платятся по годам, многие пайщики перед огромными потерями ещё и попали на налоги — общим размером в 3,3 млрд долларов. Сначала платишь налоги, потом всё заработанное теряешь. Не очень радостный опыт, правда?

Чикагская фирма *MorningStar* сделала более подробное исследование всех категорий фондов акций, целых 17 разных вариантов фондов, и в *каждом* из них оказалось, что доходность по времени была больше доходности по вложенным средствам. Как же так? Да точно таким же образом, как лопались фонды во время интернет-пузыря: люди покупали паи после того, как их цена вырастала, и продавали, когда их цена падала.

Когда вы покупаете дорого, а продаёте дёшево, довольно трудно нарастить капитал, даже если вы делаете это с большим энтузиазмом. Это исследование Морнингстара — настоящее проклятие инвесторов касательно их способностей угадывания времени входа в рынок.

Из года в год инвесторы покупают после того, как цены выросли, и продают после того, как они упали. Разница наиболее велика в фондах с большой волатильностью. Разница между доходностью, взвешенной по времени, и доходностью по реальным деньгам в консервативном фонде — 0,3% в год. Это немного, но если вы собираетесь обогнать рынок на 1—2%, то и немало. А если взглянуть на технологические фонды, разница между показанной доходностью и доходностью инвесторов составит аж 13.4% в год. Это огромный разрыв. Десять лет такой разницы — и от рекламных достижений фонда не останется и следа. Точнее, след-то останется. Но коричневый. Ведь реальные люди не вкладывают деньги первого января с выходом 31 декабря. Их фактические результаты весьма плачевны — несмотря на красивые буклеты фондов, в которые они вложились.

Но беда с доходностью не только у частных инвесторов: у институционалов проблем не меньше. Одно из исследований, которое сделал Дэвид Свенсен для своей книги, — это как раз поведение благотворительных и эндаумент-фондов во время кризиса 1987 года. Свенсен писал, что тот крах был суперредким, экстраординарным событием. По его (довольно странным) подсчётам, оно выходило за 25 стандартных отклонений. Одно стандартное отклонение случается один раз из трёх событий, два — раз из двадцати, три — раз в 100 событий. Выход за восемь стандартных отклонений происходит раз в 6 триллионов событий. Двадцать пять стандартных отклонений — это несуществующее число, во всяком случае его невозможно представить и понять. Необходимо отметить, однако, что реальное распределение цен далеко от нормального, и его выводы о выходе за 25 сигм не имеют математического смысла.

Что там произошло в 1987 году? Рынок за один день[1] рухнул на 21—22%. Интересно, что это случилось по всему миру. Такое падение за один день было невозможно предсказать, потому что

---

[1] Чёрный понедельник 19 октября 1987 года, Доу упал на 22.6% – самое большое падение в истории. Самое странное было в том, что никаких важных событий в мире тогда не происходило. Рынок просто внезапно шарахнулся об пол.

по любой теории оно было невозможным. Самое смешное, что это было просто падение цен на акции. Фундаментально в мире ничего особенно не изменилось — ни доходы компаний, ни прогнозы. Просто вот такой незаурядный финансовый праздник.

Цены на акции тогда упали, а вот на облигации — выросли. Когда люди продают активы, им надо куда-то девать деньги. Ну вот, они пошли на долговой рынок. Было мощнейшее ралли в госбумагах в октябре 1987 года. Итак, акции были дешевле, а бонды — дороже. По идее, надо купить то, что дёшево, и продать то, что дорого. А что сделали управляющие эндаумент-фондами? Если посмотреть на их отчёты за июнь 1987-го, акций у них было больше, чем в предыдущие 15 лет. Семидесятые были плохим временем для акций, а вот в 1982-м начался хороший рост. Пять лет рынок акций рос, и люди этому дико радовались, поэтому на момент кризиса доля акций в портфелях была самая большая за 15 лет. Деньги должны откуда-то приходить, поэтому доля облигаций в портфелях была на 15-летнем минимуме.

Перемотаем на год вперёд и увидим, что доли акций в портфелях упали, и не просто упали — они снизились больше, чем цены на акции во время октябрьского коллапса. А доли облигаций увеличились куда больше, чем выросли цены на облигации. Вывод простой: все эти особо умные управляющие огромными фондами продали акции и купили облигации — потому что они обоссались от страха. Их действиями управляли эмоции, а не рациональные экономические расчёты. Только к 1993 году — через 6 лет — фонды вернулись к предыдущим соотношениям акций и бондов в портфелях — и это во время самого мощного бычьего рынка за все времена!

Решение тут простое: избегать тайминга вообще. Движущая сила выбора времени входа в рынок — это эмоция. Страх, жадность, попытка обыграть индекс или соседа, итог — покупаем после роста, расстраиваемся, продаём после снижения, опять расстраиваемся. Это действия вопреки рациональности: ведь куда лучше купить что-то по привлекательной цене и продать против ветра, когда оно дико растёт.

18.6. Чудеса селекции

Последний «источник» доходов — выбор ценных бумаг. Мы уже говорили о том, что это игра с нулевой суммой. Единственный вариант купить больше акций Форда в свой портфель — это когда у кого-то на рынке будет в портфеле меньше этих акций. И только один из управляющих окажется прав. Измеряется это последующим поведением портфеля: выигравший (перегрузивший акциями Форда) портфель получит столько же, сколько потеряет портфель, их недогрузивший. Но сама игра-то тоже не бесплатная! Если посмотреть на гонорары и комиссии портфельных управляющих и менеджеров хедж-фондов, станет очевидно, что их заработок растёт. Поэтому из игры с нулевой суммой выбор каждой отдельной акции превращается в игру с отрицательной суммой. Конечно, речь о портфеле, ведь если вы торгуете всего несколькими бумагами, вы можете сильно обогнать рынок. Но можете и сильно отстать.

По данным компании Russel, в 2005 году очень широкий индекс *Wilshire 5000* (там 5000 компаний — куда больше, чем у Доу Джонса или *S&P500*) показал среднегодовую доходность в 9,9% за 10 лет. А средний доход активно управляемого фонда составил 9,6% годовых. Разница меньше одной третьей доли процента, и все менеджеры думают — ну я же лучше среднего, треть процента-то я обгоню.

Но что-то не выходит.

18.7. Парадокс ДиКаприо и эффект заднего числа

Это важный феномен, который надо обязательно держать в голове при анализе этих исторических данных по доходности фондов. Это касается и индивидуальных доверительных управляющих, и инвестиционных компаний, и любых организаций, которые предоставляют собственную отчётность. Концепция называется «парадокс выжившего».

Дело в том, что цифры, которые появляются в отчётах за последние 10 лет, поступают только от тех компаний, которые *продолжают* вести эту деятельность. Но ведь некоторые из управляющих давно отошли от дел. Как вы думаете, какие? Очевидно, те, которые показывали слабые результаты. Проблема гораздо более жёсткая, если посмотреть на отчёты управляющих компаний. Они играют в циничную и мерзкую игру: если появляется недоношенный в плане показателей фонд, они его тихонечко хоронят, хотя это не так часто встречается. А вот что бывает гораздо чаще — берётся плохой, негодный фонд и сливается с хорошим, годным фондом. Внезапно строка с результатами фонда «*Гениальный орангутан торгует Газпромом*» с доходностью в минус 20% годовых пропадает из отчёта компании, а все его активы переносят в фонд «*Надёжные суперинвестиции в лучшие компании страны*», который показывал 10% годовых на протяжении последних лет. Смотришь через некоторое время статистику по всем фондам этой конторы — а там никаких орангутанов будто бы и не было, одни только восхитительные фонды вокруг! Красота!

Насколько сильное влияние оказывает этот эффект? Если посмотреть на данные *Russel*, в 1996 году было 307 управляющих, которые докладывали о своих результатах. А как подошёл 2005-й, их оказалось 177, то есть 130 куда-то провалились (сказать куда?). Но данные-то поступили от намного большего количества управляющих. Откуда же взялись новые? Фишка в том, что, когда на горизонте появляется фонд с хорошей доходностью, они вписывают в табличку его доходность за предыдущие 10 лет. Как вы думаете, будут ли они вписывать результаты неудачников? Нет! Они будут кричать: «*Ой, смотрите, тут у него новый крутой подход к инвестициям — он показывает отличную доходность в последние годы!*» Беда в том, что они будут обращать внимание только на тех, у кого доходность положительная. Только наиболее удачные результаты будут замечены.

Эффект выжившего уберёт плохие результаты, а эффект заднего числа добавит хорошие. Два этих эффекта подправят ситуацию на инвестиционном рынке в лучшую сторону, и она будет казаться гораздо радужней, чем есть на самом деле. И уж точно она будет лучше, чем опыт среднего инвестора, который принёс свои денежки в какой-то средний фонд.

Иногда эта разница может оказаться весьма драматической. Если посмотреть доходность фондов американских акций в 2000 году, она была равна минус 3,1%. Но вот если посмотреть данные фондов за 2005 год, окажется, что у них в графе «2000» стоит доходность в плюс 1,2%. Комбинация двух эффектов добавила индустрии 4,3% процентных пункта. Реальная доходность была хуже, чем минус 3,1%, но в 2005 году плохие результаты куда-то пропали, а хорошие — добавились, и средний результат фонда, продающего свои услуги в 2005 году, вырос за 2000 год до плюс 1,2%.

Это архиважно. Когда смотришь на эту цифру и видишь, что рынок принёс 9,9%, а средний менеджер заработал на треть процента меньше, думаешь, ну ладно, хоть чего-то там науправляли эти управляющие. А потом оказывается, что они сработали не на 0,3% хуже рынка, а на все 2 или 3%. В мире, где преимущество в 1-2 процентных пункта даёт тебе первое место среди конкурентов, потеря 2% на хитроумные бухгалтерские эффекты должна приводить инвесторов в ярость. Ладно ещё в обычных фондах акций — там давно всё устоялось, все монстры со своими циклопическими фондами, но вот у хедж-фондов наши неприятные эффекты будут ещё более заметны.

Почему? Ну, если хедж-фонды стали более-менее популярны всего 15—20 лет назад, где взять инфу? Куда смотреть? По факту, единственные результаты, о которых мы знаем с 15-летней давностью, — это хорошие результаты.

Берт Малкиел написал книгу «*Случайное блуждание по Уолл-стрит*» и оценил влияние эффектов выжившего и заднего числа на рынке хедж-фондов. Он исследовал 331 фонд в 1996 году, и к 2004 году, восемь лет спустя, 75% этих фондов куда-то, сука, *пропало*. У хедж-фондов эффект выжившего он оценил в 4.4% в год, а эффект заполнения данных задним числом в 7,3% в год. То есть мы говорим о фондах, которые зарабатывают в среднем 12—20% годовых, и выяснилось, что 11,7% из этой доходности — результат подтасовки!

Роджер Ибботсон проверил 3500 фондов за 10-летний период и подсчитал, что там эффект выжившего составил 2,9% в год, а эффект заднего числа — 4,6% в год.

Ребята, ну это же полный трэш. Инвесторы несут в эти фонды огромные деньги. Смотришь на их результаты — в среднем там будет 12—14% годовых за 5—10 лет[1]. В случае Берта Малкиеля более 11% из этих 12%—14%, а в случае Роджера Ибботсона 7,5% просто-напросто нарисованы. Если их вычесть, получится, что доходность, которую люди получают за активное инвестирование, крайне низка для такого уровня риска. Ведь хедж-фонды — это наиболее рискованные фонды на рынке.

18.8. Спектр возможностей для заработка

Последний пункт о выборе ценных бумаг лежит немного в другой плоскости. Посмотрим на спектр возможностей. Вот решили вы быть активным управляющим и хотите обыграть рынок, как понять, где копать? Куда направить время и энергию? Кажется логичным, что пытаться обыграть рынок надо в той сфере, где эти возможности наиболее велики. Это где? Там, где

[1] Справедливости ради, это о-о-очень неплохой результат, если речь о миллиардах долларов.

рынки наименее эффективны. А как понять, что какой-то конкретный рынок неэффективен? Прямой меры неэффективности рынка нет. Но можно посмотреть на группы доходностей успешных менеджеров, чтобы понять, в каком классе активов неэффективность наиболее велика.

А если в каком-то классе активов цены расставлены эффективно, там будет очень трудно зарабатывать больше рынка. Ведь если рынок эффективен, то просто по определению там нет возможности заработать — ставки против такого рынка, неважно, нажились вы на них или проиграли, имеют скорее случайную природу. Как управляющие будут вести себя на таких рынках? Они 1) не будут делать случайных ставок, и 2) они не будут делать больших ставок. Можно случайно заработать раз или два, и даже пару лет подряд, но рано или поздно удача закончится и рынок их выпорет. А как только удача заканчивается, лихие парни показывают результат гораздо хуже рынка, и их увольняют.

Как не потерять клиентов? Надо показать такие же результаты, как и у всего рынка. А какой рынок оценивается эффективнее всего? Долговые рынки, особенно высококачественные облигации, оценить легко — это просто математика. Госбонды — не надо думать о дефолте. Каждые полгода приходит купон, а в момент погашения вам присылают всю сумму. На госбумагах и надёжных облигациях дополнительную доходность особенно не заработаешь.

А что с другой стороны спектра? С другой стороны — рынок, который просчитать трудно. Вот на рынке венчурного капитала даже нет стандартного бенчмарка, эталонного инвестора — результат просто не с чем сравнивать. Он всегда особенный. Если вы вкладываетесь в стартапы на ранней стадии, вы вкладываетесь в идеи, в предпринимателей и в их гаражные модели. Там есть определённая романтика, и время от времени у кого-нибудь случается космический успех, но никаких индексов нет. Ни дисперсии, ни средней доходности определить не получится: надо ходить и опрашивать отдельных людей. А они не горят желанием рассказывать о своих деньгах; ни об успехах, ни о провалах.

Если вы посмотрите на разницу между средними и лучшими фондами облигаций за 10-летний период, выяснится, что там будет всего 0,5% в год — это очень тесно. Половина всех управляющих окажется распределённой в 0.5% годовой доходности. Если посмотреть на управляющих фондами акций, где труднее обойтись тупой математикой — у управляющих будет 5% разница, у хедж-фондов — 7%, у фондов недвиги — 9%, это за десятилетний период. Это разница между средними менеджерами и лучшими менеджерами. А у венчурных фондов — тех, что раскрывают данные, — будет разница уже во все 40%.

Если вы хотите активно торговать ценными бумагами, стоит ли тратить время и энергию на торговлю облигациями? Даже если вы станете одним из лучших (а это вряд ли), заметной разницы между вами и средним фондом почти не будет. Поэтому если уж заниматься поиском неэффективностей и становиться лучшим, надо идти в венчурные капиталисты — награда будет достойная.

Выводы такие: следует больше всего внимания уделить распределению активов по классам и акцент сделать на акциях. Поиском удачного времени для входа на рынок заниматься не стоит. А что касается выбора индивидуальных бумаг — это уже решение каждого отдельного управляющего, активно торговать или нет. Куда это привело йельский портфель?

Примерно 11% вложено в американские акции, 15% в акции других стран, 4% в облигации, то есть традиционные активы составляют лишь 30% портфеля. Ещё 23% вложено в фундаментально раскоррелированные хедж-фонды. Реальный сектор — действительно реальный: лес, нефть, газ и недвижимость — это 28% портфеля. А частные инвестиции — это стартапы и финансирование слияний и поглощений — 19% активов.

Если применить к этому портфелю критерии, о которых я писал — ориентацию на акционерный капитал и диверсификацию, станет понятно, что лишь 4% портфеля вложены в фиксированный доход, а остальное рассчитано на долгий срок и прирост стоимости. По сравнению с традиционной моделью, где 50% вкладывалось в американские акции и 40% в бонды — это намного более серьёзная диверсификация.

Результаты, даже несмотря на суровые потери в 25% всего фонда в 2008 году, оказались сногсшибательными. Если посчитать, чего добился йельский портфель за 20—25 лет, выяснится, что разница с традиционным управлением эндаументами принесла Йелю лишних 15 млрд долларов — это лучший результат из всех университетов. Когда у управляющего цель — действительно смотреть далеко-далеко в будущее, и он не слишком гонится за быстрыми деньгами, такое возможно.

Можно спросить, какая у йельского портфеля бета? Ну, риск у него довольно низкий по статистическим меркам — гораздо ниже, чем у традиционных биржевых портфелей из торгуемых бумаг. Причина этого — отличная диверсификация, которая снижает риски университета. При этом куча людей смотрят на портфель и говорят: «*Ууу, да у вас тут столько всего стрёмного — и венчурные инвестиции, и дрова из леса, и тысячи нефти*». Да, эти инструменты индивидуально весьма рискованны, но магия диверсификации как раз и заключается в том, что, когда мы собираем активы, не зависящие друг от друга, складывая их в одну корзину, общий риск снижается. Поэтому у Йеля, на самом деле, низкорискованный портфель!

Инвестиции в зарубежные активы — вот интереснейшая часть. Это не только иностранные акции и облигации, которые составляют 15% от фонда. Там есть и зарубежная недвижимость, есть вложения в венчурные проекты, в слияния и поглощения. Восточноевропейские, южноамериканские и азиатские рынки менее развиты, чем рынок США, и менее эффективны — поэтому там больше возможностей заработать. Плюс зарубежные активы номинированы в другой валюте — это тоже неплохой инструмент диверсификации.

Вы спросите: как же мне инвестировать в венчурный капитал, как мне купить коммерческую недвижимость в Нигерии и где мне взять облигации австралийских компаний? На эти вопросы, ребята, вы должны найти ответы сами. Я стратегией занимаюсь. А вы хоть раз сделайте домашнее задание.

ГЛАВА 19. ВЕДИТЕ СЕБЯ ДОСТОЙНО

Поведенческая экономика появилась в середине 1990-х; до этого о ней никто не знал. Теория эффективного рынка из второй части гораздо старше: идее больше 100 лет, а термину — лет 50. Но поведенческий подход к экономике — это новая охренительная революция. Поведенческие финансы — не психология, применённая к финансам. Это гораздо шире. Это все общественные науки в экономике. Очень популярное сейчас направление исследований британских учёных, и мы в нём напоследок хорошенько пороемся.

В некотором роде, это реакция на экстремальные допущения, которые мы видим в математическом подходе к финансам и в экономических теориях. У них прекрасные структуры, но слишком много ограничений. Поначалу они вызывают восторг, потом ими начинают пользоваться слишком часто и не к месту, а потом доморощенные интеллектуалы сходят с ума. Здоровые люди задумываются и понимают, что мир несовершенен, а реальные гомосапиенсы поступают совсем не так, как теоретические. Эти мысли и привели к появлению поведенческой экономики.

Люди совершают множество ошибок, но ошибки в финансовой сфере имеют свойство влиять на жизнь человека печально и надолго. В книгах по экономике о них пишут редко. Я собрал наиболее известные — все они хорошо знакомы мошенникам и часто эксплуатируются говнюками; они везде, они вокруг нас.

Сначала поговорим об очень общей проблеме: чрезмерной убеждённости в собственной правоте. В некотором смысле, это отрицание научного подхода в пользу религиозного. Разница в том, что наука ничего не принимает на веру. Наука — это прежде всего скептицизм. Вера — противоположность этому. Гомеопатики, антиваксеры, мастера рэйки, биоэнерготерапевты, веганы, яростные противники ГМО, астрологи и экстрасенсы — всё это одна шобла умалишённых, которые мало того что полностью убеждены в своей ереси и закрыты голосу разума, но и зачастую агрессивно проповедуют свои упоротые взгляды. Нездоровая убеждённость в собственной правоте — бич столетия.

19.1. Чрезмерная самоуверенность

Давайте проведём небольшой эксперимент, игру. Я задам пару вопросов, а в ответ вы должны назвать не цифру, а интервал — в который с 90% вероятностью попадёт ответ. Вы должны быть на 90% уверены в своём ответе. Если я спрошу количество улиц в Москве, вы про себя отвечаете: я на 90% уверен, что их от 2 до 4 тыс. Понятно, что гуглить нельзя — это эксперимент на другую тему.

Наиболее честно будет взять бумажку (или телефон) и записать свои ответы, чтобы потом не юлить. Попробуйте это сделать прямо сейчас, я подожду.

1. Население Нигерии.
2. Вес статуи Свободы. Без постамента.
3. Площадь пустыни Сахары.
4. Величина Пулитцеровской премии.
5. Стоимость 1 грамма иридия.

Понятно, что вы можете дать очень широкие интервалы. Но представьте, что вы отвечаете на 10 вопросов и вам нужно угадать 9 из них (я прошу ровно 90% уверенности), при этом надёжность ответа должна быть одинаковой — нельзя дать девяти вопросам очень широкий диапазон, а десятому — узкий или заведомо неправильный, так нечестно. Если нижняя граница от верхней отличается в 10 раз — это немного подозрительно.

Ответы в сноске[1].

[1] 1) 180 млн человек; 2) 278 тонн; 3) 9.1 млн км2; 4) 10 тыс. долларов; 5) 17 долларов.

Надеюсь, что вы ничего не угадали — иначе моя иллюстрация бы не удалась. Я специально выбрал трудные вопросы, чтобы продемонстрировать, как плохо мы определяем доверительные интервалы — даже по своим собственным знаниям. Это кое-что говорит о человеческой природе.

Скорее всего, что больше всего ошибок пришлось на премию. Тут сбивает с толку миллион долларов за нобелевку. Ведь если Дарье Донцовой дать 10 тыс. долларов, её жизнь, наверное, не сильно изменится. Хотя если вы работаете репортёром в газете *«Вечерние Электроугли»*, наверное, Пулитцеровская премия неплохо вам утеплит постельку.

Идея теста была в том, чтобы показать, что люди имеют свойство быть излишне самоуверенными. Не только мужчины — женщины тоже.

Когда мы смотрим на графики стоимости акций, нам почему-то кажется, что мы поняли, что и куда. Особенно студенты — те вообще точно знают, что будет дальше. Они заблуждаются, но при этом уверены в том, что правы.

Один профессор из Гарварда по имени Ракеш Хурана[1] написал книгу о поисках харизматичного топ-менеджера. Оказывается, мы не только самоуверенны — мы ещё и чересчур уверены в том, кому можно доверять. Нам кажется, что

[1] Не подумайте, что гастарбайтер.

некоторые люди — гении, что они знают всё и могут изменить целую огромную компанию к лучшему. Советы директоров ищут кого-то гениального, но постоянно нанимают каких-то уродов и обосрамляются. Человек чувствует прессинг, он непременно должен выдать какую-то потрясающую идею, обязательно что-то сделать прямо сейчас. Этот бедняга что-то делает — часто не понимая что, — и компания разоряется.

Гении встречаются редко, но каждый человек почему-то считает, что это как раз он. Я, например, долго считал себя гением, но потом окончил школу и стал простым сибирским пареньком.

Советы директоров часто увольняют менеджеров, которые «не смогли трансформировать компанию», хотя в реальности они лишь пожинали плоды работы предыдущего директора. Ну, типа, вы наняли гения, а бизнес прогорает — ну, значит, гения надо уволить. Они думают: «*Вот, блин, опять ошиблись — он подавал такие надежды!*» Хотя, может быть, вся отрасль промышленности находится при смерти — взять, например, плёночную фотографию или бумажную прессу. Не всегда можно во всём винить директора. Но люди экстремальны в своих суждениях. Тут есть что-то от маниакально-депрессивного психоза: сначала нанимают красавчика, потом фатально разочаровываются и меняют его на следующего, и так по кругу.

У Нассима Талеба, помимо «*Чёрного лебедя*», есть интереснейшая книга «*Одураченные случай-*

ностью» — кстати, его лучшая вещь. Там он описывает множество случаев, как люди излишне реагируют на провалы и хвалят себя за победы. Они не понимают, что многое из произошедшего — случайность. Вот какой-то бизнес мощно растёт, почему? Потому что там крутой директор, он тащит, чел просто гений! Но он просто попал туда в удачный период, ему повезло — а все считают, что это его заслуга. И потом, когда дела идут не так хорошо, совет директоров внезапно приунывает и ищет нового рептилоида.

Говорят, кризис 1987 года можно было распознать по голосу брокеров. Когда рынок рос, они были все такие крутые, и говорили «*я вам перезвоню*», и клали на всех член, «*давай покупай уже или вали*». После краха они еле-еле что-то блеяли в трубку. По голосу было понятно, что у них медицинские проблемы. Ребята явно переоценивали собственную значимость.

Вы помните профессора Йельского университета по имени Ирвинг Фишер из главы про долги? Он как раз известен своей маниакальной уверенностью. В 1929 году у него брали интервью — как раз за 2 недели перед началом кризиса, — и он заявил, что фондовый рынок достиг высокого плато и отныне всегда будет выше этого уровня. В 1930 году даже вышла его книга с чрезвычайно оптимистическим взглядом на вещи. У него был крутой дом, он был богат. Но он всё слил на крахе. Заложил дом и потерял его, поэтому университету приходилось арендовать для самоуверенного профессора конуру, чтоб тот не замёрз.

В начале кризиса он написал ещё одну статью, где лишний раз всех убеждал, что всё сильно вырастет — и этому есть множество причин. И никак не мог отказаться от этой идеи, назанимал денег у родственников — и всё просрал, абсолютно всё. Никак не мог поверить, что ошибается. Профессор же, хуле тут думать. Трясти надо.

Так что, дорогие мои, имейте силу воли, чтобы признавать свою недостаточную осведомлённость. А то у вас есть все шансы попасть в клуб Даннинга-Крюгера. Первое правило клуба Даннинга-Крюгера (32) заключается в том, что вы не знаете, что вы стали его членом.

Второе правило: люди с низкой квалификацией не понимают масштаба трагедии. Самое интересное — они не могут осознать, что они этого не понимают. Они принимают неправильные решения, но ошибки признать неспособны, так как свои знания переоценивают, а глубина собственной некомпетентности для них непостижима. Такие люди не могут даже представить уровень знаний профессионалов.

(32)

Я изучал одно исследование (33) насчёт уровня компетенции программистов. Из набора в 72 тыс. человек более 70% кодеров описали свои скиллы как «выше среднего»

(33)

и только 10% — «ниже среднего». Это, мягко говоря, маловероятно.

С профессионалами тоже интересно. Высококвалифицированные специалисты обладают достаточным количеством знаний, чтобы осознавать, что они знают о предмете не всё. Поэтому они склонны занижать свои способности и будут менее уверены в себе, чем профаны, которые, наоборот, сверхуверены в своих знаниях. Тут два следствия: 1) профессионалы будут ждать от окружающих более низкой оценки своих способностей и 2) они будут (ошибочно) считать, что лёгкие для них задачи для остальных тоже легки.

Поэтому не надо судить о всех по себе. Люди не так глупы, как вы думаете. Ну и конечно, не так умны, как думаю я.

19.2. Сверхуверенность

От чрезмерной самоуверенности мы переходим к сверхуверенности (34). Вот красивый эксперимент: людям показывали пачку обычных крекеров и спрашивали, сколько штук они смогут съесть за 10 минут. В пачке было как раз 10 штук. И все как один сказали, что сожрут всю пачку, не долго думая. Никто даже в голову не пришло, что это трудно или что они могут не успеть. Ну обычные крекеры — чего там есть-то?

(34)

Вы уже догадались, что никто из испытуемых доесть всю пачку не смог, кого-то хватило лишь на 5-6 или 7 штук. Почему? Ну, во-первых, сами по себе крекеры невкусные, хотя это не так уж важно. А во-вторых, они очень сухие. И каждый следующий чуть-чуть сильнее сушит рот. Воды, масла или сыра участникам никто не обещал — им был задан конкретный вопрос: сколько штук вы сможете съесть за 10 минут. Первые 2-3 печеньки идут легко, а потом возникают проблемы, потому что слюна выделяется не так быстро, как все рассчитывали и получается, что люди жуют очень сухой песочек, а это не так уж приятно. Ещё пару каждый съел через силу, и даже самые прожорливые остановились на восьми. Хотя изначально абсолютно *все* были уверены в своих силах и никому даже в голову не пришло, что он съест меньше десяти.

Теперь мы из Америки перенесёмся в Японию и ещё примерно на 80 лет назад. Вот ситуация: 7 декабря 1941 года японцы совершили чрезвычайно удачную операцию в Пёрл-Харборе (японцы называют это «Гавайской операцией») и разбомбили половину американского флота, после чего, кстати, Америка вступила во Вторую Мировую войну. Через полгода после этого японский адмирал Ямамото решил добить американский флот и запланировал ещё одно нападение на атолл Мидуэй, где базировались американские авианосцы. Японцы опять сделали ставку на внезапность.

Однако в мае 42-го года американские криптографы взломали японский военно-морской код и поняли, что целью атаки японского флота будет нечто под названием AF в Тихом океане. Проблема была в том, что американское командование не могло понять, что это за цель. Возможно, это был остров Мидуэй или опять база Пёрл-Харбор. Они решили проверить японцев и отправили сообщение о нехватке воды на острове Мидуэй. И скоро перехватили японскую шифровку. Там было написано, что в точке AF «Неполадки с водоснабжением». То есть это уже американцы обладали внезапностью, ну и кроме того, их авианосцы в атаке на Пёрл-Харбор не пострадали и часть кораблей за полгода они успели починить.

Но у адмирала Ямамото был точнейший план, в котором он был полностью уверен: у США сил мало, у японцев — много, плюс внезапность, плюс деморализованный после серии поражений американский ВМФ обеспечат ему победу — ведь всё указывало на его правоту, и даже сложность плана и нескоординированность японских кораблей не помешала ему отдать приказ о нападении. Ведь он просто не мог ошибаться.

Ну вы уже поняли, что у него не получилось. Американские авианосцы были на стрёме, самолёты патрулировали окрестные воды, японцев вовремя заметили и с некоторыми потерями расхерачили чуть менее, чем полностью. Японцы потеряли несколько своих авианосцев, но самое главное — почти всех опытных пилотов и механиков, и навсегда потеряли шанс овладеть Тихим океаном.

Вернёмся к нашим печенькам. Что, если те, кто ел крекеры, сначала подумали бы что-то вроде «*естественно, я смогу съесть несколько штук, но что, если нет? Почему это может* **не** *получиться? Ну, по идее, они солёные и сухие, поэтому должны высушивать рот, поэтому, может быть, после пары штук жевать их станет труднее? Пожалуй, лучше я не буду загадывать, что съем все десять, скажу, что точно сожру семь*». Вот так просто можно было бы побороть свою сверхуверенность.

Вроде бы с крекерами история тривиальна, но представьте, что такой подход сотворил бы с адмиралом Ямамото? «*Я уверен, что американцы на последнем издыхании, но что, если нет? Что, если у них больше кораблей, чем я рассчитываю? Что, если они каким-то образом узнали о времени и направлении атаки? Что, если их самолёты заправлены и готовы к вылету?*» Задай он себе эти вопросы, стратегия японцев могла быть другой. И ход Второй Мировой Войны мог значительно измениться.

Самый главный и самый простой рецепт от излишней самоуверенности — обдумать противоположную позицию. То есть просто спросить себя: а почему я могу быть неправ?

Но самое весёлое место для доказательства пагубности сверхуверенности — это, конечно,

(35)

мир инвестиций(35). Например, вроде бы всем понятно, что угадать, какие акции обгонят рынок, крайне сложно. Но люди, тем не менее, постоянно пытаются это сделать! Я в том числе. Сверхуверенность среди инвесторов проявляется как минимум тремя способами.

Вариант первый: мы преувеличиваем свою способность выбрать правильные активы и угадать их доходность. Особенно это заметно, когда люди работают в крупной компании или просто фанатично любят её продукцию (знаете таких?) и у них вдруг появляется необъяснимая уверенность в её акциях — и ребята закупаются на всю котлету.

Вариант второй: мы тупо считаем себя лучше других. Например, большинство инвесторов думают, что они гораздо лучше прочих могут проанализировать общедоступную информацию. Никто не может, а они могут, посмотрите на них! Но большинство, сами понимаете, не может быть лучше среднего. Тут как с водителями, 80% которых считает, что они-то точно водят лучше соседа.

Впрочем, есть один забавный вариант ситуации, когда у подавляющего большинства будет чего-то больше среднего. Об этом написал Роберт Фрэнк в книге *«Успех и удача»*. Среди нас есть небольшое число людей, потерявших одну или обе ноги, и (пока ещё) нет людей с тремя ногами. Это означает, что в любой популяции число ног на одного человека в среднем будет чуть меньше двух. Так что у большинства людей и вправду больше ног, чем в среднем на душу населения.

Вариант третий: мы любим неуместную точность и красивые круглые цифры, которые почему-то только добавляют уверенности нашим прогнозам. Почему это происходит? Мы думаем, что у нас есть какая-то волшебная инфа, которой почему-то нет у остальных — или они не обращают на неё внимания. Или, может быть, у нас есть какая-то хитрая модель, которая предсказывает курс доллара с точностью до копейки. На самом же деле мы просто гораздо чаще замечаем, когда мы правы, чем когда мы ошибаемся. Самое любимое моё проявление такой уверенности — это когда человек рассказывает, сколько он выиграл в казино, но всё время забывает, сколько он там проиграл. Ведь это не так уж важно.

Как это может навредить? Вариантов масса. Проблема ещё и в том, что инвестиции — игра вдолгую, и часто результаты неверных решений будут отложены далеко в будущее, а когда мы об этом узнаем, будет поздно. А изменить движение по накатанной колее с каждым годом всё труднее.

Вот конкретные примеры инвестиционных ошибок, которые происходят именно из-за самоуверенности.

Первый пример: недостаточный капитал на пенсии. Есть в Омерике институт исследования пенсий (*EBRI*), и они каждый год там беседуют с работающими людьми и потом с ними же — на пенсии, чтобы проверить, как их ожидания от дохода совпали с реальностью. В одном из отчётов обнаружилось, что 60% из них считают, что сбережений хватит на безбедную жизнь, включая 18% тех, кто в этом уверен абсолютно. При этом рассчитать, сколько у них действительно будет денег, пробует только 41% будущих пенсионеров.

Не подтверждённая ничем уверенность наподобие этой может привести к неприятным сюрпризам. Например, почти половина американцев была крайне удивлена счетам на медицину, и более трети не ожидали, что они будут тратить больше запланированного на всё остальное. К тому же 80% опрошенных думали, что после выхода на пенсию станут подрабатывать, но в реальности это делают менее 30%.

Второй пример: чрезмерное количество сделок. Исследования показали, что самоуверенные трейдеры торгуют чаще, чем более рациональные. Но брокерская комиссия и частое гуляние туда-сюда по спреду приводят к худшим результатам, чем если бы тупо вообще ничего не делали. В итоге те, кто торгует реже, зарабатывают на несколько процентов в год больше.

Сверхуверенные и чересчур активные трейдеры ещё и не угадывают с таймингом: например, продают бумагу, чтобы купить какую-то другую, ну типа, у неё лучше потенциал, и, естественно, ошибаются. Есть исследование и на эту тему, и выводы там грустные. То есть портфель среднего инвестора *после* сделки ведёт себя хуже, чем *до*.

Третий пример: чужие заслуги. Во время роста 90-х — до краха доткомов — люди, которые вложили деньги в интернет-компании, считали себя чёртовыми гениями! Замечу, что та же история происходила совсем недавно, в конце 10-х. Когда каждый месяц и каждый год твой счёт растёт, ты начинаешь думать, что лучше всех знаешь, что вырастет сильнее всего: и покупаешь какой-нибудь *Pets.com* или Геоситиз, ну или, если перенестись в 2019-й год, — Боинг или Карнивал Круйзез. Инстинкт же не подведёт! Ты же был прав всё это время! (Нет, это не ты был прав, это рынок рос).

И что теперь делать? Главное, что нужно держать в голове: даже если вы реально уверены в своих способностях, самый умный — не всегда самый богатый. Процитирую Уоррена Баффетта: «*Вам не требуется быть физиком-ядерщиком. Инвестирование — не то занятие, в котором чувак с IQ 160 побеждает чувака с IQ 130. Обязательно лишь базовое здравомыслие*».

Как же научиться этому загадочному здравомыслию? Ведь наши обезьяньи инстинкты постоянно мешают! Но вот вам несколько принципов:

- поиграйте в адвоката дьявола (об этом ещё расскажу подробнее): заведите дело против ваших решений и спросите себя, кто победит, если придираться вообще ко всему;

- поищите альтернативу: взгляд со стороны, особенно из надёжного источника, поможет указать на потенциальные факапы;
- установите собственные цели: не надо волноваться о чужих капиталах и доходах мифических гуру рынка. Вместо этого сфокусируйтесь на собственном портфеле, который отвечал бы вашей ситуации и вашим принципам. Необязательно непременно обгонять рынок. Вам нужен собственный план, и он вполне может не совпадать с чьим-то другим;
- диверсифицируйтесь: крепкий портфель — это разнообразный портфель. Редко кто оказывается неправ во всём, это надо сильно постараться. Не ставьте весь капитал на одну сделку. Не оставляйте все деньги в одной компании — мало ли что. Неважно, насколько вы в ней уверены, вы не можете знать будущего;
- спросите кого-нибудь: они действительно считают вас хорошим инвестором? если весь рынок растёт, может быть кто-то обратит на это ваше внимание и скажет, что вы обычный Василий, которому просто долго улыбалась удача и не надо воображать из себя Уоррена Баффетта?

И последний совет: советую вам дико разбогатеть. Это помогает по жизни, особенно на пенсии. И кстати, пишут, что здравомыслие от этого тоже растёт.

19.3. Желаемое за действительное и чужие мнения

Все слышали об этом не раз, и в куче исследований ошибка была показана и задокументирована. Несмотря на это, у людей всё ещё остаётся свойство верить в то, во что им хочется верить. Например, они думают, что их команда выиграет. Спросить фанатов ЦСКА и Зенита, кто победит в матче: на свою команду они поставят больше — вне зависимости от её реальной силы. С выборами похожая ситуация: люди склонны верить, что победит тот кандидат, за которого они проголосовали. В нашей запретительной системе люди голосуют за партию, которая, очевидно, не наберёт 5% проходной барьер. Но они верят, что наберёт, вместо того чтобы проголосовать хоть мало-мальски продуктивно.

Этот эффект часто эксплуатируется людьми, продающими инвестиции. Если вы вложили деньги в паевой фонд, вы будете до конца верить, что он обгонит рынок и заносить в этот фонд ещё денег. Вы будете верить, что купленные вами акции вырастут — вне зависимости от рыночной ситуации. Хотя, как правило, они ничем не лучше любых других акций, которых вы в портфель не покупали. Не надо к ним приклеиваться. Не надо искать людей, которые купили те же ценные бумаги. Не надо искать у них утешения и подтверждения своим неразумным поступкам.

Если вам нравится какая-то торговая марка, вы будете склонны думать, что акции этой компании лучше других. Так любители немецкой техники *Grundig* и японских фотоаппаратов *Kodak* держали акции любимых компаний до последнего. Пока те не обанкротились. Но хороший (или любимый) продукт ещё не означает, что у компании всё хорошо.

Совет тут простой: разуйте глаза и не приклеивайтесь к кумирам. Скорее всего, они такие же неудачники, как и вы.

Ребята из Южной Кореи провели большой эксперимент (36). Они изучали, как информация из виртуальных сообществ типа форумов и соцсетей влияет на инвестиционные решения участников и результаты их торговли. И выяснили, что инвесторы ищут на форумах вполне конкретную информацию или точку зрения. Какую? Ту, которая совпадает с их собственной! Так они ещё больше убеждаются в своём подходе (ведь они лишний раз это подтверждают), из просто уверенных становятся сверхуверенными, и это влияет на их дальнейшую судьбу.

Они проанализировали 502 инвестора с самого большого южнокорейского трейдерского сайта и всё это подтвердилось самым натуральным образом. Выяснилось, что трейдеры в высшей степени подвержены выдавать желаемое за действительное во время чтения форумов и чатов. Более

(36)

того, чем сильнее они хотят себя обмануть, тем более они потом уверены в своей правоте, то есть это такая адская петля. После чего у них появятся более высокие ожидания от своего трейдинга, они будут думать, что торгуют на бирже лучше других, поэтому чаще будут заключать сделки. Но вот доходность у них будет заметно хуже остальных. В целом, результаты подтверждают гипотезу, что участие во всевозможных трейдерских и инвестиционных коммьюнити провоцирует ошибки, более частые сделки и негативно сказывается на прибыли.

Что интересно, сейчас — в эпоху развитого интернета — народ уже должен как-то понимать, что нельзя верить всему подряд. Что «чужие мнения» и «аналитика» на разных сайтах часто взяты с потолка или плод чьей-то больной фантазии. Но начинающие инвесторы, столкнувшись с огромной массой статей, постов и комментариев, начинают заниматься выращиванием чувства собственной важности, забывая о том, что они пришли за какой-то ценной информацией. В огромной куче данных они подсознательно будут выискивать те мнения, которые лишь подтверждают их собственную точку зрения.

А среди миллионов разных интернет-коммьюнити инвестиционные — одни из самых популярных. У нас это финам, смартлаб и тинькоффский пульс.

Там тусуется куча людей, они рассказывают всем подряд о своих успехах, провалах, сделках, мнениях и обмениваются разной непроверенной чепухой. Все там смотрят и обсуждают исторические цены, графики, доходность, объём торгов и разные хитроумные индикаторы, которые большинство даже не понимает, как работают. Это приводит к тому, что многие инвесторы начинают думать, что они что-то действительно знают или даже овладели какой-то ценной инсайдерской информацией. А это позволит им обыграть рынок. Они и дальше ищут подтверждения своим теориям и — сюрприз! — находят.

Поэтому не читайте советских газет, форумов и сайтов. Информация оттуда только запутает ваши мысли, и верные решения принимать станет труднее. А вот неверные — легче.

А как избавиться от предвзятости? Секрет в том, что мы не очень хорошо оцениваем себя самого, но вполне неплохо оцениваем других. Поэтому если вы хотите понять, насколько вы хороши как трейдер, лучше спросить кого-то другого — и не собственную бабушку, а того, кто ответит честно.

19.4. Предвзятость подтверждения

В конце XVI века Папа Климент 7-й решил канонизировать Лаврентия Джустиниани, который за 200 лет до этого вёл дико праведную жизнь, совсем как Его Воробейшество. Но предыдущий Папа, Лев 10-й (кстати, тоже из семейки Медичи), придумал такую тему, что для того, чтобы причислить человека к лику святых, его биографию надо как следует прожарить. Для этого назначался специальный монах, который искал у будущего святого недостатки и грехи. Этого монаха называли «адвокат дьявола». Зачем это было нужно церкви? Вот им хотелось, чтобы человек был прям реально святой, чтоб не подкопаться.

Теперь перенесёмся в XX век, в Америку 80-х, штат Огайо. Там произошло нечто ужасное: за похищения и изнасилования в тюрьму посадили невиновного человека по имени Дин Гиллиспи. Он вообще не был похож на преступника никоим образом, но его начальник, который его недолюбливал, сообщил в полицию, что Дин чем-то похож на преступника. Следователь сразу отмёл его кандидатуру, но дело зависло, и через год уже новый следователь опять по звонку начальника возобновил обвинения. Жертвы изнасилования — через 2,5 года после этого указали на его фотографию, которая, как выяснилось потом, сильно выделялась из других подозреваемых. Сначала присяжные его оправдали, потом ещё раз оправдали, но молодой и прыткий следователь не отставал и в конце концов Дина признали виновным и посадили на 22 года. Как же так получилось, что человек, совершенно не похожий на преступника, был признан виновным?

Выяснилось, что это было первое дело молодого детектива, и это был, как у нас говорят, висяк. Естественно, ему очень хотелось его «раскрыть», особенно после опытных предшественников. И он убедил себя — и всех остальных, — что подозреваемый действительно виновен. Дин отсидел 20 лет, потом его выпустили по УДО, и ещё 6 лет он доказывал свою невиновность, с которой прокуроры были не согласны. В конце концов он был оправдан (37).

(37)

Какое отношение история Дина Гиллиспи имеет к монахам и лику святых? Сейчас объясню. Дело в склонности к подтверждению своей точки зрения, или по-другому говорят «предвзятость подтверждения», которое является чуть более научной формой выражения «желаемое за действительное» из предыдущего параграфа. Мы ищем информацию, которая поддерживает убеждения, которые у нас и так есть, а всё неподходящее и противоречащее нашей точке зрения мы игнорируем. В отечественной истории это иногда называют «гумилёвщиной», но на самом деле примеров масса. Это предубеждение может привести нас к ужасным ошибкам, как в случае Дина Гиллиспи. Юный следователь и прокуроры были настолько уверены, что нашли виновного, что полностью игнорировали доказательства противоположной стороны. И чел просидел 20 лет в тюрьме!

Теперь вернёмся к католической церкви и Папе Льву X. Он решил, что подобное предубеждение о святости какой-либо исторической личности может сыграть большую роль.

И придумал решение: адвокат дьявола. Это паладин, который будет поддерживать уровень святости и защищать церковь от тех, кто этого не достоин. В 1980 году Папа Иоанн Павел II отменил эту должность. Что произошло? А вот что: с 1000 по 1978 год, то есть почти за полную тысячу лет, к лику святых было приобщено 450 человек. А при правлении Иоанна Павла II — ещё 480.

Теперь понятно, что роль адвоката дьявола была совсем не лишней. В обычном суде тоже есть защитники, чтобы система принимала во внимание не только доказательства виновности человека, но и чтобы доказательства обратного тоже были рассмотрены.

Как вы уже поняли, система иногда даёт сбои. У нас, к сожалению, гораздо чаще, чем у них.

19.5. Внезапная потеря внимания

Человеческое внимание имеет спорадическую (рваную) природу. Мы считаем, что от чего-то важного может отвлечься только ребёнок, но это не так. Многие помнят знаменитое видео, как цыганка вытаскивает лоток с ювелиркой буквально в одном метре от продавщицы — ту ловко отвлекла подельница воровки. Очень много ошибок происходит из-за невнимания. За чем-то мы следим излишне пристально, а чего-то не замечаем. Эту ошибку исследуют уже больше ста лет — это часть нашего обезьяньего интеллекта. Речь не о психической болезни (синдроме недостатка внимания), а об ошибке более высокого уровня: как понять, на что нам вообще обращать внимание.

Прикол вот в чём: люди концентрируются на том, что внезапно заметили все окружающие. Попробуйте с друзьями крикнуть «*Смотрите, дельфины!*» и уставиться в окна, пока электричка переезжает Москва-реку. Весь вагон посмотрит в окно. Это отличный момент, чтобы обчистить их кошельки, я всегда так делаю. Этим же пользуется и телевидение, когда раздувает скандальные темы, не имеющие отношения к ситуации в стране; главное — отвлечь ваше внимание. Важные вещи быстро забудутся, пока все обсуждают бородатую женщину.

Ситуативная слепота к этому тоже относится. Люди подсознательно ограждают себя от плохих новостей с рынка, ничего не делая, лишь бы отложить неприятное известие. Если они чувствуют, что к их инвестициям подкрадывается пушистый зверёк (например, в компании разразился скандал, идёт расследование), они будут пролистывать в газете страницу с котировками и финансовыми новостями. Чтобы потом оправдываться: «*Ой, а я и не знал, что Ходора посадили*». Не заметил!

Работа над вниманием — сложная штука. Из простых упражнений могу посоветовать следить за стрелками часов. Первую неделю — от 1 до 7 минут за секундной стрелкой. Вторую неделю — от 5 до 11 минут за минутной стрелкой. Третью неделю — от 9 до 15 минут за часовой стрелкой. Кто отвлёкся — начинает сначала. Кстати, я знаю, что вы не будете делать это упражнение. Ведь с вниманием у вас всё в порядке. Просто повторяйте за мной: «*Кто молодец? Я молодец! Кто молодец? Я молодец!*»И всё будет хорошо.

19.6. Якорение

Якорение — это тенденция делать количественные суждения, которые подсознательно тяготеют к абсолютно случайному стимулу.

Я упоминал об излишней уверенности — она существует и в случае этого тяготения. Классический эксперимент провели мои любимые Канеман и Тверски в 1974 году. Они задавали испытуемым сложные вопросы с количественными ответами от 1 до 100, но перед тем, как записать ответы, они крутили колесо фортуны и объявляли выпавшее число. Ну это как барабан на «Поле чудес», только там цифры от 0 до 100 и, к сожалению, без сектора «приз».

Вот пример вопроса, который они задавали: «*Какой процент африканских стран являются членами ООН?*» Это трудный вопрос, особенно для 1974 года. Психологи задавали его и говорили: «*Вы пока подумайте над ответом, а мы будем тут вращать барабан благотворительной лотереи для животноводов Уганды*». Там выпадает случайное число, и потом надо сказать свой ответ на вопрос про ООН. Выяснилось, что люди говорят число, близкое к выпавшему на барабане. То, что барабан абсолютно случаен, очевидно. И даже после того, как экспериментаторы говорили испытуемым, что на них влияет барабан, те не верили, отрицали всякую связь, типа «*да вы о чём вообще, не влияют на меня никакие барабаны*». Однако чёткая взаимосвязь была обнаружена: при разных цифрах на барабане ответы в разных аудиториях менялись соответственно.

Факт тяготения к якорю существует; люди подсознательно поддаются влиянию цифр, и более того — это изменяет разумность их суждений. Если спросить у человека, сколько будет стоить какая-нибудь акция, ответ будет зависеть от цифры, которую он слышал раньше. Именно поэтому восточные торговцы заявляют цену, которая в 10 (или в сто) раз выше той, за которую они готовы продать товар. Так покупатель будет надёжно заякорён и будет думать, что совершил невероятно выгодную покупку.

Стимул может быть не только числовой. Один из известных экспериментов заключался в том, что людям показывали видео с автомобильной аварией, а потом одну группу спрашивали: «*С какой скоростью ехали машины, которые после этой аварии разбились вдребезги?*» Второй группе задавали немного другой вопрос: «*С ка-*

кой скоростью ехали машины, которые попали в аварию?» Там средний ответ оказался заметно меньше. А видео-то было одно и то же!

Я нашёл замечательные примеры якорения на сайте психолога Александра Невеева (38). Вот две пары вопросов с подвохом:

1. «*Дожил ли Махатма Ганди до 120 лет? Сколько ему было лет, когда он умер?*» Это вопросы для первой группы респондентов.

2. «*Дожил ли Махатма Ганди до 70 лет? Сколько ему было лет, когда он умер?*» Это вопрос второй группе.

У второй группы Ганди умер гораздо раньше.

Ещё в одном исследовании учёные проверили влияние якорения на риелторов. Две группы профессиональных агентов позвали в дом, будто бы выставленный на продажу. Они должны были провести независимую оценку и назначить дому справедливую цену.

Обе группы осмотрели дом и получили рекламные буклеты.

Буклеты для обеих групп были идентичны, за исключением одной детали: там стояла разная цена. У первой была цифра 65 900 долларов, а у второй — 83 900 долларов. Потом этих экспертов попросили назначить свою цену.

В итоге в первой группе средняя цена получилась 67 811 долларов, а во второй — 75 190 долларов. Разница в оценках составила больше 7000 долларов.

(38)

Дом был один и тот же, риелторы похожие (не так, что в одной группе суперпрофи, а в другой новички), буклет один и тот же. А вот якорь был разный. Самый прикол, это то, что 3/4 этих чуваков не признали, что цена в буклете повлияла на их решение. Они же «сами» вывели интегральную оценку!

19.7. Ошибочная выборка

Умными словами это называется «эвристика доступной выборки». Опять Канеман и Тверски, плюс тут есть некоторая связь с якорением. Речь о склонности оценивать события на основе их сходства с некоторым представлением в нашем сознании, не обращая внимания на их реальную жизненную вероятность. Сейчас расшифрую.

В одном из примеров участникам предлагали назвать наиболее вероятную профессию девушки по описанию её характера. Она была «артистичная, утончённая, чувственная» и т. д. Нам-то с вами понятно, о какой профессии идёт речь, но выбор был ограничен: кассир, скульптор, библиотекарь, инженер и ещё какие-то. Много людей выбрали скульпторшу — ну типа она же артистичная и всё такое. Но это серьёзная ошибка: в мире очень, очень мало скульпторш, и гораздо более вероятно, что эта несчастная тёлка работает кассиром в Пятёре, у неё двое детей, а вместо мужа — потребительский кредит на айфон.

А скульптура у неё в доме всего одна, и та лежит в тумбочке у кровати. Это означает, что люди не обращают внимания на вероятность самого события, а подменяют один вопрос другим. В нашем сознании редкий, но красочный пример изменяет рациональность суждения.

Александр Невеев приводит пример офигенного эксперимента Канемана и Тверски. Есть две группы испытуемых, им диктовали два списка, в каждом по 39 имен. Списки были составлены очень хитроумно (даже для Тель-Авива): у первой группы было 19 мужских и 20 женских имен, и мужчины были более известными, чем женщины, хотя женщины тоже известные, но как бы второй эшелон. Например, Джордж Клуни, Брэд Питт, Джонни Депп и Алисия Сильверстоун (она, если помните, снималась в клипах *Aerosmith* — и в паре низкопробных фильмов).

В списке для второй группы было 19 женских + 20 мужских имен, причем более известными были женщины. Например, Анджелина Джоли, Шарлиз Терон и какой-нибудь там мужик — восходящая телезвезда второго плана.

Потом у участников спрашивали, кого в списке было больше — мужчин или женщин. Дальше вы поняли: все всё перепутали, потому что яркость — или лёгкость воспоминания — везде уверенно победила статистику!

Ещё один пример: в последнее время частенько вспоминают Великую депрессию и крах 1929 года. И, хотя это было экстраординарное событие, некоторые аналитики постоянно ищут сходства на графиках того периода с нынешними котировками. И находят. Надо только как следует поискать. У людей уже есть яркие паттерны в мозгу — и пусть в действительности они редки, но за счёт своей яркости им присваивается куда более высокая вероятность осуществления. То есть нам кажется, что событие вероятно, потому что оно ярко и понятно. Отсюда и мысли про постоянный дефолт: он так покорил сердца людей, что его теперь всё время ждут, не обращая внимания на экономическую ситуацию.

Даже если посмотреть на график случайного движения цен — абсолютно случайного! — он всё равно многим покажется реальным. Спецам по теханализу захочется продолжить его, они найдут уровни поддержки и сопротивления, тренды, фигуру «голова и плечи», «тройную вершину», а кое-кто — даже и «диамант». Они не поверят, что график случайный, а ещё, чего доброго, отыщут, какой ценной бумаге он принадлежит. Это всё потому, что люди сильно преувеличивают значимость того, что им запало в душу раньше. Но вы теперь знаете, что это просто информационный шум.

Психолог описывает порочный механизм так: «*Сначала человек включает свою память, и, если релевантных событий вспомнить не удается, подключатся воображение. Тот факт, что событие легко представить, не означает, что событие более вероятно или что частота его возникновения выше. Непонимание этого как раз и порождает эвристику доступности»*.

Мой любимый кейс про сущность эвристики репрезентативности — шафл треков в Айфоне. Его сделали совершенно случайным, но выяснилось, что пользователям эта случайность не кажется случайной. То одну песню два раза подряд включит, то три песни одного и того же исполнителя. В итоге старина Стив Джобс решил сделать эту функцию менее случайной, чтобы она казалась юзерам более случайной.

Ещё один важный кейс — байка «накаркал». Вот что-то ты там делаешь, а кто-то говорит: не получится у тебя. Оно не получается, и значит, этот человек, зараза, накаркал. Тут целая лженаучная концепция возникла про позитивное мышление, мол, «вселенная не слышит частицу не» и надо всегда говорить позитивно, а то вселенная услышит и накажет.

Для тех, у кого вселенная обретает субъектность (не считая квантовых физиков, конечно), у меня плохие новости. Таким людям я могу лишь порекомендовать курс галоперидола или другие, более современные средства, сейчас есть практически безвредные.

Байка про «накаркал» подкрепляется множеством случаев из жизни, когда она как бы сработала. На деле же тут в полной мере работает эвристика доступности: мы помним лишь подтверждающие факты, а всё остальное — нет. Тут же сказка про дельфинов, которые толкали пловцов к берегу.

Отсюда и вера в лженауку. В жизни мы постоянно думаем, исходя из доступности воспоминаний. Почему-то считаем себя вправе давать советы по лечению какой-то болезни на основе того, что сами ей переболели. Тут у нас и удалённая диагностика удаётся (врачам это почти везде запрещено), и рецепты мы сразу выписываем. Случаи, произошедшие с нашими друзьями и родственниками, конечно, более ярки, чем статистика. Нам их легко представить — мы и представляем. А того, что представить трудно, будто бы и не существует. Друзья развелись — вокруг много разводов. Никто из знакомых не голосовал за Путина — значит, вообще никто не голосовал за Путина. Армяне подделали договор аренды квартиры — не сдавайте квартиру армянам.

Я называю этот случай «у меня от этой херни брат умер». Была какая-то шутка, что и брата никакого нет, но всем же постоянно хочется что-то сболтнуть и нелепый пример про родственника привести. Ребята, надо это прекращать. Если рядом кто-то заболел волчанкой или выиграл в лотерею, это не значит, что оно со всеми происходит.

Это вера в закон малых чисел, произвольное присваивание событиям неадекватной вероятности (два раза упал на голову кирпич, значит и третий раз упадёт). Горячая рука у игроманов: выиграл два раза — значит, попёрло! Не попёрло. Это у него в голове от радости мозги распёрло так, что мысли не влезают.

Не надо объяснять случайности и искать причины и последствия у несвязанных событий. Как говаривал негр Джим Гекльберри Финну: «*Если у тебя волосатые руки и волосатая грудь — это верная примета, что ты будешь богат*». У меня есть другая примета: есть у тебя на счету миллион долларов, значит ты миллионер, вот это верная примета, ещё ни разу не подвела.

Кроме яркости ещё играет значение давность события: то, что только что произошло, нам представить легче. Какие-то факты люди привыкли сочетать — типа, «волевой» подбородок, полный — значит, добрый, ну и вершина маразма — гороскопы. Я в детстве очень увлекался, читал каждый день, находил сходство, какие-то сочетания всё искал — у меня плоховато было с личной жизнью. Со временем я успокоился, потом вообще перестал понимать, каким боком рождение в один месяц, год или день объединяет судьбы людей. Почему у них должны быть похожие характеры? Ну реально же чепуха какая-то. Ещё там вроде как от места зависит, но кто-то когда-нибудь следил за младенцами из одной палаты в роддоме? Вы реально думаете, что у них одни и те же события в жизни? Или личность одинаковая?

В середине девяностых иллюзионист и научный скептик по имени Джеймс Рэнди провёл занимательный эксперимент над людьми, которые иногда читают гороскопы. Мнимый астролог сначала задавал людям какие-то вопросы, ну типа как зовут, дата и место рождения — и ещё что-то там своё цыганское, а потом выдавал людям их натальную карту по знаку зодиака. Потом он собирал всех людей вместе и просил их поставить оценку его астрологическому чтению их характеров. Там были фразы типа «*У вас есть стремление к тому, чтобы другие люди восхищались вами*» или «*Временами у вас есть серьёзные сомнения насчёт того, правильное ли решение вы приняли*». Потом он просил каждого испытуемого поставить оценку — угадал ли астролог черты их характера по дате рождения. И оценки были очень высокие — четыре, четыре с половиной и кто-то даже поставил пять, — так точно подошло ему его описание.

Финальная часть эксперимента — это когда испытуемые обменивались своими астрологическими профилями и — вы наверное уже догадались — оказывалось, что описание у всех было одно и то же. Участники хотели верить в то, что для них работает «профессиональный» астролог, и они поверили. При этом, если бы их характеры оценивал, например, руководитель, люди наверняка бы нашли, к чему придраться. Но предвзятость подтверждения заставляет нас видеть то, что мы хотим увидеть.

По поводу гороскопов я точно знаю только одно: опасайтесь овна. Не связывайтесь с овном. Не измазывайтесь в овне. Если кто-то рядом —

рыба, я всегда мясо, хотя по пятницам — овощ. И плоха та дева, которая не желает стать раком. Лучше всего я сочетаюсь с близнецами 19 лет, и чтобы обе блондинки — это отличная примета!

Питер Бернстайн писал: как часто вы рассчитывали приехать вовремя, а приезжали заметно раньше запланированного? Бьюсь об заклад — довольно редко. А как часто вы рассчитывали приехать вовремя и сильно опаздывали? Чую, намного чаще. Это потому, что наши ошибки в вероятностных оценках ситуации будут сдвинуты в удобную для нас сторону.

Как же избежать подобных ошибок?

1. Полагаться на факты, а не мнения.
2. Полагаться на суждения и выводы, а не эмоции.
3. Вместо памяти использовать записи или файлы.

Самая крутая техника, которая позволит вам анализировать принятые решения, — записывать мысли, рассуждения и все доступные вам данные. А потом оценивать решение через полгода или год. Чтобы не было эффекта заднего числа, типа «сейчас-то всё ясно»! Сначала запишите, что именно ясно, а что неясно, и примите решение. А потом проверьте, в чём вы ошиблись, а в чём оказались правы.

Да, это сложно и муторно, и ждать результата придётся долго. Но вы удивитесь, насколько глубже станут ваши рассуждения, когда вы начнёте записывать ваш мыслительный процесс, все доступные факты и вашу оценку вероятности предстоящих событий. Высший пилотаж — когда произойдёт маловероятная удача, и несмотря на это вы вдруг осознаете, что решение было неправильным. Когда вам удастся отделить удачу от мастерства, вы и постигнете смысл жизни. И наоборот, конечно. Решение могло быть верным, даже если исход отрицательный. Как там у Хауса, когда у него чуть не умер пациент: «*I did the right thing!*»

19.8. Игромания

Антропологи давно обнаружили приверженность людей к игромании; это было свойственно человеку на всём протяжении истории. Каждая человеческая цивилизация играла в кости, карты, фишки, орлянку и рулетку — и эти игры мощно влияли на разум. Зависимость есть не у всех, но у 1,1% мужчин и 0,5% женщин проблема эта является патологической. Она как алкоголизм: люди не могут контролировать игроманию и вся их жизнь катится по наклонной. Они разрушают семьи, закладывают последние трусы, но не могут перестать играть.

Финансы тоже привлекают таких людей, особенно игра на форекс-кухнях и «торговля» бинарными опционами, хотя и то и другое по факту является азартной игрой в привлекательной упаковке. Надо следить за тем, чтобы стимул случайного, лотерейного выигрыша не защекотал вам яйца. В этом случае в финансах вам делать нечего. Лучше делайте ставки против нашей сборной, тут вам двойная выгода: выиграет — хорошо. Проиграет — ещё лучше.

19.9. Магическое объяснение реальности

Был такой чувак по фамилии Скиннер, он проводил знаменитые эксперименты с голубями в начале сороковых. Он обнаружил страннейшие модели поведения голубей после одного простого эксперимента. Опыт был такой: голодный голубь сидел в клетке и ему машинка выкидывала зёрнышко кукурузы каждые 15 секунд. А пятнадцать секунд — это ужасно долго для голодного голубя. Скиннер со временем обнаружил, что голуби после такой диеты начали вести себя дико странно. Он держал клетки отдельно, чтобы они друг у друга не могли подсмотреть поведение.

Один голубь подпрыгивал, другой кривил голову, третий вытанцовывал тверк. Короче, выяснилось, что голуби пытались понять, что именно вызывает появление зёрнышка: что они сделали, чтоб то появилось? «*Что я, голубь, сделал последнее перед появлением еды? Я наклонил голову, поэтому, наверное, наклоню-ка я её ещё раз*». И действительно! Через некоторое время новое зёрнышко появляется! И учёный решил, что эти голуби выделывали свои странные фишки для появления еды. Каждый делал что-то своё — как раз поэтому он сделал такой вывод.

Финансовые рынки похожи на этот эксперимент. Люди разрабатывают какую-то инвестиционную стратегию: например, торговать по гороскопу или в полнолуние, и схема один раз случайно даёт прибыль. И они начинают верить, что магическим образом стратегия действительно работает. Они думают, вот я вундеркинд какой-то, всё раскрыл! Я умён! Я гениален! Они занимают деньги и вваливают всё в свою торговлю. Провалы они объясняют чем-то другим, а вот прибыли — как раз своей гениальной схемой. Это всё довольно быстро заканчивается, хотя иногда кому-нибудь везёт несколько раз подряд, и тогда это заканчивается не так быстро.

Многие из вас слышали про карго-культ на островах Тихого океана. Туземцы считали, что грузы с неба предназначены для них великими богами, и строили деревянные аэродромы, чтобы привлечь металлических птиц с пропеллерами. Чтобы те сбрасывали им на парашютах ящики с ништяками. Белые люди кощунственно захватили почти все небесные дары! Поэтому надо ещё лучше стараться повторить их ритуалы: зажечь посадочные огни, построить деревянные самолёты в натуральную величину, возвести метеовышки и надеть деревянные наушники. Но после Второй мировой самолёты почему-то перестали прилетать. Что тут поделаешь? Остаётся только построить новый деревянный аэродром, ещё лучше прежнего.

Есть известная история из 1930-х про длину юбок и стоимость акций. В 1920-е годы в американской моде случилось нечто необычное: женщины стали носить мини-юбки. Ну, тогда это ещё были не такие мини, как сейчас, но всё равно скандалов было много. Пик высоты юбок пришёлся на 1929 год, а потом подол начал опускаться вместе с курсом акций. Некоторые думали, что тут дело в эйфории от экономического роста, типа, оптимизм был мощнейший, а потом тёлки скуксились. То же самое произошло в 1970-х: тогда настоящие мини-юбки появились. Хотя непонятно, как на них повлиял крах 1974-го. Вроде никак не повлиял. Ещё кто-то тестировал толщину галстуков — ну, типа, не толще ли галстуки в тучные годы. Нет, не толще.

Я вам вот что скажу: опасайтесь овна, ребята. Не связывайтесь с овном. Не надо искать закономерности там, где их нет, хотя нынче это чрезвычайно популярное занятие.

19.10. Квазимагическое мышление

Этот термин появился попозже, его придумал Эльдар Шафир (и хорошо знакомый нам Амос Тверски, везде успел). У людей создаётся впечатление, что они могут контролировать случайные вещи. Не находят отсутствующие закономерности в случайном, как с голубями, а немного наоборот. При этом люди будут страстно отрицать, что они верят в контроль над случайными событиями, но в глубине души, бессознательно, их решения будут руководствоваться именно этой квазимагией. Гарвардский психолог Эллен Лангер ходил и спрашивал, сколько люди готовы поставить на бросок монетки. Есть два способа это сделать: сначала спросить, сколько вы поставите, а потом кинуть монетку. И второй: сначала кинуть, накрыть её рукой и спросить: «*Сколько вы ставите?*»

Лангер обнаружил, что люди ставят больше, если монетка ещё не подброшена. Почему? Какая разница? Выходит, что люди на каком-то уровне сознания считают, что они могут своей силой воли повлиять на результат броска. Мне тут же приходит мысль о сверхуверенности среди инвесторов.

Похожая ситуация с голосованием: если не ходить голосовать (ведь каждый отдельный человек не решает исхода выборов), то проголосуют плохие люди и мы будем жить в плохой стране. Поэтому я проголосую, чтобы доказать, что хорошие люди тоже голосуют. А если я буду вести себя хорошо, то и другие хорошие люди будут вести себя хорошо — и придут голосовать. Это тоже квазимагическое мышление: в реальности то, что мы проголосуем и как мы проголосуем, не влияет на поведение других людей. Хотя ложное чувство контроля оно нам даёт — над случайными или неподвластными нам событиями. Этот предрассудок часто эксплуатируется. Негодяй будет давить на несуществующий фактор: «*Вложите деньги в акции этой компании, и от вашей покупки её цена вырастет*».

19.11. Зависимость от уже потраченных ресурсов

Представьте, что вы куда-то ехали на машине и внезапно поняли, что дорога неправильная. Вы же не будете себя убеждать, что надо ехать дальше — ведь вы уже столько проехали! Какое это имеет значение в текущей ситуации? Никакое. Согласитесь, логика довольно странная.

Ловушка потраченных ресурсов чрезвычайно опасна. Связана она с желанием защитить свои предыдущие (неправильные!) решения, что для инвестиций порою фатально. Тяжело принять решение о том, что вложения в гениальный стартап ваших друзей были напрасными, но продолжать из-за этого вливать деньги в бездонную чёрную дыру совершенно бессмысленно.

Даже если это решение принимал кто-то другой, надо найти в себе силы признать, что прошлые решения и прошлые ситуации не имеют отношения к тому, что происходит сейчас. Надо заново просчитать и оценить имеющиеся на текущий момент факторы, а потом сделать рациональный вывод: пора валить.

Эмоциональная привязка к прошлому неконструктивна, а в случае с инвестициями часто приводит к полному краху. Которого можно было бы избежать, не окажись мы в ловушке.

На эту тему можно написать целую книгу; если интересно, гуглите *sunk costs*.

19.12. Фрейминг

Фрейминг — это свойство людей видеть вещи в несколько искажённом, но зато привычном для них виде. Не так, как оно есть на самом деле, а так, как их представили. Если я подам факты в определённой форме (т. е. во *фрейме*), вы отреагируете одним образом. Если я представлю вам то же самое в другом контексте, на другом фоне или в другой среде, вы отреагируете совершенно по-другому.

Характерный пример — письмо, которое давно превратилось в анекдот. Папа и мама получают следующее послание от своей дочери-студентки:

«Дорогие мои папочка и мамочка!

У меня всё хорошо. Только в прошлом месяце во время пожара в квартире я упала с лестницы и сломала ногу, но сейчас уже всё налаживается. Я скоро смогу ходить без костылей, а за квартиру обещали выплатить страховку. Зато в больнице я познакомилась с замечательным медбра-

том Али Мухаммедом, и мы полюбили друг друга. Теперь я беременна, только Али уехал к больной маме в Тунис, он звонит мне каждую неделю. Он говорит, что обязательно женится на мне, как только первая жена ему разрешит.

Целую,

Ваша Анна.

P. S. Знаю, эти новости для вас немного неожиданны. На самом деле, пожара не было, я не ломала ногу, не встречалась ни с каким Али и я не беременна. Я всего лишь завалила экзамен по математике и хочу, чтобы вы увидели это в правильном свете».

Сила фрейминга в действии.

Канеман и Тверски писали о том, как люди рассматривают финансовые приобретения и потери и насколько может отличаться реакция на одно и то же от контекста. Один из самых известных примеров — про билеты.

Ситуация первая: купили вы билеты на концерт *Rammstein*, в суперфанзону, по 200 баксов за билет. У вас с собой зачётная тёлочка (или юноша) и два билета общей стоимостью 400 долларов. Вот вы приезжаете к «Олимпийскому» и вдруг с ужасом понимаете, что билеты куда-то провафлились. Вы стоите у кассы, как кретин, а вокруг снуют довольные фанаты. Вопрос, который Канеман и Тверски задавали людям, очень прост: «*Купите ли вы ещё одну пару билетов?*»

Скажу сразу, что тут есть, конечно, небольшая загвоздка — ведь люди только представляли себе такую ситуацию, а не были в ней реально. Если вам это допущение не нравится, психология — не для вас. Так вот, большинство людей сказали: «*Чёрт, я буду в таком ступоре от своей тупости, что я просто поеду домой как полный дебил*».

Потом людям задавали другую версию этого же вопроса, и звучала она так: «*Вы забронировали два билета, чтобы выкупить их на кассе, и принесли с собой в кошельке 400 баксов. Вы подходите к кассе, открываете кошелёк — а денег нет. Ну твою ж мать!*» И опять вопрос: что вы сделаете? Подойдёте к окошку и расплатитесь кредиткой или пойдёте домой сосать с горя пиво и смотреть телевизор?

Тут уже большинство людей говорит: «*Ну чо делать, раз такая засада, куплю билеты ещё раз*».

Это странно. Ну реально, какая разница? В экономических понятиях нет разницы, потеряли вы что-то стоимостью 400 долларов или сами 400 долларов. Более того, деньги даже более ликвидны, чем билеты: их гораздо проще поменять на еду, чем наоборот. Почему же люди ведут себя по-разному?

Дело как раз во фрейминге. Билеты и наличка у нас в голове лежат на разных счетах. Ментальный счёт, где билеты, придаёт событию эмоциональную окраску и меняет действие растяпы, поэтому потерять с этого счёта больнее, чем из кэша. К сожалению (и к счастью для мавродиобразных козликов), наши решения подвластны таким предрассудкам. Поэтому надо точно выставлять свой фрейм, чтобы правильно распорядиться рисками.

Если вы приехали на концерт и билетов у вас нет, не имеет значения, были ли они у вас до этого. Нет никакого смысла обижаться на уродов, которые их вытащили, и вообще думать о том, что было 10 минут назад. Несмотря на эмоциональный окрас ментального счёта «билеты», новые билеты не будут стоить в два раза дороже, ведь старые уже потеряны и не имеет значения, сколько они стоили. Всё о чём нужно думать в этот момент — можете ли вы в текущей экономической ситуации позволить себе купить билеты на концерт. Не «новые билеты», а просто — билеты.

Канеман и Тверски ещё изучали страхование, тоже задавали людям один и тот же вопрос с разными формулировками. Когда они упоминали слово «страхование» и спрашивали, заплатили ли бы вы за такой контракт, то люди соглашались гораздо чаще, чем если им предлагали те же самые условия, но не используя слова «страховка», а предлагая какую-нибудь «условную выплату». Потому что люди способны понять, что если страховка относительно конкурентов недорогая, то в ней есть смысл. Но если слово «страховка» опустить, то такой контракт людей интересовал гораздо меньше.

Ещё один пример фрейминга — это то, как мы обращаемся с инфляцией. У нас есть денежный фрейм и «реальный» фрейм. Стоимость денег меняется с течением времени из-за инфляции (иногда и дефляции, но это не про нас). Но большинство долгов номинируется в денежном фрейме. То есть не индексируется на инфляцию. Если бы мы хотели считать всё в реальном фрейме (т. е. в товарах и услугах), мы бы индексировали кредиты на изменение потребительской корзины. Когда мы даём деньги в долг, мы думаем в денежном фрейме. Дали вы кому-нибудь сто тыщ в долг и говорите: «*Верни через полгода сто десять*» (ну то есть 20 годовых).

Но ведь нам не нужны деньги сами по себе — нам нужны деньги для оплаты товаров. Почему бы не сказать заёмщику: «*Заплати мне 10 годовых + компенсируй инфляцию за этот срок*». Это было бы переключением в реальный фрейм. Это более логично и осмысленно, но большинство людей так никогда не сделают. Наши доходы никак не привязаны к инфляции: депозиты, купоны по облигациям, а люди не могут преодолеть этот денежный фрейм даже в условиях адского кризиса. Они вроде бы и чуют нутром, что здесь что-то не то, но рост цен всё равно отдельно, а долги — отдельно. Слишком мощное психологическое давление общественных ценностей (то есть бабла), хотя это и ловко сконструированная иллюзия. Люди думают, что им нужны деньги, но на самом-то деле им нужны реальные товары и услуги.

Психология — забавная и опасная штука. Люди совершают одни и те же ошибки снова и снова. В пылу торгов легко стать жертвой одной из них. Нелепые предпосылки, самообман, безумные попытки любым способом избежать потерь, судорожный поиск жертв аналогичных обстоятельств (см. валютные ипотечники), отключение от реальности — это всё, знаете, усугубляет и без того уже невпихуемое. Вернитесь к реальности, остолопы!

Мне как автору остаётся надеяться, что эта часть книги несколько облегчит вашу незавидную участь.

Заключение: кому оно всё надо?

Напоследок хочу рассказать о финансах в широком смысле: зачем же они простым людям, эти рынки, фонды, банкиры, вся эта шушера.

Главная причина — это чтобы всем сделать зашибись. Чтоб люди зажили, сука, как люди. Вспомним, что цель корпорации — сделать хорошо её основателям. Акционерам. Ну и их котикам.

Финансы — мощный инструмент для улучшения благосостояния людей или хотя бы для защиты от его ухудшения. Сейчас по всему миру происходит демократизация финансов, но не в смысле Америки 30-х годов, когда акционеры там могли голосовать за всё, что хотели, а в том смысле, что финансовые инструменты сейчас доступны почти всем. В прошлые века они были доступны лишь жирным буржуям. Хотя есть интересный пример — ещё в 1780 году президент Гарварда попросил себе инновационный контракт с индексацией на инфляцию. Единственный в мире чел сподобился. Ну он был не совсем случайный. Поди сионист какой-нибудь.

С течением времени хорошие, годные концепции расползаются по планете всё шире. И чем больше люди будут их использовать, тем лучше. Сейчас на планете чудовищное расслоение — 1% людей владеет 90% всего мирового богатства. Британские учёные подсчитали, что вы входите в этот 1%, если у вас имеется капиталец примерно в 800 тыс. долларов. В большинстве стран мира доходы делятся несправедливо и социальное расслоение нарастает. Это и в США такое, и в России, и в Индии, и в Китае, да почти везде — кроме какой-нибудь Швеции или Японии.

Хотя это как посмотреть. Появляются богачи, это плохо, что ли? Если бы все богатели, то и отлично же, верно? Но у капиталистического строя (который и является причиной этого чудовищного расслоения) есть инструменты восстановления некоторой справедливости. И многие богачи, например Уоррен Баффетт и Билл Гейтс, отдают свои деньжищи на благотворительность. Но это не пример технологии. А технология, которая работает против расслоения, — это, например, страхование. Оно лечит одну из причин неравенства. Многие бедняки — это люди (или семьи), которые потеряли одного из родителей — чаще всего, конечно, отца. Понятно, что им сразу поплохело, потому что они потеряли большую часть или вообще весь свой доход одномоментно. Если бы супруги были застрахованы или если бы мама зарабатывала не меньше папы, то семья не оказалась бы на днище. Во всяком случае, не сразу.

Ещё одна причина неравенства решается страхованием здоровья. Болезни — плохо. Все мы это понимаем. А если человек болеет серьёзно, то он теряет работу, вместе с ней доход, и тратит всё на лечение. Вот тебе и бомж. Инвалидность — тоже засада и тоже большей частью решается страхованием. Это всего лишь один инструмент, но это и есть распределение рисков.

При этом надо понимать, что страхование по своей сути означает довольно странную вещь: люди, которым везёт, оплачивают неудачи людей, которым не везёт. Лично мне это страшно не нравится, и я считаю, что любая страховка имеет отрицательное матожидание для её покупателя. Почему?

Да потому что оно всегда строго положительно для страховой компании! Иначе бы её не было в этом бизнесе. Лично я принял решение никогда ничего не страховать. Но это не всегда возможно. ОСАГО я, конечно, делаю, но не более того. Плюс я веду свои собственные «фонды» страхования, откладывая каждый месяц небольшую сумму на потенциальный ремонт квартир и машин. Вот только от моих «резервов» страховым компаниям не достаётся ничего.

Это не означает, что страхование нельзя переизобрести. Вышеупомянутое ОМС[1] строго по-

[1] Обязательное медицинское страхование

ложительно для граждан нашей сказочной страны, потому что недостаток сборов с трудящихся доплачивает государство, плюс к тому не все им пользуются. А уж для безработных оно просто какая-то сказка и даже Обамакер (вызвавший бурю негодования республиканцев[1]) нервно отдыхает по сравнению с нашей *бесплатной* медицинской помощью.

После Первой мировой расслоение сильно уменьшилось. В царской России оно было просто циклопическим, там 100 семей владели чуть ли не 90% всего богатства страны, и самое главное — они не видели в этом проблемы. Вторая мировая тоже сильно уменьшила роль богачей в мире. Но в последние десятилетия расслоение нарастает, и с этим надо что-то делать. Похоже, что это естественный процесс.

Финансовый кризис 2008 года тоже возник из-за несовершенства финансовых институтов. Американские люди не смогли диверсифицировать своё владение недвижимостью, а те расовые негры, которые брали ипотеку, оказались в очень уязвимой ситуации из-за резкого обвала цен.

Есть у людей и проблемы с головой. Не все понимают, как работают те или иные механизмы, и люди без экономического образования[2]

[1] Республиканцы – это злые, но хорошие. А демократы – это добрые, но плохие.

[2] Или просто тупые.

делают идиотские ошибки и платят за них бомжеванием.

Одно из решений — дать правительству роль риск-менеджера. Сейчас многие государства управляют рисками, но раньше это было не так; до XIX века это особо никому в голову не приходило.

Напомню ход истории. Первый пример — прогрессивный налог на доходы. Ещё Адам Смит в 1776 году в своей книге «*Богатство наций*» предложил ввести прогрессивный налог — чтоб богачи отдавали более высокую долю своих заработков; это бы помогло снизить неравенство. Тогда Адам признал идею нежизнеспособной и написал, что это будет «налог на честность» — ведь нельзя точно определить, кто сколько зарабатывает. Может, он был прав, хотя мир неуклонно движется к полному безналу и абсолютной прозрачности.

Надо понять, что налоги, например, финансируют бесплатное образование, а это отличный механизм перераспределения благ: ведь образование выравнивает людей, ну или хотя бы вытаскивает маргиналов из-под забора и даёт им шанс. В этом смысле, образование — это тоже технология риск-менеджмента на самом низком уровне. В 1940-х годах Милтон Фридман предложил негативный налог на доходы. Это вообще мегаидея, чтобы бедняки не просто не платили налог, но, наоборот, получали деньги от государства. Тогда это было совершенно дикой концепцией, но сейчас некоторые страны начинают эксперименты с этой темой: Финляндия, Швейцария, в Канаде есть попытки.

В США на самом деле уже сейчас используется негативный налог. Если семья с детьми получает в год меньше 10к баксов, то им государство несколько тысяч приплачивает. Это риск-менеджмент, ребята. Это круто.

Но это не только лишь круто. Вы помните, что у каждой технологии риск-менеджмента есть проблемка: гады-обманщики. Так и с ними придумали как бороться. Вместо того чтобы давать пособие, выдают вот этот отрицательный налог. Чтобы его получать, надо сначала найти работу и показать доход. И вот до какой-то планки получается так, что, если ты больше работаешь, ты и налоговый вычет получаешь больше. Очень умно. Это придумали в 1970-х, и сейчас в мире стараются как-то эту тему копировать.

Ещё один способ управления рисками — это социальное страхование. В Германии 1880-х оно называлось КранкенФерзихерунг, почти что заклинание для вызова Гитлера, но это всего лишь страховка на случай болезни. Она уже тогда была обязательная, а чуть позже ввели страховку от несчастных случаев на производстве, тоже обязательную для работодателей.

Они же придумали страхование от старости, по-нашему — пенсию. В 1889 году её запустили, больше нигде в мире такого не было. В начале XX века английский премьер-министр Лойд Джордж поехал к фрицам и остолбенел — на улицах не было нищих! В Лондоне они там просто в каждой телефонной будке сидели и с Биг-Бена обоссывали королевскую чету. Британцы скопировали тему, и весь мир скопировал. Идея страхования спустилась от богатеев к самым низам и начала служить людям. И только в Америке до сих пор застрахованы не все, даже Обама не смог негров обеспечить страховкой, даром что он им родня. Есть, конечно, благотворительность, но вы сами понимаете, что там за объявления по энтернетам гуляют, как у Машеньки развивается глиоракоцома и надо всем миром её спасти. В масштабах страны это совершенно не работает. И я сильно подозреваю, что даже в масштабах Машеньки это работает плохо.

Пособия они долго-долго крутили и придумали, что сидеть на пособии можно максимум пять лет (а то там были семьи, которые поколениями на пособиях сидели), убрали выплаты не-гражданам, а талоны на еду стали выдавать только безработным и бездетным взрослым. Эти ограничения вводились не сразу, а только после того, как становилось понятно, что иначе люди начинают их максимально нагло подсасывать — вместо того чтобы работать.

А пособия семьям с детьми заменили этим отрицательным налогом на доходы. Это и есть развитие финансов.

В 1841 году придумали закон о банкротстве. Слава яйцам, у нас теперь его тоже ввели. Кризисы случаются регулярно, и люди — даже не самые тупые (это-то и обидно) попадают в такую жопу, что страшно представить. Раньше можно было угодить в долговую тюрьму, сейчас вот полегче стало. А в 1978 закон стал ещё более простым, и сейчас там по миллиону банкротств в год заявляется — даже больше, чем разводов. Тогда банкротство можно было заявлять каждые 6 лет, но в 2005-м подумали, что это что-то слишком жирно, и увеличили срок до 8 лет.

Я вам всю дорогу рассказывал про славную Америку и её финансовую систему. Но в США живёт всего 5% мирового населения и при этом четверть мировых заключённых. Видимо, там не так уж всё радужно. Хорошо ли зарабатывать много денег? Да хорошо, конечно. А правильно ли это? Хрен его знает. Думаю, что работать в финансах — это ок. Само по себе это не делает человека гандоном.

Поначалу в этой работе не будет ничего интересного, скорее наоборот. Если вы выпускник финансового вуза, вас возьмут на какую-нибудь позицию помощника аналитика или там в банк, скорить потенциальных должников. Читать анкеты, проверять кредитоспособность, штудировать десятки бухгалтерских таблиц, пока мухи перед глазами не залетают. Намного интересней работа в венчурном фонде — там оценивать нужно компании для инвестиций или поглощений, но фонды эти очень закрыты и попасть туда нелегко. Похожая тема с аудитом и консалтингом. Принцип работы там такой: «*Эй, Петь, ты что-то совсем уже обнаглел — приходишь на работу в девять, уходишь в шесть! Совесть-то есть у тебя? Мы тут ночами пашем!*» «*Ребята, ну что вы, я же в отпуске*». Зато солидная зарплата и перспектива.

Кто преуспел в этом мире? Вспомним опять про Билла Гейтса. Он крутой чел и при этом полный говнюк (а уж про Джобса и вспоминать страшно, тот вообще был моральный урод, хотя и гений). С другой стороны, он организовал самый большой в мире благотворительный фонд. И чего теперь, он хороший парень? У него дом стоит 200 млн долларов, а в зоопарке тигру не докладывают мяса. Понятно, что он живёт на широкую ногу, но и отдал он 90% своего состояния. А если бы он отдавал 90% своих доходов, когда создавал Майкрософт? Да хер бы он что создал. Поэтому вопрос сложный.

Есть ещё один чувак, вы про него вряд ли слышали, Мухаммед Юнус. Он получил докторскую степень в 1969 году в США, но в 1976-м зачем-то вернулся в родной Бангладеш — одну из самых бедных стран мира. И основал там банк — Грамин Банк, означает «деревенский банк». И начал выдавать ссуды беднякам, это называется «микрофинансирование». Типичная ссуда — это кредит женщине, которая дико бедна и нуждается в чём-то совсем простом, чтобы начать свой «бизнес» — типа, кредит на тележку под хот-доги.

Оказывается, что с этой тележкой она вдруг сможет содержать целую семью. До этого никакие банки не думали о микрокредитах, а Грамин Банк вот подумал. Они и не планировали особенно денег-то зарабатывать, но получилось. И Юнусу за это вручили нобелевскую премию мира в 2006 году.

Вот примеры людей, которые занимались финансами. Казалось бы, молодой Мухаммед не отдавал 90% своего капитала, но людям таки помог. Поэтому не стоит сразу всех финансистов клеймить и забрасывать калом. Вдруг что полезное сделают. Сейчас в мире богатства распределены ой как несправедливо.

Вот Билл Гейтс-то понятно, что сука: с каждым лаптопом покупать Виндоуз и Офис — не охамел ли он? Да и то в аутлуке емейл порой хер найдёшь, или в ворде 10 страниц пропадает с концами, такое зло берёт! Но не всем же на гитаре играть, в самом деле. Надо развиваться, мозг свой запаривать, учиться всему подряд и придумать какой-нибудь адский план, кем вы хотите стать, что сделать и как перевернуть мир.

Необязательно при этом деньги раздавать направо и налево. Это успеется.

Не знаю, захотелось ли вам стать финансистом после прочтения этой книги. Надеюсь, что нет; лучше б вы кирпичи класть научились — людям жить негде. Но если вы хотя бы немного поняли из того, как устроен мир финансов, то и хорошо. Можно за это выпить.

Я уже.

Приложения. Как появилась «Хулиномика» и почему она такая

Финансами я увлёкся сразу после института, хотя по образованию я маркетолог. Выяснилось, что работа в маркетинге не имеет ничего общего с фильмом «99 франков» (а во время учёбы во Франции я представлял себе всё именно так), поэтому я решил дико обогатиться и начал торговать на форексе. Прошёл «обучение валютному дилингу» и стал оголтело месить ордера со своей тысячей долларов. Забегая вперёд, депозит я-таки вернул, но только лет через пять — и больше на форекс не возвращался. Начал торговать на ММВБ (была у нас такая биржа раньше, очень неплохая, кстати), много читал и экспериментировал с разными стратегиями, коих опробовал, протестировал и даже разработал множество.

Получалось хорошо, знакомые и родственники начали давать денег в управление. Я нанялся работать в банк портфельным управляющим и там опять узнал много нового про все эти Блумберги, Рейтеры, РЕПО, маржинальную торговлю с обеих сторон, внебиржу, стаканы и вообще работу на деске среди умных и приличных с виду людей. Мы с коллегами занимались торговлей акциями для ПИФов, НПФов и портфелей ДУ. Ничего сногсшибательного, примерно 10 млн долларов в управлении, но опыт был классный.

Попутно я защитил диссертацию по интернет-занятости и тут меня ужалило уйти в «реальный» бизнес, к тому же и банк был близок к кончине. Хотя те, кто остался, не пожалели, и сейчас занимают весьма шоколадные места в красиво отсанированном учреждении.

О бизнес-проектах я расскажу в другой раз, а пока перескочим дальше — к преподаванию. Так как я кандидат наук (в военном билете гордо написано «экономист-водитель»), меня позвали преподавать на родной факультет в магистратуру. В аспирантуре я где-то пытался печататься и выступать на каких-то конференциях, но в целом опыта в сфере образования у меня не было, и я решил поискать, что бывает. Потыкал в *ted.com* (39) (всегда его дико котировал), в Курсэру и внезапно наткнулся на курс Роберта Шиллера из Йеля, который меня пленил живой и остроумной подачей материала. Несколько раз я пересмотрел его лекции и на их основе сделал свой курс, более приближённый к нашим грустным реалиям. По счастью, преподаю я на английском, так что даже переводить не пришлось. Два года я вёл предмет по выбору, потом стан-

(39)

дартный 26-часовой курс, потом мне дали дипломников, и я начал тренировать этих бездельников писать магистерские диссертации.

Попутно ко мне обращались знакомые за советами в области личных финансов, и я вдруг осознал, что друзьям я рассказываю материал в гораздо более доступной форме, чем студентам. На кухне под портвейн с использованием луркояза, контркультурных выражений, интернет-мемов и циничных шуток о женщинах и даже о мужчинах друзья (далёкие от экономики) понимали всё гораздо быстрее. Меня осенило: учебника финансов на человеческом языке просто нет. И я решил его написать — благо, массив материала у меня уже был.

За месяц непрерывной дичайшей работы я перелопатил свои лекции, и где-то месяца три уже в спокойном режиме сидел редактировал. Потом второй раз прошёлся, и третий. Через год собрался с силами и написал 4 новых главы. Впрочем, редактура продолжается: «Хулиномика» с каждым днём всё краше. Сейчас, правда, я исправляю только найденные читателями ляпы и опечатки, и их всё меньше.

В конце 2017 года книгу издал «АСТ» и уже много раз допечатывал, а потом и два раза переиздал. Общий тираж — уже более 50000 штук, около 5000 электронных продаж, ну и неизвестно сколько пиратских. Для начинающего писателя это очень удачный старт. Бесплатную часть скачали примерно 200 тыс. человек, а может и больше — их уже не считаю.

Я раньше увлекался фантастикой и до сих пор считаю, что это самый важный жанр литературы, хотя прочитал херову тучу классики. Рецы на книги я собираю тут (40), а мои рассказы (есть пара занятных) лежат тут (41). Просто лавры Стивена Кови меня не прельщают, а вот Стивена Кинга — да.

Но пока буду писать об экономике. В конце 2018-го я закончил третью книгу под названием «Жлобология. Откуда берутся деньги и почему не у меня» (42). Почитайте, там тоже интересно. В планах книга о том, как правильно жить.

(40)

(41)

(42)

КАК Я ЗАПИСЫВАЮ РАСХОДЫ

Как записывать расходы? Короткий ответ заключается в том, что самого лучшего способа не существует. Кто-то пользуется недельными конвертами (на мой взгляд, нелепость, потому что недели не совпадают с месяцами), кто-то — мобильными приложениями (я не встречал ещё удобных, но говорят, что они есть), кто-то заводит огромные базы данных с любыми срезами — вопрос только зачем. Поэтому я не буду рассказывать, как надо — потому что всем надо по-разному, а расскажу, как делаю я.

У меня было несколько этапов записи расходов, самый длинный — 3 года с сохранением всех чеков, точностью до 5 рублей и тщательной аналитикой в экселе. Потом я на пару лет это дело забрасывал, потом пришёл к онлайновой записи (гугл.спредшиты рулят — туда можно дать доступ жене, чтобы она и своё вписывала). Сейчас всё стало сильно проще, чем 10 лет назад: почти все траты безналом, даже чеки сохранять не нужно — и забыть про расходы уже, к сожалению, не получается.

Базовая запись у меня из трёх полей: число, сумма и категория. Все категории из 4 символов, чтобы табличка была поуже. Основные это дом, еда, авто, алко, дети, здор и пдрк. В первых экспериментах я записывал подробнее, но со временем понял, что нет смысла делить на какие-то глубокие подкатегории — так общей картины не видно. У меня, например, сначала был отдельный «внешний вид» — типа, стрижка, шампунь, тренировки в спортзале; отдельно «аптека» — БАДы, лекарства (эээ... хотя раньше у меня не было лекарств, кроме пластыря и гексорала раз в год), а сейчас всё это просто «здоровье». Была очень прожорливая категория «рестораны», но сейчас я по ресторанам не хожу, только фастфуд, бизнес-ланчи и бургеры (кофе с собой туда же). Довольно большая категория «подарки» — туда входит помощь кому бы то ни было и подарки себе в том числе, типа настолки, сувениры, цветы и т. п.

Труднее всего категоризировать траты на детей. Понятно, что зарплата няни или детский сад — это категория «дети», но что делать с остальным? Куртка ребёнку — это «одежда» или «дети»? Детский массаж или аллергопроба — не здоровье ли? Ящик яблочного пюре — еда же? У меня в итоге решение выработалось такое: я прикидываю, потратил ли бы я эти деньги, не будь у меня детей. Если нет, тогда это категория «дети». Вообще если дети не болеют и ходят в государственный садик, то денег они много не требуют — утром копеечная каша, одежда передаётся по наследству и донашивается до дыр, кучу еды выдают на молочной кухне, всё необходимое покупается поюзанное и потом обратно продаётся на Авито, а памперсы у нас исключительно по акции и самые дешёвые (тем, кто покупает японские, — вас обманули!). Даже если посчитать, что за 4 года у меня ушло порядка 15-20 тыс. подгузников, то это всего лишь 200-300 тыщ рублей на четверых детей. Я никогда не покупал памперсы дороже 15 рублей за штуку, а иногда удавалось урвать и по 9. В итоге на ребёнка выходит примерно 1500 в месяц. Игрушки я стараюсь покупать самые дешёвые, чтобы они быстрее сломались и их можно было бы выбросить. Дорогие всё равно подарят бабушки или Дед Мороз.

В категорию «авто» входит бензин, парковка, ремонт, шиномонтаж, штрафы, страховка и т. п. Пока не придумал, куда вписывать покупку собственно автомобиля, — записал отдельно, когда буду покупать новый — поделю старый по месяцам.

Туалетная бумага, мыло, мебель, электричество, подушки, стрижка газона — это категория «дом». У меня это довольно значительная доля расходов, потому что дом большой и за два года ещё не до конца обжитый. Капитальные расходы, типа отделки и достройки я веду в отдельном файле и в текущие траты не записываю, но скоро начну — после небольших доделок на участке мои вложения закончатся.

Переводы жене не учитываются никак, потому что она записывает свои расходы в ту же самую табличку. Но, чтобы деньги пересылать пореже, я завёл ей портфель с облигациями, чтобы она рано или поздно смогла жить на купоны (пока не может... то есть это я не могу).

Все бизнес-расходы — типа, реклама книг, печать мерча, покупка каких-нибудь наушников, гитар, студия, монтаж и тому подобное, — я учитываю не как расходы, а записываю в отдельный файл как отрицательные доходы. Странно, наверное, но так мне понятнее. То есть они уменьшают общий доход, а расход не увеличивают.

Если вы только начинаете, сразу возникнет вопрос: как долго следует записывать всю эту лабуду? Ну меньше полугода не имеет смысла: какие-то траты (телевизор, костюм, ремонт машины) велики, но редки. Я думаю, что более-менее честные выводы можно делать лишь через год, и тогда можно будет посчитать реальный среднемесячный расход, чтобы его как-то можно было спрогнозировать и начать копить свою подушку безопасности уже со знанием дела.

ДЛЯ САМОСТОЯТЕЛЬНОГО ИЗУЧЕНИЯ

Казалось бы, понятно, какого лектора слушать интересно: харизматичного, знающего, успешного в своей области. Но есть одна хитрость: крутой лектор никогда не рассказывает всего, что знает.

Во-первых, он хочет, чтобы на его семинар пришли ещё раз (а в случае какой-нибудь «Второй Молодости» это его основная задача).

А во-вторых, так он кажется более умным и убедительным.

Но под Новый Год случаются чудеса, и я сейчас отпилю сук, выстрелю себе в ногу и раскрою лучших поставщиков знаний на планете для своих любимых читателей. Я перелопатил кучу материала и выбрал для вас самое лучшее, самое свежее, самое полезное. Список литературы для дальнейшего изучения — это то, о чём меня чаще всего просят на частных консультациях. Названия намеренно даю оригинальные: на английском читать их гораздо полезней.

Весьма рекомендуемая литература

1. *The Drunkard's Walk by Leonard Mlodinow* («Несовершенная случайность», Леонард Млодинов). Ничего лучше по теории вероятности, на мой взгляд, не существует: тут всё объяснено доходчиво, последовательно и при этом настолько интригующе, что многое понимаешь и запоминаешь, ещё не дочитав предложение. Куча живейших примеров из жизни, исторических курьёзов, огромное количество исследований поведения людей перед лицом неопределённости.
2. *Thinking, Fast and Slow by Daniel Kahneman* («Думай медленно, решай быстро», Дэниел Канеман). Книга совершенно потрясающая, с точки зрения экономиста рассмотрена психология человека, выводы подкреплены экспериментами и статистически достоверны. Тут написано, как именно мы думаем, почему мы думаем так, а не иначе, и самое главное — что нам с этим всем делать.
3. *Fooled by Randomness: The Hidden Role of Chance in Life and in the Markets by Nassim Nicholas Taleb* («Одураченные случайностью», Нассим Талеб). Главная мысль этой книги — не надо искать закономерностей там, где их нет, и много событий в этом мире абсолютно случайны. Эта мысль настолько важна для пони-

мания финансовых рынков, что ради неё надо прочитать целую книгу.

4. *The Essays of Warren Buffett: Lessons for Corporate America* («Эссе об инвестициях, корпоративных финансах и управлении компаниями», Уоррен Баффетт). Это письма Баффетта акционерам Беркшир Хэтэуэй, где он объясняет, почему он что-то сделал или не сделал, часто с юмором, но главное — со здравым смыслом.
5. *Freakonomics by Steven D. Levitt and Steven J. Dubner* («Фрикономика», Стивен Левитт и Стивен Дабнер). Эту книгу стоит прочитать просто ради авторского подхода и живого языка. Когда умный и хорошо пишущий человек (но не-экономист!) пишет об экономике, может получиться крайне интересно. Тут получилось. «Фрикономика» — это набор журналистских расследований об экономических и не очень явлениях, о том, как они влияют на нашу жизнь. И о том, как не влияют, а мы-то думали. А ещё о том, как палятся жулики.

Дальнейшее чтение для особо пытливых

6. *SuperFreakonomics by Steven D. Levitt and Steven J. Dubner* («Суперфрикономика», Стивен Левитт и Стивен Дабнер). Это вроде как продолжение «Фрикономики», но на самом деле нет.

Чуть менее интересная из-за странного выбора рассмотренных явлений (типа экологии), но всё равно полезная книжка для тех, кто познаёт мир таким, какой он есть, а не как по телевизору. Набор новых фактов по крайней мере заслуживает внимания. Третья их книга («*Think Like a Freak*») тоже неплоха, но послабее второй.

7. *The Black Swan: The Impact of the Highly Improbable by Nassim Nicholas Taleb* («Чёрный лебедь: Под знаком непредсказуемости», Нассим Талеб). Про те самые непредсказуемые, но очень мощные события поподробнее. Для тех, кто и правда интересуется. Следующая его книга, «Антихрупкость», уже весьма тенденциозна, одиозна и вряд ли заслуживает изучения, хотя хомячкам понравится.
8. *The Foundations of Financial Markets and Institutions, by Fabozzi and Modigliani* (перевода нет, хотя другие книги Фабоцци переведены). Просто хороший, скучный, но очень глубокий учебник по финансовым рынкам. Если хотите научиться, надо прочитать.
9. *Warren Buffett Speaks: Wit and Wisdom from the World's Greatest Investor by Janet C. Lowe* («Уоррен Баффетт говорит», Джанет Лоу). Как живёт и думает один из лучших инвесторов в мире. Занятно.
10. *How Not to Be Wrong by Jordan Ellenberg* («Как не ошибаться: Сила математическо-

го мышления», Джордан Элленберг). О математическом подходе к жизни, популярно и с юмором, хотя и нельзя сказать, что сногсшибательно.

11. *A Field Guide to Lies: Critical Thinking in the Information Age by Daniel J. Levitin* («Путеводитель по лжи», Дэниел Левитин). Неплохая база для начинающих скептиков, хотя для опытных статистиков может показаться скучной. Некоторое понятие о том, как читать (и проверять) журналистские высказывания, вы получите.
12. *Trading for a Living: Psychology, Trading Tactics, Money Management by Alexander Elder* («Как играть и выигрывать на бирже», Александр Элдер). Одна из первых моих книг по трейдингу, есть кое-что интересное по психологии и настрою, но во многом уже не особенно актуальна. Я был лет 10 назад на семинаре Элдера в Москве, поржал норм.
13. *The Intelligent Investor: The Definitive Book on Value Investing by Benjamin Graham* («Разумный инвестор», Бенджамин Грэм). Базовая вещь для инвестиций с позиции здравого смысла. Классика инвестирования. Never gets old.
14. *Stocks for the Long Run by Jeremy J. Siegel* («Долгосрочные инвестиции в акции», Джереми Сигел). Знаменитая ода вложениям в акции. Стоит ознакомиться, хотя доводы немного перекошены в одну сторону. Другую сторону автор предпочитает не замечать.

15. *Market Wizards: Interviews with Top Traders by Jack D. Schwager* («Маги рынка», Джек Швагер). Это целая серия книг, я осилил ещё парочку, но мне показалось, что первая была лучше всех. Тут какие-то полуинтервью / полубиографии, есть интересные персонажи.

Для особо ленивых — мой топ кино!

1. *Trading Places*, 1983 («Поменяться местами»). Тут Эдди Мерфи внезапно становится преуспевающим трейдером — смешно, но есть мысли по делу.
2. *Wall Street*, 1987 («Уолл-Стрит»). Классический фильм о бирже. Версия 2011 года, на мой взгляд, хуже. Хотя в ней тоже есть Майкл Дуглас.
3. *Glengarry Glen Ross*, 1992 («Американцы»). Алек Болдуин, Кевин Спейси, Аль Пачино, кого вам ещё надо? Фильм классный, хотя и не про биржу, а просто о финансах и крутых парнях.
4. *Rogue Trader*, 1999 («Аферист»). Один из самых прикольных фильмов о трейдинге про знаменитого Ника Лисона, которого играет Эван МакГрегор, тут про крах банка Barings.
5. *Boiler Room*, 2000 («Бойлерная»). Вин Дизель сурово впаривает акции по телефону. Самое смешное, что мне ещё в прошлом году звонили такие перцы и несли чушь про «у нас есть

для вас великолепное предложение, скоро акции такой-то фирмы вырастут».

6. *Enron: the Smartest Guys in the Room*, 2005 («Энрон: Самые смышленые парни в комнате»). Документальный фильм о том, во что превратился современный аудит (даю намёк: в говно).
7. *Margin Call*, 2011 («Предел риска»). Тут Кевин Спейси и Деми Мор, которую у нас переименовали в Деми Мур, пытаются слить подмоченный портфель закладных банка на фоне ипотечного кризиса 2008 года.
8. *Too Big To Fail*, 2011 («Крах неприемлем»). Поучительная полудокументальная драма о падении банка Lehman Brothers, о ФРС и о том, как люди во время кризиса спасают исключительно себя.
9. *The Wolf of Wall Street*, 2013 («Волк с Уолл-Стрит»). Для того, кто хочет окунуться в грязный мир биржевых дельцов прошлого века, это неплохое начало, да и ДиКаприо хорош.
10. *Billions*, 2016-2017 («Миллиарды»). Крутейший сериал о буднях управляющего хедж-фондом. Уже четыре сезона, все огненные, пятый приближается. Есть Metallica и BDSM — чего ещё надо?
11. *The Big Short*, 2015 («Игра на понижение»). Единственный фильм, который я ещё не успел посмотреть, но его столько раз советовали, что нельзя было не добавить в этот список.

Если вы считаете, что я упустил что-то важное, немедленно напишите на book@alexeymarkov.ru — почитаем, посмотрим, обсудим.

Подписывайтесь на «Хулиномику»
в Фейсбуке:
https://facebook.com/hoolinomics (43)

(43)

Или лучше в Телеграме:
https://t.me/hoolinomics (44)

(44)

Или Вконтакте:
https://vk.com/hoolinomica (45)

(45)

Или в Твиттере:
https://twitter.com/hoolinomics (46)

(46)

В Инстаграме тоже есть:
https://instagram.com/hoolinomics (47)

(47)

Оглавление

Издание для досуга
демалысқа арналған баспа

16+

Серия Эксклюзивный научпоп

Алексей Викторович Марков
ХУЛИНОМИКА.
Home edition: толще, длиннее, эффективнее

Ответственный редактор *А. Швырева*
Менеджер проекта *К. Секачева*
Дизайнер *Д. Леонкин*
Технический редактор *Н. Чернышева*
Компьютерная верстка *Л. Быковой*
Корректор *С.Шпитонкова*

Подписано в печать 27.06.2023. Формат 80x100/32. Усл. печ. л. 27.
Печать офсетная. Гарнитура Candara. Бумага офсетная.
Доп. тираж 4 000 экз. Заказ № 2031.

Произведено в Российской Федерации
Изготовлено в 2023 г.
Оригинал-макет подготовлен редакцией «Времена», импринт «Альфа»
Изготовитель: ООО «Издательство АСТ»
129085, Российская Федерация, г. Москва, Звездный бульвар, д. 21, стр. 1,
комн. 705, пом. I, этаж 7
Наш сайт: WWW.AST.RU; E-mail: ask@ast.ru
Общероссийский классификатор продукции ОК-034-2014 (КПЕС 2008);
58.11.1 — книги, брошюры печатные

«Баспа Аста» деген ООО
129085, г. Мәскеу, Жұлдызды гүлзар, д. 21, 1 құрылым, 705 бөлме, пом. 1, 7-қабат
Біздің электрондық мекенжаймыз : www.ast.ru; E-mail: ask@ast.ru
Интернет-магазин: www.book24.kz Интернет-дүкен: www.book24.kz
Импортер в Республику Казахстан и Представитель по приему претензий в Республике Казахстан — ТОО РДЦ Алматы, г. Алматы.
Қазақстан Республикасына импорттаушы және Қазақстан Республикасында наразылықтарды қабылдау бойынша өкіл -«РДЦ-Алматы» ЖШС, Алматық., Домбровский көш., 3«а», Б литері офис 1. Тел.: 8(727) 2 51 59 90,91 , факс: 8 (727) 251 59 92 ішкі 107; E-mail: RDC-Almaty@eksmo.kz , www.book24.kz Тауар белгісі: «АСТ» Өндірілген жылы: 2023
Өнімнің жарамдылық; мерзімі шектелмеген.
Сертификация қарастырылмаған

Отпечатано с электронных носителей издательства.
ООО "Тверской полиграфический комбинат". 170024, Россия, г. Тверь, пр-т Ленина, 5.
Телефон: (4822) 44-52-03, 44-50-34, Телефон/факс: (4822)44-42-15
Home page - www.tverpk.ru Электронная почта (E-mail) - sales@tverpk.ru